PESQUISA HISTÓRICA COM A IMPRENSA EM MATO GROSSO
FONTES, TEMAS & ABORDAGENS

Editora Appris Ltda.
1.ª Edição - Copyright© 2024 dos autores
Direitos de Edição Reservados à Editora Appris Ltda.

Nenhuma parte desta obra poderá ser utilizada indevidamente, sem estar de acordo com a Lei nº 9.610/98. Se incorreções forem encontradas, serão de exclusiva responsabilidade de seus organizadores. Foi realizado o Depósito Legal na Fundação Biblioteca Nacional, de acordo com as Leis nºs 10.994, de 14/12/2004, e 12.192, de 14/01/2010.

Catalogação na Fonte
Elaborado por: Josefina A. S. Guedes
Bibliotecária CRB 9/870

P474p 2024	Pesquisa histórica com a imprensa em Mato Grosso: fontes, temas & abordagens / Beatriz dos Santos de Oliveira Feitosa, Edvaldo Correa Sotana (orgs.). – 1. ed. – Curitiba: Appris, 2024. 299 p. ; 23 cm.
	Inclui referências. ISBN 978-65-250-5880-1
	1. Imprensa – Mato Grosso. 2. Pesquisa. 3. História. I. Feitosa, Beatriz dos Santos de Oliveira II. Sotana, Edvaldo Correa. I. Título.
	CDD – 079.8172

Livro de acordo com a normalização técnica da ABNT

Appris editora

Editora e Livraria Appris Ltda.
Av. Manoel Ribas, 2265 – Mercês
Curitiba/PR – CEP: 80810-002
Tel. (41) 3156 - 4731
www.editoraappris.com.br

Printed in Brazil
Impresso no Brasil

Beatriz dos Santos de Oliveira Feitosa
Edvaldo Correa Sotana
(org.)

PESQUISA HISTÓRICA COM A IMPRENSA EM MATO GROSSO

FONTES, TEMAS & ABORDAGENS

FICHA TÉCNICA

EDITORIAL	Augusto Coelho
	Sara C. de Andrade Coelho
COMITÊ EDITORIAL	Marli Caetano
	Andréa Barbosa Gouveia - UFPR
	Edmeire C. Pereira - UFPR
	Iraneide da Silva - UFC
	Jacques de Lima Ferreira - UP
SUPERVISOR DA PRODUÇÃO	Renata Cristina Lopes Miccelli
ASSESSORIA EDITORIAL	Jibril Keddeh
REVISÃO	Bruna Fernanda Martins
PRODUÇÃO EDITORIAL	Sabrina Costa
DIAGRAMAÇÃO	Jhonny Alves dos Reis
CAPA	Kananda Ferreira

PREFÁCIO

Em 13 de janeiro de 1898, o escitor Émile Zola recorreu às páginas do jornal parisiense *L'Aurore* para endereçar uma carta em forma de manifesto ao então presidente francês, Félix Faure. Intitulado "Eu acuso" — *J'accuse* —, o texto fazia uma defesa veemente do oficial de artilharia do exército do país, Alfred Dreyfus, que era judeu, e havia sido condenado à prisão perpétua por suposto crime de traição. No manifesto, publicado na primeira página do jornal, Zola apontou os erros do processo e acusou o Estado de ter promovido uma trama política antissemita contra o oficial. Em resposta, o escritor foi condenado a pagar uma multa e chegou a receber uma ordem de prisão, que não cumpriu porque se refugiou na Inglaterra. A carta-manifesto em torno do que ficou conhecido como *Affair Dreyfus* gerou enorme comoção na opinião pública francesa.

Esse episódio costuma ser recuperado como um caso representativo do papel que os impressos assumiram ao longo do século XIX no contexto europeu. Na França oitocentista, os espaços mais proeminentes dos jornais eram ocupados por romancistas e intelectuais, os *homens de letras*, como eram chamados aqueles que se manifestavam por meio das publicações. Os veículos não separavam fatos de opiniões, eram partidarizados, com perspectiva politicamente engajada, e recurso frequente a tons panfletários. Além de servirem como arena de discussão pública, os jornais eram utilizados como instrumentos de propaganda pelas elites e facções ideológicas que exerciam forte influência sobre eles ou eram suas proprietárias diretas. Os impressos ocupavam, assim, o lugar de dispositivos ideológicos, com amplo impacto na opinião pública e nas esferas de poder.

Tal cenário passaria por transformações profundas com a industrialização da imprensa, ocorrida também no século XIX, nos Estados Unidos, e, logo em seguida, na Europa. Impulsionada pela Revolução Industrial, o trabalho nos jornais se transformou numa atividade capitalista, razão pela qual os seus donos buscaram diminuir o discurso panfletário e investir na narração de acontecimentos factuais. O objetivo era sobretudo econômico. Como a publicidade passaria a ser a principal fonte de financiamento dos veículos, era preciso ampliar o número de leitores. Por isso, era indispensável produzir um jornal mais generalista e que separasse opinião e informação factual. Surge daí a noção de notícia, como relato objetivo de um evento.

As elites continuaram a ter espaço, mas as redações seriam compostas sobretudo pelos *trabalhadores da notícia*, aos quais cabia narrar os eventos segundo princípios de objetividade e imparcialidade.

Algumas dessas transformações demoraram mais tempo para chegar ao Brasil. Por aqui, ainda no século XX, jornais permaneceram partidarizados. Na década de 1960, os principais impressos do país apoiaram o golpe que destituiu o presidente João Goulart. Em 1º de abril de 1964, quando a ruptura já tinha ocorrido, o carioca *O Globo* comemorou o que entendeu ser a vitória da democracia. Cinquenta anos depois, o Grupo Globo fez um pedido público de desculpas, em editorial veiculado nos diversos veículos do grupo de Roberto Marinho. No entanto, não foi apenas em 1964 que os jornais atuaram como atores políticos declarados. Em diversos outros episódios eles exerceram um papel preponderante, atuando como caixa de ressonância das elites e mesmo como agentes de desestabilização da vida institucional brasileira.

A história política do Brasil se constrói numa relação simbiótica com a ação ou omissão dos jornais. A partir da redemocratização, em 1988, os meios passam a atuar de um modo mais voltado à pretensa objetividade do jornalismo estadunidense. Todavia, esse ideal normativo não afastou o papel político que tais meios continuariam a ter na sociedade. Como parte de uma mitologia em torno da atividade jornalística, a objetividade e a imparcialidade podem tornar menos evidente a ação política do jornal, mas jamais poderão apagá-la. Por mais objetivo que seja o relato de um evento, ele será sempre fruto de uma representação mediada pela linguagem e resultado de deliberações mais ou menos conscientes que organizam as práticas discursivas dos redatores. Assim, mesmo profissionalizados, os jornais continuaram a ter um papel relevante na discussão dos tópicos do debate público, o que faz deles espaços sempre ricos para o estudo e a análise da vida simbolicamente reconstituída em suas páginas.

Com efeito, seja como arena política ou instrumento de propaganda, seja como espaço pretensamente objetivo, o jornal — e os impressos de um modo geral — tem sido objeto de interesse de áreas como a História e a Comunicação há algumas décadas. No entanto, embora exista um volume consistente de investigações que estudam os impressos no Brasil, há um enfoque bastante maior em títulos do Sudeste. Tal circunstância acaba por manter o estudo de meios regionais — que são múltiplos, alguns com forte influência em suas regiões — em franca desvantagem, alguns deles esquecidos ou pouco explorados pela pesquisa.

Atendendo ao desafio e na contramão de uma tendência ainda presente, de focar em publicações entendidas como nacionais, a obra organizada pelos professores Beatriz dos Santos de Oliveira Feitosa, da Universidade Federal de Rondonópolis, e Edvaldo Correa Sotana, da Universidade Federal de Mato Grosso, apresenta-se como uma contribuição indispensável para o enriquecimento dos estudos sobre a imprensa em âmbito subnacional, a partir de uma região de muitas complexidades e singularidades. Ao reunir estudos dedicados à pesquisa historiográfica com impressos em Mato Grosso, a obra traça um panorama da história do Estado e do país, do século XIX ao XX, a partir das representações constituídas por alguns dos jornais de maior influência na região. Os capítulos capturam a ação desses meios em momentos de forte ebulição, como a Proclamação da República e o Estado Novo, revelando posições e estratégias adotadas pelas publicações na localização de Mato Grosso, no arranjo institucional republicano emergente, ou as suas relações com o regime varguista.

Os estudos evidenciam, ainda, o papel de alguns meios nas reivindicações de forças do Sul pela divisão do Estado, o que viria a ocorrer em 1977, passando por análises que mostram como os impressos atuaram na construção de narrativas anticomunistas que estiveram na base de rupturas institucionais ocorridas ao longo da República. Merece destaque, também, o papel da imprensa interiorana como espaço de expressão cultural e do quotidiano de pequenas cidades mato-grossenses, ou, mais recentemente, a análise dos impressos no tratamento de temas relacionados diretamente aos indígenas ou a predisposição daqueles no atendimento de interesses do agronegócio.

Articulados em conjunto, os capítulos extrapolam os aspectos puramente formais e editoriais das publicações analisadas — o que já seria um trabalho de enorme relevância. Trata-se de um trabalho de fôlego, que demonstra e reforça a pertinência do estudo dos jornais como fontes e como objetos que materializam as relações de poder embutidas no trabalho quotidiano de construção do real pela imprensa em Mato Grosso. Assim, o livro expõe como é possível conhecer processos históricos mediante uma interpelação crítica e metodologicamente orientada dos jornais, com estudos que descortinam as relações de cumplicidade entre redatores, donos de publicações e elites políticas, jurídicas, religiosas e econômicas, as quais mantêm influência, ainda hoje, sobre a prática discursiva das redações, com recurso a constrangimentos diversos, os quais assumem intensidade ainda maior no plano regional.

Por fim, os estudos desta obra reforçam a necessária vigilância epistemológica que deve ter o pesquisador diante das posições ideológicas e das condições discursivas dos jornais. Além do visível, o domínio do não-dito é considerado uma dimensão de relevo, afinal, as representações erigidas nos impressos se dão a partir da voz de quem detém posições de *poder dizer*, de *poder fazer-se ouvir*, mas também de *levar ao silenciamento*. Esses pressupostos estão presentes de forma transversal nos vários capítulos, revelando, por parte dos autores e das autoras e dos organizadores do livro, uma consciência epistemológica que faz da obra um contributo igualmente pertinente ao debate metodológico da pesquisa com impressos.

Os jornais podem não ser os únicos espaços de interpelação do real, mas eles são, certamente, um *lócus* precioso e indispensável de compreensão do tecido social, na medida em que a sua exploração permite recompor a genealogia de certos processos e antever as suas permanências no tempo presente. Estou certo de que esse é um desafio a que este livro responde, de forma brilhante e rigorosa, nas páginas que seguem.

Cuiabá, março de 2024.
Bruno Araújo
Professor do Departamento de Comunicação e do Programa de Pós-Graduação em Comunicação da Universidade Federal de Mato Grosso

SUMÁRIO

INTRODUÇÃO 11

A REPÚBLICA, A IMPRENSA E A INSTRUÇÃO EM MATO GROSSO: ALVÍSSARAS DOS NOVOS TEMPOS(?) 15
Adriana Aparecida Pinto

MATO GROSSO EM REGISTRO: APONTAMENTOS PARA ANÁLISE DO JORNAL *O MATTO-GROSSO* (1918-1935) 37
Sandra Miria Figueiredo Souza

O JORNAL *A CRUZ*: OS PRIMEIROS REDATORES 55
Daniel Freitas de Oliveira

PARA ALÉM DA NOTÍCIA – AS LIGAÇÕES DO JORNAL *O ESTADO DE MATO GROSSO* COM O ESTADO NOVO 75
Antonio Ricardo Calori de Lion

A PENA EVANGELIZADORA CONTRA O COMUNISMO: UMA CONSTRUÇÃO MITOLÓGICA CONSPIRATÓRIA NAS PÁGINAS DE UM JORNAL PRESBITERIANO CUIABANO (1936-1938) 97
Rafael Adão

O *PANTANEIRO*: MEMÓRIA CULTURAL PELAS PÁGINAS DO SEMANÁRIO AQUIDAUANENSE 129
Lise Rossi Jones Lima, Antônio Firmino de Oliveira Neto, Edvaldo Correa Sotana

OS JORNAIS, O COTIDIANO E A MEMÓRIA NA/DA CIDADE – REFLEXÕES DE UM PERCURSO 145
Waldson Luciano Correa Diniz

O DESENVOLVIMENTISMO CONSERVADOR E O COMBATE AO PENSAMENTO COMUNISTA NA REVISTA *BRASIL-OESTE* 165
Aguinaldo Rodrigues Gomes, Miguel Rodrigues de Sousa Neto

POLÍTICA E IMPRENSA: A MANIPULAÇÃO DO "POPULAR" NA HISTÓRIA DA DIVISÃO TERRITORIAL DO ESTADO DE MATO GROSSO, EM 1977 193
Vera Lucia Furlanetto

A ATUAÇÃO DE DIFERENTES MEIOS DE COMUNICAÇÃO NA CONSTRUÇÃO DA DESINTRUSÃO DOS NÃO INDÍGENAS DA TERRA INDÍGENA MARÃIWATSÉDÉ COMO "ACONTECIMENTO MONSTRO" 215
Juliana Cristina da Rosa Delgado, Paulo Sergio Delgado

INDÍGENAS MULHERES COMBATENDO A EXPANSÃO DO AGRONEGÓCIO NO SÉCULO XXI... 237
Paula Faustino Sampaio

COMUNICAÇÃO SOCIAL COMO FERRAMENTA POLÍTICA DO AGRONEGÓCIO 269
Luana Souza Santos, Armando Wilson Tafner Junior

SOBRE OS(AS) AUTORES(AS).. 295

INTRODUÇÃO

> *A história da imprensa é a própria história do desenvolvimento da sociedade capitalista.*
> *(Nelson Sodre)[1]*

Assim o historiador Nelson Werneck Sodré inicia o clássico *História da Imprensa no Brasil*. Certamente, sua obra é fundamental para conhecermos a história da imprensa brasileira. Processos de produção e circulação foram situados historicamente. Jornais e agentes posicionados no quadro de desenvolvimento econômico de nossa sociedade. Porém, em que pese a relevância do trabalho, parece haver uma lacuna: pouco aborda órgãos impressos produzidos no interior do Brasil[2].

Desse modo, a presente coletânea reúne textos ocupados em investigar a imprensa do estado de Mato Grosso. Deve-se lembrar de que o projeto de lei sobre a divisão de Mato Grosso foi aprovado pelo Congresso Nacional em 14 de setembro de 1977 e assinado pelo general Ernesto Geisel em 11 de outubro do mesmo ano. No entanto, o primeiro governo de Mato Grosso do Sul foi instalado somente em primeiro de janeiro de 1979. Assim, o corte temporal anterior à divisão do Estado possibilita que autores(as) abordem jornais produzidos no território do atual estado de Mato Grosso do Sul.

Convém ressaltar, igualmente, que a imprensa mato-grossense já foi tomada como fonte e/ou objeto em relevantes trabalhos acadêmicos na área de história. São exemplos significativos os estudos de Suzana Arakaki[3], Adriana Aparecida Pinto[4], Sandra Miria Figueiredo Souza[5], Eliane Morgado[6], Canavar-

---

[1] SODRE, Nelson W. **História da imprensa no Brasil**. 4. ed. Rio de Janeiro: Mauad, 1999. p. 1.

[2] *Idem*.

[3] ARAKAKI, Suzana. **Dourados**: memórias e representações de 1964. 147 f. Dissertação (Mestrado em História) – Universidade Federal de Mato Grosso do Sul, Campo Grande, 2003.

[4] PINTO, Adriana Aparecida. **Nas páginas da imprensa**: instrução/educação nos jornais em Mato Grosso: 1880-1910. 2013. Tese (Doutorado em Educação Escolar) – Universidade Estadual Paulista, Faculdade de Ciências e Letras, Unesp, Araraquara, 2013.

[5] SOUSA, S. M. F. **Entre tipos, tintas e prensas a história se fez impressa**. Considerações sobre o periódico livre-pensador "A Reacção" (1909 1914). 2019. Dissertação (Mestrado em História) – Pós-Graduação em História, Universidade Federal de Mato Grosso, Cuiabá, 2019.

[6] MORGADO, E. M. O. (org.). **Catálogo de jornais, revistas e boletins de Mato Grosso, 1847-1985**. Cuiabá: EdUFMT, 2011.

ros[7], Lais Costa[8], Daniel Freitas de Oliveira[9], Rafael Adão[10], Maurilio Calonga[11], Linive Albuquerque[12], Vera Furlanetto[13], dentre outros. Buscando inspiração nos estudos produzidos anteriormente, esperamos fomentar a produção de conhecimento sobre história da imprensa em Mato Grosso, notadamente no que diz respeito aos agentes envolvidos, aos expedientes adotados e aos temas abordados.

Ainda que pontualmente, faz-se necessário destacar uma preocupação metodológica que tem norteado nosso trabalho. Em coletânea sobre as relações entre mídia e história, Ana Paula Goulart Ribeiro e Micael Herschmann apontaram uma questão pertinente com relação à historiografia sobre os meios de comunicação:

> [...] feita, predominantemente, no Sudeste, essencialmente no Rio de Janeiro e em São Paulo. Uma consequência disso é que, muitas vezes, as pesquisas são desenvolvidas pela perspectiva dessa região. E características dos meios de comunicação desenvolvidas nessas localidades acabam sendo tratadas como nacionais. [...] O problema com essa perspectiva é que existem dinâmicas locais de grande complexidade que escapam a essas determinações hegemônicas (ou estabelecem com ela algum tipo de relação específica) que, muitas vezes, são desconsideradas[14].

De modo semelhante, deve-se destacar nosso interesse em compartilhar diferentes experiências de pesquisa. Por isso, contamos com textos de pesquisadores(as) de diferentes instituições (Universidade Federal de Mato

---

[7] CANAVARROS, O. Embates ideológicos na imprensa de Cuiabá. *In*: PERARO, M. A. (org.). **Igreja Católica e os cem anos da Arquidiocese em Cuiabá**. (1910-2010). Cuiabá: EdUFMT/FAPEMAT, 2011.

[8] COSTA, Laís. **Feminismo nas crônicas da revista A Violeta (1916-1937)**. Curitiba: Appris, 2019.

[9] OLIVEIRA, Daniel Freitas de. **O jornal A Cruz**: imprensa católica e discurso ultramontano na Arquidiocese de Cuiabá (1910-1924). Dissertação (Mestrado em História) – Programa de Pós-Graduação em História da Faculdade de Ciências Humanas da Universidade Federal da Grande Dourados (UFGD), Dourados: UFGD, 2016.

[10] ADÃO. Rafael. **Anticomunismo e suas construções mitológicas na imprensa político-religiosa de Cuiabá (1930-1945)**. Dissertação (Mestrado em História) – Programa de Pós-Graduação em História, UFMT, 2017.

[11] CALONGA, Maurilio Dantielly. **Jornal Do Comércio**: Arranjos Políticos E Representações Da Guerra Em Mato Grosso (1930-1945). Dissertação (Mestrado em História) – Programa de Pós-Graduação em História da Faculdade de Ciências Humanas da Universidade Federal da Grande Dourados (UFGD), Dourados: UFGD, 2014.

[12] CORREA, Linive de Albuquerque. **Grupo Correio do Estado**, de jornal a conglomerado midiático (1954-1980). 304 f. Dissertação (Mestrado em História) – Universidade Estadual Paulista, Assis, 2018.

[13] FURLANETTO, Vera Lucia. **Mato Grosso Do Sul**: Sua criação pelas representações dos jornais O Progresso e Correio Do Estado. Dissertação (Mestrado em História) – UFGD, Dourados, 2018.

[14] RIBEIRO, Ana Paula Goulart; HERSCHAMNN, Micael. **Comunicação e história**: interfaces e novas abordagens. Rio de Janeiro: Mauad, 2008. p. 14.

Grosso, Universidade Federal de Rondonópolis, Universidade Federal de Mato Grossos do Sul, Universidade Federal da Grande Dourados, Universidade Estadual Paulista, Secretaria de Educação do Estado de Mato Grosso e Secretaria de Educação do Estado de Mato Grosso do Sul).

Por fim, agradecemos ao Programa de Pós-Graduação em História (UFMT) por viabilizar a publicação da obra por meio do Programa de Apoio à Pós-Graduação (Proap), da Fundação Coordenação de Aperfeiçoamento de Pessoal de Nível Superior (Capes).

Uma ótima leitura!

Beatriz dos Santos de Oliveira Feitosa
Edvaldo Correa Sotana

A REPÚBLICA, A IMPRENSA E A INSTRUÇÃO EM MATO GROSSO: ALVÍSSARAS DOS NOVOS TEMPOS(?)

Adriana Aparecida Pinto

No alvorecer da década de 1890 os *paquetes*[15] e vapores mato-grossenses traziam, além de sortimentos necessários à vida citadina, jornais que noticiavam a instauração do regime político-administrativo que vigoraria no país: a República!

Cuiabá torna-se sede administrativa do então estado de Mato Grosso[16] e o evento reverbera, por meio da imprensa e de outros veículos de comunicação, para outras localidades e unidades da federação. No entanto, essa mudança não alterou significativa e imediatamente o cenário sociocultural do território mato-grossense, ainda que pesem as notas propositivas empenhadas e alinhadas ao discurso da modernidade[17] e da transformação social que o novo regime imprimiria.

> Em meio a essas situações políticas conflitantes, a Provincia de Mato Grosso vivia, ainda, a revezes do seu isolamento geográfico que começava paulatinamente a romper-se graças à abertura da navegação pelo Rio Paraguai, interligando Cuiabá a Montevidéu, Buenos Aires e à Corte do País. [...] Somente a partir de 1870, a região experimentou a mudança dessa triste contextualização, contando com uma expansão econômica,

---

[15] Paquete é a denominação dada aos antigos navios de luxo e de grande velocidade, geralmente movidos a vapor. Na origem desse nome está a designação inglesa de packet boat e que pode ser traduzida para o português como navio de pacotes. Essas embarcações faziam travessias regulares levando encomendas (pacotes) e correios. Faziam também o transporte de passageiros, mercadorias e correspondência entre o país ou mais países. Disponível em: htttp://www.dicio.com.br/paquete. Acesso em: 15 dez. 2011. Lylia Galetti destaca, ainda, que os paquetes e vapores eram batizados com nomes e sua chegada era celebrada com festa, pois tinham nesse meio de transporte um símbolo do progresso e da civilização. GALETTI, Lylia da Silva Guedes. **Nos confins da civilização:** sertão, fronteiras e representações sobre Mato Grosso. Tese (Doutorado em História) – São Paulo: FFLCH/USP, 2000, p. 195.

[16] Sobre o tema consultar: CORREA, Valmir Batista. **Coroneis e Bandidos em Mato Grosso.** 2. ed. Campo Grande: EdUFMS, 2006; FANAIA, João Edson de Arruda. **Elites e Práticas Políticas em Mato Grosso na Primeira República (1889-1930).** Cuiabá: EdUFMT/Fapemat, 2010; GALETTI, Lylia da Silva Guedes. *Op. cit.*, 2000; ZORZATTO, Oswaldo. **Conciliação e Identidade:** considerações sobre a historiografia de Mato Grosso (1904-1983). Tese (Doutorado em Educação) – São Carlos, SP: USP, 1998.

[17] Sobre a imprensa e a modernidade em Mato Grosso consultar: PINTO, Adriana Aparecida; VALDEMARIN, Vera Teresa. Modernidade e Imprensa em Mato Grosso. *In:* PAES, Ademilson Batista (org.). **História da Educação Confessional e Laica.** São Carlos, SP: Pedro & João Editores, 2019, p. 13-35.

intelectual e social que se estendeu até a República, quando de novo teve que enfrentar graves problemas decorrentes da mudança do regime político. Nestas duas décadas serenas, restabeleceu-se regularmente a navegação pelo Rio Paraguai, anteriormente suspensa pela Guerra da Tríplice Aliança, intensificando-se o comércio de importação e exportação, que deu crescimento econômico e alterou costumes e hábitos dos habitantes. Na capital, fundaram-se agremiações de caráter recreativo e cultural dinamizando a vida social, e a cidade recebeu melhorias públicas materiais empreendidos pelo governo, tais como a abertura de escolas, a construção de jardins, e a inauguração dos esperados serviços de canalização de água e iluminação por combustores[18].

A mudança no modelo administrativo oportuniza, à parte, investimentos visando ao desenvolvimento das vias de comunicação do estado com o restante do país, conforme assinala Valmir Correa, alinhavados por discursos mais frequentes voltados à instrução e à educação, sem as quais tornar-se-ia mais complexo fazer prosperar o estado[19]. Por outro lado, a atuação do grupo denominado por João Edson Fanaya como "elites políticas", que disputava o poder republicano mato-grossense, determinaria direcionamentos significativos no campo da instrução pública do estado, ora ocupando cargos políticos à frente das pastas relativas àquele setor, ora posicionando-se direta e indiretamente por meio de textos publicados na imprensa em circulação[20].

Se o estudo de Fanaya teve como objetivo "apreender os aspectos constitutivos do modus vivendi e das práticas no Estado com a passagem do regime Monárquico para a República liberal federativa, reordenando as forças políticas regionalizadas"[21], a análise da imprensa periódica evidenciara múltiplas faces desses processos, proporcionando elementos para compreender o tema "por dentro", em meio às tramas cotidianas, narrativas em disputa e (não)lugares de poder, com reflexos no campo da instrução.

Entende-se, em razão disso, que tais reflexos podem ser percebidos e mapeados, como objeto de estudo e de conhecimento por meio do exame das publicações periódicas, às quais, nesta produção, desempenharam papel

---

[18] NADAF, Yasmin Jamil. **Rodapé das miscelâneas**: o folhetim nos jornais de Mato Grosso. Rio de Janeiro: 7 Letras, 2002. p. 80-81.
[19] CORREA, Valmir Batista. **Coronéis e Bandidos em Mato Grosso**. 2. ed. Campo Grande: EdUFMS, 2006. p. 20.
[20] FANAYA, João Edson de Arruda. **Elites e Prática Políticas em Mato Grosso na Primeira República (1889-1930)**. Cuiabá: EdUFMT/Fapemat, 2010.
[21] *Ibid.*, p. 12.

significativo na circulação de ideias, auxiliando de modo formativo e pedagógico a formação da sociedade, letrada ou não. A(s) história(s) publicizada(s) por meio da imprensa, ainda quando questionada(s) por muitos quanto ao estatuto de verdade, dada sua episteme não neutra, foram e ainda o são notadamente eivadas de concepções e de marca dos lugares representativos de seus poderes ou influências, seja visando à manutenção da ordem vigente, seja instando à transformação[22]. É lícito, em contrapartida, afirmar que uma e outra autorizam os impressos a ocuparem lugar singular na configuração dos modos de viver e de pensar sobre o estado de Mato Grosso, como se pretende evidenciar nas análises que serão apresentadas nesta pesquisa[23].

Ao registrar parte da história da imprensa em Mato Grosso, com destaque para a criação da chamada Tipografia Provincial, Jucá[24] sinaliza o pretenso *status* da modernidade, representado por meio das conquistas materiais de invenções técnicas[25] que perpassaram a segunda metade do século XIX, adentrando ao XX: a exemplo da pólvora, da energia elétrica, dos bondes, do sistema de telégrafos[26]; Jucá destaca que "a tipografia Provincial foi o primeiro órgão da administração matogrossense, e deu origem à Imprensa Oficial em Mato Grosso [...] e surgiu na Cuiabá quase isolada geograficamente, bem distante da Corte"[27].

A propósito desse raciocínio, a imprensa[28] se configura também como advento da modernidade e como uma importante aliada do advento da

---

[22] LUCA, Tania Regina de. História dos, nos e por meio dos periódicos. *In*: PINSKY, Carla Bassanezi (org.). **Fontes Históricas**. São Paulo: Editora Contexto, 2005.

[23] PINTO, Adriana Aparecida. **Nas páginas da imprensa**: instrução/educação nos jornais em Mato Grosso: 1880-1910. 2013. Tese (Doutorado em Educação Escolar) – Universidade Estadual Paulista, Faculdade de Ciências e Letras, Unesp, Araraquara, 2013; PINTO, Adriana Aparecida. **Relatório de Pesquisa** relativo ao Estágio de Pós-Doutorado em História. São Paulo: Unesp, Assis. Supervisão Tania Regina de Luca. 2018. (mimeo).

[24] JUCÁ, Pedro Rocha. **Imprensa oficial de Mato Grosso**. Cuiabá: Imprensa Oficial do Estado de Mato Grosso, 1986. 221 p.; JUCÁ, Pedro Rocha. **Imprensa oficial de Mato Grosso**: 170 anos de história. (com ilustrações). Cuiabá: Aroe, 2009. Disponível em: http://www.iomat.mt.gov.br. Acesso em: 10 maio 2010.

[25] Sobre o tema ver: BURKE, Peter. **Uma história social do conhecimento:** de Gutenberg a Diderot. Rio de Janeiro: Jorge Zahar Ed., 2003. p. 28.

[26] Ao questionar o papel que a Tipografia e a imprensa, desempenharam na Revolução Francesa, a obra de Robert Darnton e Daniel Roche (1996) possibilita compreender a iniciativa editorial em Mato Grosso, em especial, no papel desempenhado junto aos debates relativos à instrução/educação, configurando um conjunto de esforços que, aliados ao poder político em vigência, funcionaram como dispositivos para formar e modelar a opinião pública, ainda que restrita, sobre um determinado modo de fazer. Para Darnton, em especial, "os historiadores tratam em geral a palavra impressa como um registro do que aconteceu e não como um ingrediente do acontecimento". *Cf.* DARNTON, Robert; ROCHE, Daniel (org.). **Revolução impressa:** A imprensa na França (1775-1800). São Paulo: EdUSP, 1996. p. 15.

[27] JUCÁ, Pedro Rocha. *Op. cit.*, 2009, p. 25.

[28] Pierre Casselle destaca que, durante o Antigo Regime, "a prensa tipográfica foi celebrada como uma dádiva 'que desceu dos céus' para espalhar o esclarecimento pelo mundo em trevas" (CASSELE *apud* DARNTON; ROCHE 1996, p. 149).

República em Mato Grosso[29]. Face ao exposto, a instalação de tipografias na Província não pode ser vista apenas como mero esforço para abreviar as distâncias percorridas para noticiar/informar acontecimentos de várias ordens, locais, regionais, nacionais e internacionais. Porém, como uma forma de registrar e de fazer circular modos de pensar sobre os temas/assuntos relevantes às páginas diárias ou semanais em Mato Grosso, oportunizando conhecer o que se passava além da cuiabania, bem como levando a outros rincões do país, e do mundo moderno, notícias sobre o "sertão mato-grossense"[30].

Os apontamentos que seguem tomam a imprensa como documentação primária para acompanhar e compreender os debates (e suas ausências) no campo da instrução pública em Mato Grosso, seus limites e possibilidades de implementação, conjugado ao discurso de modernidade, alçado pela instrução/educação.

O estudo que deu origem a este artigo cerca-se, ainda, de outros que têm demonstrado a vivacidade da imprensa, quer seja como fonte ou como objeto de estudo, proporcionando e divulgando aspectos nem sempre visíveis em impressos de outra natureza[31]. Outrossim, não se pode negar que muito da conformação de tais práticas cotidianas, noticiadas na então imprensa, são frutos de determinismos orientados por meio da legislação vigente, dos encaminhamentos que decorrem de seus textos, dos processos de apropriação, da tradução cultural, assim como da própria implementação dos procedimentos de ensino às instituições a que lhes competem o exercício, em outras localidades do país. Derivados desse conjunto de práticas, o exame das Mensagens de Presidente de Estado e de Relatórios de Instrução Pública auxiliam, em boa medida, ao cotejamento da documentação, no sentido de mapear temas e problemas publicizados ou negligenciados no contexto em tela.

Devido à realização do exercício metodológico de cartografar as Mensagens, foi possível vislumbrar um conjunto de saberes e de práticas culturais no que tange à instrução expressa, direta e indiretamente, no cenário mato-grossense[32]. A vida da população dessa região acontecia para

---

[29] PINTO, Adriana Aparecida. *Op. cit.*, 2013.
[30] SOUZA, João Carlos. **O sertão Cosmopolita**. 2008.
[31] MOREL, Marco. Os primeiros passos da palavra impressa. *In:* MARTINS, Ana Luiza; LUCA, Tânia Regina de (org.). **História da Imprensa no Brasil**. São Paulo: Contexto, 2008.
[32] PINTO, Adriana Aparecida. Por uma Cartografia da Instrução Pública: As Mensagens de Presidentes de Estado e a organização da educação em Mato Grosso (1890-1920). *In:* ALVES, Miriam Fábia; PINTO, Rubia-Mar Nunes. Trajetória, memória e história da educação pública na América do Sul. Goiânia: Editora da Imprensa Universitária, 2020.

além de Cuiabá, ainda que pousassem sobre ela toda a atenção e planos de desenvolvimento urbano e cultural, em virtude de ser o centro político de um território de vastas dimensões, e, evidentemente, de ser o cerne dos olhares do poder central.

O diálogo teórico-metodológico foi experienciado por este conjunto documental, possibilitando a percepção do lugar oficial da produção do discurso (pre)dominante, dos temas considerados oportunos, de outros silenciados, indicando um conjunto de iniciativas validadas como relevantes para o campo em detrimento de outras.

A Imprensa em/de Mato Grosso: alvíssaras, nuances e cenários

No momento em que se elenca a imprensa como documentação/fonte para estudos históricos em educação, o célebre alerta metodológico de Lucien Febvre se faz necessário:

> A história se faz com documentos escritos, quando existem. Mas ela pode e deve ser feita com toda a engenhosidade do historiador. Com palavras e sinais. Paisagens e telas. Formas de campos e ervas daninhas. Eclipses lunares e cordas de atrelagem, Análises de pedras pelos geólogos e de espadas de metal pelos químicos. Numa palavra, com tudo aquilo que, pertencendo ao homem, depende do homem, serve o homem, exprime o homem, significa a presença, a atividade, os gostos e as maneiras de ser do homem[33].

A imprensa constitui-se em documentação existente em Mato Grosso desde os tempos idos de 1840. No entanto, há diversos aspectos que comprometem o seu uso, a saber: a localização, o levantamento de títulos, a composição, bem como a organização da documentação seriada, a conservação em acervos físicos e/ou acervos digitais seriadas e o próprio reconhecimento da área de pesquisa histórica de sua validade enquanto fonte. Para o estudo presente, que é parte de um trabalho de pesquisa desenvolvido em nível de doutorado, seguiu-se ao trabalho artesanal, de tessituras, indiciário de localização, mapeamento, organização e composição de planilhas de dados as quais, ao seu turno, conformaram um instrumento de pesquisa substancial sobre aspectos da instrução/educação na imprensa de Mato Grosso[34].

---
[33] FEBVRE, Lucien. **Combates pela história**. 2. ed. Lisboa: Presença, 1985. p. 249.
[34] PINTO, Adriana Aparecida. **Imprensa e ensino**: catálogo de fontes para o estudo da história da educação mato-grossense. Dourados, MS: EdUFGD, 2017.

Nos acervos consultados em Mato Grosso e no Rio de Janeiro[35], raros foram os registros de iniciativas ligadas à consolidação de uma imprensa periódica, ressalte-se: *especializada em educação*, produzida e difundida naquele estado. Embora haja indícios da existência de uma publicação em circulação no início da década de 1910, a qual compilou uma série de conferências pedagógicas publicadas como colunas semanais no jornal o *Republicano*. Oportuno registrar que, apesar do volume de títulos publicados, poucos foram aquelas que tiveram seu ciclo de vida perpetuado por mais de uma década.

Cuiabá e Corumbá despontaram como localidades com maior investimento tipográfico editorial nessas lides. Configurando-se como importante entreposto de comunicação fluvial com outras localidades do estado, essas cidades guardam a tradição e a memória de um Mato Grosso que ansiava por se desenvolver. A imprensa evidencia e registra esse desejo, assim como julga fornecer caminhos para a sua concretização.

Em oposição ao desenvolvimento dos interesses culturais da população mato-grossense, estudos realizados por Lylia Galetti afirmam que foi construída uma representação de sertão e de barbárie que atendeu aos interesses de desenvolvimento da região, enaltecida pela possibilidade exploratória ou subalternizada pelas dificuldades de acesso:

> As representações sobre o perigo da barbárie ameaçadora dos sertões, como se viu no caso de Mato Grosso, afloravam com maior força nos discursos oriundos diretamente do campo da política. Neste campo, os problemas decorrentes das dificuldades de gerir o território e controlar as populações ali dispersas faziam emergir com toda a força a face negativa dos sertões. É verdade que para o publico externo estes sertões eram apresentados como fronteiras em expansão, com acento naqueles aspectos favoráveis identificados nas narrativas de viagens: terras riquíssimas a serem colonizadas por imigrantes estrangeiros. [...] Já nos escritos elaborados para um publico interno, as vantagens destes sertões, tão divulgadas lá fora, adquiriam um claro sentido negativo, sobretudo nos discursos que diagnosti-

---

[35] **Em Mato Grosso** – Núcleo de Documentação e Informação Histórica Regional da UFMT (NDIHR), Arquivo Público do Estado de Mato Grosso (APMT), Palácio da Instrução (atualmente Biblioteca Rubens de Mendonça); **Rio de Janeiro**: Arquivo Nacional (Fundo Instrução Pública e códices que não estão disponibilizados no formato de catálogos ou fichas de consultas), Fundação Biblioteca Nacional. Registre-se, em tempo, o apoio do programa Procad/MEC/Unesp/Uerj para a realização de estágio na modalidade de missão de estudos, no período de outubro a novembro de 2009, na cidade do Rio de Janeiro, sob tutoria do Prof. Dr. José Gonçalves Gondra.

cavam o atraso do país, tendo como parâmetro o ideal do Grande Império, representante da civilização europeia dos trópicos[36].

A disputa instalada por essa guerra de narrativas acompanhará as formulações sobre o território anos a fio. As representações da noção de atraso e de barbárie são notórias, assim como indicativas da ausência de civilização e de progresso, evidenciadas por algumas notas da imprensa. Todavia, paradoxalmente, essa mesma imprensa também traria em seus textos as belezas naturais vistas como promissoras potencialidades de desenvolvimento.

Essa forma de perceber o território de Mato Grosso, observada na imprensa e examinada nos estudos de Galetti, é evidenciada nos jornais[37]. As reivindicações e os esforços em prol da consolidação do progresso matogrossense esbarravam, frequentemente, na imagem que fora criada sobre aquele território, impedindo, por vezes, que seus representantes ganhassem credibilidade quando da solicitação de recursos para os investimentos pretendidos. Alusivo ao fato é o discurso de Mariano Rios, na Câmara dos Deputados, transcrito em o *Republicano* de 15 de janeiro de 1896, justificando a necessidade e defendendo a implantação da Estrada de Ferro do Tapajoz, que promoveria o entreposto viário de mercadorias à região Norte:

> [...] Não sendo profissional e, portanto, baldo de competência para tratar de semelhante material que demanda conhecimento techino e especial de engenharia, me apadrinharei especialmente como importante parecer da comissão de viação do qual foi relator o meu distincto amigo e companheiro de representação, engenheiro Luiz Adolpho. A sua leitura bastará para convencer a Camara de que não se trata de uma estrada de effeitos mirabolantes, como disse o nobre deputado a quem respondo; ao contrário, ella trará innumeros benefícios a região do norte do paiz, a qual ficará assim ligada ao interior, donde receberá larga provisão de gado, que é a base da alimentação publica. [...] Sr. Presidente, não estranho essa opposição ora levantada; é veso antigo, desde o regimen passado, uma certa má vontade contra Matto-Grosso, e mesmo muitas vezes tenho ouvido apreciações errôneas sobre meu estado, sobre o qual entende de fallar quem não tem delle o preciso conhecimento, sinão pela posição que occupa nos mappas geographicos. [...] Se percorrermos os annaes do parlamento imperial, veremos que um eminente estadista affirmou da tribuna que não neces-

---

[36] GALETTI, Lylia da Silva Guedes. *Op. cit.*, 2000, p. 206-7.
[37] GALETTI, Lylia da Silva Guedes. *Op. cit.*, 2000.

sitava cuidar-se das fronteiras militares de Matto-Grosso, porque ellas estavam por si mesmas defendidas, ellas tinham a seu favor desertos inaccessíveis para tropas regulares. [...][38].

Na mesma nota, registra-se preocupação com a educação da população mato-grossense, destacando representações equivocadas para a formação da infância leitora:

> [...] E o que é mais, até em um livrinho elementar de instrucção, que casualmente cahiu-me sob as vistas, li um período com uma leitura dedicada á infância que UM INDIO MATOU NAS RUAS DE CUYABA Á FLECHADAS UMA ENORME GIBÓIA!! Isto é meio de incutir no espirito da infância que na capital de Matto-Grosso há índios pelas ruas, que alli se deparam a cada passo reptis ADORNANDO as vias publicas?[39]

No decorrer dessa década, ao lado da necessidade de expansão da linha telegráfica e da ampliação da linha férrea para escoamento da produção agropastoril do estado como noticia o *Republicano*[40] de 12 de janeiro de 1896, figuram nas páginas dos jornais mato-grossenses notas constantes sobre a ampliação do serviço da instrução pública, assim como da expansão dos seus ramos de ensino, considerando necessários investimentos constantes e gradativos no ensino secundário, em grande parte sob o auspício da iniciativa particular e na formação de quadros para o ensino. O Relatório sobre o estado da Instrução Primária e Secundária do Estado, referente ao ano de 1896, enviado ao governador Antonio Correa da Costa, atestava a circulação de ideias pedagógicas, referenciando o conjunto de políticas e práticas do estado de São Paulo, entendido pelos políticos mato-grossenses como uma das localidades que tinha alcançado progressos notáveis na área da instrução/educação. Tomando-o como exemplo do avanço, referencia a publicação periódica que auxiliava nos processos de formação de professores daquele estado:

> [...] Além destas obras, há igualmente a excelente revista pedagógica denominada Escola Pública[41], que se publica na

---

[38] Estrada de Ferro Tapajoz, **REPUBLICANO**, 15 de janeiro de 1896, n. 19, p. 3

[39] Estrada de Ferro Tapajoz, **REPUBLICANO**, 15 de janeiro de 1896, n. 19, p. 3.

[40] **Republicano:** orgam do partido Republicano conservador circulou em Cuiabá duas vezes por semana, tendo como administrador responsável nos primeiros anos de sua publicação Manoel R. dos Santos Tocantins. PINTO, Adriana. *Op. cit.*, 2013.

[41] A propósito da revista mencionada no relatório de instrução pública matogrossense, ver: PINTO, Adriana Aparecida. **A Eschola Publica:** um estudo da pedagogia paulista (1893-1896). Dissertação (Mestrado em Educação) Faculdade de Filosofia e Ciências Humanas. Marília, SP: Unesp, 2001.

capital do Estado de São Paulo e da qual não poderá prescindir jamais o professor que bem deseje cumprir na escola os árduos deveres de sua nobre e penosa profissão[42].

O exame da imprensa permite afirmar que Mato Grosso recebia informações de outras localidades do país, muitas das quais utilizadas como balizas para a instauração de práticas e políticas em diversos setores da vida pública. Estevão de Mendonça destaca a prodigalidade da imprensa e do vasto e produtivo campo de olhares sobre o estado, ainda que o volume considerável das publicações arroladas nos catálogos consultados tenha sua difusão centrada na capital Cuiabá. Em especial, não se pratica a ingenuidade de desconsiderar a imprensa como dúbia, partidária e seletiva, podendo servir "a dois ou mais senhores": em virtude desse alerta o texto se movimenta na pretensão de apresentar as lutas promovidas nessa arena cultural[43].

As disputas por interesses particulares ou de determinados grupos renderam aos periódicos mato-grossenses célebres embates, possíveis de serem acompanhados nas páginas dos semanários. Instaura-se uma grande arena sociocultural: de luta de classes, de lutas políticas, ideológicas, religiosas, sobretudo, do movimento que forja um conjunto de esforços que conformadores de modos de ver e de conceber a sociedade. Não obstante, dos modos de conformar as práticas culturais, como tributárias de um determinado lugar de ver o mundo, por meio de um repertório construído, difundido e, máxime, autorizado, de um grupo de sujeitos que tinham, literalmente, em suas mãos a prensa e a tinta.

A imprensa mato-grossense anuncia uma série de mudanças ocorridas em sintonia com os grandes centros no período, acompanhando tendências da Europa, como demonstra o periódico *O Corumbaense* relativizando a noção de isolamento e atraso, contrapondo explicações do não desenvolvimento de Mato Grosso[44]. Desempenha papel semelhante àquela imprensa instituída na França, cujo princípio basilar se evidencia nas palavras de Jeremy Popkin: "Pode-se ensinar a mesma verdade no mesmo momento para milhões de pessoas; através da imprensa, elas discutirão sem tumulto, decidirão com calma e darão sua opinião"[45].

---

[42] Relatório sobre o estado da Instrução Primária e Secundária do Estado, 1896, APMT/MATO GROSSO, 2010.
[43] MENDONÇA, Estevão de. **Datas mato-grossenses**. 2. ed. v. I. Goiânia: Rio Bonito, 1973.
[44] PINTO, Adriana Aparecida. Op. cit., 2013.
[45] POPKIN, Jeremy D. Jornais, a nova face das notícias. In: DARNTON, Robert; ROCHE, Daniel (org.). **Revolução Impressa**: a Imprensa na França 1775-1800. São Paulo: Editora da Universidade de São Paulo, 1996. p. 199.

No alvorecer republicano se observa o aumento das notas que tratam sobre a necessidade de investimentos no setor educacional. Inicialmente, marcada pela polarização Cuiabá-Corumbá, despontam outras localidades no cenário jornalístico reivindicando, em consonância, atenção para os problemas locais. A configuração da instrução pública em Mato Grosso, nos anos finais do século XIX, apresenta peculiaridades no que concerne à condição e à localização geográfica do estado, na região "central" do Brasil, país de vastas dimensões territoriais. Ainda o final do século registra a ampliação das linhas de navegação entre os portos de Corumbá, São Luiz de Cáceres, Miranda e Aquidauana, a instalação da linha telegráfica entre Corumbá e Cuiabá, estendendo as formas de transmissão das notícias e, por consequência, da circulação de pessoas e ideias. Era o progresso chegando ao "sertão cosmopolita" e a outros torrões do Brasil central[46].

Semanalmente, os periódicos contribuíam para a criação de um conjunto de hábitos e de costumes voltados ao consumo de cultura, de leitura e de notícias publicizadas por intermédio de suas páginas. E, a despeito dessa forma de fazer circular os acontecimentos cotidianos tenha, como princípio fundante, a existência e fidelização de um público leitor, tarefa que estava muito aquém das necessidades e condições mato-grossenses no período, o hábito da leitura dos jornais ganharia um poderoso aliado: a oralização da leitura[47]; ainda que embora esse modo de apropriação não contasse com a simpatia dos jornalistas.

A ausência de uma imprensa de circulação diária, como afirma o autor do artigo publicado em o *Republicano* de 26 de janeiro de 1896, traduz uma importante contradição e, ao mesmo tempo, uma dicotomia, a ausência de "ledores". Crítica contundente se observa a respeito dos modos de apropriação e de leitura dos jornais da época, como evidencia o excerto que segue:

> [...] A primeira vista, uma tal objecção parece razoável; mas não há duvida que, pensando-se sempre do mesmo modo, nunca teremos em Cuyabá imprensa diária e jamais o jornalismo entre nós acompanhará a evolução do progresso senão muito de longe, como tem feito até agora. Não é, porem, principalmente na falta de assumpto, crêa-me o leitor, que estão busillis; outra,

---

[46] SOUZA, João Carlos. *Op. cit.*, 2008.
[47] Essa prática é comum a outros lugares do mundo, como evidencia a análise de Jeremy Popkin (1996, p. 206) na França, durante o Antigo Regime: "Os jornais revolucionários eram ainda caros – uma assinatura anual custava o equivalente a várias semanas de trabalho de um operário comum. De qualquer modo, os baixos níveis de alfabetização de muitas regiões do país impediam que os jornais atingissem grande parte da população adulta, embora alguns fossem lidos em voz alta".

> muito outra e mais poderosa é, sem dúvida, a causa que impede a imprensa matto-grossense de realisar esse cometimento, a meu ver, de magna e real importância para anossa terra natal. Quer saber o leitor porque não podemos ter ainda um diário? É por que aqui, como em Lisbôa, quase todos somos distinctos escriptores, mas muito pouco ledores. Sabem porque eu isto digo? Pela negação que quase todos, ou pelos menos uma grande maioria dos nossos conterrâneos, tem de assignar jornaes! [...] Pois a cultura, civilisação, progresso e desenvolvimento de um povo se avalia essencialmente pelo que diz a sua imprensa. [...] não se diga, portanto, que em Cuyabá não há elementos para manter uma imprensa diária! Desenvolva-se na população o gosto pela leitura dos jornaes, e procure-se convencer tanto ao rico e opulento capitalista, como ao pobre operário, que a imprensa é realmente a machina propulsora do progresso, que sem ella, sem o seu impulso, todo e qualquer commetimento será, senão de todo impossível, pelo menos bastante moroso e de improfícuos resultados; abandone-se de uma vez para sempre o mau vezo, o indecente costume de se pedir o jornal do visinho, muitas vezes imprudentemente, antes de o ser lido; economise cada um o necessário para comprar diariamente o seu jornal; faça-se também pelo menos uma tiragem de 1000 exemplares, alias muito pequena para uma população de quase dezoito mil almas, que [ilegível] prometto dar ao publico uma folha diário pelo módico preço de 100 réis cada exemplar, quase exclusivamente o preço do papel. [...] Já vê o leitor que por este lado não é que o barco havia de fazer água: por falta de assumpto não é que o nosso diário deixaria de sahir a lume: por falta de azeite sim, consumir-se-hia a torcida e, apagando-se a lamparina, ficariamos ás escuras. Ora, sendo a luz inimiga das trevas, está claro que, sem aquella estas não poderiam nunca ser espantadas[48].

O arrazoado argumentativo apresentado na seção "Conversemos" denota a intenção do alcance das palavras. Ao ser alçada à dimensão pedagógica nota-se que: a imprensa seria um dos livros por meio do qual a população aprenderia a ler, como já pontuado em outros periódicos na década passada. A preocupação aparente é a venda e a comercialização dos periódicos, contudo seria necessário que os leitores deixassem de tomar de empréstimo os jornais dos vizinhos para lê-los, ou dependessem da prática de oralização da leitura, fator preponderante para o investimento na instrução pública. De modo mais ostensivo, visando à formação de leitores futuros,

---
[48] Aluizio, Conversemos... **REPUBLICANO**, n. 22, 26/01/1896, p. 2.

ainda assim seria insuficiente para alavancar progresso e desenvolvimento associados à leitura, sobretudo, a julgar pelos valores praticados na venda dos jornais. A participação do estado de Mato Grosso nas edições da Exposição Universal, a ser realizada em Paris da virada do século, asseguraria, conforme apresenta a imprensa, levar produtos e pessoas à França, tirando o estado do ostracismo e da opacidade[49].

A República, como já sinalizado anteriormente, foi amplamente noticiada nos jornais regionais. O *Oasis*[50], jornal corumbaense, à menção de outros periódicos, apresentou o momento político como próspero, conclamando a população a saudar o novo tempo. A imprensa, na leitura dos seus articulistas, ocuparia lugar de destaque na consolidação desse modelo e desempenharia papel essencial, na sua difusão e acompanhamento:

> Concidadãos! No regimen republicano, mais do que em nenhum outro, incumbe ao cidadão de qualquer classe ou condição que seja, como um dos seus mais rigorosos deveres, o de tomar parte na direcção e fiscalização dos negócios públicos. O paiz em que os cidadãos se eximem do cumprimento dessa missão pode e deve ser considerado como um paiz perdido e quase morto, apto para servir de instrumento a cada instante, ao mais desenfreado despotismo. [...][51].

Opinativa, informativa e propositiva, a imprensa mato-grossense informava os leitores acerca do que acontecia no Brasil central, visando, contudo, à formação da opinião pública com relação a determinados fatos sociais. A abordagem ao leitor interciona uma aproximação, em muitos dos textos simulando diálogos dos editores com os leitores, conclamando-os[52] ao seu papel de interlocutor privilegiado, ou, como analisa Marco Morel, "ou seja, a opinião pública era um recurso para legitimar posições políticas e um instrumento simbólico que visava transformar algumas demandas sociais numa vontade geral"[53].

A autoria dos textos nem sempre era divulgada, entretanto, as indicações das páginas de abertura, editoriais ou seção de colaboradores permitem

---

[49] As notas sobre as Exposições Internacionais e Nacionais são constantes nos periódicos examinados, sendo necessário um estudo mais detalhado sobre a sua inserção na imprensa mato-grossense.

[50] **Oasis:** publicação periódica "Não se admite testa de ferro", circulou em Corumbá sem apresentar muitas informações de sua origem, valor de assinatura, vinculação política, equipe de colaboradores e editores em suas páginas.

[51] **OASIS**, n. 121, 03/05/1890, p. 2.

[52] *Cf.* **OASIS**, n. 121, 03/05/1890, p. 2.

[53] MOREL, Marco. Os primeiros passos da palavra impressa. *In:* MARTINS, Ana Luiza; LUCA, Tânia Regina de (org.). **História da Imprensa no Brasil**. São Paulo: Contexto, 2008. p. 33.

inferir que os textos eram, em sua maioria, escritos pelos próprios donos do jornal que assumiam a função de editor ou redator-chefe, de articulistas ou de equipe de redatores dos jornais, cuja composição não excedia a quatro membros fixos, à exceção de alguns colaboradores eventuais e dispersos. Registre-se a constante menção aos nomes daqueles que estiveram envolvidos em situações referentes à instrução, pois não eram entidades imaginárias, mas membros de grupos sociais fortemente constituídos, como as famílias Ponce, Correa e Mendonça, tradicionais no cenário político mato-grossense.

Frente a análises dessa natureza, os jornais mato-grossenses não fogem a uma certa regra e a um modo de existir que implica, necessariamente, na discussão de modelos em circulação. Existe uma gênese dessa forma de escrita jornalística e as notas sobre a instrução acabam por ser inseridas e o campo se beneficia da informação. Observa-se em *Oasis* que as notas referentes à instrução seguem a mesma linha editorial e de interesse de outras chamadas do período em questão, guardando semelhança com aquelas publicadas em outros títulos.

Notas sobre a realização de exames escolares, atas de suas aprovações, a contratação e a exoneração de professores, escolas recém-criadas, festas escolares, homenagens prestadas por escolares às autoridades locais compunham um cotidiano ordinário das publicações na imprensa mato-grossense. Sem embargo, o exame da imprensa "de capa a capa" permitiu identificar outras tipologias textuais, como anedotas, historietas, pequenas crônicas, algumas das quais atribuíam a professores e estudantes elementos de depreciação intelectual e moral. A oferta de serviços educacionais, como preceptoria, aulas de apoio em determinadas disciplinas, também era objeto de publicação, costumeiramente nas páginas finais com características de anúncios. A divulgação de livros utilizados nas escolas de instrução pública, cartilhas, lista de livros utilizados na Escola do Arsenal de Guerra e o material a ser adquirido para o ano escolar também passam a fazer parte dessa imprensa semanal, ao lado das listas de mercadorias publicadas, geralmente, nas últimas páginas dos jornais. Durante a década anterior, essas mesmas páginas finais traziam diversos itens, desde tônicos e elixires para a saúde até tecidos finos, vinhos, chocolates, gêneros alimentícios de primeira necessidade, como o arroz, sal, mate e chapéus.

A construção dos prédios escolares, "templos de civilização" em São Paulo, como destaca Rosa Fátima de Souza[54], ou "Palácios de Instrução", para

---

[54] SOUZA, Rosa Fátima de. **Templos de Civilização:** a implantação da escola primária graduada no estado de São Paulo (1890-1910). São Paulo: Fundação Editora da Unesp, 1998.

Mato Grosso, como sinaliza Rosinete Reis[55], marca, a partir da Mensagem de 1894, a intenção do governo do estado em adotar a modalidade dos Grupos Escolares como forma de organização do ensino público. A demanda por construção de escolas aparece esporadicamente na imprensa, em períodos próximos as datas cívico-comemorativas.

Ao findar o ano de 1895, o *Republicano* traz na última edição daquele ano o texto que apresenta uma análise do desenvolvimento da instrução, correspondente ao primeiro lustro do regime republicano no país e sobre as suas implicações para a instrução pública em Mato Grosso:

> Já tivemos a occasião de, em um editorial desta folha, nos referir as condições actuais da nossa instrucção publica, e fizemol-o com a franqueza que nos dita a convicção de prestarmos um bom serviço a administração do Estado todas as vezes que, tratando de assumpto de relevância e de interesse publico, dissermos sem atavios, nem rebuços, a verdade tal qual ella é. [...]
>
> Dissemos então que é publico e notório, que está no conhecimento de todos quantos se interessam pelos públicos negócios, o estado de decadência e atrazo em que se acha a nossa instrucção primaria.
>
> Acabamos de ver essa nossa asserção confirmada pela primeira autoridade do Estado em occasião solemne, qual foi a festa official da dsitribuição de prêmios e diplomas aos alumnso approvados em exame final do ensino primário, celebrado no Lyceu Cuiabano a 25 do mês a findar. Comparando o resultado apresentado pelas escolas publica como apresentado pelas particulares, attendendo a que das dez escolas publicas existentes no 1º e 2º districtos desta capital apenas metade apresentou alumnos a exame, sendo estes em numero insignificante [...][56].

Na sequência da matéria, o articulista avança em relação às constatações feitas por ocasião das solenidades mencionadas e ensaia um conjunto de análises, conforme demonstra o excerto que segue:

> [...] Seja-nos permittido indicar quaes ao nosso ver são as causas principaes do abatimento da instrucção primaria; pois que não é sufficiente dizer que ella esta decadente que convem reformal-a: o que mais convem indicar as causas desta decadência e os meios de removel-a.

---

[55] REIS, Rosinete Maria dos. **Palácios da Instrução**: institucionalização dos Grupos Escolares em Mato Grosso (1910-1927). Dissertação (Mestrado em Educação) – Universidade Federal de Mato Grosso. Cuiabá: IE/UFMT, 2006.
[56] **REPUBLICANO**, n. 14, 29/12/1895

> A parca, exígua e insufficiente remuneração do professorado; a admissão de senhoras na regência de escolas do sexo masculino, de modo a ser hoje a instrucção primara quase um privilegio do sexo feminino; a falta de divisão do ensino em dous graus, são causas que tem determinado o facto que mereceu a justa censura do Exm. Sr. Dr. Presidente do Estado, e a que nos referimos[57].

Ao acompanhar as edições de o *Republicano* é possível afirmar que o jornal é aquele que mantém mais frequência na abordagem de temas relacionados à instrução[58]. Apresenta contextos, elenca problemas e ensaia encaminhamentos:

> [...] É indubitavel que, com os actuaes vencimentos, não pode um professor publico subsistir nem com estricta economia, sendo este o maior motivo porque os mais idôneos não se dedicam ao magistério. Por outro lado e inconcusso que ao sexo feminino entre nos faltam quase em absoluto a aptidão e a energia necessárias para a regência de escolas do sexo masculino.
>
> A divisão do ensino em dous gráos é uma conveniencia aconselhada pelos princípios pedagógicos, já com meio de suavisar o trabalho do mestre, já como estimulo para a apllicação por parte dos alumnos.
>
> Elevem-se os vencimentos dos professores primários quanto baste para pol-os a coverto das vicessitudes da vida; sejam as escolas do sexo masculino confiadas exclusivamente a professores; e divida-se o ensino em dous graus, servindo o segundo de desenvolvimento e complemento do primeiro; e cremos poder asseverar que muito terá com tal procedimento a lucrar a instrucção e que não mais teremos occasião de lamentar o atrazo em que, com pezar a vemos presentemente[59].

Mantendo a mesma linha argumentativa do ano anterior, em sua primeira edição do ano de 1896, os editores do *Republicano* registram o interesse em continuar contribuindo para o progresso e para o desenvolvimento de Mato Grosso.

O ensino ofertado por congregações religiosas tem espaço nas páginas da imprensa mato-grossense, em boa medida, reiterando o comprometimento demonstrado por aquelas instituições confessionais com a disciplina e a formação intelectual da elite, e assistencial de outra parte da população, rumo ao progresso tão ensejado naquelas paragens.

---

[57] **REPUBLICANO**, n. 14, 29/12/1895
[58] PINTO, Adriana Aparecida. *Op. cit.*, 2017.
[59] **REPUBLICANO**, n. 14, 29/12/1895, p. 1.

> E admiravel que o governo da monarchia entre nos, governo que por longo tempo viveu as custas da serva padresca, procuras-e por todos os meios afugentar do Brasil os Jesuitas, recommendando que não se consentissem por forma alguma as ordens jesuiticas fundar collegios ou casas de recolhimento nas provincias. É admiravel, sim, que esse governo que vivia de hypocrisias abominasse essa gente q' de de humanas so tem a forma, e o governo da Republica se mostre tão despreocupado com o seu pernicioso contacto, deixando-os invadir todos os Estados, onde fundam collegios a bestializar o povo. Já disseram alhures e nós repetimos: A educação não attinge só o menino que se educa; forma o homem, o cidadão do futuro.
>
> O menino educado no meio hypocrita do jesuitismo, quaqndo homem traz consigo para a sociedade os vícios e os defeitos que alli adquirio. [...] E preciso que o governo e opovo se convençam de que o ensino e a educação dada pelos jesuitas, lazaristas, irmãs de caridade e por todos esses emissarios de Roma, só podem dazer retrogradar o paiz [...] Os jesuitas educam corrompendo o espirito, dominando a intelligencia, sacrificando a vontade, suffocando a liberdade; procurando fazer dos educados verdadeiros irracionaes, obedientes unicamente às ordens superiores. O jesuita é inimigo confesso do progresso e por isso limita seu ensino a obediencia ao Papa e aos seus ministros, evitando toda a instrucção livre e liberal que possa levar o alumno a perfeição ou que possa incutir-lhe no espirito ideas progressistas e adiantadas. [...][60].

Oportunamente, são veiculados textos críticos às instituições que pregam o ensino vinculado à religião, em especial à matriz católica, visto que a atuação da ordem salesiana é bastante marcada em Mato Grosso. Tem-se o pensamento de Augusto José da Silva, no texto "A Democracia", no qual o autor, dentre outros aspectos, ironiza: "A democracia é a filha dilecta de Christo em oposição ao absolutismo, que é mimoso da Egreja Romana [...]"[61]. As críticas alternam-se favorável ou desfavoravelmente, a depender do jornal em exame. Embora se identifique a crítica voraz aos procedimentos adotados nos processos educativos das ordens religiosas, criticando o dogma em questão, outro por sua vez estaria por ocupar o lugar que durante muito tempo foi do ensino religioso. Reflexo da matriz filosófica do Positivismo, entendida por alguns articulistas de *O Matto Grosso,* e de outros jornais já mencionados neste texto, como a religião da modernidade.

---

[60] Caveat, **O MATTO GROSSO**, n. 920, 21/11/1897, p. 1-02.
[61] SILVA, A Democracia, **O MATTO GROSSO**, n. 920, 21/11/1897, p. 3.

A demarcação do ano de 1898 marca a continuidade das preocupações acerca da instrução, no sentido de tornarem constantes os investimentos que vinham sendo realizados, ainda que em pequena escala, diante das efetivas necessidades. A criação de escolas de arte dramática, a realização de espetáculos teatrais, cujos anúncios, por vezes, ocuparam uma parte considerável das páginas finais dos números em circulação, evidencia que a vida cultural florescia na capital, mediada pelo crescimento econômico do estado.

Persistiam, ainda, problemas de infraestrutura que careciam de providências, tal como evidencia a nota em destaque na primeira página de *O Matto Grosso*:

> Continuamos a pedir água, água e água, Sr. Director das obras publicas não nos deixe morrer de sede! Ahi está em que dá o tão decantado progresso! Antigamente tínhamos as abundantes cacimbas nas proximidades da cidade, onde o povo se abastecia com facilidade do necessário liquido, hoje, se o povo quizer água, ha de marchar ao porto – á 200 kilometros de distancia. Progresso assim não vale a pena. O governo do Estado confia em seus auxiliares; é preciso que elles correspondam a essa confiança, tomando interesse pelo serviço a seu cargo cuidado da sorte do povo, de que elles mesmos fazem parte. Agua, senhor director![62]

A imprensa segue o fluxo das práticas do cotidiano. Ela produz uma escrita ordinária, permeada por juízos de valor e opiniões capazes de assumir determinados enfrentamentos, assim como são silenciados por outros. Dessa maneira, ela pode ser colocada em desconfiança, a exemplo do campo de produção científica do conhecimento histórico. Apesar disso, permite conhecer temas, problemas, situações e fatos que integram os contextos locais, que cabe aos historiadores e às historiadoras refinar suas abordagens e seus métodos de exame para lhes extraírem o mais próximo dos aspectos da sociedade em que circulam.

Considerações Finais

O discurso jornalístico, transposto por recursos próprios e característicos das bases que os tornam materiais, inserem-se em um sistema de representações culturais que nos possibilitam antever modos, formas e visões

---

[62] Agua, **O MATTO GROSSO**, n. 946, 22/05/1898, p. 1.

de mundo, interesses de grupos, instituindo práticas, mascarando valores, usos e costumes[63]. Assumindo o enfrentamento contrário à máxima de que Mato Grosso fica isolado em muitos aspectos, devido aos fatores que vêm sendo enunciados ao longo deste texto, afirma-se que a produção tipográfica desse estado foi intensiva em comparação aos estados de São Paulo e Rio de Janeiro, não tendo sido localizada até o momento desta análise, de dispositivos de imprensa especializada em questões sobre instrução/educação. Tais elementos teriam dado mais dinamismo e direcionamento aos processos de instrumentalização e de formação de quadros políticos e pedagógicos em diversos momentos de sua nascente história da educação republicana[64].

A imprensa periódica tem, nessa concepção, papel importante na formatação e divulgação das ideias produzidas, uma vez que jornais e revistas foram postos a circular e, durante o período proposto, encontraram-se pontos de convergência e de dissonâncias que marcam lutas de grupos em disputa pelo poder e pela manutenção de um conjunto de ideais, corroborando para a consolidação de hegemonias vigentes. Instauram-se projetos e formas de convivência balizados por modelos em disputa, de nação e governabilidade: o norte-americano e o europeu, representativos do ideário de Modernidade que se buscava alcançar.

É intimamente permeada, na hipótese fundante deste estudo, cuja função pedagógica se torna a precursora, não apenas para instrumentalizar os processos de instalação, difusão e consolidação da instrução pública em Mato Grosso, mas ultrapassando as atribuições dadas às instituições educativas alcançando ares de mobilização social: um signo da modernidade em Mato Grosso, ainda que com alcance limitado.

As alvíssaras chegavam, dia a dia, páginas a páginas, apontando o interesse real pela implantação e organização do aparelho escolar, modo valorizado e reconhecido por jornalistas de ofício, como forma de promover a superação da cultura iletrada que dominava o cenário mato-grossense.

Iniciativas inaugurais adotadas por outras províncias foram noticiadas nas páginas dos impressos como forma de alertar a população e os governantes da necessidade, notificando o atraso em que se encontrava Mato Grosso no campo da instrução pública, como também, de certa maneira, de demonstrar interesse em que as práticas políticas relativas a esse campo fossem implantadas.

---

[63] O acervo Barão de Melgaço inclui jornais editados em Cuiabá, Corumbá e Cáceres, que datam do século XIX, possui documentação relativa à imprensa regional (SIQUEIRA, 2004).

[64] Ver: PINTO, Adriana Aparecida. **Imprensa e Ensino**. 2017.

Fontes

OASIS. Edições de 1890 a 1900. Corumbá. Instituto Histórico e Geográfico de Mato Grosso. Cuiabá: IHGMT, 2010.

O MATTO Grosso. Edições de 1890 a 1910. Cuiabá. Arquivo Público do Estado de Mato Grosso. Cuiabá: APMT, 2010.

REPUBLICANO. Edições de 1890 a 1910. Cuiabá. 2010. Arquivo Público do Estado de Mato Grosso. Cuiabá: APMT, 2010; Arquivo Público do Estado de Mato Grosso do Sul. Campo Grande: APE-MS, 2011.

MENSAGENS dos Presidentes de Estado de Mato Grosso. 1898. Arquivo Público do Estado de Mato Grosso. Cuiabá: APMT, 2010. (manuscrito).

MENSAGENS dos Presidentes de Estado de Mato Grosso (1890-1910). Arquivo Público do Estado de Mato Grosso. Cuiabá: APMT, 2010. Disponível em: http://www.crl.edu/brazil/ provincial/mato_grosso. Acesso em: 5 out. 2010.

ARQUIVO NACIONAL. Fundo de Instrução Pública. **Informações acerca da instrucção publica e particular em todo Brazil e especialmente no Districto Federal.** Prestados a pedido da prefeitura municipal e de ordem do Sr. Ministro da Agricultura e comércio, pela 4.ª Seção da Directoria Geral de Estatística. Rio de Janeiro: Arquivo Nacional, 1911. (datilografado).

ARQUIVO NACIONAL. Fundo de Instrução Pública. **Relatório sobre o estado da Instrução Primaria e Secundaria do Estado ao Governador Antonio Correa da Costa.** Diretoria de Instrução Publica de Mato Grosso. Rio de Janeiro: Arquivo Nacional, 1896. (manuscrito).

ARQUIVO NACIONAL. Fundo de Instrução Pública. **Relatorio de Instrucção Publica.** Diretoria de Instrução Publica de Mato Grosso. Rio de Janeiro: Arquivo Nacional, 1905.

ARQUIVO NACIONAL. Fundo de Instrução Pública. **Relatorio de Instrucção Publica.** Diretoria de Instrução Publica de Mato Grosso. Rio de Janeiro: Arquivo Nacional, 1908.

ARQUIVO NACIONAL. Fundo de Instrução Pública. **Relatorio de Instrucção Publica.** Diretoria de Instrução Publica de Mato Grosso. Rio de Janeiro: Arquivo Nacional, 1905.

ARQUIVO NACIONAL. Fundo de Instrução Pública. **Relatorio de Instrucção Publica.** Diretoria de Instrução Publica de Mato Grosso. Rio de Janeiro: Arquivo Nacional, 1908.

Referências

ALENCASTRO, Luis Felipe de. **História da vida privada no Brasil.** São Paulo: Cia. das Letras, 2001.

BURKE, Peter. **Uma história social do Conhecimento:** de Gutenberg a Diderot. Rio de Janeiro: Jorge Zahar Ed., 2003.

CARVALHO, Marta Maria Chagas de; PINTASSILGO, Joaquim (org.). **Modelos Culturais, Saberes Pedagógicos, Instituições Educacionais.** São Paulo: Editora da Universidade de São Paulo/Fapesp, 2011.

CASSELE, Pierre. Os Impressores e a Política Municipal. *In:* DARNTON, Robert; ROCHE, Daniel (org.). **Revolução Impressa:** a Imprensa na França 1775-1800. São Paulo: Editora da Universidade de São Paulo, 1996. p. 195-223.

CORREA, Valmir Batista. **Coronéis e Bandidos em Mato Grosso.** 2. ed. Campo Grande: EdUFMS, 2006.

COSTA, Licurgo; VIDAL, Barros. **História e evolução da imprensa brasileira.** Rio de Janeiro, 1940 (editado pela comissão organizadora da representação brasileira à exposição dos centenários de Portugal). Consultado no CPDOC da FGV, jan. 2011.

DARNTON, Robert; ROCHE, Daniel (org.). **Revolução Impressa:** a Imprensa na França 1775-1800. São Paulo: Editora da Universidade de São Paulo, 1996. p. 195-223.

FANAYA, João Edson de Arruda. **Elites e Prática Políticas em Mato Grosso na Primeira República (1889-1930).** Cuiabá: EdUFMT/Fapemat, 2010.

FEBVRE, Lucien. **Combates pela história.** 2. ed. Lisboa: Presença, 1985.

GALETTI, Lylia da Silva Guedes. **Nos confins da civilização:** sertão, fronteira e identidade nas representações sobre Mato Grosso. Tese (Doutorado em História) – Faculdade de Filosofia, Letras e Ciências Humanas. Universidade de São Paulo, São Paulo: FFLCH/USP, 2000.

JUCÁ, Pedro Rocha. **Imprensa oficial de Mato Grosso.** Cuiabá: Imprensa Oficial do Estado de Mato Grosso, 1986. 221 p.

JUCÁ, Pedro Rocha. **Imprensa oficial de Mato Grosso**: 170 anos de história. (com ilustrações). Cuiabá: Aroe, 2009. Disponível em: http://www.iomat.mt.gov.br. Acessado em: 10 maio 2010.

LUCA, Tania Regina de. História dos, nos e por meio dos periódicos. *In:* PINSKY, Carla Bassanezi (org.). **Fontes Históricas.** São Paulo: Editora Contexto, 2005. p. 111-153.

MENDONÇA, Estevão de. **Datas mato-grossenses.** 2. ed. v. I. Goiânia: Rio Bonito, 1973.

MOREL, Marco. Os primeiros passos da palavra impressa. *In:* MARTINS, Ana Luiza; LUCA, Tânia Regina de (org.). **História da Imprensa no Brasil.** São Paulo: Contexto, 2008. p. 22-43.

NADAF, Yasmin Jamil. **Rodapé das miscelâneas**: o folhetim nos jornais de Mato Grosso. Rio de Janeiro: 7 Letras, 2002.

PINTO, Adriana Aparecida. **A Eschola Publica**: um estudo da pedagogia paulista (1893-1896). Dissertação (Mestrado em Educação) – Faculdade de Filosofia e Ciências Humanas. Universidade Estadual Paulista "Júlio de Mesquita Filho". Marília, SP: Unesp, 2001.

PINTO, Adriana Aparecida. **Imprensa e ensino**: catálogo de fontes para o estudo da história da educação mato-grossense. Dourados, MS: EdUFGD, 2017.

PINTO, Adriana Aparecida. **Nas páginas da imprensa**: instrução/educação nos jornais em Mato Grosso: 1880-1910. 2013. Tese (Doutorado em Educação Escolar) – Universidade Estadual Paulista, Faculdade de Ciências e Letras, Unesp, Araraquara, 2013.

PINTO, Adriana Aparecida. Por uma Cartografia da Instrução Pública: As Mensagens de Presidentes de Estado e a organização da educação em Mato Grosso (1890-1920). *In:* ALVES, Miriam Fábia; PINTO, Rubia-Mar Nunes. **Trajetória, memória e história da educação pública na América do Sul.** Goiânia: Editora da Imprensa Universitária, 2020. p. 55-80.

PINTO, Adriana Aparecida. **Relatório de Pesquisa** relativo ao Estágio de Pós-Doutorado em História. Supervisão Tania Regina de Luca. São Paulo: Unesp, Assis, 2018. (mimeo).

PINTO, Adriana Aparecida; VALDEMARIN, Vera Teresa. Modernidade e Imprensa em Mato Grosso. *In:* PAES, Ademilson Batista (org.). **História da Educação Confessional e Laica.** São Carlos, SP: Pedro & João Editores. 2019. p. 13-35.

POPKIN, Jeremy D. Jornais, a nova face das notícias. *In:* DARNTON, Robert; ROCHE, Daniel (org.). **Revolução Impressa**: a Imprensa na França 1775-1800. São Paulo: Editora da Universidade de São Paulo, 1996. p. 195-223.

REIS, Rosinete Maria dos. **Palácios da Instrução**: institucionalização dos Grupos Escolares em Mato Grosso (1910-1927). Dissertação (Mestrado em Educação) – Universidade Federal de Mato Grosso. Cuiabá: IE/UFMT, 2006.

SIQUEIRA, Elizabeth Madureira. **Projeto (CNPq/Norte):** Preservando o patrimônio cultural: arranjo, catalogação, informatização e microfilmagem do acervo documental e bibliográfico da Casa Barão de Melgaço. Cuiabá: [*s. n.*], 2004. (mimeo).

SOUZA, João Carlos. **O sertão Cosmopolita**. 2008.

SOUZA, Rosa Fátima de. **Templos de Civilização:** a implantação da escola primária graduada no estado de São Paulo (1890-1910). São Paulo: Fundação Editora da Unesp, 1998.

VIDAL, Diana. Culturas e práticas escolares como objetos de pesquisa em História da Educação. *In:* YAZBECK, Dalva Carolina; ROCHA, Marlos Bessa Mendes (org.). **Cultura e História da Educação**: intelectuais, legislação, cultura escolar e imprensa. Juiz de Fora, MG: Editora UFJF, 2009. p. 103-115.

ZORZATTO, Oswaldo. **Conciliação e Identidade:** considerações sobre a historiografia de Mato Grosso (1904-1983). Tese (Doutorado em Educação) – Universidade de São Paulo. São Carlos, SP: USP, 1998.

MATO GROSSO EM REGISTRO: APONTAMENTOS PARA ANÁLISE DO JORNAL O MATTO-GROSSO (1918-1935)

Sandra Miria Figueiredo Souza

Há muito tempo a imprensa funciona como indutora de sonhos e espelho de tragédias. Ao longo de um vasto período ela se moldou ao mesmo tempo que moldava o mundo que se inaugurava. No Brasil fez sua estreia, tardiamente, com a chegada da família real em 1808, ato que impulsionou o processo de implantação da imprensa em território brasileiro. Dessa forma, a instalação de tipografias e a confecção de impressos tornaram-se uma realidade em todas as províncias. Assim, a febre de impressos chegou a Mato Grosso[65]. E a partir desse momento a elite cuiabana se encantou pela "arte de fazer jornais". E desse encantamento proliferaram folhas e revistas que circularam afoitas pelas ruas de Cuiabá nas últimas décadas do século XIX e nas três primeiras do XX. Sua característica mais marcante foi a efemeridade. Fundavam-se jornais com o arrebatamento de um enamorado, o que não se repetia em seu perecimento. Todavia, nem todos tiveram essa brevidade. Houve os que foram reverenciados por sua longevidade. Esse é o caso do periódico católico, *A Cruz*[66], *A Violeta*[67] e a folha da família Calháo, *O Matto-Grosso*[68].

---

[65] Conforme dados dos historiadores da imprensa cuiabana o primeiro jornal impresso no estado foi o "Themis Matto-grossense" em 14 de abril de 1839. O equipamento usado em sua confecção foi adquirido por meio de subscrição popular e posteriormente foi posto em leilão e arrematado pelo governo do estado. *Cf*: MORGADO, E. M. O. (org.). **Catálogo de jornais, revistas e boletins de Mato Grosso, 1847-1985**. Cuiabá: EdUFMT, 2011; MENDONÇA, Estevão. **E foi naquela noite de Natal**. Goiânia: Rio Bonito. 1969.

[66] *A Cruz*, órgão da Liga Social Católica de Mato Grosso, começou a circular em 1910 para difundir a palavra da Arquidiocese em Mato Grosso. Com publicação quinzenal, era dividido em quatro colunas ao longo de quatro páginas. Folha marcada pela longevidade e pelos embates com livres-pensadores, protestantes e espiritas. Conforme: MORGADO, Eliane Maria Oliveira (org.). **Catálogo de jornais, revistas e boletins de Mato Grosso 1847-1985**. Cuiabá: EdUFMT, 2011.

[67] *A Violeta*, revista fundada em 1916 e que circulou até 1950. Pertencia ao Grêmio Literário "Julia Lopes" e se inseria no nicho de revista feminina e de variedades. Bem diagramada e com boa apresentação, o periódico versava sobre assuntos do universo feminino e em conformidade com a moral da época. Consultar: NADAF, Yasmin Jamil. **Sob o signo de uma flor**: Estudo da revista A Violeta, publicação do Grêmio Literário Júlia Lopes – 1916 a 1950. Rio de Janeiro: Sette Letras, 1993.

[68] O Matto-Grosso, folha família, circulou de 1879 até 1935. Com poucas alterações, dividida em quatro laudas de quatro colunas, com duas páginas de reclames ao final. Ao longo de sua trajetória demonstrou proximidade com o poder político partidário estadual. Para melhores aprofundamentos consultar: MORGADO, Eliane Maria

O jornal *O Matto-Grosso* circulou na capital do estado homônimo de 1879 a 1935. Devido à dilatada temporalidade de sua circulação, optou-se por circunscrever o período de investigação aos anos de 1918 a 1935. Dessa forma, o espaço temporal escolhido para a análise recobre a República Velha (ou Primeira República) e os anos iniciais da Era Vargas em Mato Grosso, tendo como centro de investigação sua capital, Cuiabá. Essa quadra histórica congrega acontecimentos considerados cruciais para a compreensão das décadas subsequentes e, também, por introduzir elementos novos para se pensar a dinâmica política, econômica e social mato-grossense, expressos, claramente, em sua imprensa, especificamente a cuiabana.

Seu último quartel ensejou ocorrências com repercussões importantes para a reorganização das forças políticas estaduais, como o tenentismo, os discursos sobre a necessária readequação social e urbana de sua capital, o desenvolvimento econômico e social desigual entre as regiões Sul e Norte e o descompasso econômico e tecnológico nortista em relação aos centros decisórios brasileiros. Sendo essa percepção marcadamente matizada pelas representações do moderno, do novo, do futuro, difundidas, principalmente, pelos intelectuais e dirigentes localizados na capital federal e em São Paulo[69].

Em Mato Grosso, o processo de modernização, característico de alguns estados, deve ser analisado a partir das nuances de seu fazer histórico, e não como reflexo do seu "atraso" em relação a outras capitais brasileiras. Situado entre o fremente desenvolvimento dos grandes centros urbanos e de sua realidade concreta, o estado foi retratado como símbolo dos atrasos a serem superados, distante da civilização e imerso na barbárie[70]. Assim, no imenso "sertão", "a-histórico" – conforme as representações difundidas pelos jornais que circulavam na capital federal –, reinava o caos violento das disputas políticas, o atraso econômico e cultural e a resistência de seus habitantes em desenvolverem hábitos civilizados.

Nesse Brasil desigual, as representações homogeneizadoras, elaboradas em outros centros, em outras realidades, incidiram fortemente no fazer político e social das áreas que não comungavam do mesmo desenvolvimento econômico, político e social, repercutindo, visivelmente, no seu fazer

---

Oliveira (org.). *Op. cit*; Hemeroteca da Biblioteca Nacional; Hemeroteca da Biblioteca Nacional. Disponível em: http://bndigital.bn.gov.br/hemeroteca-digital/. Acesso em: 1 jun. 2023.

[69] SEVCENCKO, Nicolau. O prelúdio republicano, astúcias da ordem e ilusões do progresso. *In:* SEVCENCKO, N.; NOVAIS, F. A. (org.). **História da vida privada no Brasil**. Da Belle Époque á Era do Rádio. v. 3. São Paulo: Companhia das Letras, 1998.

[70] GALETTI, L. S. G. **Nos confins da civilização**: sertão, fronteira e identidade nas representações. Imagens de Mato Grosso no mapa da civilização. 2000. Tese (Doutorado em História) – Universidade de São Paulo, São Paulo, 2000.

histórico. Foi o caso do estado de Mato Grosso, analisado por meio de seu epicentro político, sua capital Cuiabá. Esse aspecto foi abundantemente reproduzido nas folhas locais, ressaltando sua importância enquanto elemento de transformação social.

> Ferrovias, telégrafos, urbanização, indústrias, imprensa com jornais de maior circulação, o cinema, o automóvel, a chegada de milhares de estrangeiros são temas e realidades reveladores de uma modernidade que, ainda restrita, em especial ao Rio de Janeiro e São Paulo, tornava mais evidente, por contraste, o atraso do *sertão*, excitando a imaginação dos seus habitantes, em especial de uma elite letrada que, de várias maneiras, se conectava ao Brasil e, em menor medida, ao mundo moderno[71].

A imprensa cuiabana, nas primeiras décadas do século XX, pode ser descrita como artesanal, com revistas e jornais produzidos de forma descontínua; e com uma linguagem sóbria, claramente destinada à elite que os produzia. Nesse texto, emprega-se a definição de "imprensa artesanal"[72] em referência à imprensa produzida em Cuiabá, pois acredita-se que ela, ainda, não vivenciava o aspecto empresarial e o expressivo desenvolvimento tecnológico de suas irmãs cariocas. Nesses espaços, a *escol* cuiabana deixou registrada suas opiniões sobre os assuntos que consideraram pertinentes discutir.

Em uma cidade que carece de espaços socioculturais, as tipografias e/ou gráficas – geralmente produto de ligas, grêmios e partidos – revelaram-se como um espaço de *sociabilidade* impressa[73]. De vários matizes, com a circulação e a periodicidade irregular, a "arte de fazer jornais" marcou o fazer político e social da elite cuiabana. Inseridos em uma rede política, familiar e intelectual, esses órgãos, além de delimitarem, visivelmente, um *status* social, fortaleceram relações de pertencimentos, de ressentimentos e de afetos.

Muitos se vincularam aos dois partidos políticos que disputavam a hegemonia estadual – o Partido Republicano Conservador (posterior Partido Democrata) e o Partido Republicano Mato-Grossense (posterior Partido Liberal) – expressando, visivelmente, o compromisso com seus líderes; outros divulgaram sua independência partidária sem, todavia, apartar-se das disputas e discussões

---

[71] GALETTI, *Op. cit.*, p. 277.
[72] SODRÉ. Nelson Werneck. **História da Imprensa no Brasil**. Rio de Janeiro: Edições Graal, 1997. p. 314.
[73] Aproxima-se aqui das discussões e propostas de SIRINELLI, J-F. Os intelectuais. *In:* RÉMOND, R. (org.). **Por uma história política**. Rio de Janeiro: Editora FGV, 2012. p. 231-269.

políticas. Houve, ainda, os que, por breves lapsos temporais, alteraram sua trajetória editorial colocando-se como porta-voz de uma agremiação partidária; esse foi o caso do decano dos jornais cuiabanos, *O Matto-Grosso*. Entretanto, esse caso não revela uma singularidade, pois a proximidade dos periódicos cuiabanos com a política partidária estadual mostrou-se inquestionável.

O jornal *O Matto-Grosso* foi fundado em 1879, recebendo na origem o nome de *Província de Matto-Grosso*, por Joaquim José Rodrigues Calhão, baiano, residente em Cuiabá. Seu objetivo ao publicar a folha foi o de divulgar os princípios liberais, a literatura e a arte cuiabanas[74]. Apresentava-se em quatro páginas que se dividiam em quatro colunas, sendo as duas últimas destinadas as propagandas. A folha assistiu e foi tragada pela ebulição política que assolou o Brasil nas últimas décadas do século XIX. Com a Proclamação da República alterou seu nome para *O Matto-Grosso*, designação que o acompanharia até a suspensão de sua publicação em agosto de 1935[75]. Se a denominação era nova, as relações pessoais que entrelaçavam a existência do jornal com personagens políticos permaneceram e se fortaleceram ao longo das décadas seguintes.

Durante sua trajetória, o jornal demarcou espaços, fortaleceu alianças com os usineiros, manteve proximidade com a Igreja Católica[76] e, também, ferrenha oposição ao avanço de ideias que contradiziam sua visão de mundo. Suas páginas foram franqueadas a governadores, a senadores, deputados federais e estaduais, sendo seu proprietário um deles; porém, era interditada aos trabalhadores "capturados" e/ou "escravizados" (e seus porta-vozes) pelos usineiros[77].

Um acontecimento que evidenciou esse estreitamento dos laços da família Calháo e as lideranças políticas estaduais foi a prisão do filho do proprietário, Emilio Calháo, em 1890/1891, por críticas ao governador Antônio Maria Coelho[78]. Nas incontáveis revoltas e protestos que mar-

---

[74] Joaquim José Rodrigues Calhão publicou *Harpejo Poéticos*, livro de poesia em 1891. A proximidade com as letras e as artes se fizeram presentes em seu jornal, especialmente em sua primeira fase (1879-1885). Cf. CALHÃO, Antônio Ernani Pedroso Calháo. **O Elo Perdido**: o primeiro livro de poesias de Mato Grosso. Cuiabá: Carlini & Caniato Editorial, 2021.

[75] Nas palavras de Estevão de Mendonça "[...] transformou 'A Provincia' em 'O Matto-Grosso'. O seu atual direto, que consentiu com na troca, disso se arrepende". Cf. *O Matto-Grosso*, 9 jan. 1929. Edição Comemorativa aos seus 50 anos. p. 2.

[76] José de Mesquita foi presidente da Liga Social Católica em Cuiabá, redator da folha católica *A Cruz* e escreveu várias colunas para o *Matto-Grosso*.

[77] Que receberam voz e protagonismo nos jornais publicados pelo médico Agrícola Paes de Barros, *A Luz*, O *Fifó* e a *Plebe*. Consultar: Hemeroteca Digital da Biblioteca Nacional.

[78] Foram presos com Emilio Calháo, Manoel Murtinho (1.º vice-governador), José Magno e Joaquim Marcos, redatores de *O Matto-Grosso*. Além das prisões houve um atentado contra o jornal e posteriormente sua invasão. Na ausência do proprietário e redatores, Generoso Ponce e outros membros do Partido Republicano assumiram sua redação. Consultar *O Matto-Grosso*. 9 jan. 1929. Edição comemorativa 50 anos. p. 3; e CALHÁO, A. E. P. *Op. cit.*, p. 55-56.

caram a memória política dos cuiabanos, Emilio Calháo esteve presente, ombreando com os personagens políticos do período. Não somente sua pessoa, como também seu jornal.

Em 1911, após o falecimento de Generoso Ponce, a Coligação[79] construída para reestruturar o estado após a "revolução" de 1906 cindiu dividindo-se em dois grupos: o de Generoso Ponce (organizados no Partido Conservador) e o de Pedro Celestino (constituídos no Partido Republicano Matogrossensse). Calháo aderiu ao último grupo, reforçando os laços políticos com o líder do Partido Republicano Mato-Grossense (PRMG) e hipotecando as páginas de jornal, *O Matto-Grosso*, a Pedro Celestino até o falecimento do senador em 1931.

No aspecto técnico *O Matto-Grosso* demonstrou poucas alterações no período analisado. Com valor de venda e de assinaturas expostos na primeira página, logotipos e número de páginas permanecendo inalterados, o periódico pode ser caracterizado pela constância[80]. Tratamento semelhante recebeu seu quadro de redatores e colaboradores. Não estabeleceu divisão clara entre suas colunas, sendo que o editorial se adentrava nas colunas vizinhas e nas páginas subsequentes, criando uma edição quase monotemática. Houve pouca alteração, também, em sua diagramação e na paleta de propagandas. Sobre os proclamas, apesar de serem majoritariamente locais, encontram-se anúncios nacionais e a inserção de reclames da tipografia do proprietário, dos estabelecimentos de seus filhos e de alguns colaboradores. Nos anos finais da década de 1920 o periódico passa a divulgar propaganda dos Diários Associados de Châteaubriant, tendo publicado várias de suas colunas em *O Matto-Grosso*.

Uma das características do periódico foi a ausência do uso de fotografias e cores em sua confecção. As imagens eram usadas exclusivamente nas datas em que celebravam os aniversários dos membros do PRMG. Interessante é que o proprietário e sua família não mereceram tamanha deferência. No período analisado se constatou duas quebras na sequência do periódico. Essas lacunas compreendem inicialmente o período de 1922 a 1928 que se acredita ser resultado dos anos de abandono que esses acervos foram relegados; a outra interrupção, ocorrida em 1928 e 1929, foi resultado da tensa situação entre a família Calháo e o governador Mario Correa da Costa.

---

[79] Após a "revolução" ou conflito oligárquico de 1906, em 1907 Generoso Ponce assumiu o governo do estado de Mato Grosso ocupando o cargo até 1908 quando por motivos de saúde renunciou, assumindo seu vice Pedro Celestino. Não foi possível encontrar edições de *O Matto-Grosso* referentes ao período de 1906 a 1910 e não foi possível acessar o jornal *A Coligação*.

[80] Semelhante ao que ocorreu com o endereço, a caixa postal e os telefones permaneceram inalterados.

Sua confecção era realizada na Tipografia Calháo[81] e sua circulação ocorria em âmbito estadual, porém seu centro era Cuiabá. Sobre sua distribuição para os outros municípios de Mato Grosso, acredita-se que os periódicos percorreram o mesmo itinerário dos demais passageiros em suas viagens[82]. Seu deslocamento intercalava várias formas de transporte. Inicialmente, eram transportados em navios, que partiam de Cuiabá duas vezes por semana, com destino a Corumbá. A partir daí, seguia por via férrea (na parte Sul do estado) ou terrestre, por caminhos que interligavam quase todo o estado. Utilizando navios, ferrovias e animais, procurou-se vencer as distâncias geográficas que separaram as cidades mato-grossenses[83]. Todavia, mesmo aproximando áreas tão afastadas, esse extenso percurso retirava dos jornais seu caráter de ineditismo, pois, ao chegarem ao seu destino, várias informações haviam se transformado em notícias antigas.

A partir da segunda metade da década de 1920 estradas de rodagens passaram a interligar, ainda que precariamente, a capital com algumas cidades nortistas e sulistas, encurtando as distâncias e diminuindo o tempo das viagens entre elas. Esse fato repercutiu visivelmente na dinâmica da distribuição dos jornais, fazendo com que ampliassem o espaço de circulação e reduzissem o tempo necessário à sua distribuição. Outro elemento que claramente alterou a dinâmica das redações foi o uso do telegrafo e do telefone. Os "maiores" periódicos possuíam telegrafo próprio, caso de *O Matto-Grosso*, o que tornou necessária a abertura de uma seção destinada à divulgação das mensagens telegráficas.

---

[81] A tipografia Calháo funcionou de 1857 até 1938 na rua Barão de Melgaço (atual Banco Itaú), além do jornal *O Matto Grosso*, editava e imprimia vários outros jornais, principalmente os destinados aos jovens. A esposa de Emilio Calhaó, Ana Luiza, transformou o casarão da família em ponto de encontro das letras e das lides jornalistas. Cf *Hipernotícias*, 5 set. 2021. **D. NHALU:** uma jornalista atuante em Cuiabá. Disponível em: https://www.hnt.com.br/artigos/d-nhalu-uma-jornalista-atuante-em-cuiaba/204126. Acesso em: 22 set. 2011.

[82] Mato Grosso vivenciava, nesse período, sua interação com as outras unidades da federação por meio das viagens fluviais SILVA, E. P. da. **O cotidiano dos viajantes nos caminhos fluviais de Mato Grosso.** 1870-1980, Cuiabá: Entrelinhas, 2014; e do telégrafo MACIEL, L. A. **Nos confins da civilização:** caminhos, práticas e imagens da Comissão Rondon. 1997. Tese (Doutorado em História) – PUC São Paulo, São Paulo. 1997. Quanto à ferrovia, sonho longamente acalentado pela elite nortista, que se concretizaria, parcialmente, com a ligação da parte sul do estado a São Paulo, pela Noroeste do Brasil, conferir: CASTRO, M. I. **O preço do Progresso:** a construção da estrada de Ferro Noroeste do Brasil. 1992. Dissertação (Mestrado em História) – IFCH, Universidade de Campinas, 1992; BORGES, Fernando T. M. **Esperando o Trem:** Sonhos e Esperanças de Cuiabá. Tese (Doutorado em História) – Universidade de São Paulo. 2003.

[83] Sobre a distribuição dos periódicos, não se possui uma informação precisa. Para reconstruir o percurso citado, foram utilizadas as indicações dos periódicos e as memórias de escritores cuiabanos que registraram seus deslocamentos pelo estado. Como os meios de locomoção também consistiam em formas de viabilizar a entrega de cargas e de correspondências, acredita-se que os periódicos tenham sido distribuídos dessa maneira.

As colunas de *O Matto-Grosso* foram irregulares. A mais importante, sem dúvida, foi o "Editorial", em que a temática quase que exclusivamente versava sobre disputas políticas, alianças, traições, discórdias etc. Ele dividia a primeira página com a seção "Telegramas", que reportava acontecimentos da Capital Federal e dos municípios do estado, destacando-se os sulistas e especificamente Campo Grande. Essa coluna era alimentada por telegrafo e demonstra a seletividade em narrar os acontecimentos na imprensa cuiabana. Dentre as seções que se mostraram mais constantes estão "Álbum Íntimo", espaço destinado ao colunismo social da capital, em que se registrava os casamentos, os aniversários e falecimentos; a seguir consta a seção "Partidas e Chegadas", em que apontava as viagens que os membros da elite cuiabana efetuavam – geralmente com destino ao Rio de Janeiro – e seus regressos a Cuiabá. Essas duas colunas não possuíam espaço fixo, podendo ser encontradas na segunda e na terceira páginas, e constituem em excelente material para se reconstituir as relações de proximidade entre a *escol* cuiabana, suas interações e seus contatos com outros estados brasileiros. Demonstra, também, a forte demarcação social existente no período.

A seção "A Pedido" geralmente situava na terceira lauda e destinava-se a publicar reclamações, elogios e opiniões. Esse espaço era pago e de responsabilidade de quem o redigiu. Após 1929, no ápice da tensão entre os Calháos e Mario Correa, o jornal passou a publicar uma nova seção em sua última página: era redigida em formato de carta e destinava-se ao proprietário do jornal, Emilio Calháo. Era assinada pelas iniciais YRA[84] e consistia em uma narrativa de acontecimentos semanais entremeados a fatos e personagens de um tempo passado, vivido e vívido. Escrito em tom íntimo e irreverente, essa coluna consiste em um documento interessante para se analisar as relações interpessoais e o entrelaçamento existente entre a vida privada e o espaço político em Cuiabá naquela ocasião. A seção foi profusamente publicada, chegando a ocupar em algumas ocasiões a segunda página e a se dedicar a temas politicamente espinhosos. Chama atenção a proximidade de ideias entre o escritor e o proprietário do jornal.

---

[84] Várias pesquisas foram efetuadas em busca da autoria desta seção, e até o momento nada de consistente foi encontrado. Sua irreverência e proximidade com o proprietário Emilio Calháo, a quem destinava as missivas, fez emergir vários nomes como "suspeitos": Estevão de Mendonça (logo descartado pelo seu temperamento arredio a piadas conforme seu próprio filho Rubens de Mendonça); hipóteses foram aventadas sobre serem provenientes da pena de Alcebíades Calháo ou do próprio Emilio Calháo, usando o perfil como álter ego para expor seu desencanto político. Essa coluna foi publicada de 1929 a 1934.

Somente por meio de um lento trabalho de cruzamento de fontes foi possível identificar, parcialmente, os indivíduos que escreveram nas folhas cuiabanas, especialmente em *OMT*. Alguns cruzaram o céu, como um brilhante cometa que desapareceu fugazmente[85], outros escreveram por décadas nos periódicos locais. O que os caracterizou foi a proficuidade com que dissertaram e a tenacidade com que defenderam seus grupos de interesses nas páginas impressas que circularam na cidade. Quanto à remuneração, fica impossível estabelecer seu valor ou de que forma era efetuada. Em Cuiabá, ao contrário do Rio de Janeiro, ou mesmo de São Paulo, não parece que escrever nos jornais tenha assumido um caráter eminentemente comercial e/ou profissional; ao menos, no período aqui analisado.

Observando por esse prisma, talvez isso explique o fato de esses órgãos assemelharem-se mais a porta-vozes de interesses de grupos políticos, ideológicos e culturais do que um espaço propriamente econômico e profissional. O que não equivale a dizer que esses periódicos não possuíssem organização, disciplina e compromisso com seu fazer. Defende-se aqui que eles não vivenciaram, nesse momento, a emergência do jornalismo enquanto profissão, que se constituiria formalmente nas décadas posteriores, respaldando-se na imparcialidade perante a informação e a neutralidade na maneira de narrar os fatos[86]. Essa neutralidade e essa impessoalidade transformaram esse fazer em um campo profissional. Tal distanciamento colocou-se como apanágio do jornalista moderno, que não se vislumbrava nos cronistas cuiabanos.

> Até o momento que passa encontra-se vazio o quadro de nossos jornalistas profissionais. Falta o primeiro para começar a lista, e amanhã se comemora, entretanto, o centenário do aparecimento do "Themis Matto-grossense".
>
> "Jornalista profissional", na verdadeira acepção da palavra, não é simplesmente o possuidor de carteira de expedida pelo Ministério do Trabalho; é rigorosamente o que tira da sua pena a manutenção de sua vida. *Quid inde?* À interrogação impera o silencio[87].

Impressiona a quantidade e diversidade dos periódicos em circulação em Cuiabá naquele momento. Em sua grande maioria, eram produzidos localmente, porém houve periódicos cariocas, paulistas e os produzidos

---

[85] MORGADO, *op. cit.*
[86] BELTRÃO, L. **Jornalismo opinativo**. Porto Alegre: Sulina, 1980.
[87] MENDONÇA, *op. cit., p.* 160. Detalhe que merece registro é o de que Emílio Calhão foi um dos fundadores da Associação de Imprensa mato-grossense em 1933.

nas cidades do sul de Mato Grosso; sendo hebdomadários em sua maioria, bissemanal foram poucos e raros os diários. Eram impressos na capital, com publicidade híbrida (local e nacional), diagramação semelhante e caracterizaram-se por sua efemeridade. Possuíam tamanho, número de páginas e diagramação similares; uso de fotografia quase inexistente, exceção a um raro reclame no final da década de 1920[88]; e preços e assinaturas quase semelhantes nos mais diversos órgãos. Interessante registrar que determinados anúncios eram compartilhados pela quase totalidade dos jornais da capital.

Apesar de demonstrem fortes ligações com o universo político, defende-se aqui que os periódicos cuiabanos expressam mais do que isso; eles proporcionam uma fresta, uma abertura, pela qual é possível compreender como a elite local se colocou diante dos problemas e adversidades vivenciadas pelos cuiabanos daquele período. Demonstram as imagens e os símbolos que emergem por meio de suas falas, propiciando, assim, uma análise preciosa sobre a relação da imprensa com a sociedade que a alimentava e lhe dotava de voz e representatividade. Em suma, por meio desses jornais, percebe-se os dilemas, as alegrias e os sonhos que esses indivíduos registraram nas páginas dos jornais que circularam em Cuiabá nas primeiras décadas do século XX e que tão arduamente defenderam, enquanto espaço de luta e representação[89].

Questões teórico-metodológicas sobre a imprensa cuiabana

Ao se tomar o periódico como fonte e objeto de estudo, ao rastrear sua sequência, ao inseri-lo em uma cadeia inteligível, impossível não contemplar sua historicidade enquanto documento histórico. Entretanto, foi a partir da "revolução" histórica e historiográfica promovida pela escola dos *Annales* que esses documentos passaram a ser considerados fontes históricas[90]. Os historiadores franceses ao erigirem a história do corpo, da loucura, da doença etc., como objetos históricos, exigiram novas fontes para suas pesquisas. E dentre essas o impresso se colocou com um espaço privilegiado para se capturar os sinais, a memória e a história. Dessa forma, os jornais, revistas, livros, que jaziam adormecidos nos arquivos, analisados mais como diversão, por diletantismo, passaram a ser inquiridos como documentos históricos.

---

[88] O uso de fotografias como ilustração publicitária foi pouco utilizada até o final da década de 1920 nos jornais cuiabanos, agradável exceção é o registro de página inteira de um automóvel Ford T em 29 de junho de 1930, p. 2 do jornal *O Matto-Grosso*.

[89] CHARTIER, R. **A História Cultural entre práticas e representações sociais**. Rio de Janeiro: Bertrand, 1990.

[90] LE GOFF, Jacques. **A História Nova**. São Paulo: Martins Fontes, 1990.

Desde então, multiplicaram-se as pesquisas, as publicações, os grupos de estudos, visando fortalecer investigações sobre a imprensa, instituindo-se um campo de pesquisa fértil e profícuo. Esse movimento impactou a historiografia francesa e a brasileira, provocando sua divisão em várias áreas (conforme os seus nichos específicos) que se dedicaram a pesquisar a imprensa feminina, religiosa, cultural, literária, operaria, e tudo que se referisse ao universo impresso. Esse movimento revelou que a polissemia desse grupo só perde para sua proficuidade.

Em Cuiabá não foi diferente. Número considerado das pesquisas realizadas na História (na graduação e na pós-graduação), possui um jornal, ou revista, como fonte. Pode-se perceber também sua utilização na educação, nas artes, no universo feminino, na literatura, na questão indígena, no substrato religioso. Todavia, grande parte dessas análises utilizaram os periódicos para complementar seus objetos, não desenvolvendo uma análise aprofundada sobre a imprensa cuiabana nesses estudos. Apresentam-se exceções, Adriana Catelli Correa[91], Daniel Oliveira[92], Otavio Canavarros[93], Rafael Adão[94]. Ressalta-se a forte atração que o jornal católico *A Cruz* exerce entre os pesquisadores da imprensa. Isso posto, observa-se que a história da imprensa cuiabana, apesar de encontrar-se em estágio inicial, caminha a passos largos para suprir várias lacunas.

Ao eleger os periódicos como fonte e objeto de estudo, os historiadores necessitam desenvolver técnicas e habilidades específicas para seu manuseio e leitura. Nesse processo, o olhar crítico perante o impresso mostra-se imprescindível, distanciando-se da postura que apreende o jornal como espelho da sociedade que o produziu. Para tanto, faz-se necessário inserir esse artefato impresso em uma série que lhe reveste de historicidade, analisando, detalhadamente, seu projeto editorial, sua composição gráfica, a linguagem utilizada e o público que pretendeu alcançar[95].

Aspecto instigante na leitura dos jornais cuiabanos foi a prática comum entre seus escritores cuiabanos de utilizarem o periódico como tribuna para

---

[91] CORREA, A. C. **Obreiros do Progresso.** A Liga Mato-Grossense de Livres-Pensadores. 1909-1914. Monografia (Especialização em História) – Hemeroteca da Biblioteca Central. Universidade Federal de Mato Grosso. 2002.

[92] OLIVEIRA, D. F. de. **A Cruz:** imprensa católica e discurso ultramontano na Arquidiocese de Cuiabá (1910-1924). Dissertação (Mestrado em História) – Programa de Pós-Graduação em História. Universidade Federal da Grande Dourados. Dourados, 2016.

[93] CANAVARROS, O. Embates ideológicos na imprensa de Cuiabá. *In:* PERARO, M. A. (org.). **Igreja Católica e os cem anos da Arquidiocese em Cuiabá.** (1910-2010). Cuiabá. EdUFMT/FAPEMAT, 2011.

[94] RAFAEL ADÃO. **Anticomunismo e suas construções mitológicas na imprensa político-religiosa de Cuiabá (1930 – 1945).** Dissertação (Mestrado em História) – IGHD. Universidade Federal de Mato Grosso. 2017.

[95] LUCA, T. R. História dos, nos e por meio dos periódicos. *In:* PINSKY, C. B. **Fontes Históricas.** São Paulo: Contexto, 2005.

responder aos adversários, ou seja, responder um artigo publicado em outro jornal, sendo esta tanto um contraponto como uma crítica, um elogio ou uma convocação para uma "guerra de ideias"; e isso acontecia ocupando os números subsequentes em inesgotáveis artigos crivados de ironias e insultos. Esse aspecto revela que os periódicos configuravam espaços de troca de opiniões e serviam de local para externar angústias, indignações e projeções, na certeza de que seriam ouvidas nos espaços decisórios e de poder. E, por fim, cabe ressaltar que, quando se assumem como porta-vozes da opinião pública, ela se restringiu a seu grupo de interação. Raramente, percebia-se a divulgação de interesses e reinvindicações dos grupos excluídos da imprensa, das projeções e inquietações desses indivíduos.

A quebra na sequência de O Matto-Grosso, como citado anteriormente, impôs a pesquisa de outras folhas cuiabanas, que dialogaram e interpuseram-se com O Matto-Grosso, ampliando, assim, o universo impresso analisado. Passou-se para a leitura preliminar de folhas irmãs, como *A Reacção*[96], *O Correio do Estado*[97] e *A Cruz*[98]; e os seus antípodas, como *O Republicano*[99] e seu sucessor *O Democrata*[100]. Como esses jornais estabeleceram um circuito constante de críticas, réplicas e tréplicas, que se retroalimentaram, sucessivamente, em várias publicações, foi possível suprir, ainda que de forma parcial e indireta, as lacunas registradas.

Nesse cotejamento, emergiram periódicos que se inseriram indiretamente no embate impresso; foi o caso dos periódicos redigidos e publicados

---

[96] *A Reacção* hebdomadário que se intitula "órgão independente", fundado por Ulisses Calháo para fazer oposição ao governo Mario Correa da Costa, circulou de 1928 a 1930.

[97] *Correio do Estado*, órgão do Partido Republicano Mato-grossense, bissemanal que passou a exercer as funções de porta-voz do PRMG após *O Matto-Grosso* afastar-se dessa função em 1920. Circulou até 1926.

[98] *A Cruz*, Folha da Liga Social Católica de Mato Grosso, porta voz oficial da Arquidiocese Cuiabana, circulou semanalmente de 1910 a 1969 com algumas interrupções. É o mais longevo dos periódicos cuiabanos.

[99] *Republicano*, fundado em 1916 para ser o porta-voz do Partido Republicano Conservador, função que exerceu até 1926. Semanário, foi o mais forte adversário da folha de Calháo, *O Matto-Grosso*.

[100] *O Democrata*, órgão do Partido Democrata Mato-grossense. O Partido Democrata sucedeu o Partido Conservador nas disputas políticas estadual, e o *O Democrata* tornou-se o porta-voz do partido após *Republicano* encerrar as atividades. Circulava semanalmente, foi fundado por Mario Correa da Costa e circulou entre 1927 e 1930.

pelo médico Agrícola Paes de Barros, *O Fifó*[101], *A Plebe*[102], e em colaboração com outros redatores, como *A Semana*[103], *A Capital*[104] e *A Luz*[105].

Figura 1 – Jornais que circularam em Cuiabá entre 1918-1935

Jornais que circularam em Cuiabá e que dialogaram com o Matto-Grosso 1918-1935

Nome	Período de circulação		Agremiação/ Liga a qual pertencia	Informações Técnicas
Republicano	1916	1926	Partido Republicano Conservador	*Hebdomadário *4 colunas em 4 páginas/ *propagandas nas duas últimas págs./ *boa diagramação e impressão
Correio do Estado	1920	1925	Partido Republicano Conservador	*Bissemanal *4 colunas em 4 páginas *Propaganda *última página *Boa diagramação e impressão
A Luz	1924	1924	Nenhuma	*4 colunas em 4 página *Diagramação boa/ impressão mediana
O Fifó	1924	1925	Nenhuma	*3 colunas em 4 páginas *Resolução regular *Sem publicidades
A Capital	1924	1926	Se intitulava "órgão livre"	*3 colunas em 4 páginas *Propagandas distribuídas a longo da edição
A Semana	1924	1927	Nenhuma	4 colunas em 1 páginas com boa diagramação Propagandas na última página
Plebe	1927	1930	Nenhuma	4 colunas em 4 páginas Boa resolução
A Reacção	1928	1929	Oposição a Mario Correa	4 colunas em 4 páginas, bem diagramadas Propagandas na 3ª página
O Democrata	1929	1930	Partido Democrata	6 colunas em 4 páginas Boa resolução e diagramação 2ª e 3ª páginas para propagandas

Tabela feita pela autora a partir dos dados pesquisados na hemeroteca digital da Biblioteca Nacional (2022)

---

[101] *O Fifó*, fundado em 1924 para substituir *A Luz*, que foi suspensa pelo governo Estevão Correa. Marcada por críticas ao trabalho escravo, denúncias de prostituição infantil e abuso de poder, o jornal incomodou as autoridades no breve espaço, 1924 e 1925, em que circulou.

[102] *A Plebe*, propriedade de Agrícola Paes de Barros, tinha periodicidade semanal e aprofundava as críticas sociais feitas pela *A Luz*. Foi publicado de 1927 a 1920.

[103] *A Semana*, órgão independente que circulou semanalmente em Cuiabá de 1926 a 1928. O periódico aproximava-se da linha das folhas que Agrícola Paes de Barros colaborava, sendo assíduo participante nela. Porém não compartilhava da irreverência e acidez de suas colegas *A Luz* e *A Plebe*.

[104] *A Capital*, semanário fundado por Carmindo de Campos em 1924 e que perdurou até 1927.

[105] *A Luz*, órgão independente que circulou semanalmente em Cuiabá durante o ano de 1924. Pela acidez e contundência das denúncias publicadas foi suspensa em dezembro daquele ano.

Fonte: *A Capital (1924-1926), A Luz (1924), Plebe (1927-1930), A Reacção (1928-1929), A Semana (1924-1927), Correio do Estado (1920-1925), O Democrata (1929-1930), O Fifó (1924-1925)* e *Republicano (1916-1926)*

A partir das leituras propiciadas pelos últimos, constatou-se uma disparidade na imprensa cuiabana quanto ao registro e à divulgação de determinados episódios e problemas estaduais. Esse viés acentua-se quando se analisa os registros jornalísticos publicados em jornais cariocas e como ocorria sua seleção para veiculação nos periódicos estaduais; assim como em escritos dos políticos mato-grossenses, publicados em jornais do Rio de Janeiro, em que se enfatizava a violência partidária estadual, legitimando o "estigma" de selvageria política que perpassava a visão de outros estados sobre Mato Grosso.

Ampliando a trama tecida por essas folhas, a questão social e trabalhista ganhou destaque, assim como o mandonismo como exercício do poder, a subsistência de práticas escravistas nas relações trabalhistas e a emergência do discurso divisionista. Além disso, houve destaque para o ocaso das oligarquias estaduais, a instauração de uma nova correlação de forças na política mato-grossense e os jornais auxiliando a política no desenvolvimento de uma memória política local.

> Ao analisar o universo impresso cuiabano nas primeiras décadas do século XX se faz necessário diminuir a escala de análise visando apreender as relações subjetivas que constituíram essa vivência, alargando seu universo para além do circuito impresso que o caracterizou; requer suspender no tempo o momento em que essa teia de significados foi urdida perscrutando os sentimentos, tensões, alegrias, derrotas e lutas que teceram um projeto coletivo[106].

Ao principiar as leituras de *O Matto-Grosso* destacou-se a forte presença do discurso político partidário em suas páginas, e quanto mais se explorava essa fonte, mais esse aspecto assumia relevância. Nessa perspectiva impôs a necessidade de reorientar o pressuposto teórico que embasaria o estudo, para que contemplasse discussões sobre o fazer político em suas várias vertentes. Após várias leituras, aproximou-se das discussões e propostas desenvolvidas pela história política renovada, que capitaneada por René

---

[106] SOUSA, S. M. F. **Entre tipos, tintas e prensas a história se fez impressa**. Considerações sobre o periódico livre-pensador "A Reacção" (1909 1914). 2019. Dissertação (Mestrado em História) – Pós-Graduação em História, Universidade Federal de Mato Grosso, Cuiabá, 2019

Rémond[107] propõe repensar o político para além das instituições e do Estado, mas não suprimindo-os da investigação. Ou seja, propõe-se deslocar os eixos de análise para outros polos de disputa e de poder. Até porque, como advoga essa corrente, o poder não se localiza exclusivamente nas instituições e no aparato estatal. Abre-se o leque para se pensar os partidos, as eleições, a mídia, a religião, os sindicatos, a opinião pública. Dessa forma, a compreensão do político se despe da indiferença, da falta de compreensão que circunscreve a ação do Estado para se transformar em algo próximo, familiar, como uma notícia divulgada na mídia. Não que a análise da mídia seja algo prosaico, como afirma[108].

No processo de renovação do estudo sobre a história política, temas até então considerados tabus quando associados ao universo político vieram à tona. Dentre esses, destacam-se os estudos sobre as sensibilidades e as paixões políticas encetados por Pierre Ansart. Nesse percurso se questiona como e por que excluíram os sentimentos da análise política dos acontecimentos históricos? Ansart sugere que

> A questão dos ressentimentos nos defronta com uma dificuldade permanente das ciências históricas: a de restituir e explicar o devir dos sentimentos individuais e coletivos. Mas, esta dificuldade ganha, no caso dos ressentimentos, um relevo excepcional. Certamente é muito mais difícil traçar a história de ódios do que a história de fatos objetivos[109].

As primeiras leituras de Pierre Ansart ressaltaram um aspecto negligenciado nas abordagens desenvolvidas com os periódicos cuiabanos: o espaço que os afetos e (res)sentimentos desempenharam nas ações desenvolvidas pelos impressos cuiabanos.

Dialogando com o sociólogo francês, apreendeu-se que as ideias e os valores que o periódico *O Matto-Grosso* divulgava não eram neutros e/ou descarnados, e sim resultavam das ações e intencionalidades dos indivíduos que compõem esse campo de disputa e de poder. Dessa forma, o olhar sobre esse artefato exige uma observação aprimorada, objetivando capturar esse espaço tenso, afetivo, agregador e conflituoso. Como todo campo, o impresso requer que se explicite sua dinâmica interna (com outros órgãos

---

[107] RÉMOND, René (org.). **Por uma história política**. Rio de Janeiro: Editora FGV, 1996.
[108] JEANNENEY, Jean-Noel. A mídia. *In:* RÉMOND, René (org.). **Por uma história política**. Rio de Janeiro: Editora FGV, 1996. p. 213-230.
[109] ANSART, P. História e Memória dos Ressentimentos. *In:* BRESCIANI, Stela; NAXARA, Márcia (org.). **Memória e (Res)sentimentos. Indagações sobre uma questão sensível**. Campinas: Editora da Unicamp. 2004, p. 30.

impressos) e externa (com a sociedade que lhe alimenta) para que as relações estabelecidas nesse campo ganhem inteligibilidade[110].

A presente análise situa-se, assim, na fronteira entre a história da imprensa e a nova história política, tendo como como fonte e objeto de pesquisa o jornal *O Matto-Grosso* em sua relação com a política estadual e seus frequentes diálogos com outros impressos cuiabanos.

Considerações Finais

A imprensa cuiabana há muito serve de fonte para distintas análises. Frequentemente, priorizam-se os jornais mais longevos, como *O Matto-Grosso* e *A Cruz*, utilizando seus opostos, *O Republicano* e *A Penna Evangélica*, para melhor compreensão do tema em questão. Todavia, existem jornais inexplorados e que se revelam fundamentais para a percepção dessa quadra histórica.

No universo impresso restrito, e quase exclusivo, a elite masculina cuiabana e as ideias políticas se destacaram. Essa primazia induz o pesquisador célere a definir esses espaços como homogêneos, instigando uma análise singular sobre o período e sobre as relações políticas partidárias expressas nos jornais. Essa pretensa uniformidade sublima suas diferenças (editoriais, políticas e técnicas) que irrompem em determinadas folhas, rasgando, assim, a similaridade antevista fortuitamente.

Nesses locais, percebe-se a constituição de relações políticas baseadas na fidelidade, nos afetos, no pertencimento e nos ressentimentos, que se interpenetram em relacionamentos sociais, familiares e profissionais, configurando-se novas adesões e rejeições. Em um universo em que inexistia o jornalista profissional, ser proprietário, redator e colaborador de uma folha consistia em um capital cultural que não deve ser menosprezado. Diante das diversas trilhas abertas após as leituras preliminares efetuadas com os jornais cuiabanos, alguns pontos se impuseram para reflexão. Inicialmente, é pertinente, e possível, reconstituir e/ou definir uma memória política específica a partir das representações elaboradas e difundidas nos periódicos cuiabanos? E complementando essa análise, qual o espaço que o afeto, o ressentimento, a adesão e/ou o rechaço desempenharam na constituição desses grupos?

Isso posto, convém jogar luz para outros aspectos da política partidária que, tão acentuadamente, marcou a história de Mato Grosso durante

---
[110] BORDIEU, P. **O poder simbólico**. Rio de Janeiro: Bertrand do Brasil, 1998.

as três primeiras décadas do século XX; ressaltando o papel fundamental desempenhado pela imprensa cuiabana, não somente como porta-voz, mas como gestora, executora, agregadora e difusora de determinado projeto político e social. Ao trazer à luz temas e folhas, até então secundarizados, recupera-se, ainda que parcialmente, suas falas, capturando seu registro histórico e sua singularidade impressa.

Esses indivíduos ocuparam as páginas dos diversos impressos que circularam na capital e no estado, ao mesmo tempo que ascendiam espaços políticos em funções militares, executivas, legislativas e no judiciário; ou como profissionais liberais, como advogados, engenheiros, comerciantes e, também, em funções religiosas. Em grande parte, planejaram, interferiram, conduziram e legitimaram projetos, presentes e futuros, de intervenções políticas, econômicas, culturais e sociais desenvolvidos pelos dirigentes políticos.

Mesmo que ocupando organizações partidárias divergentes, irmanaram-se no fato de pertencerem à elite cuiabana. Esse pertencimento os dotava de uma memória comum, que foi compartilhada por meio dos periódicos, fomentando uma gama de referenciais políticos, históricos e culturais similares.

Destacou-se, nestas páginas, a violência que permeava as relações políticas naquele período e a transferência desse arsenal belicoso para as páginas impressas. Logo, defronta-se com a violência real e simbólica que esses órgãos sofreram e a que se submeteram na relação ubíqua e tumultuada da imprensa com a política partidária.

Para tornar tais vozes distantes audíveis, tornou-se necessário situar esse periódico na intricada rede impressa que constituía a imprensa cuiabana, situando-o na situação relacional com as outras folhas; assim, outros contornos ganharam vida. Como perceber os vestígios da história dessa imprensa, que se entrevê passando esquiva, fortuita, pela janela entreaberta de um periódico amarelado e desgastado pelo tempo e pelas inúmeras leituras que resultaram em outras histórias?

Reconstruir essas pegadas, restituir de história esses fragmentos que, facilmente, decompõem-se exige, além de rigor metodológico, a sensibilidade em transformar as pistas em fios que se entrelaçam como guias, possibilitando a saída do intricado labirinto. Eis o desafio!

Referências

ADÃO Rafael. **Anticomunismo e suas construções mitológicas na imprensa político-religiosa de Cuiabá (1930 – 1945)**. Dissertação (Mestrado em História) – IGHD. Universidade Federal de Mato Grosso. 2017.

ANSART, P. História e Memória dos Ressentimentos. *In:* BRESCIANI, Stela; NAXARA, Márcia (org.). **Memória e (Res)sentimento. Indagações sobre uma questão sensível**. Campinas: Editora da Unicamp, 2004. p. 15-36.

BORDIEU, P. **O poder simbólico**. Rio de Janeiro: Bertrand do Brasil, 1998.

CALHÁO, Antônio Ernani Pedroso Calháo. **O Elo Perdido**: o primeiro livro de poesias de Mato Grosso. Cuiabá: Carlini & Caniato Editorial, 2021.

CAPELATO, M. H. R. **Imprensa e História do Brasil**. São Paulo: Contexto/EDUSP, 1988.

CANAVARROS, O. Embates ideológicos na imprensa de Cuiabá. *In:* PERARO, M. A. (org.). **Igreja Católica e os cem anos da Arquidiocese em Cuiabá**. (1910-2010). Cuiabá: EdUFMT/FAPEMAT, 2011. p. 359-366.

CHARTIER, R. **A História Cultural entre práticas e representações sociais**. Rio de Janeiro: Bertrand, 1990.

CORREA, A. C. **Obreiros do Progresso**. A Liga Mato-Grossense de Livres-Pensadores. 1909-1914. Monografia de especialização em História. Hemeroteca da Biblioteca Central. Universidade Federal de Mato Grosso. 2002.

FANAIA, J. E. A. **Elites e práticas políticas em Mato Grosso na Primeira República (1889-1930)**. Cuiabá: EdUFMT/Fapemat, 2010.

GALETTI, L. S. G. **Nos confins da civilização**: sertão, fronteira e identidade nas representações. Imagens de Mato Grosso no mapa da civilização. 2000. Tese (Doutorado em História) – Universidade de São Paulo, São Paulo, 2000.

LE GOFF, Jacques. **A História Nova**. São Paulo: Martins Fontes, 1990.

LUCA, T. R. História dos, nos e por meio dos periódicos. *In:* PINSKY, C. B. **Fontes Históricas**. São Paulo: Contexto, 2005. p. 111-153.

MARTINS, A. L.; DE LUCA, T. R. **Imprensa e Cidade**. São Paulo: Editora da Unesp, 2006.

MENDONÇA, Estevão. **E foi naquela noite de Natal**. Goiânia: Rio Bonito, 1969.

MORGADO, E. M. O. (org.). **Catálogo de jornais, revistas e boletins de Mato Grosso, 1847-1985**. Cuiabá: EdUFMT, 2011.

NEVES, M. M. R. N. **Elites Políticas**: competição e dinâmica Partidário-Eleitoral (caso de Mato Grosso). Rio de Janeiro: IUPERJ; São Paulo: Editora Vértice, 1998.

OLIVEIRA, D. F. de. **A Cruz**: imprensa católica e discurso ultramontano na Arquidiocese de Cuiabá (1910-1924). Dissertação (Mestrado em História) – Programa de Pós-Graduação em História. Universidade Federal da Grande Dourados. Dourados, 2016.

RÉMOND, René (org.). **Por uma história política**. Rio de Janeiro: Editora FGV, 1996.

SEVCENCKO, Nicolau. O prelúdio republicano, astúcias da ordem e ilusões do progresso. *In:* SEVCENCKO, N.; NOVAIS, F. A (org.). **História da vida privada no Brasil**. Da Belle Époque á Era do Rádio. v. 3. São Paulo: Companhia das Letras, 1998. p. 7-48.

SILVA, E. P. **O cotidiano dos viajantes nos caminhos fluviais de Mato Grosso 1870-1930**. Cuiabá: Entrelinhas, 2004.

SIRINELLI, J-F. Os intelectuais. *In:* RÉMOND, R. (org.). **Por uma história política**. Rio de Janeiro: Editora FGV, 2012. p. 231-269.

SODRÉ, N. W. **História da imprensa no Brasil**. 2. ed. Rio de Janeiro: Graal, 1977.

SOUSA, S. M. F. **Entre tipos, tintas e prensas a história se fez impressa**. Considerações sobre o periódico livre-pensador "A Reacção" (1909 1914). 2019. Dissertação (Mestrado em História) – Pós-Graduação em História, Universidade Federal de Mato Grosso, Cuiabá, 2019.

O JORNAL *A CRUZ*: OS PRIMEIROS REDATORES

Daniel Freitas de Oliveira

Em Cuiabá no início do século XX, o número de periódicos era considerável, porém a maioria tinha uma duração efêmera[111]. Tratava-se de uma imprensa partidária, vinculada em grande parte a partidos políticos, mas também a "[...] livres-pensadores-maçons, positivistas, liberais de vários matizes, espíritas, evangélicos, além de católicos da Liga Social"[112]. Dentro desse espaço de disputas no mercado de bens simbólicos, no qual cada grupo buscava impor suas convicções por meio da imprensa, é que surgiu o jornal *A Cruz*, tendo por missão defender e propagar o catolicismo em Cuiabá, buscando: construir uma opinião pública favorável à Igreja Católica e ao bispo D. Carlos Luiz D'Amour; instruir, formar e mobilizar os católicos; atacar as religiões e ideologias contrárias ao catolicismo; e normatizar a conduta dos fiéis por meio de publicações de cartas pastorais, encíclicas papais e artigos relacionados à doutrina católica. O jornal da *Liga Social Catholica Brazileira de Matto-Grosso*[113] circulou entre os anos de 1910 e 1969[114]. Apresenta-se neste capítulo um perfil dos membros que compunham a redação do jornal católico *A Cruz* entre os anos de 1910 e 1924.

Tânia Regina de Luca escreveu que os "[...] jornais e revistas não são, no mais das vezes, obras solitárias", pois carregam em seus discursos interesses, crenças e valores de seus editores e mantenedores. Assim, é papel primordial do pesquisador "[...] identificar cuidadosamente o grupo responsável pela linha editorial, estabelecer os colaboradores mais assí-

---

[111] De acordo com os dados do *Catálogo de jornais, revistas e boletins de Mato Grosso 1847 – 1985*, podem ser identificados 31 periódicos que circularam em Cuiabá nas primeiras duas décadas do século XX, entre jornais e revistas. Cf. MORGADO, Eliane Maria Oliveira (org.). **Catálogo de jornais, revistas e boletins de Mato Grosso 1847 – 1985**. Cuiabá: EdUFMT, 2011, p. 59-118.

[112] CANAVARROS, Otávio; SILVA, Graciela Rodrigues da. A imprensa mato-grossense antes da era do rádio. **Territórios e fronteiras**, Revista do PPGHIS/UFMT, Cuiabá, v. 3, n. 01, jan./jun. 2002, p. 24.

[113] Doravante LSCMT.

[114] Considerando o período entre os anos de 1910 e 1924, o jornal *A Cruz* ficou fora de circulação entre 30 de novembro de 1919 a 14 de março de 1920. Em seu n. 458, de 21 de março de 1920, o jornal publicou um aviso aos leitores, esclarecendo que a interrupção ocorreu por motivo de "força maior" e pedindo aos leitores que não solicitassem o reembolso de valores, nem cancelassem suas assinaturas. O motivo da interrupção pode ser encontrado no jornal *O Matto-Grosso*, que a 7 de março publicou a seguinte notícia: "Dando hoje a grata noticia do reaparecimento da nossa presada collega *A Cruz*, que há cerca de dois mezes viu-se obrigada a suspender a sua publicação devido a desarranjo em sua [máquina tipográfica] Marinoni". Cf. **O Matto-Grosso**, 7 de março de 1920, p. 1.

duos"[115]. *A Cruz* pertencia à LSCMT, associação composta por membros da elite cuiabana e que respondia juridicamente e financeiramente pelo jornal. A liga, por sua vez, falava em nome de uma instituição, a Igreja Católica, que em Cuiabá era governada por D. Carlos D'Amour, prelado de concepções ultramontanas e que vinha sofrendo ataques constantes de seus opositores por meio da imprensa. A relação entre D. Carlos e a redação d'*A Cruz* era de submissão e respeito por parte dos redatores. Assim, o projeto editorial estava em sintonia com o pensamento ultramontano do bispo e da hierarquia eclesiástica brasileira. O redator-chefe, frei Ambrósio Daydé, era um religioso de confiança da autoridade episcopal e de quem era muito próximo.

A redação d'*A Cruz* situava-se no Seminário Episcopal, local onde residiam os franciscanos. Os críticos do jornal geralmente associavam à Ordem e à pessoa do frei Ambrósio a responsabilidade por suas publicações e também a propriedade do jornal. Essa associação obrigou os redatores d'*A Cruz* a distinguir a composição de sua redação: "A nossa redacção não se compõe somente de Ministros da Religião Catholica, mas tambem de pessôas que desempenham cargos sociaes"[116]. Ou ainda: "'*A Cruz*', não é propriedade dos 'frades'; esta folha não é por elles dirigida nem redigida. Pertence ella toda a Liga Social Catholica Mattogrossense"[117]. Apesar da negativa da redação em responsabilizar os franciscanos pela propriedade e pelas publicações d'*A Cruz*, existem diversas citações no próprio periódico que evidenciam a importância dos frades nos assuntos da redação, especialmente a de frei Ambrósio, que dirigia o jornal desde a sua fundação.

A Cruz não disponibilizava em sua primeira página uma relação com os nomes dos indivíduos que compunham sua redação. Essas informações foram buscadas em edições comemorativas do jornal, em notas de falecimento ou felicitações de aniversário, ocasiões em que era citado o nome do redator, mas sem especificar seu grau de envolvimento nas atividades da redação: "Completa hoje mais um anno de trabalhosa e util existencia, o nosso dedicado e zeloso companheiro de trabalho, Revm. Sr. Luiz Montuschi"[118]. Dentre os nomes identificados como membros da redação, estavam

---

[115] LUCA, Tania Regina de. História dos, nos e por meio dos periódicos. *In*: PINSKY, Carla Bassanezi (org.). **Fontes Históricas**. São Paulo: Contexto, 2008, v. 1, p. 140-141.

[116] A Cruz, n. 72, 21 abr. 1912, p. 3.

[117] A Cruz, n. 286, 30 jul. 1916, p. 1.

[118] A Cruz, n. 20, 1 mar. 1911, p. 3.

o de frei Ambrósio, Pe. Luiz Montuschi, João Carlos Pereira Leite, Francisco Antunes Muniz e Feliciano Galdino de Barros.

O principal redator do jornal *A Cruz* foi Frei Ambrósio Daydé, considerado o criador do jornal, e seu redator-chefe entre 1910 e 1924. Nasceu na cidade francesa de Alby, em 1875[119]. Seu nome verdadeiro era August, sendo Ambrósio adotado após fazer os votos na Ordem Terceira de Alby. Em 1887, aos 12 anos de idade, foi para Roma estudar na Escola Apostólica, onde permaneceu por dois anos[120]. De volta à França, continuou seus estudos religiosos, que foram interrompidos entre os anos de 1896 e 1899, período em que prestou serviço militar como soldado, cabo e sargento no Exército francês. Foi ordenado sacerdote em 1902, período em que as ordens religiosas sofriam forte perseguição do governo francês. Ainda assim, frei Ambrósio atuou em grupos de juventude católica e na imprensa. Em 1904 foi transferido para Cuiabá como líder da Congregação Franciscana da Ordem Terceira, juntamente a outros cinco religiosos[121].

Em Cuiabá, juntamente a D. Carlos, foi um dos mais ferrenhos defensores do catolicismo e das reivindicações da hierarquia eclesiástica brasileira, sendo considerado o fundador do jornal *A Cruz*. Entre o franciscano e o bispo havia uma admiração e respeito recíprocos. Logo após chegar a Mato Grosso, frei Ambrósio escreveu uma carta a seu superior na França, relatando sua admiração por D. Carlos e o bom relacionamento com o bispo:

> Monsenhor!... ansiavamos conhecer este homem do qual se falava tanto bem e tanto mal. Quando penso que este Bispo sustentou, sozinho, durante mais de vinte anos, uma luta terrível numa diocese maior do que várias nações, longe dos seus colegas, sem padres, sem secretário,... obrigado a fazer às vezes de sacristão e porteiro! É admirável!
>
> Nossa chegada aí é sua alegria, sua vida, sua ressureição; tem grandes esperanças conosco. No físico, tem uma figura francesa, o olho profundo e vivo, um pouco anguloso pela velhice, queixo muito fino; o corpo é ereto, esbelto, o passo ainda jovem embora tenha 68 anos[122].

Do mesmo modo, D. Carlos também externou sua admiração por frei Ambrósio quando este se envolveu em desentendimentos com João

---

[119] BIENNÉS, D. M. **Uma Igreja na Fronteira**. São Paulo: Edições Loyola, 1987. p. 74.
[120] **A Cruz**, n. 1959, 27 maio 1951, p. 3.
[121] BIENNÉS, D. M. *Op. cit.,* p. 34. **A Cruz**, n. 414, 2 fev. 1919, p. 1.
[122] BIENNÉS, Dom Máximo. **Missão Franciscana na fronteira**. São Paulo: Paulus Gráfica, 1994. p. 32.

da Costa Marques, proprietário do jornal *O Debate,* escrevendo uma carta manifestando sua solidariedade:

> [...] Animo, portanto, meu bom amigo. [...] Desejo que esta carta seja publicada no periodico 'A Cruz' como testemunho inequivoco de meu particular affecto para com V. Rvma. e como protestação solemne contra os ataques feitos a nossa divina Religião e a seus ministros e especialmente a V. Rvma. [...] Com sentimentos de verdadeira estima e dedicação sou de V. Rvma. Servo e amigo affecto em J. C.[123].

O tom cordial da carta e o fato de D. Carlos desejar que ela fosse publicada revelam a estima e a confiança que o bispo tinha pelo franciscano.

Frei Ambrósio, além de redator-chefe d'*A Cruz*, foi reitor do Seminário Episcopal, assistente eclesiástico, vigário geral do Bispado/Arcebispado e depois governador do Arcebispado quando da morte de D. Carlos e da impossibilidade de D. Aquino assumir, por ser o então governador do estado de Mato Grosso, em 1921. Foi secretário de D. Carlos quando este empreendeu viagem ao Rio de Janeiro e a São Paulo entre 25 de agosto de 1910 e 4 de maio de 1911[124]. Em 1907, acompanhou o bispo em viagem a Roma, ocasião em que se encontraram com o papa Pio X e com o seminarista Francisco Aquino Corrêa, futuro arcebispo de Cuiabá[125]. Em Cuiabá, foi um dos principais articuladores da criação da LSCMT e líder da imprensa católica em Cuiabá. "Surgiu, pois, na imprensa: e qual aquelle primeiro em Porto Seguro, um novo Cabral, um alienigena, lá da terra heroica de França, viu-se rodeado de uma brilhante parte do povo, a qual o ajudou, que o tem auxiliado [...] até a data de hoje"[126].

Frei Ambrósio era o redator-chefe do jornal e exercia a função de editor: "*A Cruz*, [...] não usa do anonymato. O seu redactor responsavel, que representa o corpo da sua redacção, não se exime de qualquer responsabilidade que lhe couber pelos escriptos que fizer publicar"[127]. Em virtude de sua liderança, grande parte dos que se sentiam ofendidos pelas publicações d'*A Cruz* atribuíam ao frade a responsabilidade pelos textos do jornal, até porque muitos dos escritos relacionados à doutrina católica e moral não tinham assinatura. Desse modo, o redator-chefe de *A Cruz* polemizou com diversos

---

[123] **A Cruz**, n. 231, 20 jun. 1915, p. 1.
[124] **A Cruz**, n. 7, de 15 ago. 1910, p. 2; *A Cruz*, n. 25, 15 maio 1911, p. 2.
[125] **Revista Matto-Grosso**, n. 9, set. 1907, p. 225-227.
[126] **A Cruz**, n. 177, 15 maio 1914, p. 2.
[127] **A Cruz**, n. 7, 15 ago. 1910, p. 4.

jornais. Incomodou tanto que chegou a ser atacado pelos periódicos *Jornal do Commercio* e *O Paiz*, ambos do Rio de Janeiro; em 1915, foi ameaçado de morte por João da Costa Marques, dono do jornal *O Debate*. Frei Ambrósio exerceu durante os anos de 1910 e 1924 o cargo de redator-chefe, contando com a aprovação e apoio de D. Carlos:

> [...] Frei Ambrosio Daydé, a quem a Liga, em reunião solemne, com a aprovação de S. Ex.ª Revm.ª o Sr. Arcebispo, confiou a direcção do nosso orgão. E nesse caracter de director e redactor-chefe da *A Cruz* foram e lhe são ainda affectos todos os negocios do jornal, que superintende em tudo e por tudo com incondicional apoio da Liga e aprovação do venerando Pastor[128].

Segundo Biennés, em 1915, o nome de frei Ambrósio foi cogitado para bispo de São Luís de Cáceres, porém, devido às posições políticas tomadas pelo jornal *A Cruz* naquele ano, houve articulações do deputado federal Aníbal de Toledo e do senador Antonio Azeredo, ambos do Partido Republicano Conservador (PRC), junto à Nunciatura Apostólica para barrar a nomeação do franciscano. Em seu lugar foi nomeado o frei Luiz Maria Galibert[129].

Frei Ambrósio deixou Cuiabá em 1925, juntamente aos demais religiosos da OTR. Sobre a saída dos frades, Biennés considera que foi por opção deles. Após D. Aquino ir residir no Seminário da Conceição, ao findar seu mandato presidencial, acreditavam que o arcebispo queria o espaço de volta.

> Ao fim do seu governo, Dom Aquino instalou-se no Seminário da Conceição onde os Frades Franceses viviam desde 1904. Pensaram que D. Aquino queria ocupar o Seminário, visto que não tinha ficado com seus colegas os Padres Salesianos. Comunicaram o acontecido aos seus superiores. Diante da falta de Padres em Cáceres e Poconé, estes decidiram que se abandonaria Cuiabá e o Seminário onde vivia somente dois religiosos: frei Ambrósio e Carlos Valette.
>
> Um decreto da Sagrada Congregação dos Religiosos fechou igualmente o convento franciscano de Cuiabá em 16 de julho de 1924[130].

Não foi possível o acesso à carta dos franciscanos aos seus superiores na França, o que poderia revelar outras informações não mencionadas por

---

[128] **A Cruz**, n. 231, 20 jun. 1915, p. 1.
[129] BIENNÉS, Dom Máximo. *Op. cit.*, p. 65.
[130] BIENNÉS, Dom Máximo. *Op. cit.*, p. 98.

Biennés, ou, ainda, o ano em que foi escrita. No entanto, a análise das notícias publicadas no jornal *A Cruz* evidencia que a solicitação deve ter sido feita em 1924, pois até o ano anterior frei Ambrósio não desejava partir, uma vez que em fevereiro de 1923 solicitou ao arcebispo D. Aquino que interviesse junto aos superiores da OTR na França, em prol da permanência dos franciscanos em Cuiabá. Além disso, o frade articulou em vão a criação de um patrimônio para a Arquidiocese e, consequentemente, de uma residência para o prelado. O desejo de permanecer em Cuiabá remete ao fato de que o frei Ambrósio manteve o seu prestígio social e religioso após a morte de D. Carlos, em 9 de julho de 1921. Após as exéquias do arcebispo e com D. Aquino impossibilitado de assumir, devido ao exercício do mandato presidencial, o franciscano foi nomeado governador do Arcebispado pelo Núncio Apostólico[131] e governou a Arquidiocese até 16 de julho de 1922, data da posse de D. Aquino, que alguns dias após a sua posse viajou para o Rio de Janeiro e reconduziu frei Ambrósio ao governo do Arcebispado[132]. Ao retornar, em 6 de dezembro, o frade foi novamente nomeado vigário geral da Arquidiocese. Além disso, continuou como redator-chefe do jornal *A Cruz*.

Frei Ambrósio deixou Cuiabá em abril de 1925. Desde setembro do ano anterior não participava da redação do jornal, que passou a ser administrado por Benedicto London, conforme notícia d'*A Cruz*[133]. Pode-se afirmar que se não fosse pela presença de frei Ambrósio Daydé em Cuiabá, a criação da imprensa católica não teria ocorrido em 1910. Após breve período na França, residiu na Diocese de São Luís de Cáceres. Ao longo das décadas de 1930 e 1940, sempre era lembrado pelo jornal como seu fundador. Em 1926, o jornal *A Cruz* publicou que, por ocasião do aniversário do frade, fora enviado telegrama à França, assinado por diversos cidadãos ilustres. Dentre os nomes, destacam-se os de antigos desafetos do frade, João Villas Bôas, João Cunha e Alexandre Addôr, demonstrando que antes de partir o franciscano havia se reconciliado com alguns deles[134]. Frei Ambrósio faleceu em 1945 na cidade de São Paulo[135].

Outro redator foi João Carlos Pereira Leite, um dos principais articuladores da criação da LSCMT, sendo eleito vice-presidente ao lado de

---

[131] *A Cruz*, n. 530, 31 jul. 1921, p. 1.
[132] *A Cruz*, n. 569, 30 abr. 1922, p. 1.
[133] *A Cruz*, n. 691, 6 set. 1925, p. 1.
[134] Segundo Biennés, antes de partir para a França, em 1925, frei Ambrósio foi homenageado em Cáceres, ocasião em que se reconciliou com João Villas Bôas. BIENNÉS, Dom Máximo. *Op. cit.*, p. 98.
[135] BIENNÉS, D. M. *Op. cit.*, p. 84.

Joaquim Ferreira Mendes. Com a renúncia deste último, em 28 de janeiro de 1912, que foi nomeado secretário de Estado dos Negócios do Interior, Justiça e Fazenda do governo Joaquim da Costa Marques, Pereira Leite assumiu a presidência da liga. Em dezembro de 1914, deixou a presidência da LSCMT e a redação d'*A Cruz*, após envolver-se na política e desentender-se com os membros da diretoria da associação católica e da redação do jornal, que a essa época dava indícios de que faria campanha de oposição ao PRC e ao governo Costa Marques no pleito eleitoral que começava a ser organizado. Foi eleito deputado federal pelo PRC, em 1915. No Rio de Janeiro manteve vínculo com a LSCMT, representando-a no Primeiro Congresso Eucarístico Nacional, realizado na capital do país por ocasião do centenário da independência do Brasil, em outubro 1922[136]. O fato de Pereira Leite ser sogro de José de Mesquita – que desde 1914 colaborava com o jornal e após 1914 fez parte de sua diretoria – deve ser considerado como um fator importante para o reatamento das relações entre Pereira Leite e a redação do jornal *A Cruz* após os incidentes de 1915. Em Cuiabá, Pereira Leita exerceu o cargo de desembargador. Acerca dele assim escreveu Rubens de Mendonça:

> Nasceu em Cuiabá, a 12 de julho de 1861 e faleceu na mesma cidade, a 8 de setembro de 1933. Era formado em Direito pela Faculdade de São Paulo. Foi Procurador Fiscal da Tesouraria da Fazenda, Juiz de Direito de Santo Antônio do Rio Abaixo, Juiz Substitutivo Federal em Florianópolis, Santa Catarina, e ainda naquele Estado, Secretário Geral do Estado. Em 1906 retornou a Cuiabá, sendo reconduzido à magistratura, como Juiz de Direito de Poconé e em 1908 era nomeado Desembargador. Jornalista, dirigiu vários periódicos: "O Democrata", em 1896, 'O Povo', em 1916 e 'A Cruz'. Foi professor de História do Brasil e Universal, no Liceu Salesiano São Gonçalo, representante de Mato Grosso, no Congresso Nacional de História, em 1914, representante de Mato Grosso no Congresso Jurídico, em 1908. Foi Deputado Federal durante quatro legislaturas (1915-1926)[137].

Ao retornar a Cuiabá, em 1926, afastou-se da política. Em janeiro de 1933, meses antes de falecer, ajudou a fundar em Cuiabá a *Liga Eleitoral Catholica*, sendo eleito seu primeiro presidente[138]. Entre 1910 e 1914, Pereira Leite

---

[136] *A Cruz*, n. 593, 15 out. 1922, p. 1.
[137] MENDONÇA, R. **Dicionário Biográfico Mato-Grossense**, p. 83. Aspas do autor.
[138] *A Cruz*, n. 1065, 29 jan. 1933, p. 1.

foi um dos que mais participou nas atividades da LSCMT e na divulgação do jornal *A Cruz*. Com base em diversas matérias publicadas no periódico, nota-se a atuação de destaque do desembargador Pereira Leite no meio católico cuiabano, não apenas como liderança da associação católica, mas também nos diversos eventos no Liceu Salesiano, em festas religiosas e confraternizações ou campanhas que envolviam o clero e leigos de destaque na sociedade, ocasiões em que não perdia a oportunidade de discursar em público, o que denota ter tido grande habilidade como orador. Logo após a fundação da LSCMT, recolheu esmolas pelas residências juntamente a frei Ambrósio, com a finalidade de angariar recursos para a criação do jornal católico[139]. Na redação d'*A Cruz* era o responsável pelo jornal na ausência do frade franciscano.

> Para negociar attinentes á redação da *A Cruz,* reclamações ou remessas de artigos ou pedido de assinatura e respectiva cobrança, na ausencia do Revm. Frei Ambrosio Daydé, qualquer interessado pode entender-se com o Exm. Sr. Desembargador Pereira Leite, á rua Barão de Melgaço, n. 11[140].

Em outras ocasiões, viajava com frei Ambrósio às cidades e às vilas do interior de Mato Grosso para juntos promoverem campanhas em prol do jornal *A Cruz*.

> Com immenso prazer publicamos abaixo o telegramma que recebemos de Brotas sobre a grandiosa manifestação Catholica havida na villa do Rosario e promovida pelo nosso inclyto Presidente da Liga Dr. João Carlos Pereira Leite e o zeloso Frei Ambrosio Daydé.
>
> Brotas, 11-7-913. Domingo, 6 do corrente, houve uma expendida reunião catholica na villa do Rosario. O Dr. João Carlos e Frei Ambrosio pronunciaram vibrantes discursos, vivamente aplaudidos[141].

Pereira Leite exerceu um papel importante nos primeiros anos da LSCMT e do jornal *A Cruz*. Em seus discursos sempre se mostrou convicto do sucesso da missão do jornal. Apesar de sua relação com a diretoria da associação católica e com a redação do periódico católico ter sido momentaneamente abalada entre fins de 1914 e 1915, a posterior reconciliação com os redatores d'*A Cruz* e, ainda, sua mobilização em prol da criação de uma liga eleitoral católica em Cuiabá demonstra que se manteve convicto

---

[139] BIENNÉS, Dom Máximo. *Op. cit.*, p. 72.
[140] **A Cruz**, n. 7, 15 ago. 1910, p. 1.
[141] **A Cruz**, n. 134, 13 jul. 1913, p. 3.

em seus princípios católicos e acreditando na atuação do laicato no meio social. Nas edições comemorativas d'*A Cruz*, foi sempre lembrado como um de seus membros fundadores.

Outro nome importante dos primeiros anos do jornal *A Cruz* foi o do padre salesiano Luiz Montuschi, que também teve uma atuação de destaque na criação da LSCMT, tendo sido escolhido por D. Carlos como assistente eclesiástico dentro da associação católica, função que exerceu conjuntamente a frei Ambrósio. O padre Montuschi foi diretor da *Revista Matto-Grosso*, professor do Liceu Salesiano São Gonçalo e vigário da Paróquia São Gonçalo.

Padre Montuschi era italiano[142] e são imprecisas as informações sobre a data de sua chegada a Cuiabá. As notícias mais antigas que envolvem sua pessoa datam de 1909 e estão presentes nas revistas *Matto-Grosso* e *A Reacção*. Foi diretor da revista *Matto-Grosso* e provavelmente o responsável por imprimir *A Cruz* antes de a LSCMT adquirir seu próprio prelo, que fora comprado dos próprios salesianos. Conforme notícias publicadas n'*A Cruz*, era extremante zeloso, cumpridor das normas eclesiásticas e grande defensor do catolicismo. Ainda de acordo com publicações do jornal, o salesiano tinha boas relações com D. Carlos e gozava da confiança do líder eclesiástico. Além de exercer o cargo de assistente eclesiástico na LSCMT, foi delegado pelo bispo, por meio de portaria de 24 de junho de 1910, para auxiliar o monsenhor Bento Severiano da Luz nos trabalhos da Arquidiocese, em virtude da viagem que o prelado empreendeu ao Rio de Janeiro e pela impossibilidade de D. Cirilo de Paula Freitas[143], bispo auxiliar, assumir, devido à viagem pastoral que fazia. Em 1915, Montuschi foi nomeado por D. Carlos para substituir temporariamente D. Aquino na direção das obras da reforma da Paróquia São Gonçalo.

> Tendo de ausentar-se por algum tempo desta Capital o Exmo. e Revm. Sr. D. Francisco de Aquino Corrêa, D. D. Bispo Auxiliar desta Archidiosese [...] Havemos por bem auctorisar, como pela presente auctorisamos, o Rvm. P. Luiz Montuschi, encarregado da referida Parochia, para, na ausencia do mesmo Sr. Bispo, receber as esmolas que os fieis offerecem para as mencionadas obras[144].

---

[142] Em novembro de 1912, Pe. Montuschi viajou a Turim, na Itália, para visitar sua mãe que estava enferma. Cf. **O Debate**, n. 332, 6 nov. 1912, p. 3.

[143] "D. Cirilo foi nomeado coadjutor de D. Carlos, pelo Papa Pio X, tendo sido preconizado bispo titular de Eucárpia em 27 de março de 1905. Foi sagrado bispo em Diamantina em 7 de janeiro de 1906, por D. Joaquim Silvério de Souza". Cf. MARIN, J. R. **A Igreja Católica em terras que só Deus conhecia**: o acontecer e "desacontecer" da romanização na fronteira do Brasil com o Paraguai e Bolívia, p. 134.

[144] **A Cruz**, n. 225, 2 maio 1915, p. 2.

O padre Luiz Montuschi era reconhecido por sua oratória e por ser ótimo palestrante. São diversos os relatos de discursos e palestras que proferiu em reuniões da LSCMT e festas religiosas e cívicas do Liceu São Gonçalo, que atraíam grande número de participantes. "O Revmo. Padre Montuschi encerrou a sessão com chave de ouro: o seu discurso foi bellissimo e agradou immenso ao auditorio"[145]. Ou ainda, a fim de "[...] se prepararem para esse grande acto, haverá um tríduo de conferências moraes, pelo Revdo. P. Luiz Montuschi"[146]. O salesiano esteve vinculado à redação d'*A Cruz* durante quase toda a década de 1910. "Aqui n''A Cruz' saudamos o bom e fiel companheiro de todas as luctas em que nos empenhamos, desde o início de nossa folha até hoje"[147]. Por ocasião do aniversário de quatro anos do jornal, publicou um texto em que se colocava como ativo participante da redação.

> Do madeiro sagrado sobre o qual morrera o homem de Deus tomando o nome e a inspiração revelou, desde o inicio aos redactores o ingrime caminho a trilhar, as difficuldades a vencer, e as luctas renhidas, inda que incruentas, que travar-se-iam. Fagueiro no entanto bruxoleava o ideal e repontavam victorias!... E os redactores animados por ellas e pelas lidimas alegrias que sempre a boa causa proporciona, submetteram-se jubilosos aos arduos labores da imprensa moral e christã. [...] O passado nos anima a novos commetimentos, continuem os bons auxiliando-nos pelo obulo e pela oração e o novo anno, que hoje iniciamos esperançosos, será fecundo de novas glorias e nos coroará com novos loiros... Avante![148]

A última menção ao Pe. Montuschi no jornal *A Cruz* foi em 22 de abril de 1917, que dava notícia do retorno de viagem a Corumbá do "[...] antigo companheiro de luctas"[149]. Os salesianos deixaram de participar da redação d'*A Cruz* em meio às disputas políticas de 1916, por não concordarem com o fato de o jornal ter tomado posição nos conflitos, conforme carta de D. Malan ao Núncio Apostólico, monsenhor Nicolau Rocco, datada de 2 de dezembro de 1916.

> V. Rma. já sabe que o Estado de Matto-Grosso está conflagrado e n'uma revolução que vai-se paulatinamente desenrolando e acentuando.

---

[145] *A Cruz*, n. 30, 2 jul. 1911, p. 2.
[146] *A Cruz*, n. 72, 21 abr. 1912, p. 4.
[147] *A Cruz*, n. 266, 27 fev. 1916, p. 1.
[148] *A Cruz*, n. 177, 15 maio 1914, p. 2.
[149] *A Cruz*, n. 324, 22 abr. 1917, p. 1.

> No meio deste parvoroso estado de cousas e imprensa movimento e agita os partidos dispertando as paixões dos ávidos do mando e do poder, tornando-se responsável de muitos crimes que já se deram; estando em véspera de outros mais graves.
>
> O jornal catholico 'A Cruz' não guardou aquella neturalidade que a prudência e o lugar exigeiam, e, escripor, por alguns membros da Liga Catholica, deixou sua marcha de religioso e apologético e tornou-se apaixonadamente politico.
>
> Foi então que os Salesianos outróra colaboradores, e um d'elles assistente ecclesiastico, negaram-se em escrever em dito jornal, e prohibiram até entrasse nos círculos juvenis com sede no Collegio de Cuiabá, pois a leitura era cusa de discussões inoportunas, temíveis e perigosas em Matto-Grosso.
>
> Há naturalmente quem estranhe este proceder e até faça comparações entre Salesianos e Franciscanos, cujo Superior da casa de Cuiabá, redactor chefe da 'A Cruz', tornou-se escravo de uns catholicos de nome, na realidade politiqueiros ferrenhos e imprudentes[150].

O bispo Malan criticou não apenas a posição política do jornal, mas antes o envolvimento do jornal na política, na pessoa de frei Ambrósio Daydé. Tal fato motivou a saída dos salesianos da redação d'*A Cruz* e o abandono do cargo de assistente eclesiástico de Pe. Montuschi na LSCMT. O religioso faleceu na Itália, em 21 de agosto de 1931, aos 52 anos[151].

Outro redator d'*A Cruz* em seus primeiros anos foi o professor Feliciano Galdino de Barros. Natural de Cuiabá, da localidade de Barranco Branco, nasceu em 9 de junho de 1884[152]. Foi aluno interno do Seminário da Conceição entre 1904 e 1906, onde concluiu seus estudos secundários. Segundo Biennès, a experiência de Galdino de Barros como aluno interno dos franciscanos foi fundamental para sua atuação de destaque na defesa do catolicismo em Cuiabá. Assim, "Não foi padre, mas sim um fervoroso católico e apóstolo leigo que, mais tarde, colaborou muito com os Frades"[153]. De acordo com Bruna Freitas, Galdino de Barros estudou no Rio de Janeiro[154], no entanto a pesquisadora não informa qual o curso em questão. Por outro lado, José de Mesquita dá a entender que ele não tinha formação em ensino superior, considerando-o um autodidata. Desse modo,

---

[150] Archivio Secreto do Vaticano. Indici 1153, Fondo della Nunziatura Apostolica in Brasile, Busta 161, Fascicolo 807.
[151] **Anuário 2022**: Inspetoria Salesiana de Campo Grande, p. 80.
[152] GALVÃO, H. L. **Papas-bananas ilustres**: síntese biográfica, p. 104.
[153] BIENNÈS, Dom Máximo. *Op. cit.*, p. 36.
[154] FREITAS, B. M. **O fenômeno literário Luz e Sombras de Feliciano Galdino**, p. 9.

> O seu decidido amor ao estudo, fazendo dele um autodidata, se manifesta no esforço de longos anos, tendo mesmo tentado cursar a Faculdade de Direito de S. Paulo, não levando avante o seu propósito por suas já precárias condições de saúde.
> [...] O seu amor aos desprotegidos o fez tentar uma provisão de advogado, que o habilitasse a defende-los, além dos casos de simples medida liberatória que a lei faculta a qualquer cidadão. Não conseguiu o seu intento. Os operários, reconhecendo-lhe a dedicação, o fizeram Presidente da sua sociedade[155].

De fato, além de escritor e professor, Galdino de Barros também defendeu os interesses dos trabalhadores. Em 1924, organizou, juntamente a Agrícola Paes de Barros[156], a fundação do *Partido Trabalhista de Matto Grosso*, que veio a público no ano de 1926: "O 'Centro Operário', fundado pelo professor Feliciano Galdino de Barros, que vem ha muito tempo livrando muitos pobres da escravatura, reuniu-se no passado, 20 de dezembro [de 1926] e resolveu fundar o 'Partido Trabalhista'"[157]. Colaborou em diversos jornais cuiabanos ligados à causa operária, tais como *A União, O Fifó, A Capital* e *A Luz*, e ainda foi correspondente do jornal *O Globo*, do Rio de Janeiro. Em 1923 publicou uma série de artigos no jornal *A Cruz*, denunciando as péssimas condições a que eram submetidos os trabalhadores das usinas de açúcar da região de Mata-Cavallos, nos arredores de Livramento/MT[158]. Ao findar a publicação de suas denúncias sobre a exploração de trabalhadores em condições análogas à escravidão, Galdino de Barros não poupou críticas ao governo do estado, por ter contribuído com forças policiais aos usineiros para o uso da força contra os trabalhadores.

> A classe operária é para se deixar escravizar, espoliar-se sem ter direito ao mais insignificante protesto. Os escravizadores fabricantes de eleições escravizam também o governo que entregando-lhes força, armas e munições para o massacre do pobre, conserva-se surdo aos clamores da viuvez e da orfandade de que tem sido causa a sua imcompreensivel passividade! Triste, tristissima situação! Pobre Estado que rola para o abysmo![159]

---

[155] MESQUITA, J. B. **Sessão de encerramento de 1939-1941**: Elogio fúnebre dos sócios falecidos, p. 158-159.
[156] Agrícola Paes de Barros nasceu em 1897, em Cuiabá. Foi médico e dentista, exerceu mandatos de vereador, deputado estadual e federal. Como jornalista fundou e dirigiu os jornais *A Luz, O Fifó, A Plebe* e *O Brasil Oeste*, na defesa dos interesses da classe trabalhadora. Faleceu em 1969. *Cf.* MENDONÇA, *Op. cit.*, p. 27.
[157] **A Capital**, n. 56, 19 jan. 1926, p. 3. Aspas do autor.
[158] **A Cruz**, n. 583, 6 ago. 1922, p. 1-2.
[159] **A Cruz**, n. 596, 12 nov. 1922, p. 1.

Entre os membros da LSCMT, Galdino de Barros foi um dos que mais publicou n'*A Cruz*. Foram dezenas de textos em defesa da doutrina católica desde que passou a fazer parte da diretoria da associação católica em maio de 1913. Segundo Mesquita,

> [...] foi um dos fundadores da Liga Católica [...] e do seu órgão *A Cruz*, que lhe deve os mais assinalados serviços. Pertenceu àquele grupo católico de 1910, que se organizou para entestar os que, na liga dos livre-pensadores, pelas colunas d'*A Reação*, combatiam as nossas crenças tradicionais [...] Feliciano, redator d'*A Cruz*, e orador da Liga, era dos mais estrênuos combatentes ao lado de frei Ambrósio, padre Aquino e padre Montuschi, Pereira Leite, Ferreira Mendes, Francisco Muniz, Joaquim Marques e outros[160].

Em 1912 o jornal *A Cruz* menciona a participação de Galdino de Barros na redação: "Transcorreu a 8 do corrente o anniversario do seu natal o nosso valoroso amigo e companheiro de trabalho neste jornal, professor Feliciano Galdino"[161]. Em sua trajetória como professor, escritor, jornalista e líder católico, proferiu diversas palestras e discursos e era tido por grande orador. "O Sr. Prof. Feliciano Galdino de Barros expóz, com muito acerto e belleza de estylo, as qualidades que deve ter um joven catholico perante a Sociedade, sendo merecidamente applaudido"[162]. Durante as comemorações dos três anos de existência da LSCMT, pronunciou o discurso intitulado *A necessidade da federação dos elementos catholicos*:

> Por toda parte a propaganda activa contra a religião, o riso alvar da incredulidade pelas ruas, pelas praças, pelos cafés; os periodicos heterodoxos achincalhando a virtude e coroando o erro e o vicio.
>
> [...] Lembrai vos das nossas glorias passadas e erguei a cabeça!
>
> Uma lucta de vinte seculos é a garantia segura do nosso triumpho. Sim! O nosso passado de lucta e victorias continuas é a garantia perfeita do nosso completo triumpho nas luctas do futuro. Unamo nos[163].

Os discursos de Galdino de Barros trazem consigo as representações de mundo presentes no programa editorial do jornal *A Cruz*. Ele também publicou

---

[160] MESQUITA, J. B. *Op. cit.*, p. 158.
[161] **A Cruz**, n. 575, 11 jun. 1912, p. 1.
[162] **A Cruz**, n. 90, 1 set. 1912, p. 2.
[163] **A Cruz**, n. 129, 8 jun. 1913, p. 2.

diversos contos no jornal e alguns livros, entre eles, *Luz e Sombras, Lendas Mato-Grossenses, Cuiabana* e *O Perigo Yankee*[164]. A primeira obra foi considerada como um romance pioneiro na literatura mato-grossense e contrapõe catolicismo e Maçonaria, temas recorrentes nas páginas d'*A Cruz*, representando o contexto social da época, ou seja, os conflitos ideológicos entre Igreja católica e Maçonaria:

> Luz e Sombras de Feliciano Galdino de Barros (1886-1938) foi publicado em 1917. [...] A obra narra a saga de uma família cristã, que carrega prontamente consigo os valores religiosos católicos. Como contraponto diegético aparece a seita maçom, representada categoricamente pelo estrangeiro Dom Amarante, desestabilizando a instituição familiar, de forma a ocasionar uma série variegada de perseguições, conflitos e tragédias. Essa estrutura maniqueísta será sustentada por Barros, com detalhes minuciosamente elaborados, visando acentuar a separação dos pólos antitéticos: catolicismo e maçonaria, representados respectiva e notadamente no próprio título: Luz e Sombras[165].

Seu talento nas letras lhe valeu uma cadeira no Instituto Histórico de Mato Grosso, em 8 de janeiro de 1928[166]. Ainda nas décadas de 1910 e 1920, foi proprietário e diretor do Colégio São Francisco. Após 1925, seu nome continuou aparecendo nas páginas do jornal, sendo citado como membro da redação e por meio da publicação de artigos, contos e propaganda dos livros que escrevia. Faleceu em 30 de dezembro de 1938.

Destacou-se também como redator do jornal *A Cruz* o advogado Francisco Antunes Muniz. Nascido em 10 de março, não foi possível precisar o ano de seu nascimento, porém provavelmente era da geração de João Carlos Pereira Leite, pois seu nome figura na *Gazeta Official* de Mato Grosso no ano de 1891 como membro da Guarda Nacional, no posto de "alferes Porta-bandeira"[167]. Em 1898, havia alcançado a patente de capitão[168], posição que ocupou até 1912, conforme notícia publicada no jornal *O Matto-Grosso:* "Com destino ao Rio e Janeiro, seguiu no último paquete o capitão Francisco Antunes Muniz"[169].

---

[164] MENDONÇA, R., *Op. cit.*, p. 28.
[165] FREITAS, B. M. *Op. cit.*, p. 9.
[166] **Jubileu dos 90 anos do IHGMT (Jubileu de Álamo)** – 1919-2009. Cuiabá: Instituto Histórico e Geográfico de Mato Grosso, 2010, p. 52.
[167] **Gazeta Official**, n. 152, 25 abr. 1891, p. 3.
[168] **Gazeta Official**, n. 1355, 22 out. 1898, p. 4.
[169] **O Matto-Grosso**, n. 1118, 7 jan. 1912, p. 2.

Antunes Muniz cursou Humanidades no Liceu Cuiabano, foi professor particular e antes de se formar em Direito no Rio de Janeiro, foi advogado provisionado em Cuiabá[170], profissão que deve ter exercido juntamente à de membro da Guarda Nacional.

> O Dr. Muniz, homem por si feito, iniciou a sua vida publica no magisterio particular, desde moço, educando a mocidade patrícia em sua residencia a rua Barão de Melgaço. Annos depois fez-se advogado provisionado pelo nosso antigo Tribunal militando nesta comarca [...]. Mais tarde matriculou-se na Escola Livre de Direito da Capital da Republica, onde, com os seus proprios e parcos recursos conquistou o grau de Bacharel em Sciencias Juridicas e Sociaes, continuando aqui a sua advocacia até que, em 1917, foi nomeado Juiz de Direito da Comarca de Coxim[171].

Acerca de sua atuação como professor particular, foi possível encontrar um anúncio datado de 1895, que demonstra a grande erudição no domínio das letras: "Francisco A. Muniz leciona portuguez, francez, inglez e arthimetica em casa de sua residencia á rua Barão de Melgaço, n. 46"[172]. De acordo com os textos em sua homenagem publicados em jornais como *A Cruz* e *O Matto-Grosso*, depreende-se que era de origem não abastada. "Por mais que seja a paixão que inspira os seus desaffectos, niguem podera negar as excelsas qualidades que o fazem conceituado em nosso meio social, onde por seu merito próprio, pelos seus esforços e intelligencia tem conquistado posição de destaque"[173]. Ou ainda: "É filho do seu trabalho, de sua tenacidade e de sua perseverança, elevando-se de si mesmo, a custa de heroicos sacrifícios, nessa altura em que o admiramos, o que é para a geração contemporânea a mais bela lição que se lhe possa dar"[174].

Em 1911 foi candidato a deputado estadual pelo Partido Progressista[175]. Em 1914, o Partido Progressista fundiu-se ao Partido Republicano Mato-Grossense, criado por Pedro Celestino em 1911[176]. O nome de Muniz constava no manifesto publicado pelas lideranças e membros do Partido Progressista, no qual comunicavam a fusão com o PRMG. A filiação partidária é um

---

[170] O Matto-Grosso, n. 1243, 7 jun. 1914, p. 3.
[171] O Matto-Grosso, n. 2200, 30 abr. 1931, p. 2.
[172] O Matto-Grosso, n. 818, 8 dez. 1895, p. 4.
[173] O Matto-Grosso, n. 1243, 7 jun. 1914, p. 3.
[174] A Cruz, n. 218, 15 mar. 1915, p. 2.
[175] O Matto-Grosso, n. 1105, 8 out. 1911, p. 3.
[176] O Matto-Grosso, n. 1240, 17 maio 1914, p. 1-2.

elemento importante para compreender os ataques sofridos em jornais como *A Reacção* e o *Debate,* que congregavam elementos do Partido Republicano Conservador. Antes de ser nomeado juiz de direito da Comarca de Coxim pelo então presidente do Estado, Caetano de Albuquerque, do PRMG, Muniz teve anulada a nomeação para juiz da Comarca de Aquidauana, por Joaquim da Costa Marques, do PRC[177], caracterizando retaliação política por parte deste último e favorecimento por parte do primeiro. Consta, ainda, que semanas antes de assumir a Comarca de Coxim, Muniz exerceu o cargo de delegado de polícia em Cuiabá, igualmente por nomeação governamental[178].

Assim como os demais redatores citados, foi um dos membros fundadores da LSCMT e também um dos mais ativos nas suas atividades, sendo eleito vice-presidente em maio de 1915. Durante os anos de 1910 e 1912, período em que fez constantes viagens ao Rio de Janeiro para finalizar seus estudos, foi citado pela redação como colaborador nas atividades do jornal: "Hoje pelo paquete Xingú, parte em demanda do Rio de Janeiro, o nosso confrade e companheiro de redacção Sr. Francisco A. Muniz, talentoso advogado de nosso foro"[179]. Nesse período, foi ainda representante da associação católica mato-grossense na capital federal, cargo de que foi incumbido na reunião inaugural da LSCMT[180]. Após finalizar seus estudos, colaborou com o jornal em atividades que exigiam conhecimentos jurídico e fiscal. "Aos nossos prezados assignantes reiteramos o nosso appello para pagarem a sua assignatura, nesta redacção ou na residencia do sr dr. Francisco Muniz, onde lhes será entregue o competente recibo"[181]. Por diversas ocasiões foi lembrado e exaltado pelo jornal:

> Como confrade, o Dr. Muniz foi sempre intemerato defensor de nossos principios e de nossas crenças: A Liga Catholica e este jornal, lhe devem muito, sendo elle amigo fiel e generoso desde a primeira hora, salientando-se nas horas difficeis que as vezes temos atravessado[182].

Em 1916 foi vice-presidente da LSCMT e no ano seguinte foi eleito seu presidente, cargo que exerceu até o ano de 1921, sendo substituído por José de Mesquita. Em 1915, foi advogado de frei Ambrósio quando este foi

---

[177] O Matto-Grosso, n. 1269, 6 dez. 1914, p. 3; **O Matto-Grosso**, n. 1289, 2 maio 1915, p. 2.
[178] O Matto-Grosso, n. 1366, 29 out. 1916, p. 3; **A Cruz**, n. 299, 29 out. 1916, p. 1.
[179] A Cruz, n. 15, 15 dez. 1910, p. 2.
[180] A Cruz, n. 1, 15 maio 1910, p. 4; **A Cruz**, n. 610, 4 mar. 1923, p. 2.
[181] A Cruz, n. 214, 14 fev. 1915, p. 1.
[182] A Cruz, n. 218, 14 mar. 1915, p. 2.

processado por José da Costa Marques, dono do jornal *O Debate*. Segundo textos publicados n'*A Cruz*, coube a Muniz a liderança da guarda do seminário e da pessoa de frei Ambrósio quando houve a tentativa de invasão da redação e empastelamento do jornal.

> Resta-nos agradecer os destemidos socios da Liga Catholica e os amigos dedicados d' 'A Cruz' cujos brios salvaguardaram os nossos direitos e a nossa honra. Deus lhe pague centuplicado neste e no outro mundo o que fizeram por nós.
>
> Entre elles avulta o Exmo. Sr. Dr. Francisco Muniz d.d. Vice--Presidente da Liga; foi um destemido, um campeão decidido da bôa causa, foi um heroe! A elle a nossa admiração, a elle o nosso reconhecimento[183].

Meses depois, quando os ânimos já haviam acalmado, a redação d'*A Cruz* relembrou os feitos de Muniz. Dessa vez, o texto foi mais claro quanto ao papel desempenhado por ele naquela ocasião de risco:

> Quando, ha poucos mezes atraz, os perversos inimigos da nossa religião conjugando todos os seus poderes, pela penna e pelas armas ameaçavam enlutar a familia cuyabana, foi bela e digna dos maiores louvores a sua acção esmagadora, chamando a arregimentação e a postos todos os soldados da cruz para a defesa da nossa bandeira, e publicando a sua memoravel carta em que scientificava ao chefe revolucionario, estar a Liga Catholica apparelhada para medir as suas forças contra ele, em todos os terrenos.
>
> [...] Salve, Dr. Muniz![184].

O teor da carta escrita por Francisco Muniz era pouco apaziguador: "[...] P. S. Como tambem sou um dos redactores da 'A Cruz', devolvo intactos os insultos e calumnias que o sr. dr. João da Costa Marques, atirára a redacção. Fique certo s. s.ª, uma vez por todas, que na 'A Cruz' não ha pusillamines nem covardes"[185]. Conforme análise dos acontecimentos de 1915 e 1916, nota-se que grande parte do envolvimento político do jornal *A Cruz* teve participação direta de Francisco Muniz, desde os desentendimentos com Pereira Leite, as críticas ao governo Costa Marques e ao PRC e, ainda, o rompimento dos salesianos com a redação do semanário católico, segundo carta de D. Malan: "'A Cruz', tornou-se escravo de uns catholicos de nome,

---

[183] *A Cruz*, n. 233, 11 jul. 1915, p. 2.
[184] *A Cruz*, n. 268, 12 mar. 1916, p. 1.
[185] *A Cruz*, n. 232, 27 jun. 1915, p. 1.

na realidade politiqueiros ferrenhos e imprudentes"[186]. Entre os *catholicos de nome* e *politiqueiros* criticados pelo bispo deveria estar Muniz.

Após 1916, Francisco Muniz viajava anualmente para Cuiabá e participava das festividades promovidas pela LSCMT, da qual se manteve como presidente mesmo residindo em outras localidades, sendo substituído por José de Mesquita apenas em 1921 e eleito vice-presidente honorário. Faleceu em 16 de abril de 1931, na cidade de Santo Antônio do Rio Abaixo.

Todos os membros da redação do jornal *A Cruz* fizeram parte, em algum momento, da diretoria da LSCMT. Outro aspecto comum era que todos exerciam atividades remuneradas fora da redação do jornal, e o trabalho na redação era realizado em horários alternativos e de forma voluntária. Por fim, se forem desconsiderados os nomes de frei Ambrósio e padre Montuschi, o grupo que atuava mais diretamente na redação e nas publicações era formado por cidadãos de destaque na sociedade cuiabana, senão todos abastados, mas também letrados e ligados a partidos políticos. Pereira Leite era desembargador e foi eleito deputado federal pelo PRC; Feliciano Galdino, além de professor, foi diretor e proprietário do Colégio São Francisco, em Cuiabá, além de ter fundado o Partido Trabalhista; Francisco Muniz era advogado e exerceu o cargo de juiz de Direito em diversas comarcas do interior do estado, sendo também membro do Partido Progressista e PRMG. Foi esse grupo de católicos da elite cuiabana que, liderado por frei Ambrósio e alinhado com a postura ultramontana de D. Carlos, dirigiu o jornal *A Cruz* em seus primeiros anos e delineou o seu projeto editorial.

Fontes

ANUÁRIO 2022: Inspetoria Salesiana de Campo Grande. Disponível em: missaosalesiana.org.br. Acesso em: 4 set. 2022.

ARCHIVIO SECRETO DO VATICANO. Indici 1153, Fondo della Nunziatura Apostolica in Brasile, Busta 161, Fascicolo 807.

Periódicos consultados

A Capital. Acervo da hemeroteca Biblioteca Digital da Fundação Biblioteca Nacional.

---

[186] Arquivio Secreto do Vaticano. *Op. cit.*

A Cruz, n. 1 ao n. 690 (1910-1924). Acervo da hemeroteca da Biblioteca Digital da Fundação Biblioteca Nacional.

Gazeta Official. Acervo da hemeroteca da Biblioteca Digital da Fundação Biblioteca Nacional.

O Debate. Acervo da hemeroteca da Biblioteca Digital da Fundação Biblioteca Nacional.

O Matto-Grosso. Acervo da hemeroteca da Biblioteca Digital da Fundação Biblioteca Nacional.

Revista Matto-Grosso. Acervo da hemeroteca da Biblioteca Digital da Fundação Biblioteca Nacional.

Referências

BIENNÉS, Dom Máximo. **Uma Igreja na Fronteira**. São Paulo: Edições Loyola, 1987.

BIENNÉS, Dom Máximo. **Missão Franciscana na fronteira**. São Paulo: Paulus Gráfica, 1994.

CANAVARROS, Otávio; SILVA, Graciela Rodrigues da. A imprensa mato-grossense antes da era do rádio. **Territórios e fronteiras**, Revista do PPGHIS/UFMT, Cuiabá, v. 3, n. 01, jan./jun. 2002.

FREITAS, Bruna Marcelo. **O fenômeno literário Luz e Sombras de Feliciano Galdino de Barros**. Cuiabá, 2011. 70f. Dissertação (Mestrado em Estudos Literários) – Universidade do Estado de Mato Grosso, Programa de Pós-Graduação em Estudos Literários.

GALVÃO. Honório Laucidio. **Papas-bananas ilustres**: síntese biográfica. Cuiabá: Central de Texto, 2010.

JUBILEU dos 90 anos do IHGMT (Jubileu de Álamo) – 1919-2009. Cuiabá: Instituto Histórico e Geográfico de Mato Grosso, 2010.

LUCA, Tania Regina de. "História dos, nos e por meio dos periódicos". *In:* PINSKY, Carla Bassanezi (org.). **Fontes Históricas**. São Paulo: Contexto, 2008. v. 1, p. 111-153

MARIN, Jérri Roberto. **A Igreja Católica em terras que só Deus conhecia**: o acontecer e o "desacontecer" da romanização na fronteira com o Paraguai e Bolívia. Campo Grande: Ed. UFMS, 2009.

MENDONÇA, Rubens de. **Dicionário Biográfico Mato-Grossense.** 2. ed. Goiânia: Editora Rio Bonito, 1971.

MESQUITA, José Barnabé de. Sessão de encerramento de 1939-1941: Elogio fúnebre dos sócios falecidos. **Revista do IHGMT**, Cuiabá, tomos XLV-XLVIII, p. 153-166, 1941-1942.

MORGADO, Eliane Maria Oliveira (org.). **Catálogo de jornais, revistas e boletins de Mato Grosso 1847 – 1985.** Cuiabá: EdUFMT, 2011.

PARA ALÉM DA NOTÍCIA – AS LIGAÇÕES DO JORNAL *O ESTADO DE MATO GROSSO* COM O ESTADO NOVO

Antonio Ricardo Calori de Lion

> *[...] porque a imprensa bem orientada é colaboradora eficiente, além de que, como bem o disse o eminente Presidente Getúlio Vargas — "grande mestre dos povos modernos, a Imprensa é o manancial em que eles se desalteram, em que vão beber os elementos essenciais no cultivo da inteligência e do caráter".*
> *(Júlio S. Müller em discurso na inauguração da rotativa Man, da Imprensa Oficial de Mato Grosso, 14 de agosto de 1939)*[187]

> *A imprensa brasileira é hoje, sob a égide dos princípios renovadores do Estado Nacional [Estado Novo], uma só família, amando-se todos os jornalistas como verdadeiros irmãos.*
> *(O Estado de Mato Grosso, n. 976, 29 abr. 1943, p. 1)*

Este trabalho tem o objetivo de investigar as relações políticas entre a imprensa mato-grossense e a ditadura do Estado Novo. Para cumprir esse escopo, o estudo se dedicou a compreender a ligação entre o jornal *O Estado de Mato Grosso* e a ditadura de Getúlio Vargas, focando principalmente as relações de seu criador, Archimedes Pereira Lima, numa perspectiva crítica sobre a memória histórica do período projetada em discursos memorialísticos em três livros: *Memórias de um cuiabano honorário*[188] de Cássio Veiga de Sá; *Exemplo e palavras de jornalista*[189]; e *Júlio Müller, um grande estadista*[190], ambos de Pedro Rocha Jucá.

Esta investigação é um desdobramento específico de pesquisas anteriores realizadas em Iniciação Científica, na Universidade Federal de Mato Grosso – Câmpus Universitário de Rondonópolis – e em curso de mestrado no Programa de Pós-Graduação em História da Faculdade de Ciências e Letras de Assis, Universidade Estadual Paulista "Júlio de Mesquita Filho",

---
[187] *Cf.* JUCÁ, Pedro Rocha. **Imprensa Oficial de Mato Grosso**: 170 anos de história. Cuiabá: Aroe, 2009. p. 133. Disponível em: https://www.iomat.mt.gov.br/site/cadernos/download/1. Acesso em: 14 jul. 2022.
[188] SÁ, Cássio Veiga de. **Memórias de um cuiabano honorário**: 1939-1945. Cuiabá: Resenha Tributária, [198-].
[189] JUCÁ, Pedro Rocha. **Exemplo e palavras de jornalista**. Biografia e perfil profissional, cultural, político e empresarial do jornalista Archimedes Pereira Lima. Cuiabá: Editora Memórias Cuiabanas, 1995.
[190] JUCÁ, Pedro Rocha. **Júlio Müller, um grande estadista**. Cuiabá: Editora Memórias Cuiabanas, 1998.

entre 2012 e 2016. O debate sobre essas relações políticas está no primeiro capítulo da dissertação *Equipamentos cineteatrais: usos e simbolizações de espaços culturais nas capitais centro-oestinas no Estado Novo,* em que contém um mapeamento das ideias traçadas no jornal *O Estado de Mato Grosso* sobre progresso e modernização, no que se refere à retificação urbana de Cuiabá e às políticas da Marcha Para o Oeste dos anos 1930 e do período do Estado Novo[191].

Como é demonstrado no estudo anterior o jornal *O Estado de Mato Grosso* tornou a disputa entre Cuiabá e o Sul de Mato Grosso atenuada, elevando Cuiabá a detentora secular do posto de capital política e administrativa do estado, abafando o movimento divisionista que era forte nos anos 1930. Para uma leitura acurada desse jornal como fonte para essas disputadas nota-se que houve uma verdadeira batalha por representação sobre as vontades de um grupo sobre outro, vencendo o aparelhamento político a Vargas de "unidade nacional" e mantendo o estado sem modificação até os anos 1970, com a criação de Mato Grosso do Sul em 1977 e posterior implementação em 1979[192].

As disputas em questão, alicerçadas pela política rigorosa de censura aos meios de comunicação do período estadonovista, não dão brechas para vozes dissonantes, havendo a representação apenas do grupo cuiabano pela hegemonia política do estado. A cruzada pelo divisionismo é um dos temas mais específicos do período que saltam d'*O Estado de Mato Grosso* como fonte, além de projetos de urbanização para a capital, intervenção na estrutura colonial da cidade e novas ideias de tradições culturais, como a criação do Cine-Teatro Cuiabá e a inserção da capital nas políticas culturais do Estado Novo, seja pela distribuição de filmes, seja no amparo a programação para cerimônias oficiais e teatrais.

Contudo, não há um estudo que indique as construções da memória histórica sobre o período pelas obras memorialísticas que não são usadas

---

[191] LION, Antonio Ricardo Calori de. **Equipamentos cineteatrais**: usos e simbolizações de espaços culturais nas capitais centro-oestinas no Estado Novo. Orientador: Eduardo Romero de Oliveira. 2016. 172 f. Dissertação (Mestrado em História) – Faculdade de Ciências e Letras, Universidade Estadual Paulista "Júlio de Mesquita Filho", Assis, 2016. Disponível em: http://hdl.handle.net/11449/148703. Acesso em: 10 jul. 2022.

[192] "O controle acentuado e o poder absoluto do Estado Novo impuseram, portanto, uma nova situação política no estado de Mato Grosso, decretando à força o desaparecimento dos remanescentes do *coronelismo guerreiro* do sul do cenário político regional. Da mesma maneira que combateram radicalmente o banditismo, os interventores após 1937 reprimiram severamente as lutas e campanhas separatistas promovidas no sul, imprimindo uma censura implacável à imprensa sulina, no sentido de proibir quaisquer notícias e/ou comentários que mencionassem ou relacionassem banditismo a separatismo no estado." *Cf.* CORRÊA, Valmir Batista. **Coronéis e bandidos em Mato Grosso 1889-1943**. Campo Grande: Editora UFMS, 1995. p. 143-144.

apenas como referenciais bibliográficos, mas também como fontes. Isso é importante de ser destacado porque o periódico como fonte já é um material dotado de filtros e disputas por representação daquele espaço de experiência sob agência de grupos que detinham o poder para registrá-lo à sua maneira. Este trabalho visa analisar as relações d'*O Estado de Mato Grosso* entre o período da sua fundação — durante o Estado Novo — até a eleição de Getúlio Vargas, em 1950.

O jornal representou uma "modernização" para os periódicos em Mato Grosso nos anos 1930, fruto das mudanças políticas do Brasil com a dita "Revolução de 30" e, principalmente, após a instauração da ditadura varguista. Serve como fonte histórica privilegiada do período e, também, das décadas seguintes por ter mantido circulação até os anos 1990. Atualmente pode ser acessado *online* no acervo da Hemeroteca Digital disponibilizado pela Biblioteca Nacional, em seu *site*[193]. A coleção completa impressa original se encontra na Superintendência de Arquivo Público de Mato Grosso (SAP), em Cuiabá. Além de o próprio jornal servir de fonte, a processualidade textual aqui utilizada se dá pela discussão da memória histórica em torno de Archimedes Pereira Lima, e os frutos correlatos e diretos do Estado Novo. É comum que não haja tanta fortuna crítica ao jornal, haja vista que os acervos de Júlio S. Müller e do próprio Archimedes Pereira Lima não estão disponíveis para consulta.

Metodologicamente o trabalho se assenta nas discussões de Tania Regina de Luca, quanto à pesquisa com a imprensa escrita entre jornais e revistas, e à importância das relações dos agentes com o produto material (e a sua produção). Para essa operação foram estabelecidos dois vieses de análise: um que explana as relações políticas sobre o jornal e as ideias que o faziam funcionar; outro que caminha juntamente ao primeiro sobre as condições de sua produção material — que está intimamente ligada às conexões pessoais, e vice-versa:

> Daí a importância de se **identificar cuidadosamente o grupo responsável pela linha editorial, estabelecer os colaboradores mais assíduos, atentar para a escolha do título e para os textos programáticos**, que dão conta de intenções e expectativas, além de fornecer pistas a respeito da leitura de passado e de futuro compartilhada por seus propugnadores. Igualmente importante é **inquirir sobre suas ligações cotidianas com diferentes poderes e interesses**

---

[193] Hemeroteca Digital (BN). Disponível em: http://bndigital.bn.gov.br/hemeroteca-digital/. Acesso em: 1 jun. 2023.

financeiros, aí incluídos os de caráter publicitário. Ou seja, à análise da materialidade e do conteúdo é preciso acrescentar aspectos nem sempre imediatos e necessariamente patentes nas páginas desses impressos[194].

Processualmente falando, Carlos Alberto Vesentini é o referencial teórico que orienta a visão crítica sobre a representação do passado entre agentes e o jornal. A memória histórica, pelo seu conceito, visa debater os acontecimentos que se tornaram fato pela intepretação dos agentes de seu tempo projetadas e rearranjadas no horizonte de expectativas, imperando a memória do vencedor. Nesse caso, a operação do texto está nessa proposta de Vesentini, em debater a partir dos fragmentos da memória histórica sobre Archimedes Pereira Lima e seu jornal as nuances envolvendo o período e suas relações políticas[195].

O estudo se principiou por uma questão aparentemente simples e óbvia: por que o jornal *O Estado de Mato Grosso* teve tanto espaço no governo Júlio Müller? São chaves para resolver o problema mostrar a profundidade das relações políticas entre o jornal e o Estado Novo, evidenciar contradições do período, como afirmações de que não havia censura, e mostrar como o jornal construiu uma representação daquele presente única e ligada a seus interesses em servir de porta-voz do Estado Novo em Mato Grosso na construção de uma sociedade brasileira sob o ideal de "progresso" e "modernidade". Naquele momento, atendia, sobretudo, interesses políticos e econômicos de famílias historicamente ligadas a Cuiabá, em um período de disputa com a classe dominante oriunda do Sul do estado.

As raízes de um jornal

O Estado de Mato Grosso foi fundado por Archimedes Pereira Lima em agosto de 1939, logo após ele ter sido responsável pela reforma do Imprensa Oficial do Estado, em 1937, e permaneceu como seu diretor até o final da década seguinte. O primeiro número do jornal foi lançado no dia 27 de agosto de 1939, alguns dias após a inauguração da rotativa *Man* pelos agentes do Estado nas oficinas do que seria a Imprensa Oficial de Mato Grosso.

O seu lançamento foi propositalmente assentado sobre a referência ao nascimento da imprensa mato-grossense (14 de agosto de 1839, data da

---

[194] LUCA, Tania Regina de. História dos, nos e por meio dos periódicos. *In:* PINSKY, Carla Bassanezi (org.). **Fontes históricas**. 2. ed. 1. reimp. São Paulo: Contexto, 2008. p. 140. Grifos no original.

[195] *Cf.* VESENTINI, Carlos Alberto. **A teia do fato**: uma proposta de estudo sobre a memória histórica. São Paulo: Hucitec, 1997.

primeira prensa adquirida pelo governo da província). Desde o princípio já se tinha bases marcadamente simbólicas sobre sua fundação colocando um elemento de novidade como tradição. Nos termos de Eric Hobsbawm, a "invenção de tradições" é uma forma de criar ligações históricas conectando elementos ao passado (ou mirando no futuro das relações) na tentativa de dotar de identidade e criar efeito de pertencimento os grupos que articulam ações, símbolos etc., para legitimação[196]. É interessante que o jornal tenha se apegado à data escolhida como centenário da imprensa em Mato Grosso, porque ele mesmo era posto como um marco: "[...] jornal sem parâmetro na história da imprensa mato-grossense"[197].

O seu formato apresentava diferença em relação ao *Diário Oficial*, tanto material quanto estilística, mudança essa levada a cabo por Archimedes Pereira Lima na reformulação da Imprensa Oficial do Estado, como estudada por Pedro Rocha Jucá[198]. O *Diário Oficial* tinha as dimensões de 35,5 cm de altura por 26 cm de largura, enquanto *O Estado de Mato Grosso* detinha o formato ligeiramente maior em 46,5 cm de altura por 33 cm largura, em edições de agosto de 1939. O jornal tinha circulação estadual e contava com uma sucursal no Rio de Janeiro, notícia de capa da edição de seu lançamento. Há, na primeira edição, informação de que circularia também entre outros estados brasileiros e na ficha editorial constava possibilidade de assinatura anual para o estrangeiro; seu número avulso custava $300 (trezentos réis).

Muito interessante observar a ideia que seria o carro-chefe da linha editorial do periódico durante aqueles anos que se seguiram até o fim do Estado Novo. Logo em seu lançamento, com a palavra do ex-presidente do estado do Rio de Janeiro, Manuel Duarte, colocava a proposta do jornal como resultado da Marcha para o Oeste, programa recém-lançado por Vargas naquele momento. O tom do artigo de Duarte evoca os bandeirantes, o braço "desbravador" do vasto território brasileiro, construindo o sentido de "brasilidade":

> "O Estado de Mato Grosso", jornal que hoje surge à publicidade como facho de luz a clarear o roteiro dessa marcha e desse caminho, é ainda uma brilhante consequência desse brado patriótico, conclamando a iniciativa patrícia, a olhar

---

[196] Cf. HOBSBAWM, Eric; RANGER, Terence (org.). **A invenção das tradições**. 6. ed. Rio de Janeiro: Paz e Terra, 1997.
[197] JUCÁ, Pedro Rocha. **Exemplo e palavras de jornalista**. Biografia e perfil profissional, cultural, político e empresarial do jornalista Archimedes Pereira Lima. Cuiabá: Editora Memórias Cuiabanas, 1995. p. 110.
[198] Cf. JUCÁ, Pedro Rocha. **Imprensa Oficial de Mato Grosso**: 170 anos de história. Cuiabá: Aroe, 2009.

para adiante, para as longínquas lindes de nosso vasto território, para vencer os obstáculos de que, outrora, os bandeirantes dos sertões, fizeram verdadeiros estímulos para as suas formidáveis conquistas![199]

Toda a ideia do autor aponta para conectar a origem do jornal ao ideal da Marcha para o Oeste, que por sua vez fora concebida sob a égide de "novas bandeiras" para o interior do país, em nome da propalada integração nacional de Vargas. Termos como "patriotismo", "levante", "heroico" estão ligadas a "civilização", "construção", "metrópole", "fecundo" e "desbravar" fazendo sentido a uma coisa só que seria o sentido de "progresso" ao qual *O Estado de Mato Grosso* seria o produto nato. A própria noção de "Oeste" passa a ser reinterpretada para avançar na construção de sentido de novo e moderno, recolocando o Centro-Oeste em um "novo" "mapa da civilização"[200].

Para além do sentido base das ideias do autor acerca de Mato Grosso e suas dimensões geográficas no ideal de progresso que o jornal (e a imprensa) significaria, o que salta aos olhos é o festejo da inauguração do jornal como instrumento político para propagandear o "progresso" do Brasil e de seu estado que deveria mostrar "[...] esse majestoso Estado, como terra de atração para todos quantos sentindo o entusiasmo e dispostos a conquista da grandeza, quiserem aproveitar as fôrças de sua energia patriótica na nobre tarefa do engrandecimento do nosso vasto país"[201]. Na mesma página, na coluna de Dalmo, já constava esse escopo:

> Circulando amplamente não só em Mato Grosso, como em todos os Estados, o grande jornal será um precioso elemento de propaganda de nossa terra abandonada e desconhecida, mostrando ao mundo os maravilhosos tesouros que possue[202].

O foco de sua circulação era o próprio território mato-grossense, de Norte a Sul, principalmente o Sul, já que era uma arma política contra as ações de grupos contrários à interventoria de Júlio S. Müller. Vale ressaltar que os esforços para a propaganda política e o interesse do estado na disseminação de ideais sobre a construção de um "Brasil novo" já estavam em curso desde o golpe de novembro de 1937. Os textos dos dois colunistas supracitados

---

[199] DUARTE, Manuel. **O Estado de Mato Grosso**, Cuiabá, n. 1, p. 1-02, 27 ago. 1939.
[200] Um importante estudo mostra as construções históricas sobre "barbárie" e "civilização" sobre Mato Grosso, entre os séculos XVIII e XX. *Cf.* GALETTI, Lylia da Silva Guedes. **Sertão, fronteira, Brasil**: imagens de Mato Grosso no mapa da civilização. Cuiabá: Entrelinhas: EdUFMT, 2012.
[201] DUARTE, Manuel. **O Estado de Mato Grosso**, Cuiabá, n. 1, p. 1-02, 27 ago. 1939.
[202] *Cf.* DALMO. O novo diário. **O Estado de Mato Grosso**, Cuiabá, n. 1, p. 2, 27 ago. 1939.

se contradizem em vários pontos, o que para o primeiro tem a "grandeza" e a herança bandeirante, aludindo a uma tradição colonial pelos paulistas e tornando a história mato-grossense parte do Sudeste e dotando-a de importância para a história e aquele presente nacional; o outro já a coloca como "abandonada". Porém, ambos concordam que a propaganda seria um elemento propulsor do futuro e *O Estado de Mato Grosso* seria sua plataforma principal.

No primeiro editorial do jornal, escrito por Archimedes Pereira Lima, estão presentes os ideais do jornalista com o periódico e também a ideologia sobre como percebe a função do jornalismo. No texto, é informado aos leitores que *O Estado de Mato Grosso* dispunha de "amplos recursos materiais [...] para a sua feitura", assim como um seleto grupo que fazia parte da redação e isso constituía "[...] uma demonstração bem objetiva do dignificante paralelismo em que se processa a nossa evolução cultural e material"[203]. Os "fartos" recursos eram supridos pela Interventoria de Júlio S. Müller, já que o jornal era impresso nas oficinas da Imprensa Oficial de Mato Grosso, usando o mesmo papel e a mesma rotativa que imprimia o *Diário Oficial*. Müller e seu secretário geral, João Ponce de Arruda (que também era seu cunhado), foram apontados por Lima como "padrinhos" do jornal.

Na biografia escrita também por Pedro Rocha Jucá sobre Júlio S. Müller há a mesma afirmativa sobre o entusiasmo com a fundação do jornal, além de contar com passagens muito parecidas na narrativa tanto em um quanto em outro[204]. O ponto crucial está na repetição da memória histórica sobre o período. A esse ponto, Müller surge como protagonista, já que é o biografado da vez. Contudo, as relações políticas e profissionais com Archimedes Pereira Lima estão alinhavadas nas histórias contadas por Jucá e reelaboradas as suas questões temporais estadonovistas: frutos importantes de um período que aparece sempre como "próspero" e interrompido por forças antagonistas que impediriam o caminhar do avanço iniciado por Vargas no que *O Estado de Mato Grosso* sempre anunciava como "surto de progresso".

Considerado pelos agentes do período e pelo jornalismo ligado a Lima como o primeiro veículo noticioso mato-grossense com plataforma publicitária, impresso em Cuiabá, *O Estado de Mato Grosso* detinha uma dupla função bem definida naquele período, analisado com o distanciamento temporal: operar como veículo extraoficial dos governos estadual e federal, como também "modernizar" o jornalismo da região, embora Goiás

---

[203] LIMA, Archimedes. O Estado de Mato Grosso. **O Estado de Mato Grosso**, Cuiabá, p. 4, 27 ago. 1939.
[204] JUCÁ, Pedro Rocha. **Júlio Müller, um grande estadista**. Cuiabá: Editora Memórias Cuiabanas, 1998.

contasse com *O Popular* e *Correio Oficial* na recém-inaugurada Goiânia, que funcionavam tanto como plataforma dos anúncios da gestão como também de periódico diário com notícias e colunas em torno de Pedro Ludovico Teixeira e de Vargas. Objetivamente, era anunciado:

> Subordinado a sua orientação às altas finalidades que à imprensa traçou o Estatuto de 10 de novembro, procurará "O ESTADO" a doutrina do Estado Forte, a idéia nova e salvadora que nos cumpre a todos evangelizar. Tendo como lastro um largo programa de brasilidade, procurará "O ESTADO", velando pelo fortalecimento dos laços de unidade nacional, formar, dentro de Mato Grosso, uma consciência, vinculada fortemente, pelas cadeias do pensamento, aos ideais da administração estadual[205].

O editorial de lançamento do jornal teve importância histórica e pessoal para seu diretor, que o revisitou na comemoração dos 30 anos do jornal em 1979, republicando-o em outro periódico que fundara naquela década, o *Diário de Mato Grosso*. Assim como conta Jucá, o seu biografado saudava as origens d'*O Estado de Mato Grosso* e por isso "[...] dava valor tão grande ao editorial do primeiro número [...]"[206]. Nesse texto, Lima enfatiza o que levou sua vida acreditando, o foco e escopo anunciado na abertura d'*O Estado de Mato Grosso* foi seguido e cumprido pela redação e por sua direção: "[...] poderoso instrumento de formação cívica e moral do povo, podendo, como a língua, na expressão de Esopo, ser a melhor como a pior coisa, tinha a imprensa, no regime novo, que ser regulamentada e fiscalizada"[207].

As armadilhas dessa memória histórica estão na construção ideal de um tempo em que a representação dominante era posta por uma ditadura que impedia vozes dissonantes do processo em aparecer para apresentar as suas contradições. Desse modo, é pungente que o que se construiu na realidade apresentada pelo jornal ou pelas narrativas memorialísticas passaram por severos crivos que determinaram o que seria digno de prevalecer sobre si e sobre quem queriam ser. Os mesmos moldes serão usados nas narrativas de Cássio Veiga de Sá, que recebera o título de cidadão cuiabano da Câmara Municipal de Cuiabá em 1965[208]. O engenheiro era amigo de Archimedes Pereira Lima —

---

[205] LIMA, 1939 *apud* JUCÁ, Pedro Rocha. **Exemplo e palavras de jornalista**. Biografia e perfil profissional, cultural, político e empresarial do jornalista Archimedes Pereira Lima. Cuiabá: Editora Memórias Cuiabanas, 1995. p. 108.

[206] JUCÁ, Pedro Rocha. **Exemplo e palavras de jornalista**. Biografia e perfil profissional, cultural, político e empresarial do jornalista Archimedes Pereira Lima. Cuiabá: Editora Memórias Cuiabanas, 1995. p. 110.

[207] LIMA, 1939 *apud* JUCÁ, *op. cit.*, p. 108.

[208] SÁ, Cássio Veiga de. **Memórias de um cuiabano honorário**: 1939-1945. Cuiabá: Resenha Tributária, [198-].

este tendo escrito o prefácio do livro. O que muda na narrativa de Sá é que de certa forma aparecem contradições do período pelo olhar desconfiado do povo que via a cidade mudar por obras públicas e determinações federais. O tom usado para contar sobre os acontecimentos indica a simplicidade que as ordens dadas no Rio de Janeiro eram tomadas e seguidas em Cuiabá, do ponto de vista do espaço urbana e dos interesses públicos, já que se trata de uma época autoritária e de suspenção de direitos.

Contrastar as narrativas mostra que ao mesmo tempo que há elevação sobre o período de 15 anos de Vargas — sobretudo o Estado Novo — para a região, o tom saudosista daquele tempo nas memórias e também nas páginas do jornal e o impulso provocado por valores políticos do trabalhismo, há também desníveis lançados na direção do borrão que se tem sobre a participação popular nas transformações e na interpretação do que ocorria nos espaços citadinos. As vozes prevalentes no processo são aquelas ligadas à formação do grupo político que apoiava e sustentava o regime e, mesmo nos momentos em que escapam as contradições, ainda há o filtro da memória histórica projetada no período, sobre o período. Um espelho inventado de si para si no presente e no futuro.

Dessa forma, outro importante cargo exercido por Archimedes Pereira Lima foi de diretor do Departamento Estadual de Imprensa e Propaganda (DEIP-MT), já estendendo seu ofício à frente da chefia da Imprensa Oficial do Estado de Mato Grosso e experiência como "jornalista profissional" na direção d'*O Estado de Mato Grosso*. O Deip em Mato Grosso foi criado em 1942, órgão ligado ao Departamento de Imprensa e Propaganda (DIP), este último diretamente conectado ao Gabinete da Presidência da República, criado em 27 de dezembro de 1939. Archimedes Pereira Lima assumiu a direção do Deip-MT em 1943, tendo sido extinto com o fim do estado novo a partir de outubro de 1945[209]. A respeito do Deip-MT Rubens de Mendonça afirmou:

> O DEIP em Mato Grosso, em virtude do espírito liberal do seu diretor, que é jornalista profissional, nunca exerceu a censura, e até auxiliava a imprensa local dando-lhe a mais completa liberdade. Aliás, durante todo o tempo da Ditadura, pelo menos em Mato Grosso, nunca houve falta de garantia a imprensa. [...][210].

---

[209] *Cf.* VIEIRA, Thaís Leão. O Edifício Teatral e Os Sentidos do Art Déco Como Discurso de Progresso no Estado Novo em Mato Grosso. *In:* SIMPÓSIO NACIONAL DE HISTÓRIA, 27. Natal, 2013. **Anais [...]**. São Paulo: ANPUH, 2013. p. 5. Disponível em: http://www.snh2013.anpuh.org/resources/anais/27/1364957367_ARQUIVO_AnaisANPUHThaisLeaoVieira.pdf. Acesso em: 30 jun. 2022.

[210] MENDONÇA *apud* JUCÁ, Pedro Rocha. **Imprensa Oficial de Mato Grosso**: 170 anos de história. Cuiabá: Aroe, 2009. p. 124. Disponível em: https://www.iomat.mt.gov.br/site/cadernos/download/1. Acesso em: 14 jul. 2022.

Cabe lembrar que esse órgão foi responsável por atuar amplamente nos setores de difusão de informação "[...] uniformizando as notícias e, de certo modo, criando um monopólio acerca das informações sobre o Brasil"[211]. Na gerência do que lhe competia, os Deip agiram

> [...] de acordo com as diretrizes do órgão federal, porém em âmbito estadual, contribuindo para a grande estrutura de controle e difusão da informação desenvolvida pelo DIP. Fato é que, com uma estrutura bastante centralizada, o DIP logrou exercer grande controle das informações que circulavam pelo país, podendo ser compreendido como o principal porta voz do regime implementado com a instauração do Estado Novo, em 1937[212].

Fica evidenciado que toda a produção jornalística e atuação de intelectuais fora controlada, no plano micro (regional) e macro (federal), já que a intenção era criar uma realidade e ideia de Brasil que permanecesse nas configurações daquele presente, aparelhada com o intuito de um "homem novo", ora comportamento de "cidadania" elaborada pela noção persistente no momento[213].

Como mostrado pela pesquisa de Valmir Batista Corrêa, o período que abrange os anos pós-escalada de Vargas ao poder é apagado nas fontes para pesquisar muitos assuntos nos estados de Mato Grosso e Mato Grosso do Sul, principalmente durante o Estado Novo, pois "[...] houve uma ação deliberada por parte dos que participaram da política e do poder nesse mesmo período em não deixar vestígios de seus atos para a posteridade"[214]. Pensando que os principais agentes estudados do período são também os que detinham controle sobre o processamento documental e, no caso de Archimedes Pereira Lima, até da imprensa toda do estado, pode ser notada a complexidade da produção representacional para a história que queriam fixar.

Foi durante esse período, após o Estado Novo ter iniciado e sua política de controle sobre os meios de comunicação, que houve o investimento na

---

[211] CPDOC. **Departamento de Imprensa e Propaganda (DIP)**. Exposição Virtual. Rio de Janeiro: Fundação Getúlio Vargas, 2022. n. paginado. Disponível em: https://expo-virtual-cpdoc.fgv.br/departamento-de-imprensa-e-propaganda-dip. Acesso em: 15 jul. 2022.

[212] *Ibidem*.

[213] *Cf.* VELLOSO, Mônica Pimenta. Cultura e poder político: Uma Configuração do Campo Intelectual. *In*: OLIVEIRA, Lúcia Lippi; VELLOSO, Mônica Pimenta; GOMES, Ângela Maria de Castro. **Estado Novo**: ideologia e poder. Rio Janeiro: Zahar Ed., 1982. p. 71.

[214] CORRÊA, Valmir Batista. **Coronéis e bandidos em Mato Grosso 1889-1943**. Campo Grande: Editora UFMS, 1995. p. 133.

modernização das oficinas da tipografia que imprimia o antigo periódico *Gazeta Official* para a instalação de quatro rotativas linotipos *Man*, de fabricação alemã, em 1939. O esforço em redimensionar a estrutura e produção do jornal oficial do governo é demonstrado por Pedro Rocha Jucá como ação de "bravura" e competência de Archimedes Pereira Lima. Porém, ao narrar os acontecimentos da instalação da Imprensa Oficial de Mato Grosso, no final dos anos 1930, o autor também mostra o investimento pesado sobre equipamentos e mão de obra para que a estrutura funcionasse, como pode ser visto na tabela orçamentária do órgão reproduzida em seu livro[215].

Tais investimentos em quatro rotativas para dar conta de uma grande produção do jornal oficial dentre outros documentos da Interventoria estavam dentro da política de Vargas para a imprensa e propaganda, na disseminação das ideias quistas por sua ditadura. Sob esse ponto de vista, não havia "garantia a imprensa" como afirmou Rubens de Mendonça, mesmo que não houvesse repressão violenta em fechamento de tipografias em Cuiabá (não há relatos históricos sobre isso, até aqui). O que estava posto era a simetria com o regime e a ordem vigente.

O jornalismo em Mato Grosso teve significativa produção desde o final da segunda metade do século XIX, e os jornalistas representaram por longo período as "honras" da "alta cultura" para o estado e, principalmente, para Cuiabá. Umas das primeiras instituições culturais mato-grossenses, a Academia Mato-grossense de Letras (AML), tem na memória histórica um lugar de exaltação e relacionamento com agentes políticos importantes para aquele momento da história em solo mato-grossense. Nas palavras de José de Mesquita (presidente do AML, em 1946) aquela instituição "[...] podia chamar a Casa dos Jornalistas Mato-grossenses [...]"[216]. Não obstante, José de Mesquita, membro do AML, também era jornalista e fora diretor do jornal católico *A Cruz*, editado por longo período em Cuiabá[217].

---

[215] *Cf.* JUCÁ, Pedro Rocha. **Imprensa Oficial de Mato Grosso**: 170 anos de história. Cuiabá: Aroe, 2009. p. 124. Disponível em: https://www.iomat.mt.gov.br/site/cadernos/download/1. Acesso em: 14 jul. 2022.

[216] MESQUITA, 1946 *apud* JUCÁ, Pedro Rocha. **Exemplo e palavras de jornalista**. Biografia e perfil profissional, cultural, político e empresarial do jornalista Archimedes Pereira Lima. Cuiabá: Editora Memórias Cuiabanas, 1995. p. 39. O jornalista também foi membro do Instituto Histórico e Geográfico de Mato Grosso (IHGMT) e sobre a relação profunda do IHGMT com a história de Mato Grosso conferir: LEOTTI, Odemar. **Instituto Histórico e Geográfico de Mato Grosso** – IHGMT: relações de poder, escrita, política, cientificidade e a invenção do mato-grossense moderno (1895 a 1934). Orientador: José Carlos Barreiro. Tese (Doutorado em História) — Faculdade de Ciências e Letras, Universidade Estadual Paulista "Júlio de Mesquita Filho", Assis, 2013. Disponível em: http://hdl.handle.net/11449/103125. Acesso em: 3 set. 2022.

[217] Esse periódico também se encontra disponível *online* na Hemeroteca Digital (BN). Disponível em: http://bndigital.bn.gov.br/hemeroteca-digital/. Acesso em: 1 jun. 2023.

Em seu discurso de posse da Cadeira n.º 13 dessa Academia, Archimedes Pereira Lima evidencia sua concepção do ofício do jornalista: "Intérprete instantâneo de toda essa vertigem de idéias e sensações que vai pelo mundo, o jornal é um alimento do espírito por excelência, uma fonte diária de novas emoções para os leitores"[218]. A citação completa de seu discurso por Pedro Rocha Jucá, na biografia, é mais um dos documentos alçados em grau de importância pelo autor para tomar lugar a voz do próprio biografado sobre o período em retrospecto (anos 1940) como também o reforço da contribuição do jornalista para a história da imprensa em Mato Grosso. Como supracitado, nas palavras de Mesquita, o assunto principal do discurso e do uso dele na biografia é sobre o jornalismo, sobre ser jornalista e o lugar do ofício para a construção da Pátria. A sua concepção, portanto, é orientadora sobre sua personalidade na história de Mato Grosso. Homem culto, jornalista de ofício, tem na imprensa um instrumento de perceber e fazer perceber o mundo, de construído nas disputas por representação.

Assim como no excerto que abre este texto, por Júlio S. Müller, a respeito do papel da imprensa de ser "colaboradora eficiente" para os interesses dos governos Estadual e Federal no Estado Novo, sua justificativa para as mudanças na Imprensa Oficial começa com o investimento na maquinaria. Ele mesmo diz:

> Desejo tão somente frisar que esse melhoramento, que alguns, no seu pessimismo, acharão adiável, se impunha, no momento, porque as necessidades do serviço público estão a exigir reformas de tal porte e alcance, como as muitas que acabamos de introduzir na Administração do Estado [...][219].

Essas necessidades de "melhoramento" do serviço público (podendo ser compreendido também como "modernização") estavam afinadas com as demandas do regime estadonovista. Desses melhoramentos fazem parte nessa citação as amplas obras de intervenção urbana em Cuiabá, iniciadas no final dos anos 1930 e levadas até o final do Estado Novo, as chamadas "obras oficiais" (construções de prédios governamentais, estação de tratamento de água, ponte, Grande Hotel etc.). Nesse discurso de Müller proferido na inauguração da rotativa *Man* e do novo *Diário Oficial*, destaca-se um trecho que recai no procedimento metodológico deste estudo: "[...] não quero, absolutamente, vangloriar-me por ter procurado dotar a Imprensa do meu Estado, de

---

[218] LIMA, 1945 apud JUCÁ, op. cit., p. 42-43.
[219] JUCÁ, Pedro Rocha. **Imprensa Oficial de Mato Grosso**: 170 anos de história. Cuiabá: Aroe, 2009. p. 133. Disponível em: https://www.iomat.mt.gov.br/site/cadernos/download/1. Acesso em: 14 jul. 2022.

aparelhamentos modernos". Mas foi o que aconteceu com sua memória[220]. A evidência da importância dada ao jornalismo naquele período estava assentada sobre várias camadas do tempo histórico, ou seja, os interesses e as representações em torno do ocorrido se coadunavam com a interpretação do respeito ao jornalismo e à imprensa mato-grossense e brasileira.

Sob esse prisma, seu lugar de fala enquanto interventor em exercício coloca um marco sobre essa memória que até Rubens de Mendonça — em citação anterior — corrobora para essa narrativa de responsável pela modernização do aparato técnico da imprensa mato-grossense. Esses trechos são parte de citações de um livro de Pedro Rocha Jucá sobre a história da Imprensa Oficial mato-grossense, porém a ideia de Júlio S. Müller como responsável e "benfeitor" para a "modernização" e desenvolvimento de Mato Grosso (numa interpretação de pioneirismo de Mato Grosso para o Centro-Oeste) aparece de outras maneiras nas obras memorialísticas, das quais Archimedes Pereira Lima também faz parte[221]. Jucá conclui: "A inauguração desse equipamento da Imprensa Oficial foi mais do que um ato oficial, pois muito representou para a Cuiabá de 1939"[222].

O acúmulo de cargos de Archimedes Pereira Lima o projetou a um lugar pouco explorado nas análises sobre os anos do Estado Novo em Mato Grosso. Provavelmente havia igual importância nos rumos que o governo estadual tomava pelo Interventor com as suas ideias. Não obstante, a presidência da Fundação Brasil Central (FBC) foi dele a partir de 1951, entidade ligada diretamente à presidência da República[223]. Dessa forma, "[...] é possível inferir o lugar social que este jornalista ocupava em Mato Grosso e suas relações com o governo federal por meio das posições ocupadas por ele"[224].

---

[220] *Ibidem.*

[221] "Júlio Muller foi um dos melhores administradores de Mato-Grosso. A êle deve o Estado uma série de benefícios, destacando-se entre êles a construção do notável edifício do Colégio Estadual e a ponte sobre o rio Cuiabá, que com justiça recebeu seu nome." MENDONÇA, Rubens de. **Dicionário Biográfico Mato-grossense**. Cuiabá: Gráfica Mercúrio S. A., 1953. p. 92.

[222] JUCÁ, *op. cit., loc. cit.*

[223] *Cf.* JUCÁ, Pedro Rocha. **Exemplo e palavras de jornalista**. Biografia e perfil profissional, cultural, político e empresarial do jornalista Archimedes Pereira Lima. Cuiabá: Editora Memórias Cuiabanas, 1995. p. 71.

[224] VIEIRA, Thaís Leão. O Edifício Teatral e Os Sentidos do Art Déco Como Discurso de Progresso no Estado Novo em Mato Grosso. *In*: SIMPÓSIO NACIONAL DE HISTÓRIA, 27., Natal, 2013. **Anais [...]** XXVII Simpósio Nacional de História: Conhecimento Histórico e Diálogo Social. São Paulo: ANPUH. p. 5. Disponível em: http://www.snh2013.anpuh.org/resources/anais/27/1364957367ARQUIVOAnaisANPUHThaisLeaoVieira.pdf. Acesso em: 30 jun. 2022.

Biografia e biografado

> *Um e outro equiparam-se na dedicação ao trabalho: nos quase 10 anos de direção de "O ESTADO DE MATO GROSSO", Archimedes era, ao mesmo tempo, diretor, repórter, fotógrafo, revisor e contato publicitário; nos quase 25 anos em que dirigiu o mesmo jornal, Jucá realizara, com o mesmo dinamismo e sem esmorecimento, as mesmas tarefas. Poder-se-ia dizer até que ambos praticamente dormiam na redação.*
>
> *(Clóvis de Mello)[225]*

O jornal *O Estado de Mato Grosso* é o principal elo que Pedro Rocha Jucá mantém com seu biografado, além da profissão de jornalista, é claro. Ambos dirigiram o periódico cuiabano por longos períodos, sendo que Jucá ficou mais de duas décadas na redação do jornal. O livro, mais do que construir uma narrativa factual linear, é direcionado por compilações de discursos e entrevistas do biografado, em algum momento se misturando com a própria biografia de Jucá. Ele frisa logo no início que se trata de um livro feito pela emoção da amizade com Archimedes Pereira Lima:

> Alerto, de início, que este é um trabalho feito com o coração, numa homenagem sincera e leal a um amigo que merece, além do apreço e da consideração, o reconhecimento dos seus contemporâneos. Da minha parte hão houve a preocupação de realizar uma obra literária do maior significado. E isto é fácil de explicar. Não encontro em mim méritos para tanto. O meu único objetivo foi o de registrar a multifacetada vida de um jornalista de fato, de um jornalista verdadeiro e autêntico. E, para tanto, sou fiel à verdade e à história nesta pesquisa que exigiu de mim mais do que posso oferecer[226].

Apesar da relevância empreendedora de Archimedes Pereira Lima na história de Mato Grosso do século XX (que historiograficamente ainda carece de maior fortuna crítica), o foco da narrativa e a legitimação assentada por Jucá estão na sua profissão de jornalista. Ou seja, o reconhecimento entre si e o ofício primaz sempre fora o jornalismo. Por esse foco, o livro tem seu fio condutor apresentando as "palavras de jornalista", como intitula Jucá, ressaltando logo no começo do primeiro capítulo a sua concepção de jornalismo — que ao longo da obra fica evidenciado que se trata de uma

---

[225] *Cf.* JUCÁ, *op. cit.*, p. 13.
[226] JUCÁ, Pedro Rocha. **Exemplo e palavras de jornalista**. Biografia e perfil profissional, cultural, político e empresarial do jornalista Archimedes Pereira Lima. Cuiabá: Editora Memórias Cuiabanas, 1995. p. 15.

grande influência da própria concepção do biografado, provinda, sobretudo, dos anos 1930 e aprofundada nos anos 1940 sob o Estado Novo:

> O jornalismo é impressionante. Está acima da mídia e dos fatos, submetendo-se apenas à democracia justa e responsável. Não existe jornalismo sob qualquer império de grupos ou pessoas isoladas, até mesmo do próprio jornalista como ser humano igual aos demais, que não sejam de acordo com a justiça e com a verdade. O jornalismo é uma ciência infusa, inspirada por Deus, para facilitar o relacionamento ao homem com o mundo ou o meio em que vive. O jornalismo é método. A comunicação é apenas o processo. A informação, o objeto a ser burilado, ocupa o lugar seguinte na ordem desses valores[227].

Por isso, o primeiro capítulo assenta a trajetória de Lima no jornalismo brasileiro elencando os vários periódicos em que passou, deixando claro, mais uma vez, que se trata de um jornalista nato, e que isso guiou suas contribuições às demais funções exercidas, pois, como frisado por ele: "esta pesquisa enaltece o jornalista Archimedes Pereira Lima [...]"[228]. Do mesmo modo, a participação de Lima na política dos estados do Centro-Oeste brasileiro pode ser notada pela lista de cargos que ocupou, desde sua entrada na Imprensa Oficial mato-grossense, nos anos 1930, passando por Goiás, em cargos no governo; e na fundação da Cervejaria Cuiabana[229].

O trânsito do jornalista pela política começa com sua importante relação com Júlio Müller, nos anos 1930, aproximando-se muito pessoalmente de Getúlio Vargas, relação essa que é evidenciada e devidamente tornada importante na memória histórica construída por Archimedes Pereira Lima. O período de Vargas — de 1930 a 1945 — foi definidor para sua carreira no setor público e como jornalista.

O pós-1930 é o fundamento das relações tecidas por Lima e a construção de um ideal para o Centro-Oeste brasileiro. Jucá cita que ele, além de ter tido tanta relação política e pessoal com Müller, também era amigo de Pedro Ludovico Teixeira, interventor de Goiás. Pode-se dizer que Lima teve três perfis profissionais em sua vida: jornalista, homem público e empresário. Mesmo que estivesse afastado de uma função, em algum período suas relações políticas estiveram sempre atreladas às ações em exercício, fruto principal de sua ligação com o Estado Novo.

---

[227] *Ibidem.*
[228] *Ibidem*, p. 16.
[229] *Cf. Ibidem*, p. 17.

Archimedes Pereira Lima foi um homem muito influente e muito influenciado por um projeto de Brasil gestado nos anos 1930. Seu extenso currículo e ligações mostram a grandeza atribuída sobre seu lugar na história mato-grossense e também do Centro-Oeste. Cabe revisitar alguns períodos para compreender a formação de uma sociedade que queriam "moderna" e evidenciar suas contradições. A memória histórica deixada pelos agentes é de um tempo em que floresceram ideais "civilizatórios" para o país e que só houvera crescimento e harmonia, período abruptamente encerrado com o "golpe militar" de 1945, que derrubou a ditadura de Vargas[230]. Essa concepção sobressai da narrativa de Jucá em que mescla sua voz com a de Archimedes Pereira Lima, compondo o texto de forma a ressaltar o que Lima poderia falar sobre si mesmo, e o autor só referenda. Daí essa opção narrativa figurar acontecimentos dos anos 1930 e 1940 (ou até mesmo 1950, com a reeleição de Vargas) como fatos já transubstanciados, nas palavras de Vesentini, em que impera uma única visão daquele mundo — e isso também aparece no livro de Cássio Veiga de Sá.

Na própria concepção de Lima o Estado Novo "era a única opção do país"[231], e ele não escondeu de que "era um getulista confesso". Diante disso, é importante ter em mente que o período retratado pelas páginas de seu jornal ou mesmo pelas suas memórias não é isento de suas convicções políticas e ideológicas, assim como mostra sua visão de mundo. Com o fim do governo Dutra e o retorno de Vargas como presidente do Brasil o jornal *O Estado de Mato Grosso* passa "[...] a ser o veículo mais importante na divulgação do getulismo em Mato Grosso"[232], sendo que Archimedes Pereira Lima fora um dos fundadores do Partido Trabalhista Brasileiro (PTB) no estado. Essas relações mostram a profundidade das influências de um tipo de pensamento daquela classe dominante que rompera com a Primeira República em 1930, ou daqueles que apareceram na história que se desdobrou a partir dali, como o próprio jornalista.

Entre 1946 e 1950, *O Estado de Mato Grosso* passa a ser um jornal de oposição, nas palavras de Jucá. Isso se dá pela histórica mudança política com o fim do Estado Novo, após 15 anos consecutivos de liderança de Getúlio Vargas, o cenário político havia mudado. Os problemas na arena nacional com a constituinte de 1946 e as reconfigurações geopolíticas pós-guerra colocam o mundo em flagrantes novos dilemas. No plano

---

[230] JUCÁ, Pedro Rocha. **Exemplo e palavras de jornalista**. Biografia e perfil profissional, cultural, político e empresarial do jornalista Archimedes Pereira Lima. Cuiabá: Editora Memórias Cuiabanas, 1995. p. 71.
[231] *Ibidem*, p. 60.
[232] *Ibidem*, p. 58.

micro, o jornal passa a sofrer com "hostilidades partidárias" e isso levou a problemas orçamentários, já que no período anterior grande parte de seu financiamento provinha de recursos governamentais. Nesse momento, o Governo do Estado de Mato Grosso estava nas mãos de Arnaldo Estevão de Figueiredo, eleito pela aliança do Partido Social Democrático (PSD) com o Partido Trabalhista Brasileiro (PTB). Na narrativa de Jucá, os fatores que levaram o jornal a passar por problemas nesse período (talvez a sua primeira crise) fora o alinhamento a Getúlio Vargas e o grupo em Mato Grosso que acreditava em sua volta (e seus ideais) ao poder. Dentre eles estava Júlio S. Müller, com ligação partidária a Getúlio Vargas[233].

A questão aqui é que não há detalhamento do que acontecera nesse período, nem uma crítica, fosse a qual lado, sobre os impedimentos, conflitos ou disputas travadas nesse embate histórico com o fim de um longo período político-social na história brasileira, vivido tão de perto por Mato Grosso. Algumas coisas sobre esse tempo para o jornal só aparecerão com a própria fala do biografado muito depois, quando diz sobre as dificuldades que tinha em conseguir matéria-prima para imprimir o periódico, tendo edições que circularam em papel de embrulho[234]. Essas narrativas se coadunam para formar a interpretação do período de dificuldades enfrentadas por terem tirado (à força, por um golpe, no entendimento de Lima) Getúlio Vargas da presidência do país, em 1945. As contradições ficam por ordem da pesquisa, já que de nenhuma forma sobressaem da narrativa enaltecedora do livro.

Essa memória é recorrente na imprensa mato-grossense por aparecer em momentos diferentes e disseminadas em veículos igualmente diferentes. Em editorial para o *Estado de Mato Grosso* de 27 de agosto de 1985, Archimedes Pereira Lima revisita o período varguista pós-1930 e frisa os elementos que sempre ocorreram como enaltecimento e lamento pelo fim do Estado Novo. Divulgado primeiramente no jornal, o texto é citado integralmente no livro de Jucá e circulado em plataforma diferente do que outrora fizera sentido. Contudo, a significação dessa memória é a mesma já construída lá nos tempos do Estado Novo, retornando apenas para narrar os impedimentos que o jornal sofrera após a derrocada daquela ditadura. O que era motivo de orgulho que aparece na memória histórica e em sua carreira profissional, mostra o aparelhamento ideológico com o Estado Novo e seu aparato propagandístico posto em execução naquele período.

---

[233] *Cf.* JUCÁ, Pedro Rocha. **Exemplo e palavras de jornalista**. Biografia e perfil profissional, cultural, político e empresarial do jornalista Archimedes Pereira Lima. Cuiabá: Editora Memórias Cuiabanas, 1995. p. 56.
[234] *Cf.* LIMA, 1985 *apud* JUCÁ, *op. cit.*, p. 59.

A memória operada e rearticulada nessa narrativa escolhe a forma já destacada de contar sobre o período, não tendo nenhuma crítica aos problemas advindos daquelas ações. É elogiosa, simples e enaltecedora dos feitos de homens ligados aos desdobramentos de 1930. O foco e o escopo da biografia são a vida pública e política de Lima, sob o ponto de vista do seu próprio entendimento de sua trajetória, isso fica evidente por haver pouco ou quase nada sobre sua vida antes do jornalismo, que começa nos anos 1930, sendo citado de forma fugaz seu nascimento, sua formação educacional e sobre sua família de origem, tampouco articula com detalhes sua ligação com o movimento paulista de 1932, apoiado por Campo Grande. Por esse lado se envereda a construção dos fatos numa teia que remete a inúmeras relações políticas com pessoas de seu tempo e *a posteriori* em um jogo de vários tempos entre vai-e-vem para ressignificar as dimensões de uma vida política e profissional assentada em períodos autoritários[235].

Considerações Finais

De acordo com Gastão Müller, ex-senador "biônico" e sobrinho de Júlio Müller, a confiança de Vargas em seu tio viera de que "[...] dele foi um dos cinco votos que Getúlio obteve em Cuiabá, em 30"[236]. Nesse depoimento ele frisa que a ditadura do Estado Novo transformou Cuiabá, a cidade teve

---

[235] As ligações de Archimedes Pereira Lima com a ditadura militar brasileira nos anos 1960 e, principalmente, nos anos 1970 não são aprofundadas por Jucá. De acordo com informações do *Jornal do Commercio*, Archimedes Pereira Lima foi suplente da chapa de José Garcia Neto para as eleições do Senado, na aprovação pelo Arena-MT, em 1978. Cf. **Jornal do Commercio**, Rio de Janeiro, ano 151, n. 250, p. 12, 1 ago. 1978. O mesmo jornal reportou a entrega de seu cargo, como chefe da Casa Civil do governo de Mato Grosso, para concorrer à suplência da chapa para o Senado de José Garcia Neto, que também deixaria seu cargo para seu vice, Cássio Leite de Barros. **Jornal do Commercio**, Rio de Janeiro, ano 151, n. 254, p. 12, 5 ago. 1978. 1.º Caderno. Essas informações sobre a vida política de Lima constam na biografia de Jucá, com detalhes sobre a campanha em algumas cidades de Mato Grosso. Contudo, a sua relação com o Arena e a ditadura não ficam evidenciadas, nem mesmo sobre as acusações que pairam sobre ele e sua família: "Archimedes Pereira Lima (Chefe da Casa Civil do governador mato-grossense Garcia Neto) – Acusado de envolvimento na morte de Levy Campanhan de Souza, assessor especial de Garcia Neto, o governador. Segundo reportagem de jornal carioca, seus irmãos também estavam envolvidos por liderarem uma quadrilha de traficantes de cocaína; eliminaram Campanhan para evitar que ele revelasse suas atividades. (*O ESP*, 22/mar.)." Do dossiê publicado no jornal **Movimento**, Rio de Janeiro, n. 176, p. 20, 11 a 20 nov. 1978. Dossiê. Daniel Lopes, jornalista que denunciou o caso do envolvimento dos irmãos de Archimedes Pereira Lima no assassinato de Levy Campanhan, associando-o também aos fatos de corrupção dentro do governo mato--grossense, foi demitido do jornal *O Globo*, de acordo com nota da *Folha de São Paulo*. De acordo com o jornal paulista, após o próprio governador e seu chefe da Casa Civil, Pereira Lima, terem ligado para Roberto Marinho solicitando visita em Cuiabá de outro repórter para "prestar esclarecimentos". **Folha de São Paulo**, São Paulo, ano LVII, n. 17905, p. 8, 11 abr. 1978.

[236] NEVES, Maria Manuela Renha de Novis. **Relatos políticos (entrevistas: memória divisionista – MT)**. Rio de Janeiro: Mariela Editora, 2001. p. 160.

um "renascimento", imperando a memória de que a cidade teve "condições" materiais de ser uma capital (pelas construções das obras públicas), face aos reclames de Campo Grande desde 1932, quando participou do movimento da revolta paulista contra o governo instaurado pelos "arautos de 30". Cabe lembrar que a sustentação política de Júlio Müller também estava na relação de Vargas com seu irmão Filinto Müller, notável chefe da Polícia do Distrito Federal que atuava na polícia política.

A importância da vinculação d'*O Estado de Mato Grosso* com a política do período se dá, sobretudo, pela consolidação de Cuiabá como capital de um grande estado em território abafando politicamente as disputas entre grupos do Sul (em torno de Campo Grande) e do Norte (sediados na capital). O jornal, de circulação estadual e com correspondências no Rio de Janeiro, foi mais do que um porta-voz para os Governos Estadual e Federal do período, em pleno Estado Novo. Pela relação diretoria/redação/linha editorial o periódico demonstrou uma ferramenta de mudança de pensamento no sonho de divisão do estado ou mesmo na transferência da sede administrativa e política para Campo Grande, ainda nos anos 1930. E o Deip foi fundamental para essa imposição de uma leitura de realidade — da qual o diretor do jornal e do órgão criado eram a mesma pessoa. Exemplo disso pode ser notado na manchete estampada na edição de 29 de abril de 1943: "As homenagens ao Interventor Federal revelam o nível cultural de Campo Grande"[237].

Essa relação solidificou as lideranças políticas em torno de Cuiabá como "herdeira" histórica da política, cultura e identidade mato-grossense. Dito isso, a referência aos enlaces da política mato-grossense com os rumos da política nacional é muito importante de ser observada. Se no pré-1930 Rio Grande do Sul e Paraíba, São Paulo, Rio de Janeiro e Minas Gerais tiveram importante participação nos rumos da história política brasileira,

---

[237] **O ESTADO de Mato Grosso**, Cuiabá, ano IV, n. 976, 26 abr. 1943. p. 1. Na mesma edição e mesma página pode-se ver uma nota sobre a homenagem que Archimedes Pereira Lima, enquanto diretor do Deip-MT, receberia em Campo Grande. O esforço cotidiano do jornal em passar uma ideia conectada e de "respeito" e "subserviência" de Campo Grande para com Cuiabá é notável. Archimedes Pereira Lima lançara um opúsculo na primeira metade dos anos 1930 contra as iniciativas de Campo Grande e de grupos agroprodutores na intenção da divisão do estado de Mato Grosso. O livreto, fruto de uma entrevista dada a um jornal paulista, circulou como porta-voz de um "mato-grossense do Sul" discutindo sobre a "incoerência" histórica contra Cuiabá: "O movimento separatista no Sul, que não passou de uma atitude passageira, motivada pelo descaso que votavam, até então, os nossos governantes, a uma região que tinham anseios de progresso, não pode, em absoluto, justificar a ideia que muitos fazem dos nossos sentimentos de mattogrossenses, nem significa, tão pouco, que toda a idéia de desagregação do nosso território encontre lá repulsa menos vehemente que aqui no Norte. A integridade orgânica do Estado, consideramo-lá, no Sul, uma fatalidade histórica e biológica. Toda a idéia de separação está hoje banida daquella região." LIMA, Archimedes Pereira. **Um ponto de vista** (a propósito da campanha seccionista de 1934). Cuiabá: Typographia Official, 1937. p. 4.

no pós-1930 Mato Grosso e Goiás serão importantes estados nas alianças políticas para as ideias de Getúlio Vargas para o futuro do Brasil (e pode-se dizer que, de alguma maneira, perduram até hoje).

A maneira que os grupos se articulavam em prol de um mesmo objetivo, no caso o de construir um projeto de país liderado pela imagem criada por Getúlio Vargas na intenção do redimensionamento das ideias políticas no campo social, a ambição do controle da informação se deu em níveis diferentes, mas centralizados pelo DIP, como já abordado por estudos sobre esse tema[238]. As disputas políticas entre poderes antagônicos já na nova conjuntura mundial com o fim da Segunda Grande Guerra colocaram esses grupos apoiadores de Vargas em desvantagem nas relações de forças.

O tom de Archimedes Pereira Lima sobre o fim do Estado Novo, em 1945, deixa clara a sua indignação com a ruptura do que era considerado avanços para o Brasil daquele momento, sob os comandos ditatoriais que eram "a única solução", em sua concepção. Dessa forma, é inegável o esforço hercúleo e eficiente de criação de uma realidade para os anos 1930 e 1940 que chega até hoje pelas representações construídas na mídia da época por esses agentes. Da mesma forma, não há como partir para uma crítica às fontes sem levar em consideração os pontos principais das ligações políticas travadas entre esses interlocutores, protagonistas da feitura de um tempo violento, autoritário e que deixou marcas profundas na história do Centro-Oeste e brasileira[239].

Referências

CAPELATO, Maria Helena. Propaganda política e controle dos meios de comunicação. *In:* PANDOLFI, Dulce (org.). **Repensando o Estado Novo**. Rio de Janeiro: Ed. Fundação Getúlio Vargas, 1999. p. 167-178.

CORRÊA, Valmir Batista. **Coronéis e bandidos em Mato Grosso 1889-1943**. Campo Grande: Editora UFMS, 1995.

---

[238] *Cf.* OLIVEIRA, Lúcia Lippi; VELLOSO, Mônica Pimenta; GOMES, Ângela Maria de Castro. **Estado Novo**: ideologia e poder. Rio Janeiro: Zahar, 1982; CAPELATO, Maria Helena. Propaganda política e controle dos meios de comunicação. *In:* PANDOLFI, Dulce (org.). **Repensando o Estado Novo**. Rio de Janeiro: Ed. Fundação Getúlio Vargas, 1999.

[239] Agradeço aos funcionários da Superintendência de Arquivo Público de Mato Grosso (SAP-MT) pelo auxílio com pesquisa documental. Também agradeço à Prof.ª Dr.ª Elizabeth Madureira Siqueira pela disponibilização de material do acervo da Casa Barão de Melgaço. Equívocos e fragilidades do texto são inteiramente de minha responsabilidade.

CPDOC. Departamento de Imprensa e Propaganda (DIP). **Exposição Virtual**. Rio de Janeiro: Fundação Getúlio Vargas, 2022. Disponível em: https://expo-virtual-cpdoc.fgv.br/departamento-de-imprensa-e-propaganda-dip. Acesso em: 15 jul. 2022.

DALMO. O novo diário. **O Estado de Mato Grosso**, Cuiabá, n. 1, p. 2, 27 ago. 1939.

DUARTE, Manuel. **O Estado de Mato Grosso**, Cuiabá, n. 1, p. 1-02, 27 ago. 1939.

FOLHA DE SÃO PAULO, São Paulo, ano LVII, n. 17905, p. 8, 11 abr. 1978.

GALETTI, Lylia da Silva Guedes. **Sertão, fronteira, Brasil:** imagens de Mato Grosso no mapa da civilização. Cuiabá: Entrelinhas: EdUFMT, 2012.

HOBSBAWM, Eric; RANGER, Terence (org.). **A invenção das tradições**. 6. ed. Rio de Janeiro: Paz e Terra, 1997.

JORNAL DO COMMERCIO, Rio de Janeiro, ano 151, n. 250, p. 12, 1 ago. 1978.

JORNAL DO COMMERCIO, Rio de Janeiro, ano 151, n. 254, p. 12, 5 ago. 1978. 1.º Caderno.

JUCÁ, Pedro Rocha. **Exemplo e palavras de jornalista**. Biografia e perfil profissional, cultural, político e empresarial do jornalista Archimedes Pereira Lima. Cuiabá: Editora Memórias Cuiabanas, 1995.

JUCÁ, Pedro Rocha. **Imprensa Oficial de Mato Grosso:** 170 anos de história. Cuiabá: Aroe, 2009. Disponível em: https://www.iomat.mt.gov.br/site/cadernos/download/1. Acesso em: 14 jul. 2022.

JUCÁ, Pedro Rocha. **Júlio Müller, um grande estadista**. Cuiabá: Editora Memórias Cuiabanas, 1998.

LEOTTI, Odemar. **Instituto Histórico e Geográfico de Mato Grosso – IHGMT:** relações de poder, escrita, política, cientificidade e a invenção do mato-grossense moderno (1895 a 1934). Orientador: José Carlos Barreiro. Tese (Doutorado em História) — Faculdade de Ciências e Letras, Universidade Estadual Paulista "Júlio de Mesquita Filho", Assis, 2013. Disponível em: http://hdl.handle.net/11449/103125. Acesso em: 3 set. 2022.

LIMA, Archimedes Pereira. **Um ponto de vista (a propósito da campanha seccionista de 1934)**. Cuiabá: Typographia Official, 1937.

LIMA, Archimedes. **O Estado de Mato Grosso**, Cuiabá, p. 4, 27 ago. 1939.

LION, Antonio Ricardo Calori de. **Equipamentos cineteatrais:** usos e simbolizações de espaços culturais nas capitais centro-oestinas no Estado Novo. Orientador: Eduardo Romero de Oliveira. 2016. 172 f. Dissertação (Mestrado em História) – Faculdade de Ciências e Letras, Universidade Estadual Paulista "Júlio de Mesquita Filho", Assis, 2016. Disponível em: http://hdl.handle.net/11449/148703. Acesso em: 10 jul. 2022.

LUCA, Tania Regina de. História dos, nos e por meio dos periódicos. *In:* PINSKY, Carla Bassanezi (org.). **Fontes históricas.** 2. ed. 1. reimpressão. São Paulo: Contexto, 2008. p. 111-153.

MENDONÇA, Rubens de. **Dicionário Biográfico Mato-grossense.** Cuiabá: Gráfica Mercúrio, 1953.

MOVIMENTO, Rio de Janeiro, n. 176, p. 20, 11-20 nov. 1978. Dossiê.

NEVES, Maria Manuela Renha de Novis. **Relatos políticos (entrevistas: memória divisionista – MT).** Rio de Janeiro: Mariela Editora, 2001.

O ESTADO de Mato Grosso, Cuiabá, ano IV, n. 976, 26 abr. 1943.

OLIVEIRA, Lúcia Lippi; VELLOSO, Mônica Pimenta; GOMES, Ângela Maria de Castro. **Estado Novo:** ideologia e poder. Rio Janeiro: Zahar, 1982.

SÁ, Cássio Veiga de. **Memórias de um cuiabano honorário:** 1939-1945. Cuiabá: Resenha Tributária, [198-].

VELLOSO, Mônica Pimenta. Cultura e poder político: Uma Configuração do Campo Intelectual. *In:* OLIVEIRA, Lúcia Lippi; VELLOSO, Mônica Pimenta; GOMES, Ângela Maria de Castro. **Estado Novo:** ideologia e poder. Rio Janeiro: Zahar, 1982. p. 71-108.

VESENTINI, Carlos Alberto. **A teia do fato:** uma proposta de estudo sobre a memória histórica. São Paulo: Hucitec, 1997.

VIEIRA, Thaís Leão. O Edifício Teatral e Os Sentidos do Art Déco Como Discurso de Progresso no Estado Novo em Mato Grosso. *In:* SIMPÓSIO NACIONAL DE HISTÓRIA, 27., Natal, 2013. **Anais [...]** XXVII Simpósio Nacional de História: Conhecimento Histórico e Diálogo Social. São Paulo: ANPUH, 2013. p. 1-17. Disponível em: http://www.snh2013.anpuh.org/resources/anais/27/1364957367_ARQUIVO_AnaisANPUHThaisLeaoVieira.pdf. Acesso em: 30 jun. 2022.

A PENA EVANGELIZADORA CONTRA O COMUNISMO: UMA CONSTRUÇÃO MITOLÓGICA CONSPIRATÓRIA NAS PÁGINAS DE UM JORNAL PRESBITERIANO CUIABANO (1936-1938)

Rafael Adão

Atualmente cresce o interesse das pesquisas acadêmicas acerca dos aspectos políticos e sociais das denominações protestantes/evangélicas[240], diante da expansão do número de brasileiros que se declaram seguidores dessas vertentes. Como também em consequência da crescente influência desses segmentos religiosos junto aos partidos políticos, casas legislativas, judiciário e governos executivos, em todos os níveis da federação. Outros ambientes de propagação dos dogmas evangélicos ocorrem dentro do plano cultural, em especial por meio da cultura gospel e, há mais tempo, a partir dos meios de comunicação.

Atento a essa última esfera, este estudo almeja avaliar a atuação da Igreja Presbiteriana de Cuiabá por meio de seu jornal *A Pena Evangélica*, em que seus articulistas estiveram empenhados significativamente no combate ao comunismo, sobretudo durante os anos de 1936 a 1938, isso tudo pronunciado por meio de uma lógica mitológica e de complô. Em vista disso, entende-se a necessidade de inserir na esfera das discussões acadêmicas sobre imprensa religiosa e anticomunismo, outros agentes históricos e para além do catolicismo, segmento tradicionalmente antagonista do comunismo, desde o século XIX[241]. Assim, este texto almeja ampliar a compreensão das bases e expressões cristãs do anticomunismo no Brasil, destacando o estudo de um periódico protestante.

---

[240] Existe no Brasil certa confusão acerca dos termos protestante e evangélico. A mídia brasileira costuma denominar os diferentes segmentos cristãos e não católicos como evangélicos, sem, contudo, observar sua diversidade. A Igreja Presbiteriana configura-se como uma denominação histórica e mais diretamente herdeira da Reforma Protestante. Nesse sentido, e a fim de demarcar sua diferenciação das igrejas pentecostais, surgidas no Brasil a partir de 1910, trataremos a Igreja Presbiteriana ao longo deste texto como uma religião protestante. Para saber mais sobre as diferentes denominações das igrejas caracterizadas como evangélicas, indicamos o artigo: GONÇALVES. Rafael Bruno; PEDRA. Graciele Macedo. O surgimento das denominações evangélicas no Brasil e a presença na política. **Diversidade Religiosa**, João Pessoa, v. 7, n. 2, p. 69-100, 2017.

[241] *Cf.* RODEGHERO, Carla Simone. **O Diabo é vermelho**: imaginário anticomunista e Igreja Católica no Rio Grande do Sul (1945-1964). Passo Fundo: Ediupf, 1998.

Dentro dos estudos do político, é fundamental estar atento também para seus aspectos culturais, incorporando novas perspectivas de análise aos estudos do campo político. Dois historiadores franceses, Serge Berstein e Jean-François Sirinelli, contribuíram, no final dos anos de 1980, com importantes reflexões e possibilidades de investigação da *cultura política* das mais diferentes expressões políticas existentes, como a comunista, liberal, socialista, conservadora, republicana, democrata, fascista e diversas outras[242]. Rodrigo Patto Sá Motta, em interlocução com esses dois historiadores franceses, afirma que a cultura política é uma abordagem enriquecedora atenta para as representações, práticas, valores, imaginários e mitos políticos que se refletem e orientam as decisões e os projetos de políticos[243].

Nesse sentido, é necessário compreender que a cultura comunista extrapolou às composições partidárias e às teorias marxistas. As adesões ao comunismo ocorreram não apenas por interesses políticos e de classe, mas também por refletir identidades e projetos envoltos de um ideal a ser conquistado, perpetuando mitos e símbolos capazes de arregimentar operários, pensadores e diversas camadas sociais[244]. Por sua vez, grupos religiosos, midiáticos, políticos, militares e intelectuais com objetivo de manipular o imaginário social brasileiro construíram uma série de referências simbólicas e discursivas negativas em relação aos comunistas. Sendo os impressos, nas décadas de 1930 e 1940, lugar de destaque para a propagação intensa de uma propaganda política de massa contra o comunismo.

O intuito era promulgar uma narrativa carregada de estereótipos, sob a égide da conspiração. Por esse ângulo, este artigo estabelece um diálogo teórico com Raoul Girardet[245], a fim de verificar as *variantes narrativas* publicadas em *A Pena Evangélica*, compostas de inúmeras *construções morfológicas* que promoveram, sob a perspectiva de certos interesses, imagens temíveis e conspiratórias sobre o comunismo. Essas narrativas, bastante difundidas no imaginário ocidental, principalmente em momentos de crises, foram

---

[242] BERSTEIN, Serge. A cultura política. *In:* RIOUX, Jean-Pierre e Jean-François Sirinelli. **Por uma história cultural.** Lisboa: Estampa, 1988. p. 354.

[243] MOTTA, Rodrigo Patto Sá. A cultura política comunista: alguns apontamentos. *In:* MOTTA, Rodrigo Patto Sá; NAPOLITANO, Rodrigo (org.). **Comunistas brasileiros**: cultura política e produção cultural. Belo Horizonte.: Editora UFMG, 2013. p. 17.

[244] *Cf.* FERREIRA, Jorge. **Prisioneiros do Mito** – Cultura e imaginário político dos comunistas no Brasil (1930-1956). Niterói: EdUFF: Rio de Janeiro: MAUAD, 2002.

[245] GIRARDET, Raoul. **Mitos e mitologias políticas**. Tradução de Maria Lucia Machado. São Paulo: Companhia das Letras, 1987.

incorporadas pelo jornal impondo sobre esse *outro,* o comunismo, concepções extremamente negativas que ainda se fazem presentes no imaginário contemporâneo brasileiro, mas sob novos contornos[246].

As motivações e ações dos anticomunistas brasileiros se estabeleceram sobre diferentes interesses, mas que em alguns momentos se arregimentavam. Os estudos de Rodrigo Patto Sá Motta são referenciais relevantes acerca das bases e as diferentes expressões políticas e culturais do anticomunismo no Brasil. O referido autor identificou as esferas ideológicas anticomunistas, ligadas até mesmo ao campo da esquerda[247], contudo, e de forma predominante, as vertentes conservadoras e reacionárias foram as que mais produziram discursos de combate extremo ao comunismo. E dentre essas matrizes conservadoras se destacam três: o *catolicismo,* o *nacionalismo* e o *liberalismo*[248].

Mas todas essas matrizes se articulavam e não estavam isoladas uma das outras, tendo, historicamente, o anticomunismo católico maior expressão e amplitude[249]. Em conjunto, ou em atuação paralela, diversos grupos ligados às forças armadas, instituições religiosas, governo, setor empresarial, movimentos de extrema direita, parlamento, organizações femininas e meios de comunicação estiveram empenhados, não apenas nos anos de 1930 e 1940, como em todo o contexto da Guerra Fria, na luta discursiva, conspiratória e repressiva contra um adversário retratado como "diabólico, imoral, exótico e ilusório". A abordagem deste texto, como já mencionado, concentrar-se-á no combate ao comunismo pelo protestantismo, mesmo que diante do recorte temporal aqui apresentado tivesse menos ressonância em comparação ao catolicismo ou ainda em comparação a outras matrizes ideológicas. Todavia, o protestantismo possuiu espaço e relevância dentro de um grupo social cada vez mais influente na realidade brasileira.

---

[246] Para saber mais sobre os novos aspectos do anticomunismo e sua associação, na atualidade, com o antipetismo, ver em: MOTTA, Rodrigo Patto Sá. Anticomunismo e antipetismo na atual onda direitista. *In:* BOHOSLAVSKY, Ernesto Lázaro; MOTTA, Rodrigo Patto Sá; BOISARD, Stéphane. **Pensar as direitas na América Latina.** São Paulo: Alameda, 2019.

[247] Rodrigo Patto Sá Motta aponta que parte da esquerda brasileira se posicionou de forma crítica em relação ao comunismo considerando, principalmente, a exposição de denúncias em relação ao período de domínio de Josef Stalin, líder soviético, elencadas no XX Congresso do Partido Comunista da URSS (PCUS), em 1956, por meio do relatório secreto de Nikita Kruschev, secretário-geral do PCUS à época. Contudo, em comparação aos partidos socialistas da Europa Ocidental, em um contexto pós-Segunda Guerra Mundial e sob influência estadunidense, essa postura não foi tão expressiva, pois, no Brasil, tradicionalmente o anticomunismo estava associado ao círculo conservador e reacionário. *Cf.* MOTTA, Rodrigo Patto Sá. **Em guarda contra o perigo vermelho –** O Anticomunismo no Brasil (1917-1964). Tese (Doutorado em História) – USP, São Paulo, 2000, p. 33-34.

[248] *Ibid.,* p. 35.

[249] *Ibid.,* p. 67-68.

Antes, porém, é fundamental realizar um breve delineamento acerca da configuração da imprensa brasileira diante do contexto histórico dos anos de 1930, período esse marcado pelos governos de Getúlio Vargas que paulatinamente liderou a estruturação de um governo autoritário, instaurando, a partir de novembro de 1937, a ditadura do Estado Novo.

Imprensa, anticomunismo e as diferentes expressões políticas no Brasil da década de 1930

A década de 1930 caracterizou-se por um período de intensas reivindicações políticas e sociais. Uma heterogeneidade de novas propostas e ideias que influenciaram a desarticulação da República Oligárquica brasileira vigente desde o final do século XIX. Todo esse cenário se refletiu em um tempo de efervescências políticas e de opiniões divergentes acerca dos destinos do país, o que fomentou diversos debates e disputas. Essa situação se dava, especialmente, em virtude da crise econômica de 1929 e do insurgente movimento tenentista[250]. Mas, incorporado a esse contexto, havia também outras expressões políticas que conquistavam cada vez mais espaço,

> A mobilização era intensa: jovens militares, intelectuais, profissionais liberais, estudantes, lideranças sindicais, comunistas, socialistas e também setores da Igreja, integralistas, políticos tradicionais e dissidências partidárias[251].

Entre essas novas mobilizações e contestações, encontra-se a Aliança Nacional Libertadora (ANL) que reuniu, no ano de 1935, correntes e instituições anti-imperialistas e antifascistas, tendo como principal figura de liderança o ex-tenentista Luís Carlos Prestes. Tal associação foi composta por uma diversidade de aderentes, como partidos políticos, entre eles o Partido Comunista do Brasil (PCB), sindicatos, militares, profissionais liberais, grupo de estudantes e organizações feministas[252].

Entretanto, as classes dominantes assumiram uma postura temerosa diante do fortalecimento organizacional do proletariado e da maior participação e reivindicação popular no âmbito político. O surgimento da ANL,

---

[250] *Cf.* PRESTES, Anita Leocádia. **Os militares e a reação republicana:** as origens do tenentismo. Petrópolis: Vozes, 1993.
[251] VIANNA, Marly de Almeida G. O PCB, a ANL e as insurreições de novembro de 1935. *In:* FERREIRA, Jorge; DELGADO, Lucilia de Almeida Neves (org.). **O Brasil Republicano** – O Tempo do nacional-estatismo, do início da década de 1930 ao apogeu do Estado Novo. 2. ed. Rio de Janeiro: Civilização Brasileira, 2007. p. 65.
[252] *Ibid.*, p. 80-87.

propondo maiores liberdades democráticas e reforma agrária, configurou-se como uma ameaça aos interesses das elites. Grande parte da imprensa, dominada e patrocinada pelos setores hegemônicos do país, ajudou a impulsionar um clima de medo sobre movimentos que almejassem desafiar a ordem estabelecida, como era o caso da ANL[253]. Nas páginas desses impressos o medo era estrategicamente incorporado ao comunismo, formatando a ANL como um movimento exclusivamente comunista e desconsiderando toda a sua diversidade política. Assim, ANL esteve inserida em um discurso anticomunista amplamente difundido nos jornais e em uma conveniente aliança com os objetivos autoritários do então presidente, Getúlio Vargas[254].

No decorrer desse contexto de instabilidade política, ocorreram levantes armados liderados pela ANL, inicialmente deflagrados em Natal-RN, no dia 23 de novembro de 1935, repercutindo em seguida nas cidades de Recife-PE e Rio de Janeiro-RJ, respectivamente nos dias 24 e 27 do mesmo mês. Segundo Vianna, a base desse movimento era tenentista e reivindicava a luta contra o imperialismo, reforma agrária e mais democracia, sob o lema: "por pão, terra e liberdade"[255].

Essas ações, classificadas em tom depreciativo pelos anticomunistas como "Intentona"[256], irromperam uma expressiva repressão por parte do Estado. No campo discursivo, o governo Vargas e a grande parcela dos jornais traduziram os levantes de novembro de 1935 como um movimento tão somente comunista, associando tais eventos ao imaginário brasileiro que já percebia o comunismo como uma expressão política subversiva. Em consequência, e contando com o apoio da imprensa, da Igreja Católica, de diversos intelectuais e do Congresso, que cedeu ao Executivo poderes irrestritos de repressão, Vargas justificou a necessidade de medidas autoritárias, como a suspensão de garantias constitucionais e a censura, a fim de combater a ameaça comunista:

> A imprensa empresarial criou as condições para o desencadeamento e a manutenção desse clima de pânico e de medo. Pagou por isso, pouco depois, como o Congresso que, tendo cedido tudo, inclusive [...] o estado de sítio e o estado de guerra, acabou fechado[257].

---

[253] SODRÉ, Nelson Werneck. **História da imprensa no Brasil**. Rio de Janeiro: Mauad, 1999. p. 379-380.
[254] VIANNA, Marly de Almeida G. *Op. cit.*, p. 86.
[255] *Ibid.*, p. 102.
[256] *Cf.* D'ARAÚJO. **O Estado Novo**. Rio de Janeiro: Jorge Zahar Ed., 2000. p. 16-17.
[257] SODRÉ, Nelson Werneck. *Op. cit.*, p. 379-380.

As medidas de repressão se intensificaram a partir de 1935 e no ano seguinte os opositores, sejam da esquerda ou das oligarquias, foram perseguidos e julgados conjuntamente por uma instância de exceção, o Tribunal de Segurança Nacional, sob o pretexto de combater os crimes contra o país e suas novas diretrizes conservadoras. Dessa maneira, o governo conseguiu reprimir as forças políticas descentralizadoras e aquelas que ansiavam por ações liberalizantes, permitindo, sem obstáculos, a instalação de um regime ditatorial[258]. Assim, em novembro de 1937, antes das eleições presidenciais de 1938, Getúlio Vargas e seus principais aliados, como os generais Góes Monteiro, Daltro Filho e Eurico Gaspar Dutra, o idealizador e redator da nova Constituição de 1937 – Francisco Campos – e o chefe de Polícia Filinto Müller concretizaram a instauração de um regime autoritário que perdurou até 1945[259].

Esse regime autointitulado de Estado Novo foi a sistematização de um programa nacionalista uniformizante e conservador. Um projeto que, de acordo com Marialva Barbosa, foi expresso e difundido por pensadores como Oliveira Vianna, Azevedo Amaral, Alberto Torres e Francisco Campos, refletindo todo um ideário de nação conduzido pelo Estado e por seus intelectuais[260]. Tal proposta de nacionalidade esteve vinculada à concepção de uma sociedade hierarquizada e que naturalizaria suas desigualdades sociais. Marcava-se assim uma divisão social definida entre os homens considerados "habilitados" para educar e promover leis e aqueles obedientes e seguidores das diretrizes proferidas pelo topo da "pirâmide social"[261].

Os subordinados da nação, a população de maneira geral, eram então caracterizados, inclusive nas publicações da imprensa, como sociedade de massas, em que seus indivíduos compreenderiam "um todo amorfo, anônimo e uniforme"[262]. Construiu e fundamentou-se, assim, um discurso de tutela e direcionamento dos trabalhadores, "através da educação e da massificação das informações" tendo intelectuais e a imprensa um papel preponderante na difusão de ideias para orientação do povo[263].

Desse modo, durante a década de 1930 até o fim do Estado Novo, em 1945, a impressa foi marcada pelo domínio e por intensas relações de poder

---

[258] D'ARAÚJO, Maria Celina. **O Estado Novo.** Rio de Janeiro: Jorge Zahar, 2000. p. 19.

[259] CAPELATO. Maria Helena. O Estado Novo: o que trouxe de novo? *In:* **O Brasil Republicano** – O Tempo do nacional-estatismo, do início da década de 1930 ao apogeu do Estado Novo. 2. ed. Rio de Janeiro: Civilização Brasileira, 2007. p. 116-117.

[260] BARBOSA, Marialva. **História cultural da Imprensa:** Brasil – 1900-200. Rio de Janeiro: Mauad X, 2007. p. 104.

[261] *Ibid.*, p. 104-108.

[262] *Ibid.*

[263] *Ibid.*

junto ao Estado, tal como pela conjugação do público leitor e da população como uma massa que deveria ser tutelada politicamente e intelectualmente. Essas interpretações estiveram relacionadas à construção de um projeto conservador e dominante de nacionalidade inspirado no pensamento autoritário europeu, como o fascismo, mas que no Brasil assume outros contornos. Essas expressões autoritárias, também observadas em outros países da América Latina, como a Argentina de Juan Domingo Perón, caracterizaram-se pelo desmantelamento do pluripartidarismo e fortalecimento do poder executivo por meio do estabelecimento de um consenso social, instrumentalizando-se de uma propaganda política muito bem arquitetada[264].

No Estado Novo, essa arquitetura propagandística foi centralizada pelo Departamento de Imprensa e Propaganda (DIP), criado em dezembro de 1939 e chefiado por Lourival Fontes, e passou a controlar todo o âmbito dos meios de comunicação, seja ele, radiofônico, revista ou jornal. O referido órgão, além de coordenar a propaganda do Estado, era responsável pela censura da produção dos meios privados de imprensa e rádio, do teatro e do cinema. Já no ano seguinte, foi criado em cada estado o Departamento Estadual de Imprensa e Propaganda (Deip), com as mesmas atribuições do DIP em nível estadual, dirigido em Mato Grosso pelo jornalista pelo Archimedes Pereira Lima[265].

Com o DIP, criado a partir da junção do Departamento de Propaganda e Difusão Cultura (DPDC) ao Serviço de Divulgação ligado ao Gabinete do Chefe da Polícia de Filinto Müller, a censura assumiu um papel de repressão policial. Ocorreu, naquele momento, a incorporação progressiva de policiais como censores, substituindo os jornalistas. Assim, O DIP assumiu um poder de cerceamento extremamente repressivo e em associação às ações de propaganda política. Seu poder de repressão abrangia o ordenamento de prisão de jornalistas opositores e o fechamento de jornais e rádios não alinhados ao governo[266].

Além da censura, o Estado Novo realizou o controle da produção discursiva da imprensa utilizando-se de um grande aporte de verbas

---

[264] Cf. CAPELATO, Maria Helena R. **Multidões em cena.** Propaganda política no varguismo e no peronismo. 2. ed. São Paulo: Editora Unesp, 2008.

[265] Archimedes Pereira Lima (1910-1993) foi um destacado jornalista mato-grossense. Fundou o jornal O Estado de Mato Grosso, em 1939, e o Diário de Mato Grosso, no ano de 1976. Seu jornal, O Estado de Mato Grosso, fez intensa propaganda política em prol de Getúlio Vargas e seu governo estadonovista. Cf. JUCÁ, Pedro Rocha. **Exemplo e palavras de jornalismo.** Biografia e perfil profissional, cultural, político e empresarial do jornalista Archimedes Pereira Lima. Cuiabá: Editora Memórias Cuiabanas, 1995.

[266] BARBOSA, Marialva. Op. cit., p. 120.

públicas destinadas a jornais, revistas, agências de notícias e emissoras de rádio que colaborassem com o regime. Por outro lado, os periódicos e emissoras de rádio que se recusassem a colaborar sofriam pressões econômicas por meio de cortes da publicidade governamental ou, no caso de jornais e revistas, suspensão dos subsídios para importação de papel e de equipamentos gráficos[267].

Como já destacado, além do papel de vigilância dos meios de comunicação, o estado objetivava com o DIP alastrar a ideologia estadonovista perante toda a sociedade brasileira. Para tanto, esse departamento era responsável inclusive por promover manifestações cívicas e festas populares que exaltavam os referenciais nacionalistas e difundiam a propaganda do estado varguista[268]. Até o seu funcionamento em 1945, o Departamento de Imprensa e Propaganda tratou de sacralizar a imagem de Vargas, coordenando grande parte desses eventos e datas comemorativas nacionais.

Nesse sentido, ao realizar e articular todas essas medidas, o DIP incorporava a figura personalista de Vargas ao Estado Novo, construindo uma campanha e propaganda política de considerável sucesso e abrangência. A propaganda governamental apresentou Vargas como o "pai dos pobres", o estadista que realizava e orientava as massas de trabalhadores, um líder de ação: "que cria, determina, estabelece, assina, manda e executa"[269]. O estado, personificado na figura de seu líder, foi, então, revestido de um papel condutor da nação e dos trabalhadores, construindo, em consequência, a perspectiva de uma cidadania passiva e receptora[270].

Segundo a historiadora Maria Helena Capelato, o governo, sob a justificativa de estabilizar a ordem pública e atender aos projetos do Estado e da Nação, promoveu a institucionalização dos meios de comunicação em massa junto à estrutura governamental, cerceando sua ação independente. E em uma estratégia semelhante ao governo fascista italiano, a imprensa escrita se constituiu no Estado Novo como um dos principais meios de propaganda política, objetivando promover suas ações, camuflar as intempéries e ocultar

---

[267] O governo federal exercia rígido controle sobre a importação de papel para a imprensa, a fim de limitar apenas a circulação dos periódicos que estivessem em conciliação com a propaganda política instituída. E nas situações mais extremas e rigorosas obrigava-se o fechamento ou incorporação dos meios de comunicação ao Estado. *Cf.* CAPELATO, Maria Helena R. **Multidões em cena**. Propaganda política no varguismo e no peronismo. 2. ed. São Paulo: Editora Unesp, 2008. p. 120.

[268] BARBOSA, Marialva. *Op. cit.*, p. 118-119.

[269] *Ibid.*, p. 119-120.

[270] CARVALHO, José Murilo de. **Cidadania no Brasil:** o longo caminho. 21. ed. Rio de Janeiro: Civilização Brasileira, 2016, p. 130.

a repressão exercida pelo regime. Portanto, sob as diretrizes do DIP, a imprensa esteve revestida de um caráter público, atrelada aos interesses e ideologias do Estado[271].

O anticomunismo fez parte dessa propaganda, na medida em que insuflou os temores da população, caracterizando uma estratégia política discursiva fundamental para justificar o autoritarismo estatal e a perseguição de seus opositores. Entretanto, o anticomunismo não foi somente um instrumento estratégico e de propaganda política. Partilhando das perspectivas de Carla Luciana Silva[272] e Rodrigo Patto Sá Motta, pode-se considerar que o anticomunismo já se fazia presente na sociedade brasileira e mato-grossense antes do seu uso político como artífice do medo e de convencimento para instauração do Estado Novo, auxiliando na sustentação de Getúlio Vargas e de seus aliados no poder.

Instituições como a Igreja Católica, apesar de sua aliança com o Estado varguista, trataram do combate ao comunismo considerando diversos outros fatores, como orientações papais e perspectivas ideológicas de seus intelectuais e lideranças. Ainda, destaque para o pouco abordado *anticomunismo protestante*, que trataremos neste texto, como também de militares, grupos oligárquicos e partidários. Logo adiante, trata-se acerca da seleção documental aqui empreendida e das características da publicação "A Pena Evangélica".

Imprensa em Mato Grosso e o jornal "A Pena Evangélica"

Ao avaliar parte do percurso histórico da imprensa em Mato Grosso, verifica-se uma longa data de existência e tradição, transparecidas em uma expressiva produção. Conforme apontam Graciela R. da Silva e Otávio Canavarros, no artigo "A imprensa mato-grossense antes do rádio"[273], desde a implantação do jornal oficial *Themis Mattogrossense*, que começou a circular em 1839, até o ano de 1939, quando passou a ser impresso um dos mais longevos jornais locais, intitulado *O Estado de Mato Grosso*, foram produzidos mais de 120 títulos. Seja no Império, como nas primeiras fases da República, pequenos jornais exerceram papel importante e significativo em um Estado distante dos grandes centros urbanos do país[274].

---

[271] CAPELATO, Maria Helena. *Op. cit.*, p. 79-95.
[272] SILVA, Carla Luciana. **Onda Vermelha:** imaginários anticomunistas brasileiros. Porto Alegre: Ed. da PUC-RS, 2001.
[273] CANAVARROS, Otávio; SILVA, Graciela Rodrigues da. A imprensa mato-grossense antes da era do rádio. **Territórios e Fronteiras**, Revista do PPGHIS/UFMT, v. 3, n. 01, jan./jun. 2002.
[274] *Cf.* JUCÁ, Pedro Rocha. **Imprensa Oficial de Mato Grosso**. Cuiabá: Edições Aroe, 2009, p. 65.

Canavarros e Silva traduzem uma diversidade de títulos jornalísticos concentrados principalmente na capital, Cuiabá. Todavia, essa diversidade era acompanhada de uma "fugacidade", pois grande parte dos títulos sobrevivia a curtos períodos de duração. De um levantamento de 125 títulos do acervo microfilmado no Núcleo de Documentação e Informação Histórica Regional da UFMT (NDIHR), registrou-se uma média de 136 edições por órgão[275].

Distintamente do que se observou nos grandes centros urbanos do Brasil, quando da consolidação e predomínio de uma grande imprensa empresarial, em Mato Grosso verifica-se uma diversidade de pequenos títulos durante a década de 1930[276], ligados a partidos políticos, maçonaria, liberais, intelectuais, instituições religiosas, associações femininas, grêmios estudantis e operários. Contudo, como já observado, a grande maioria dessas produções circulou durante pouco tempo, mas há cinco exceções destacadas: o órgão do Republicano *O Matto Grosso* (1879-1937); o jornal católico *A Cruz* (1910-1969); a revista feminina *A Violeta* (1917-1950); jornal *O Estado de Mato Grosso* (1939-1979), fundado por Archimedes Pereira Lima, e o jornal presbiteriano *A Pena Evangélica* (1925-1944), fonte destacada desta análise[277].

"A Pena Evangélica – Órgão Semanário de Propriedade da Primeira Igreja Presbyteriana de Cuyabá"[278], como o próprio nome indica, foi um semanário presbiteriano publicado entre 1925 e 1944. Esse impresso apresentou posturas bastante conservadoras em relação aos aspectos morais e de comportamento, em vista de posicionamentos contrários a certos costumes católicos, considerados inadequados. Ainda é possível observar discussões atinentes aos aspectos políticos, com considerável destaque à formatação de uma campanha contra o comunismo.

Sua redação, no recorte temporal da pesquisa, foi composta por muitos componentes: Augusto José de Araújo (pastor), Francisco Cesar Melo (presbítero), Joaquim Jorge de Carvalho (presbítero), e os diáconos Américo Gomes de Barros, João Carlos de Araújo Bastos, João Mendes Rodrigues, João Manoel da Cruz e João Paes de Barros[279]. A publicação presbiteriana foi constituída, em média, de quatro páginas, mas entre 1936 e 1938 foi mais comum circular com

---

[275] CANAVARROS; Otávio; SILVA, Graciela Rodrigues da. *Op. cit.*, 2002, p. 23.

[276] MORGADO, Eliane Maria Oliveira. **Catálogo de jornais, revistas e boletins de Mato Grosso – 1847-1985.** Cuiabá: EdUFMT, 2011.

[277] *Ibid.*

[278] O título do jornal inicialmente circula com a grafia *A Penna Evangélica* (duplicando a letra "n" da palavra pena), mas a partir da edição 556 de 04/06/1938 adota a grafia com apenas uma letra "n": *A Pena Evangélica*.

[279] Expediente. **A Pena Evangélica**. Órgão semanário de propriedade da Primeira Igreja Presbyteriana de Cuyabá, Cuiabá, 4 jan. 1936, Caderno 430, p. 2.

seis. Dispôs nas duas primeiras laudas de mensagens religiosas, artigos e expedientes do jornal. Na terceira e na quarta páginas destaque para o suprimento noticioso, "O mundo em sete dias", como ainda espaço para publicidade, informes e classificados que concentravam as poucas ilustrações existentes no jornal.

A coleção desse título jornalístico disponível no Arquivo Público do Estado de Mato Grosso não está completa, e dentro do período dos governos Vargas (1930-1945) registram-se os anos: 1930, 1931, 1934, 1936-1938, 1942 e 1944.

Imagem 1 – Grafia do título do Jornal *A Pena Evangélica*

Fonte: *A Pena Evangélica*, em 1942, n. 743, 10 jan. 1942

O recorte temporal desta pesquisa selecionou os anos de 1936 a 1938 para tratar das discussões do anticomunismo no periódico presbiteriano. Isso ocorre, primeiramente, pois após os levantes de novembro de 1935 em Natal, Recife e Rio de Janeiro, segundo Motta[280], o medo de que o comunismo pudesse ganhar força se intensificou em vários setores da sociedade brasileira. Infelizmente não se localizou no acervo documental pesquisado as publicações de *A Pena Evangélica* de 1935. Contudo, a repercussão em relação ao comunismo se fez presente nos impressos dos anos de 1936 a 1938, em que se identificou um numeroso conteúdo de artigos e notícias que tratavam da questão do comunismo, em um total de 39 textos. Mesmo com a ausência de algumas edições, o acervo identificado auxiliou na busca pelas percepções políticas engendradas, sobretudo em relação ao comunismo, que nos próximos pontos serão mais bem avaliadas e contextualizadas.

Anticomunismo e a articulação protestante em torno da modernidade e do progresso

O teólogo e sociólogo Valdinei Aparecido Ferreira, em sua tese *Protestantismo e Modernidade no Brasil – da utopia à nostalgia*[281], aborda os conceitos

---
[280] MOTTA, Rodrigo de Patto Sá. *Op. cit.*, 2000, p. 57.
[281] FERREIRA, Valdinei Aparecido. **Protestantismo e Modernidade no Brasil – da utopia à nostalgia**. Tese (Doutorado em Sociologia) – Programa de pós-graduação do Departamento de Sociologia da Faculdade

da modernidade e suas relações com as Igrejas Protestantes até a sua inserção na América Latina e no Brasil. Analisando as obras de diversos autores que direta ou indiretamente estudaram o protestantismo e a modernidade, como François Guizot, Georg Wilhlm, Hegel, Émile Louis, Max Weber, Karl Marx, Peter Berger e Ernst Troeltsch, Ferreira identifica que a esfera protestante foi consideravelmente articulada e influenciada pelos contornos da modernidade, passando pela formação de uma nova consciência iluminista e racionalista até chegar ao desenvolvimento de uma sociedade capitalista industrial[282].

Inicialmente, o protestantismo se estabeleceu na crença da soberania do sujeito, visto pela Reforma Protestante como capaz, por meio de sua consciência íntima e individual, de realizar a leitura e interpretação das palavras bíblicas sem a intermediação de uma autoridade eclesiástica. Já em um eixo filosófico, foi impactado e aproximou-se dos pressupostos iluministas que traduziam um mundo regido por leis naturais, perfeitamente possíveis de serem compreendidas pelo saber e razão, pilares de um ideal e de crença em um progresso contínuo da humanidade[283].

Max Weber, ao investigar as vertentes protestantes em sua obra *Ética Protestante e o espírito do capitalismo*[284], publicada a primeira vez em 1904, ponderou que o protestantismo, em especial o calvinismo (no qual o presbiterianismo se vincula) e os segmentos puritanos, contribuiu substancialmente para a expansão e desenvolvimento da sociedade capitalista industrial. Isso, em consequência das afinidades entre os dogmas e o modelo rígido da moral protestante e a "organização racional do trabalho"[285] do mundo capitalista.

Na perspectiva dos estudos de Weber, a "ética protestante" prega a seus membros uma conduta moral refletida por uma vida regrada e racionalizada, que valoriza o trabalho e o crescimento profissional, condenando, por sua vez, os vícios e o ócio[286]. Tal modelo de comportamento expressaria o espírito burguês nos círculos protestantes, incentivando o fiel a buscar seu enriquecimento por intermédio de um estilo de vida prudente e sem excessos, o qual permitiria o acúmulo de capitais, um dos princípios do

---

de Filosofia, Letras e Ciência Humanas/FLCH/USP, São Paulo, 2008.
[282] *Ibid.*, p. 43-48.
[283] *Ibid.*
[284] WEBER, Max. **A ética protestante e o "espírito" do capitalismo**. Tradução de José Marcos Mariane de Macedo; São Paulo: Companhia das Lestas, 2004.
[285] *Ibid.*, p. 82.
[286] *Ibid.*, p 157.

capitalismo[287]. Contudo, Weber ressalta que nem todo tipo de protestantismo apresenta essa afinidade, como é o caso do luteranismo, pois, para o pensador alemão, essa vertente não apresentaria o ímpeto do racionalismo tão presente no "espírito do capitalista" moderno[288].

Outra lógica do sistema econômico capitalista moderno se sustentaria pela configuração de um Estado nacional laico e eficiente administrativamente, bases que garantiriam o desenvolvimento e progresso desse modelo[289]. Historicamente, diversas Igrejas Protestantes também defenderam a instituição dos Estados-nacionais dissociados da religião, o que permitiria o surgimento de uma pluralidade de instituições religiosas, cabendo a escolha de uma delas ao indivíduo, e não a imposição e monopólio de uma única crença[290].

Ao observar todo esse arcabouço de conceitos e acontecimentos da modernidade e da ideia de progresso, evidenciados pela Reforma Protestante, Revolução Francesa e ascensão da sociedade capitalista industrial. Ferreira apresenta as várias perspectivas teóricas que discutem as relações, transformações e rompimentos do protestantismo em relação às propostas da modernidade reformista, iluminista e industrial. Dessa maneira, o autor defende que as respostas, escolhas e diretrizes do protestantismo quanto aos paradigmas da modernidade e do progresso foram as mais diversas. Seja de diálogo e acomodação, ou de recusa e crítica, evidenciando distintos segmentos do protestantismo: liberais, conservadores e pentecostais[291].

Dentre esses distintos traçados, Ferreira, ao investigar os primeiros missionários protestantes estadunidenses, líderes das primeiras missões no Brasil da segunda metade do século XIX, capta uma acentuada identificação desses grupos religiosos com o modelo de progresso e modernidade liberal representada pelos Estados Unidos:

> Advogavam o trabalho livre, o valor do indivíduo, a disciplina pessoal como caminho para o progresso. Enxergavam nos Estados Unidos o modelo de nação moderna. No Brasil, na medida do possível, tratavam de se aproximar das elites liberais e propagar tais ideias[292].

---
[287] Ibid., p. 118.
[288] Ibid., p. 81.
[289] FERREIRA, Valdinei Aparecido. Op. cit., p. 47.
[290] Ibid., p. 47-48.
[291] Ibid., p. 134.
[292] Ibid., p. 194.

Em sentido próximo, Ducan Alexandre Reily, em diálogo com Paul Pierson (1974), entende que o conceito de progresso propagado na fase inicial do protestantismo brasileiro associava: uma norma rigorosa de moralidade pessoal a ser seguida, que traria a prosperidade individual, benefícios à saúde e também de forma semelhante à nação; identificação da democracia com o protestantismo, em especial a vertente calvinista; e a convicção de que a difusão de escolas protestantes e o investimento em educação proporcionaria, em consequência, o progresso de toda a sociedade[293].

A convicção em torno do progresso e da educação pode ser observada materialmente inclusive pela implantação de instituições educacionais protestantes de ensino básico e superior em várias partes do país. Exemplo da Escola Americana, fundada em 1870, atualmente denominada Instituto Presbiteriano Mackenzie. Regionalmente a Missão Evangélica Presbiteriana do Brasil Central fundou a Escola Evangélica de Buriti, no município de Chapada dos Guimarães, no ano de 1913[294].

Diante dessas considerações e da prevalência da conjunção do protestantismo brasileiro com um modelo de modernidade liberal, quais foram os posicionamentos desse segmento religioso em relação ao comunismo?

Apesar de definir um recorte temporal distinto desta pesquisa, o livro de Paulo Julião da Silva, *O Anticomunismo Protestante e o alinhamento ao golpe militar (1945-1964)*[295], fornece interpretações que podem corroborar as análises do anticomunismo propagado pelo jornal presbiteriano *A Pena Evangélica*. Em se tratando do anticomunismo protestante, Julião da Silva constituiu um trabalho expressivo buscando analisar os discursos anticomunistas de Igrejas Protestantes de Recife/PE, de denominações presbiterianas, batistas e Assembleias de Deus. As fontes pesquisadas foram as mais diversas: periódicos, depoimentos orais e registros da Delegacia de Ordem Política e Social – Dops[296].

Em sua pesquisa, Silva demonstra que o combate ao comunismo em Pernambuco realizado pelos protestantes foi intenso e em vigilância contra "possíveis infiltrações subversivas". Dessa forma, o autor revela que

---
[293] REILY, Ducan Alexandre. A. **História documental do protestantismo no Brasil.** 2. ed. São Paulo: Aste, 1993. p. 269.
[294] FREITAS, Lucas Paulo; SÁ, Elizabeth Figueiredo de Sá. Philippe Landes e sua atuação na educação mato-grossense. In: Anais [...] XXVIII Simpósio Nacional de História, Natal, 2013, p. 9.
[295] SILVA, Paulo Julião. **O Anticomunismo protestante e o alinhamento ao golpe militar (1945-1964).** Curitiba: Primas, 2014.
[296] *Ibid.*

as Igrejas Protestantes, fortemente influenciadas pela cultural norte-americana, em um contexto de Guerra Fria, constituíram a ascensão de grupos de esquerda naquele Estado, a exemplo das ligas camponesas, como uma ameaça. O combate ao comunismo, dessa maneira, converteu-se em uma campanha que incluía todos os "subversivos de esquerda", externos ou internos, alinhando-se aos discursos de apoio ao golpe militar de 1964. Dentro de seus quadros, membros, fiéis ou pastores suspeitos foram afastados de suas funções na Igreja, ou até denunciados aos órgãos de repressão[297].

De acordo com as análises de Julião Silva, as Igrejas Protestantes no Brasil, com fortes ligações históricas com o protestantismo inglês e estadunidense, aderiram ao discurso anticomunista amplamente propagado por essas nações capitalistas e liberais. Nessas circunstâncias, as denominações religiosas pesquisadas por J. Silva estiveram avessas a quaisquer propostas de mudanças revolucionárias e contestadoras da ordem social[298].

Silva, abarcando reflexões de Peter Berger[299], ainda compreende que o anticomunismo protestante era reflexo de um segmento religioso que se sentia fragilizado diante de uma sociedade cada vez mais secularizada e descrente dos "milagres divinos", diminuindo seu poder representativo junto à sociedade[300]. A oposição ao marxismo se reflete também, em diálogo com Pierre Bourdieu[301], diante das críticas marxistas às bases religiosas, percebidas como legitimadoras da dominação e opressão empreendidas pelas classes ou grupos hegemônicos, por meio da "manipulação simbólica das aspirações opositoras"[302].

Assim, e em convergência com todas essas considerações aqui realizadas, paradoxalmente, o protestantismo que se forjou sob o rompante da modernidade não esteve em total sintonia com suas considerações, transformações e reflexos, enfrentando ao longo de sua história crises teológicas[303]. Apesar de suas origens reformistas e diante de uma sociedade em ascendente descompasso com a espiritualidade religiosa, as diferentes denominações protestantes temeram a perda de fiéis e de influência. Contudo, cada uma

---

[297] Ibid.
[298] Ibid., p. 201-203.
[299] BERGER, Peter L. **O dossel sagrado**: elementos para a teoria sociológica da religião. 5. ed. São Paulo: Paulus, 2004.
[300] Ibid., p. 71-73.
[301] BORDIEU, Pierre. **A economia das trocas simbólicas**. 6. ed. São Paulo: Perspectiva, 2007.
[302] SILVA, Paulo Julião. Op. cit., p. 50-51.
[303] BERGER, Peter L. Op. cit.

delas escolheu e trilhou respostas diferentes para esse processo. "A Pena Evangélica", representando a Igreja Presbiteriana de Cuiabá, manifestou esses conflitos em suas páginas, o que será evidenciado e examinado no próximo tópico.

A Pena Evangélica e sua missão moral e conspiratória contra o comunismo

O jornal *A Pena Evangélica – Órgão semanário de propriedade da Primeira Igreja Presbyteriana de Cuyabá* repercutiu com intensidade o cenário político e o tom discursivo contra o comunismo, em um número de 39 publicações de artigos e notícias, entre 1936 e 1938. Sua posição anticomunista se dava em nome da fé cristã e contra o "irracional irreligioso"[304] e promotor de ilusões do "pseudo paraíso vermelho"[305]. Os articulistas desse semanal presbiteriano defendiam costumes morais rígidos, marcando críticas aos hábitos considerados inapropriados, como o consumo de bebida alcoólica e de cigarros. Postura essa muito condizente com a identificação do protestantismo presbiteriano com a defesa de uma moral austera, questões apresentadas por Max Weber[306] e destacadas anteriormente.

Essa defesa rígida dos costumes pode ser percebida por meio das críticas realizadas pelo jornal em relação ao catolicismo em Mato Grosso, definido como muito conivente com certas práticas consideradas inapropriadas e incompatíveis com os dogmas religiosos cristãos. Parte desses julgamentos aparecem em embates, no carnaval de 1936, com o periódico católico *A Cruz – Órgão da Liga do Bom Jesus – Instrumento de Imprensa da Igreja Católica no Estado de Mato Grosso*, em que um editorial de *A Pena* repreende a publicação de propagandas de bebidas alcoólicas[307] e de lança-perfumes[308] no referido jornal católico:

---

[304] Communismo. **A Penna Evangelica** – Órgão semanário de propriedade da Primeira Igreja Presbyteriana de Cuyabá, Cuiabá, 19 dez. 1936, Caderno 480, p. 2.

[305] Impressão da Russia Sovietica. **A Penna Evangelica** – Órgão semanário de propriedade da Primeira Igreja Presbyteriana de Cuyabá, Cuiabá, 26 dez. 1936, Caderno 481, p. 6.

[306] WEBER, Max. *Op. cit.*

[307] A partir da edição n. 1204 de 20/10/1935, *A Cruz* publicou sucessivamente, até a edição de 1233 de 10/05/1936, a seguinte peça publicitária: "Elesbão Ferreira da Cruz – Atacadista de aguardente/Offerece as vantagens seguintes: Productos de 1ª qualidade/Medida com sobra/Preços modicos". Ao todo foram 30 edições que repercutiram a referida propaganda de aguardente, entre os anos de 1935 e 1936, fixadas na terceira ou quarta página.

[308] As propagandas de lança-perfumes no jornal *A Cruz* podem ser vistas em uma série de publicações contínuas a partir da edição n. 1199 de 15/09/1935 até a publicação de n. 1221 de 16/02/1936, já às vésperas do carnaval de 25 de fevereiro de 1936. Assim, totalizaram-se 23 publicações contendo a peça publicitária de lança-perfumes dos "Irmãos

> Por muito tempo este jornal inseriu nas suas columnas um annuncio de uma fabrica de licores do segundo Districto desta cidade, que se tornou bem conhecida e afamada, não somente devido á qualidade do seu produto alcoolico, mas principalmente devido á propaganda que della fez o órgão catholico, por muitissimo tempo. [...] Passam se os tempos. Aproxima-se o carnaval. Com que sorpreza nos deparamos n` "A CRUZ" com um annuncio de lança-perfumes! E nós pensamos, contrariados: "de certo "A CRUZ" não coopera mesmo comnosco. E alem disso, ainda é para nós uma pedra de tropeço. Commo pode ser que emquanto combatemos o carnaval, o jornal catholico faça a propaganda do carnaval, annunciando lança-perfumes? Não, não é possível". É o cumulo. O jornal catholico, o órgão da Liga do Bom Jesus, aconselhar o povo a comprar lança-perfumes e aguardente, o que importa em fazer a apologia do carnaval e da embriaguez. Não. "A CRUZ" está errada, e decididamente, precisa mudar de rumo[309].

Os redatores de *A Pena Evangelica* ainda empunharam, em junho de 1936, severas críticas à tradicional festa religiosa de São Benedito que fazia emprego de touradas, o que classificava como um ato brutal e selvagem. Sob o *slogan:* "Maltratar os animaes é indicio de máo caracter"[310], clamou para que o jornal católico *A Cruz* promovesse uma "boa imprensa" em prol da moralidade e da civilidade:

> Concitamos tambem a imprena local e principalmente a ilustrada colega "A Cruz", para que em nome da boa imprensa, da imprensa sadia e moralizante, levantemos a nossa voz e entremos numa campanha tenaz contra as touradas. Ninguem pense que neste momento fazemos propaganda sectaria. Não! Somente falamos como defensores da moral, da lei e da civilização. É por isso que sem nenhum constrangimento, apesar de sermos um órgão de doutrinação evangelica, sentimo-nos bem em appelar para "A CRUZ" para que juntas façamos a campanha do bem e da moralidade[311].

Miraglia". O texto publicitário dizia: "LANÇA PERGUMES: Para conhecimentos dos nossos distinctos amigos e fregueses damos a seguir o preço dos Lança-perfumes para carnaval de 1936 – RODO DE LUXO METALLICOS".

[309] Os erros d` "A Cruz". **A Penna Evangelica** – Órgão semanário de propriedade da Primeira Igreja Presbyteriana de Cuyabá, Cuiabá, 8 fev. 1936, Caderno 435, p. 5.

[310] As Touradas. **A Penna Evangelica** – Órgão semanário de propriedade da Primeira Igreja Presbyteriana de Cuyabá, Cuiabá, 20 jun. 1936, Caderno 454, p. 1.

[311] *Ibid.*

O protestantismo histórico, de acordo com o historiador Carlos Barros Gonçalves, foi implementado na segunda metade do século XIX e expresso pelas Igrejas Congregacional (1855), Batista (1859/1882), Presbiteriana do Brasil (1862), Presbiteriana Independente (1903), Metodista (1878) e Episcopal (1889). Seu estabelecimento promoveu-se tendo por base as ações missionárias, principalmente norte-americanas, incluindo britânicas[312].

No início do século XX o embate entre o catolicismo e o protestantismo foi vigoroso no estado de Mato Grosso. O fim do Império e a separação da Igreja e do Estado proporcionou ambiente favorável para que os protestantes expandissem sua atuação em um país predominantemente católico. Conforme o historiador Sérgio Ribeiro Santos, a inserção do protestantismo na capital mato-grossense, Cuiabá, deu-se no final do século XIX e começo do século XX, contexto da Primeira República, em que ocorreu a promoção da liberdade religiosa e configuração do Estado laico[313].

A presença e a incorporação do protestantismo no estado também decorreram de transformações sociais e culturais, favorecendo o reordenamento do cenário religioso[314]. Santos, assim, enumera alguns desses aspectos de transformação, como: a amplitude, em nível nacional e local, de ideias liberais que marcaram a defesa das liberdades individuais de crença, pensamento e de livre iniciativas econômicas; as concepções filosóficas positivistas[315] vinculadas ao cientificismo e em oposição a certos segmentos católicos, refletidos como ultrapassados; e o apoio de entidades maçônicas, grandes incentivadoras do ideário liberal e ao desenvolvimento de outras vertentes religiosas não católicas[316].

Em diálogo com as discussões trazidas por Valdinei Aparecido Ferreira, o protestantismo em Mato Grosso associou sua fé e imagem aos ideais de modernidade, progresso e civilização, em oposição ao catolicismo, refletido por parte das igrejas protestantes como antiquado e grande empecilho para o desenvolvimento social. Os missionários protestantes consideravam-se na missão de promover um projeto civilizatório para o Brasil, em objeção ao que definiam como atraso econômico e social advindo

---

[312] GONÇALVES, Carlos Barros. As polêmicas antiprotestantismo nas primeiras décadas do século XX: Cuiabá 1926, 1927. **Fronteiras**: Revista de História, v. 12, n. 21, 2010, p. 153-154.

[313] SANTOS, Sergio Ribeiro. **A inserção do protestantismo em Cuiabá na Primeira República.** Cuiabá: RPC Gráfica, 2010.

[314] Ibid., p. 19.

[315] Ênfase para a Liga dos Pensadores, associação fundada em Cuiabá no ano 1910, com o objetivo de promover as ideias racionais e liberais e combater a estrutura hegemônica católica. *Cf.* SANTOS, Sergio Ribeiro. **A inserção do protestantismo em Cuiabá na Primeira República.** Cuiabá: RPC Gráfica, 2010. p. 19.

[316] Ibid.

de uma exploração colonial portuguesa e católica, que teria subjugado o povo brasileiro a um obscurantismo religioso[317].

O catolicismo, por sua vez, com a considerável perda de seu espaço político privilegiado no advento da República, engajou-se em uma missão de recomposição de forças dentro de sociedade brasileira. A disputa pelo espaço religioso entre católicos e protestantes, nas últimas décadas do século XIX e início do XX, constituiu na difusão de um antiprotestantismo por parte dos membros da Igreja Católica, e anticatolicismo por meio dos filiados ao protestantismo, reverberando na imprensa desses dois grupos religiosos os confrontos entre eles[318].

Segundo Carlos Barros Gonçalves[319], o jornal *A Pena Evangélica* objetivou dar suporte na divulgação e expansão da doutrina presbiteriana, que já havia marcado sua presença por meio de trabalhos missionários no final do século XIX e pela estruturação institucional enquanto Igreja, em 1912, na cidade de Corumbá, e no ano de 1920, na capital Cuiabá. Dessa maneira, *A Pena Evangélica*, que inaugurou sua circulação em 16 de maio de 1925, era parte da significativa atuação do presbiterianismo dentro do estado de Mato Grosso.

Esse periódico teve como um dos seus articuladores iniciais o Reverendo Philip Sheeder Landes, que além de desejar difundir os ensinamentos de sua denominação cristã, utilizou a publicação como instrumento para desqualificar o discurso antiprotestante empregado por intelectuais católicos no Jornal *A Cruz* e em outras publicações regionais. De modo geral, as críticas católicas, inclusive as empregadas pelo arcebispo de Cuiabá D. Aquino Corrêa, qualificavam as denominações protestantes como uma ação imperialista estadunidense e de dominação estrangeira[320], traduzindo parte dos conflitos discursivos e imagéticos que perpassaram a disputa pelos espaços da fé na sociedade mato-grossense.

Mas, como já explicitado, o semanal presbiteriano também esteve envolvido em outra campanha: o anticomunismo, dentro de uma disposição moralizante e conspiratória, muito próxima à realizada pelo jornal católico *A Cruz*[321].

---

[317] GONÇALVES, Carlos Barros. *Op. cit.*, 2010, p. 160-161.
[318] *Ibid.*, p. 153-159.
[319] GONÇALVES, Carlos Barros. **Até os confins da terra**: o movimento ecumênico protestante no Brasil e a evangelização dos povos indígenas. Ed. UFGD, Dourados, 2011.
[320] GONÇALVES, Carlos Barros. *Op. cit.*, 2010, p. 168-176.
[321] *Cf.* ADÃO. Rafael. **Anticomunismo e suas construções mitológicas na imprensa político-religiosa de Cuiabá (1930-1945)**. Dissertação (Mestrado em História) – Programa de Pós-Graduação em História, UFMT,

Em *A Pena* houve uma relevante atenção às notícias, devido ao grande espaço dado a essa seção, a tal ponto de se autointitular como o jornal mais "noticioso do Norte do Estado", por meio de seu suprimento noticioso: "O mundo em sete dias". Dentro da publicação dessas narrativas noticiosas, destaque ao panorama do comunismo na Rússia, à Guerra Civil Espanhola, aos regimes fascista italiano e nazista alemão e aos eventos em torno da II Guerra Mundial. Curioso é que em grande parte das notícias, em sua maioria breves e sem comentários, nem sempre se constatavam suas fontes e as que eram divulgadas indicavam agências internacionais[322] e nacionais de notícias[323], serviços de informação do governo, outros jornais, emissoras de rádio e telegramas.

Importante ressaltar que a notícia não é uma informação neutra. Tudo o que é produzido pelas agências internacionais de notícias, como a "Associated Press" e a "United Press", ambas estadunidenses, a inglesa "Reuters" e a francesa "France Presse" – apenas para destacar as mais atuantes no mercado brasileiro das décadas de 1930 e 1940 –, passa por um crivo apropriado de divulgação e seleção, tanto das agências que as produzem como dos jornais que as recepcionam. Há, portanto, uma relação dinâmica na produção e exposição das notícias, que podem servir aos mais variados usos e posições de interesses[324]. Assim, as notícias, que tanta acomodação ganharam na publicação semanal *A Pena Evangélica*, não eram simplesmente aportes informativos, mas ideológicos. Por meio de um recorte apropriado, eram feitos direcionamentos que contribuíram para a afirmação e propagação das crenças e ideias defendidas pela Igreja Presbiteriana:

2017, p. 109-142.

[322] As agências internacionais de notícias tiveram um papel fundamental na produção de notícias, vendidas como valiosas mercadorias e que se difundiram ainda mais com o advento de instrumentos tecnológicos como o telégrafo. Esse instrumento e meio de comunicação modificou a circulação das notícias e a forma de narrar os acontecimentos, acelerando sua repercussão. Antigos relatos extensos, cheios de dados e minúcias, foram substituídos por textos rápidos, breves e atuais, reflexo da demanda de leitores ávidos por informação e que cada vez mais vivenciavam uma vida urbana acelerada e frenética. MACIEL, L. A. Cultura e tecnologia: a constituição do serviço telegráfico no Brasil. **Revista Brasileira de História**, São Paulo, v. 21, n. 41, p. 127-144, 2001.

[323] Algumas das agências de notícias citadas pelo jornal foram: "United Press" (edições: n. 206 de 13/09/1930, 577 de 29/10/1938, 743 de 10/01/1942, 744 de 17/01/1942, 748 de 14/02/1942; 853 de 26/02/1944 e 865 de 21/05/1944); "Associated Press" (edições: 743 de 10/01/1942, n. 744 de 17/01/1942, 748 de 14/02/1942 e 868 de 10/06/1944); "Reuters" (edições: 779 de 26/09/1942 e 878 de 19/08/1944); "Transocean" (edição n. 744 de 17/01/1942); "Stefani" (edição n. 744 de 17/01/1942); e Agências oficiais como a "Agência Nacional" do Governo Vargas (edições 744 de 17/01/1942, 748 de 14/02/1942, 752 de 14/03/1942) e Agência oficial alemã "D.N.B." (26/09/1942 e 878 de 19/08/1944).

[324] BAHIA, Juarez. *Op. cit.*, p. 275-276.

> O plano sovietico para 1937 é a destruição completa de todas as Igrejas em todo territorio Russo. Havia na Russia antes da implantação do communismo 120 mil Igrejas Catholicas e Ortodoxas. Mais de metade foram destruidas, ficando apenas aquellas que pelo seu valor historico seria pena derrubal-as. Das Igrejas que ficaram, a maior parte tornaram-se piscinas, clubs e casinos, mas essas mesmas em 1937, serão arrasadas[325].

A notícia supra é um exemplo de como a edição do jornal delimitou seu discurso anticomunista, alertando seus leitores que a Rússia, onde foi instituído um sistema de bases comunistas após a consolidação da revolução russa de 1917, violaria a religiosidade institucional ortodoxa, em nome de um "plano" antirreligioso e "ateu vermelho". A notícia da destruição de Igrejas na Rússia, contudo, carece de fonte e estabelece uma dicotomia moralista com a instalação de casinos no lugar de templos religiosos. Jogos, cigarros, bebidas e touradas são vícios extremamente condenáveis pela rígida moralidade presbiteriana. E verifica-se que esse contraponto entre religiosidade cristã e o governo comunista Russo foi um instrumento narrativo constantemente utilizado pelos articulistas de *A Pena*:

> Muito se tem escrito, no mundo, a respeito da atividade de que os chefes vermelhos na Russia, sempre tiveram e continuam tendo, para com a religião. Adotando eles a opinião de Lenin – "a religião é o opio dos povos" [...]. Iniciaram uma campanha continuada e sordida contra todas as religiões, transformaram as igrejas em *cabarets* quebraram, as imagens dos santos nas ruas [...][326].

O artigo supra, de julho de 1938, é uma republicação da "Agência Carioca", mas reverbera a posição dos membros do jornal *A Pena Evangélica*. O texto não apresenta evidências, como no fragmento anterior, dos ataques às Igrejas Russas por parte dos líderes comunistas. O objetivo é propagar uma imagem negativa do comunismo junto aos leitores e aos fiéis presbiterianos, em um período já marcado pelos levantes comunistas de 1935 e pela instauração do Estado Novo, acontecimentos que acentuaram a conjugação de distintos posicionamentos conservadores no Brasil e suas posições anticomunistas.

---

[325] O mundo em 7 dias. Coluna de notícias. **A Penna Evangélica**. Órgão semanário de propriedade da Primeira Igreja Presbiteriana de Cuyabá, Cuiabá, 24 out. 1936, Caderno 472, p. 3.
[326] Na Russia, os communistas realizaram um Juri para julgar Deus! – aspectos deprimentes da luta contra as religiões (Comunicado da Agencia Carioca). **A Pena Evangélica**. Órgão semanário de propriedade da Primeira Igreja Presbiteriana de Cuyabá, Cuiabá, 16 jul. 1938, Caderno 562, p. 5.

Os redatores da publicação presbiteriana cuiabana, de forma geral, defendiam os valores da democracia liberal e rechaçaram a via do autoritarismo no intervalo dos anos de 1936 e 1937, antes da acomodação do Estado Novo, colocando-se em uma campanha contrária a movimentos de vinculação fascista como o integralismo[327]. Tal campanha se articulou em conjunto ao anticomunismo e foi designada de: "Nem communismo, nem integralismo"[328]. Houve também outros textos que reiteraram essa narrativa: "A Foice, o Fascio ou A Cruz?"; e "Communismo, Fascismo ou Christianismo?"[329], nesses casos o combate estava associado à defesa dos princípios cristãos, contra a "foice comunista" e a associação do integralismo com o fascismo, tratados como equivalentes e danosos. Todavia e contraditoriamente, *A Pena Evangélica* exprimiu apoio às medidas repressoras de Vargas e ao estabelecimento do regime autoritário do Estado Novo, em 1937.

Para os editores de *A Pena Evangélica* a defesa da democracia não se constituiu mais apropriada durante o Estado Novo. Nesse caso, os articulistas do jornal aderiram ao projeto ditatorial getulista, marginalizando sua bandeira a favor da democracia liberal, logo após a consolidação do regime. A adesão ao Estado Novo expressou-se no sentido de defender posturas severas contra as manifestações políticas que perturbassem a ordem social vigente, em especial o comunismo:

> Como medida de repressão à indesejavel doutrina do communismo que quer á viva força se introduzir entre nós, o Exmo. Sr. Presidente da Republica não tem descuidado em por em pratica as mais severas providencias afim de que possamos desfrutar a verdadeira democracia portadora de uma boa civilização. [...] não podemos estar de acordo com as investidas do comunismo. [...] Nosso Senhor Jesus Christo que não se incomodou com as convenções de seu tempo, embora guerreado e odiado pelos que queriam introduzir doutrinas que não vinham de Deus, explicou ás multidões que o homem não pode fazer o que quer, pois os que comentem erros, são filhos do erro. [...] Neste sentido, nada de perturbação da ordem publica, e nem outros factos que tenham em vista generalizar o extremismo que só serve para diminuir os

---

[327] Sobre o integralismo e a Ação Integralista Brasileira – AIB, ver: TRINDADE, Hélgio. **Integralismo** – O Fascismo brasileiro na década de 30. São Paulo: Difel, 1974; BERTONHA, João Fábio Bertonha. **Integralismo** – Problemas, perspectivas e questões historiográficas. Maringá/PR: Eduem, 2014.
[328] Edições: 465 de 05/09/1936; 472 de 24/10/1936 e 546 de 26/03/1938.
[329] Edições: 476 de 28/11/1936 e 477 de 28/11/1936, respectivamente.

> horizontes da nossa democracia e da verdadeira civilisação que sempre desfrutou a nossa estremacida Patria, digna de melhor sorte[330].

No propósito de combater a "doutrina filha do erro", os escritores de *A Pena* apoiaram a instituição do regime autoritário varguista, já em novembro de 1937, para manutenção do ordenamento social contra possíveis extremismos e a fim de manter a "democracia", mas que naquele momento estava bem distante, lá no "horizonte". O periódico passa, a partir de então, a reconhecer os símbolos e principais apoiadores do governo estadonovista, silenciando a palavra democracia de suas páginas, mas reproduzindo outras de maneira mais significativa, como: *pátria, patriotismo, nação, bandeira, civismo, ordem, medo e povo brasileiro*.

Certamente essa defesa também refletia o cenário de censura, que não apenas eliminava a liberdade de opinião, como igualmente exigia espaços para propaganda das manifestações cívicas e realizações do governo:

> O mês de Novembro, pode-se chamar sem mêdo de erro, sob as novas diretrizes do Estado Novo, o mês do civismo e da exaltação à Pátria. Não haviam cessado ainda os écos da estrondósa manifestação de alegria das comemorações festivas do 1º aniversário do Estado Novo, e já o povo jubiloso pelos seus elementos mais representativos, voltava para as ruas, alegre, comemorando a significativa data consagrada á Bandeira. [...] Pela Força Publica estadual, pelas escolas e repartições, a mesma vibração e disposição de ânimo impulsionavam as massas para os festejos que se realizaram. E tantos foram eles em todos os setores da vida cuiabana, desde o palácio interventorial até o mais modesto serventuario, que desnecessàrio se torna descreve-los. A mesma ideia fascinava a todos O culto á Bandeira do Brasil[331].

Apesar de o artigo supra, "A Bandeira", ser uma publicação anterior à instituição do DIP e de sua sucursal estadual, o periódico da Igreja Presbiteriana de Cuiabá já indica, em 1938, os moldes da propaganda política do Estado Novo por meio dos festejos cívicos, exaltação dos símbolos nacionalistas, como a bandeira, e comemoração da instauração do novo regime. Em todos os espaços públicos o estado varguista impunha sua presença e

---

[330] MORENO. Nada de extremismo. **A Penna Evangélica**. Órgão semanário de propriedade da Primeira Igreja Presbyteriana de Cuyabá, Cuiabá, 13 nov. 1937, Caderno 527, p. 5.
[331] A Bandeira. **A Pena Evangélica**. Órgão semanário de propriedade da Primeira Igreja Presbiteriana de Cuyabá, Cuiabá, 29 nov. 1938, Caderno 580, p. 1.

devoção junto às massas. De acordo com Ângela de Castro Gomes, criou-se a impressão de que o país vivia um "tempo festivo", um período de grandes desfiles com multidões, músicas, bandeiras e estandartes, objetivando estabelecer um tom mítico e de grandiosidade em torno do regime[332].

Na imprensa presbiteriana cuiabana, o anticomunismo também fez parte da propaganda varguista. De acordo com Capelato, na obra *Multidões em cena*, essa propaganda política instituiu paixões nacionais, promoveu o medo e conspirações, apropriou-se da história, calou a esquerda e encenou a imagem de um Estado harmonioso, centrado na figura de um mito sacralizado, que se afirmava defensor do trabalhador brasileiro[333]. Em *A Pena* essa propaganda não se limitou ao governo federal, mas deu até mais destaque aos representantes locais do Estado Novo, principalmente ao interventor federal Julio Müller:

> O orgam official do Estado consignou na integra, na sua edição do corrente, um documento que deve ser registrado e vulgarisado, pela sua alta significação. Referimo-nos ao manifesto do sr. Interventor Julio Muller. Acreditamos sinceras as palavras do jovem administrador em cujas mãos, neste instante de tanta responsabilidade, acham-se entregues os destinos de Matto-Grosso[334].

Imersos nessas posições políticas, os redatores de *A Pena Evangélica* auxiliaram na construção mitológica anticomunista fundada em tons moralizantes. Destaque para a defesa da instituição familiar e da fé, marcando posições bastante conservadoras que expressavam a defesa de uma sociedade assinalada por diferenças hierárquicas. Contrapondo-se não apenas aos projetos revolucionários igualitários e de emancipação das bases sociais, mas também à instituição de mudanças estruturais que instabilizassem suas representações sociais e políticas. Essa ameaça, percebida e combatida como real, principalmente em decorrência dos levantes de 1935, mas também engajada de maneira vantajosa em relação a certos interesses, forjou o comunista, em diversas publicações, como o "conspirador de ilusões", a "figura do ateu", "promotor da desordem" e "desmantelador do cristianismo".

Nessa concepção, entende-se que o anticomunismo não foi produzido de forma estritamente consciente e como um "artifício" puramente estratégico.

---

[332] GOMES, Angela De Castro. **A Invenção do trabalhismo**. 3. ed. Rio de Janeiro: Editora FGV, 2005. p. 216-218.
[333] CAPELATO, Maria Helena. *Op. cit.*, 2008, p. 73-96.
[334] O Momento. **A Pena Evangélica**. Órgão semanário de propriedade da Primeira Igreja Presbiteriana de Cuyabá, Cuiabá, 08 jan. 1938, Caderno 535, p. 1.

Mas sim, em diálogo com Girardet[335], é possível compreendê-lo ainda como uma construção mitológica que investiu sobre *outro* uma narrativa conspiratória. Essa "trama" imagética e simbólica incorporou elementos do imaginário ocidental, já há muito tempo difundidos e envoltos dos temores mais profundos e inconscientes da sociedade. Compreende-se, portanto, que as narrativas mitológicas anticomunistas, criadas historicamente no Brasil, possuem aspectos subjetivos com o poder de influenciar e trazer explicações sobre os acontecimentos, crises e tensões políticas e sociais.

Os comunistas foram retratados como uma organização conspiratória que agiria dentro de uma "manipulação multidimensional", capaz de operar e promover uma "gigantesca rede de controle e de informação". Assim, a atuação dos agentes comunistas não estaria restrita apenas aos espaços políticos e governamentais, mas sua expansão e influência se efetivaria "em todos os domínios da vida coletiva, quer se trate dos costumes, da organização familiar, como também do sistema educacional ou dos mecanismos econômicos"[336].

O alcance nefasto dos "homens do complô", atuando de forma influente sobre a família, mulheres, crianças, educação, imprensa e bancos, promoveria a corrupção e o afrontamento dos bons costumes. Uma verdadeira dissolução de princípios que levaria à "desagregação sistemática das tradições sociais e dos valores morais"[337].

Nos parâmetros dessa conspiração, a sociedade soviética, instaurada na União das Repúblicas Socialistas Soviéticas – URSS (1922-1991), foi costumeiramente associada pelos discursos religiosos cristãos a uma incivilizada libertinagem, capaz de desvirtuar e condenar a cultura e a estrutura social. No mundo comunista, o divórcio, o adultério e a "'libertação' da mulher"[338] seriam propagados, proporcionando a destruição do casamento e, por consequência, da família. Seguindo essa perspectiva, o articulista René, em *A Pena Evangélica*, fez um alerta moralizador dos filmes que deveriam ser evitados pelos bons cristãos:

> O máo cinema contamina o cerebro das nossas patricias, pois as scenas de adulterio são um caminho aberto para a satisfação das paixões a se desenvolverem amanhã. Nisto

---

[335] GIRARDET, Raoul. *Op. cit.*
[336] GIRARDET, Raoul. *Op. cit.*, p. 38-39.
[337] *Ibid.*, p. 40.
[338] O Bolchevismo sem máscara. **A Penna Evangélica**. Órgão Semanário de Propriedade da Primeira Igreja Presbyteriana de Cuiabá. Cuiabá, 06 fev. 1937, Caderno 487, p. 2.

> reside tambem o exemplo frisante do communismo, que vem sendo condenado em todos os sectores dos povos civilizados. É por isso que aquelles que querem seguir verdadeiramente a doutrina de Christo devem renunciar o máo cinema e não assistir a filmes em que se desenrolem scenas de adulterio. As fitas do cinema devem ser seleccionadas. Aconselhamos áqueles que nos quiserem ouvir, que quando for levado á tela um bom film que encerre exemplos de honra, de trabalho, de dignidade, de coragem, de patriotismo, etc. corram sem demora a assisti lo. Mas que evitem o mào cinema[339].

Dentro desse recorte, o artigo aqui destacado indicou filmes que exaltassem bons exemplos de trabalho, honra e patriotismo, ou seja, que fecundavam um modelo disciplinar e ordeiro. O alerta sobre o adultério se dá, em evidência, a uma escolha de gênero, às "patrícias", que o articulista do periódico acreditava terem cérebros facilmente manipuláveis e movidos pelas paixões. O comunismo, então, utilizaria o sexo feminino como instrumento de sua conspiração e de seu projeto de dominação. Como bem destaca Girardet, a mulher é no mito do complô: "Habilmente colocada a serviços dos poderosos deste mundo, é a ela que caberá a tarefa de destruir os lares, de dilacerar as famílias"[340].

Destruir o instinto natural, dócil e maternal da mulher, de cuidado e de doação à família. Nessa trama conspiratória, a mulher era, então, associada como um "frágil" elo e que seus "caprichos, suas fantasias e suas exigências"[341] poderiam servir como meios para o comunismo conquistar seus objetivos, e, em consequência, assolar o modelo familiar cristão defendido pela Igreja Presbiteriana.

Ainda no âmbito da moralidade, das tradições e da família, a criança é outro sujeito suscetível de ser "corrompido", dentro da lógica conspiratória. Seguindo essa linha de pensamento, governos, educadores e instituições são convertidos e manipulados pela entidade conspiratória em prol do rompimento das "concepções habituais de bem e mal" na sociedade, compondo a corrupção, perversão e a "libertinagem precoce" na infância[342]. Os articulistas da publicação religiosa presbiteriana produziram esse tipo de construção mitológica que credenciava o comunismo soviético como um

---

[339] RENÉ. Certos filmes Cinematographicos... **A Penna Evangélica**. Órgão semanário de propriedade da Primeira Igreja Presbiteriana de Cuyabá, Cuiabá, 26 set. 1936, Caderno 468, p. 3.

[340] GIRARDET, Raoul. *Op. cit.*, p. 41.

[341] *Ibid.*

[342] *Ibid.*, p. 40-41.

agente corruptor das crianças, estampando um cenário comovente e caótico que impôs a "miseria das crianças bolchevistas"[343].

Sem fé e sem Deus, um ateu sem escrúpulos, o comunismo foi tratado pelos periodistas de *A Pena Evangélica* como uma ilusão extremamente pecaminosa e imoral, em que os ataques a toda e qualquer religião seriam radicalmente potentes:

> A campanha, contra as religiões tomou no territorio russo, aspectos ignobeis. Não raro promovem os comunistas "festejos", onde as creaturas depravadas dão expansão aos seus sentimentos cinicos levantam-se forcas e queimam se fogueiras, pendurando-se nas primeiras e atiçando ás segundas, as imagens de Cristo, de Budha e de Mahomet. E a orgia flutua. E os sorrisos sacrilegos abalam os espaços[344].

Destaca-se, dessa forma, que a consideração do comunista como ateu foi uma associação bastante instrumentalizada por essa vertente religiosa, assim como pelo catolicismo. Porém, Guy Besse entende que as críticas de Karl Marx às religiões não são considerações baseadas no ateísmo, apesar de Marx ter aderido a algumas delas. O marxismo não objetiva extinguir a crença em alguma divindade, mas defende a luta dos homens por justiça social sob bases materiais e terrenas, sem a espera de uma intervenção divina ou sob os fundamentos alienantes das concepções religiosas[345].

Interessante observar que alguns anos mais tarde, *A Pena* mudou sua narrativa em relação à questão religiosa na Rússia. Conforme trecho a seguir, aqui não se apresenta mais uma Rússia ateia que atacava igrejas e símbolos religiosos:

> Muitas pessoas continuam até hoje fazendo uma péssima idéia da Russia, como um pais onde absolutamente não existe liberdade religiosa e onde tudo é contra a religião e os que são religiosos. Está idéia, porém, se desvanece para quem toma o "O Estado de São Paulo" e lê o seguinte telegrama: Londres, – O Dr. Ciril Garbetr, arcebispo de York, declarou hoje que existia uma grande esperança para a Igreja na Russia, apesar do carater secular do Estado. Os

---

[343] O Bolchevismo sem máscara. **A Penna Evangélica** – Órgão semanário de propriedade da Primeira Igreja Presbyteriana de Cuyabá, Cuiabá, 06 fev. 1937, Caderno 487, p. 2.

[344] Na Russia, os communistas realizaram um Juri para julgar Deus! – Aspectos deprimentes da luta contra as religiões (comunicado da Agencia Carioca). **A Pena Evangélica** – Órgão semanário de propriedade da Primeira Igreja Presbyteriana de Cuyabá, Cuiabá, 16 jul. 1938, Caderno 562, p. 5.

[345] BESSE, Guy. O ateísmo nos nossos dias. *In:* ARNAULT, J. *et al.* **Cristãos e comunistas**. Paris: Publicações Europa, 1976.

> altos dignatarios da Igreja Russa pediram ao arcebispo de York que servissem do porta-voz de uma mensagem em que se dizia que todos gozavam de completa liberdade em suas igrejas e que jamais foram interrompidas na celebração do seu culto. O Dr. Garbett disse que "os altos dignatarios eclesiasticos da Russia estão prestando sincero e cordeal apoio ao esforço de guerra"[346].

Na década de 1930 os redatores da publicação presbiteriana expressaram que o comunismo russo perseguiria as religiões de maneira implacável e em estabelecimento a um Estado fundamentalmente amoral. Essa mudança de posição, em publicações de 1944[347], pode ser reflexo da acomodação da União Soviética como aliada da guerra contra os nazistas e fascistas, isentando-a do papel de principal adversário a ser combatido, naquele momento histórico.

No entanto, o que se observou na década de 1930 em *A Pena Evangélica* foi a promoção de um simulacro de ideias e imagens com a finalidade de desqualificar o *outro* comunista, instaurando uma série de imagens depreciativas sobre este. O emprego de notícias sem fontes ou comprovações e artigos sem lastro crítico e que reproduziam vários estereótipos foi repetidamente estampado em suas páginas.

O emprego dessas associações fez parte de uma narrativa conspiratória e mitológica bastante eficiente, que estimulou o temor e a oposição irracional contra uma possível difusão de proposituras comunistas junto aos trabalhadores brasileiros. O combate da Igreja Presbiteriana cuiabana ao comunismo foi influenciado pelos princípios do calvinismo e das missões protestantes anglo-saxãs, que planejavam conquistar novos adeptos no Brasil, recorrendo à defesa das concepções modernas e liberais, mas totalmente contrários às novas expressões sociais e políticas revolucionárias. Contudo, apesar de suas referências liberais respaldou a repressão política e a instituição do autoritarismo no Brasil, por meio do apoio ao Estado Novo.

Considerações finais

---

[346] Há liberdade religiosa na Russia. **A Pena Evangélica**. Órgão semanário de propriedade da Primeira Igreja Presbyteriana de Cuyabá, Cuiabá, 19 fev. 1944, Caderno 852, p. 2.

[347] Há outras duas publicações no ano de 1944 em *A Pena* que informam o crescimento do número de evangélicos e cristãos na Rússia: Evangélicos Russos. **A Pena Evangélica**. Órgão semanário de propriedade da Primeira Igreja Presbyteriana de Cuyabá, Cuiabá, 12 fev. 1944, Caderno 851, p. 4; e O Cristianismo na Rússia. **A Pena Evangélica**. Órgão semanário de propriedade da Primeira Igreja Presbyteriana de Cuyabá, Cuiabá, 15 jul. 1944, Caderno 873, p. 1.

Dentro das análises, aqui apresentadas, presbiterianos cuiabanos deram especial atenção ao enfrentamento do comunismo, entre os anos de 1936 e 1938. Dessa forma, propagaram uma série de enunciados que buscaram, sobretudo por meio das referências morais e das crenças cristãs, combater um concorrente simbólico e secular que se fez crítico das instituições religiosas dominantes.

Na esperança de arregimentar opiniões, ações e sentidos, em meio à turbulência de novas disputas e acontecimentos, tais agentes utilizaram-se da imprensa para apoiar seus anseios de expansão e de influência junto à sociedade e aos poderes constituídos. E perante o cenário de instabilidades sociais e políticas da década de 1930 e em colaboração ao domínio Varguista, compartilharam e ajudaram a edificar narrativas e fontes mitológicas em negação ao comunismo. Em suma, e de forma conveniente, suas campanhas anticomunistas contribuíram para desqualificar, de modo abrangente, as expressões políticas e sociais de contestação da moralidade cristã e de uma sociedade marcada pela desigualdade e pela sujeição dos trabalhadores, oprimidos por uma tradição política autoritária e conservadora.

Observou-se, por fim, que os componentes do jornal presbiteriano *A Pena Evangélica* auxiliaram o Estado na promoção de um cotidiano de censura e opressão, mas também de conciliação em torno da imagem de Vargas, tratado, sob a arquitetura de uma propaganda política e mitológica, como o "condutor e salvador da nação". De modo consequente, constituiu-se como parte de um projeto de silenciamento da pluralidade de ideias e das lutas políticas e sociais que desejavam mais cidadania e igualdade, exaltando, por outro lado, uma aparente harmonia e unidade nacional.

Fontes

A Cruz. Órgão da Liga Bom Jesus. Períodos: 1930 a 1945, acervo do Arquivo Público do Estado de Mato Grosso e da Hemeroteca Digital da Biblioteca Nacional.

A Pena Evangélica. Órgão Semanário de Propriedade da Primeira Igreja Presbyteriana de Cuiabá. Períodos: 1930, 1931, 1934, 1936 a 1938, 1942 e 1944, acervo do Arquivo Público do Estado de Mato Grosso e da Hemeroteca Digital da Biblioteca Nacional.

Referências

ADÃO, Rafael. **Anticomunismo e suas construções mitológicas na imprensa político-religiosa de Cuiabá (1930-1945)**. 208 f. Dissertação (Mestrado em História) – Programa de Pós-Graduação em História, UFMT, 2017;

BERGER, Peter L. **O dossel sagrado**: elementos para a teoria sociológica da religião. 5. ed. São Paulo: Paulus, 2004.

BERSTEIN, Serge. A cultura política. *In:* RIOUX, Jean-Pierre e Jean-François Sirinelli. **Por uma história cultural.** Lisboa: Estampa, 1988. p. 349-363.

BERTONHA, João Fábio. **Integralismo** – Problemas, perspectivas e questões historiográficas. Maringá/PR: Eduem, 2014.

BESSE, Guy. O ateísmo nos nossos dias. *In:* ARNAULT, J. *et al.* **Cristãos e comunistas.** Paris: Publicações Europa – América, 1976. p. 14-21.

BORDIEU, Pierre. **A economia das trocas simbólicas.** 6. ed. São Paulo: Perspectiva, 2007.

CANAVARROS, Otávio; SILVA, Graciela Rodrigues da. A imprensa mato-grossense antes da era do rádio. **Territórios e Fronteiras**, Revista do PPGHIS/UFMT, v. 3, n. 01, jan./jun. 2002.

CAPELATO, Maria Helena R. O Estado Novo: o que trouxe de novo? *In:* CAPELATO, Maria Helena R. **O Brasil Republicano** – O Tempo do nacional-estatismo, do início da década de 1930 ao apogeu do Estado Novo. 2. ed. Rio de Janeiro: Civilização Brasileira, 2007. p. 107-143.

CAPELATO. Maria Helena R. **Multidões em cena.** Propaganda política no varguismo e no peronismo. 2. ed. São Paulo: Editora Unesp, 2008.

CARVALHO, José Murilo de. **Cidadania no Brasil:** o longo caminho. 21. ed. Rio de Janeiro: Civilização Brasileira, 2016.

D'ARAÚJO. **O Estado Novo.** Rio de Janeiro: Jorge Zahar Ed., 2000.

FERREIRA, Jorge. **Prisioneiros do Mito** – Cultura e imaginário político dos comunistas no Brasil (1930-1956). Niterói: EdUFF; Rio de Janeiro: MAUAD, 2002.

FERREIRA, Valdinei Aparecido. **Protestantismo e Modernidade no Brasil – da utopia à nostalgia.** 246 f. Tese (Doutorado em Sociologia) – Programa de pós-graduação do Departamento de Sociologia da Faculdade de Filosofia, Letras e Ciência Humanas/FLCH/USP, São Paulo, 2008.

FREITAS, Lucas Paulo; SÁ, Elizabeth Figueiredo de Sá. Philippe Landes e sua atuação na educação mato-grossense. *In:* **Anais** [...] XXVIII Simpósio Nacional de História, Natal, 2013. p. 1-16.

GIRARDET, Raoul. **Mitos e mitologias políticas**. Tradução de Maria Lucia Machado. São Paulo: Companhia das Letras, 1987.

GOMES, Angela de Castro. **A Invenção do trabalhismo**. 3. ed. Rio de Janeiro: Editora FGV, 2005.

GONÇALVES, Carlos Barros. As polêmicas antiprotestantismo nas primeiras décadas do século XX: Cuiabá 1926, 1927. **Fronteiras**: Revista de História, v. 12, n. 21, 2010, p. 153-154.

GONÇALVES, Carlos Barros. **Até os confins da terra**: o movimento ecumênico protestante no Brasil e a evangelização dos povos indígenas. Dourados: Ed. UFGD, 2011.

GONÇALVES, Rafael Bruno; PEDRA, Graciele Macedo. O surgimento das denominações evangélicas no Brasil e a presença na política. **Diversidade Religiosa**, João Pessoa, v. 7, n. 2, p. 69-100, 2017.

JUCÁ, Pedro Rocha. **Exemplo e palavras de jornalismo**. Biografia e perfil profissional, cultural, político e empresarial do jornalista Archimedes Pereira Lima. Cuiabá: Editora Memórias Cuiabanas, 1995.

JUCÁ, Pedro Rocha. **Imprensa Oficial de Mato Grosso**. Cuiabá: Edições Aroe, 2009.

MACIEL, L. A. Cultura e tecnologia: a constituição do serviço telegráfico no Brasil. **Revista Brasileira de História**, São Paulo, v. 21, n. 41, p. 127-144, 2001.

MORGADO, Eliane Maria Oliveira. **Catálogo de jornais, revistas e boletins de Mato Grosso – 1847-1985**. Cuiabá: EdUFMT, 2011.

MOTTA, Rodrigo Patto Sá. **Em guarda contra o perigo vermelho** – O Anticomunismo no Brasil (1917-1964). 368 f. Tese (Doutorado em História) – USP, São Paulo, 2000.

MOTTA, Rodrigo Patto Sá. A cultura política comunista: alguns apontamentos. *In:* CZAJKA, Rodrigo; MOTTA, Rodrigo Patto Sá; NAPOLITANO, Marcos (org.). **Comunistas brasileiros**: cultura política e produção cultural. Belo Horizonte: Editora UFMG, 2013. p. 15-37.

MOTTA, Rodrigo Patto Sá. Anticomunismo e antipetismo na atual onda direitista. *In:* BOHOSLAVSKY, Ernesto Lázaro; MOTTA, Rodrigo Patto Sá; BOISARD, Stéphane. **Pensar as direitas na América Latina**. São Paulo: Alameda, 2019. p. 75-97.

PRESTES, Anita Leocádia. **Os militares e a reação republicana**: as origens do tenentismo. Petrópolis: Vozes, 1993.

REILY, Ducan Alexandre. A. **História documental do protestantismo no Brasil**. 2. ed. São Paulo: Aste, 1993. p. 269.

RODEGHERO, Carla Simone. **O Diabo é vermelho**: imaginário anticomunista e Igreja Católica no Rio Grande do Sul (1945-1964). Passo Fundo: Ediupf, 1998.

SANTOS, Sergio Ribeiro. **A inserção do protestantismo em Cuiabá na Primeira República**. Cuiabá: RPC Gráfica, 2010.

SILVA, Carla Luciana. **Onda Vermelha**: imaginários anticomunistas brasileiros. Porto Alegre: Ed. da PUC-RS, 2001.

SILVA, Paulo Julião. **O Anticomunismo protestante e o alinhamento ao golpe militar (1945-1964)**. Curitiba: Primas, 2014.

SODRÉ, Nelson Werneck. **História da imprensa no Brasil**. Rio de Janeiro: Mauad, 1999.

TRINDADE, Hélgio. **Integralismo** – O Fascismo brasileiro na década de 30. São Paulo: Difel, 1974.

VIANNA, Marly de Almeida G. O PCB, a ANL e as insurreições de novembro de 1935. *In:* FERREIRA, Jorge; DELGADO, Lucilia de Almeida Neves (org.). **O Brasil Republicano** – O Tempo do nacional-estatismo, do início da década de 1930 ao apogeu do Estado Novo. 2. ed. Rio de Janeiro: Civilização Brasileira, 2007. p. 63-105.

WEBER, Max. **A ética protestante e o "espírito" do capitalismo**. Tradução de José Marcos Mariane de Macedo; São Paulo: Companhia das Lestas, 2004.

O PANTANEIRO: MEMÓRIA CULTURAL PELAS PÁGINAS DO SEMANÁRIO AQUIDAUANENSE

Lise Rossi Jones Lima
Antônio Firmino de Oliveira Neto
Edvaldo Correa Sotana

Há mais de meio século, em plena ditadura militar (1964-1985), três amigos aceitaram o desafio de lançar um jornal na região pantaneira do estado de Mato Grosso, ainda unificado. O município de Aquidauana, localizado a mais de 700 km de distância de Cuiabá, à época sede administrativa do estado, e com pouco mais de 70 anos, foi a cidade escolhida para o empreendimento. Lançado em homenagem ao homem pantaneiro e trazendo traços contemporâneos, o semanário teve como premissa de seus fundadores a necessidade de implantação de um órgão de imprensa que não trouxesse compromissos políticos e ideológicos. Assim, no presente capítulo objetiva-se apresentar o jornal *O Pantaneiro*, indicando dados acerca de sua fundação em 1965. Baseado na interdisciplinaridade proporcionada pelos Estudos Culturais, neste capítulo também se pretende abordar conceitos das áreas de Comunicação e História, perpassando pelas definições do termo da cultura e como esse campo pode ser analisado em diversas áreas de conhecimento, além de analisar como essas áreas podem influenciar o processo de fortalecimento identitário de um povo. Por fim, espera-se contribuir com as discussões sobre a história da imprensa e o campo dos Estudos Culturais.

Era o ano de 1965, quando, em plena ditadura militar (1964-1985), três amigos aceitaram o desafio de lançar um jornal na região pantaneira do estado de Mato Grosso, ainda unificado. O município de Aquidauana, localizado a mais de 700 km de distância da sede administrativa do estado, Cuiabá, e com pouco mais de 70 anos, foi a cidade escolhida para o empreendimento, criado em homenagem aos moradores do Pantanal. Trazendo traços contemporâneos, pelos esforços do diretor-proprietário Aldo Royg, pelo dentista Oscar de Barros Filho e pelo advogado Augusto Alves Corrêa Filho, o semanário teve como premissa a necessidade de implantação de um órgão de imprensa livre, além da busca por uma nova mentalidade política.

Na época da fundação registrava-se em diversas regiões do país e do mundo o nascimento dos meios de comunicação considerados mais populares, acessíveis a um público maior, que começavam a retratar em suas páginas, além de noticiários nacionais, as práticas culturais do seu povo. Em termos mundiais, na mesma década da fundação, começou a ganhar destaque em Londres, na Inglaterra, uma nova abordagem de análises, denominada de Estudos Culturais, que proporcionava a oportunidade de alinhar os Estudos Culturais com as áreas da Comunicação e da História ao discorrer sobre o papel da imprensa escrita nos tempos contemporâneos.

Os Estudos Culturais e a Comunicação

Os Estudos Culturais — *Cultural Studies* — tiveram sua origem na Universidade de Birmingham, na Inglaterra, a partir da fundação do *Centre for Contemporary Cultural* (CCCS), por Richard Hoggart, seu primeiro diretor, em 1964. A corrente teórica tinha como objetivo trazer o entendimento sobre "[...] as relações entre a cultura contemporânea e a sociedade, isto é, suas formas culturais, instituições e práticas culturais, assim como suas relações com a sociedade e as mudanças sociais [...]"[348]. Nesse sentido, as mudanças sociais também abrangiam a inovação do movimento que adotou os primeiros estudos da cultura operária nos círculos universitários e seu embate junto à classe elitista, que defendia ser detentora exclusiva do pensamento cultural da Grã-Bretanha.

Nesse período, a sociedade britânica, considerada tradicionalista, enfrentava com desprezo a chegada de novas culturas advindas da classe operária, que teve um aumento expressivo após a revolução industrial e foi abastecida com um grande número de imigrantes que trouxeram os seus modos de vida particulares e, consequentemente, suas próprias culturas, como afirma Escosteguy, acerca da teoria de Estudos Culturais:

> Tendo como ponto de partida um conjunto de proposições que à primeira vista mostra-se tão amplo quanto aberto a entendimentos diversos, conclui-se que se a versão britânica sobre as origens e constituição desse projeto não apresenta implicitamente uma posição teórica unificada, também, não está composta por um conjunto tão díspar que não apresente uma unidade. Indagar-se sobre 'a unidade na diferença' é

---

[348] ESCOSTEGUY, Ana Carolina. Estudos Culturais: uma introdução. *In:* JOHNSON, Richard; ESCOSTEGUY, Ana Carolina; SCHULMAN, Norma (org.). **O que é, afinal, Estudos Culturais?** 5. ed. Belo Horizonte: Autêntica, 2014. p. 90.

reconhecer que essa responde a condições particulares, a um contexto intelectual, político, social e histórico específico[349].

Sobre o novo conceito, que não se delimita a ser apenas uma disciplina, Ana Carolina Escosteguy explica que se trata de "[...] um campo de estudos onde diversas disciplinas se interseccionam no estudo de aspectos culturais da sociedade contemporânea"[350]. Com os valores da classe operária da Inglaterra em um cenário pós-guerra, o novo campo de estudo tinha como foco principal "[...] as relações entre a cultura contemporânea e a sociedade, isto é, suas formas culturais, instituições e práticas culturais, assim como suas relações com a sociedade e as mudanças sociais"[351].

Em sua convergência com o campo da Comunicação, Jesús Martín-Barbero propõe a investigação no campo dos Estudos Culturais, da Comunicação e da História. Em sua principal obra, intitulada *Dos meios às mediações*, lançada em 1987, ele traz uma análise da ideia moderna de nação por meio da unificação das sociedades, principalmente das consideradas "de massa" e as novas formas que as pessoas passaram a se comunicar. A cultura passou a ser destaque, e "O eixo do debate deve se deslocar dos meios para as mediações, para as articulações entre práticas de comunicação e movimentos sociais, para as diferentes temporalidades e para a pluralidade de matrizes culturais"[352].

Para o autor, a informação, que se restringia a ser estudada basicamente por sua fonte, seu transmissor, o canal e o destinatário de uma mensagem não são elementos mais importantes do que os processos da comunicação, já que todos os elementos devem ser estudados em conjunto, pois há uma interdependência entre eles. Ao limitar-se a esses elementos, a informação é percebida apenas como uma mercadoria, um capital de troca e, por isso, há necessidade de se entender como as pessoas se comunicam e onde acontecem os processos de comunicação. Assim, não apenas a comunicação da elite, mas a comunicação existente no popular e nos rituais da vida cotidiana passaram a despertar o interesse de outros estudiosos, como o intelectual marxista Raymond Williams.

---

[349] ESCOSTEGUY, Ana Carolina. Os estudos culturais. **Cartografias**, Porto Alegre, 2006. Disponível em: https://edisciplinas.usp.br/pluginfile.php/3363368/mod_resource/content/ 1/estudos_culturais_ ana.pdf. Acesso em: 10 jan. 2023.

[350] ESCOSTEGUY, Ana Carolina. Estudos Culturais: uma introdução. *In:* JOHNSON, Richard; ESCOSTEGUY, Ana Carolina; SCHULMAN, Norma (org.). **O que é, afinal, Estudos Culturais?** 5. ed. Belo Horizonte: Autêntica, 2014. p. 89.

[351] *Ibid.*, p. 90.

[352] MARTÍN-BARBERO, Jesus. **Dos meios às mediações:** comunicação, cultura e hegemonia. Rio de Janeiro: Ed. UFRJ, 1997. p. 270.

As transformações sociais e econômicas ocorridas no final do século XX, com o fortalecimento do capitalismo, após a queda do muro de Berlim e o fim das experiências do socialismo real, e o consequente robustecimento da sociedade de consumo, foram fundamentais para o aumento do número de estudos sobre os meios de comunicação de massa. Já não era mais possível pensar em apenas uma forma de cultura alta, erudita e literária. Fazia-se necessário o reconhecimento de outras formas de cultura construídas com as práticas cotidianas, ou seja, as culturas populares.

Assim, por retratar o cotidiano das pequenas cidades, os jornais interioranos foram como uma voz mais próxima da realidade do povo. Embora tenha importância na construção da memória de uma sociedade, a imprensa escrita, em geral, é pouco estudada no Brasil, sendo considerada apenas um instrumento na maioria das pesquisas. É uma prática recente nos estudos científicos, pois "Na década de 1970, ainda era relativamente pequeno o número de trabalhos que se valia de jornais e revistas como fonte para o conhecimento da história no Brasil"[353]. A construção de um conhecimento histórico utilizando esse tipo de mídia impressa também passou por transformações ao longo do tempo, conforme explica a autora:

> Durante o século XIX e no início do século XX prevalecia a idéia de que os historiadores deveriam manter a neutralidade perante suas fontes documentais enquanto jornais, pois estes pareciam pouco adequados ao estudo da história, pois se acreditava que, escritos em circunstâncias de interesses, compromissos e paixões, ao invés de captarem os fatos, deles forneciam imagens distorcidas, parciais e subjetivas da realidade[354].

Portanto, é possível compreender o jornal como parte dos movimentos de transformação social nos seus mais diversos setores. O jornal interiorano se aproxima ainda mais dessas transformações sociais, pois serve-se delas com uma visibilidade muito maior e carrega um papel ainda mais fundamental aos seus residentes. Por vezes, guarda memórias da produção histórica, e pode se revelar como uma voz mais próxima da realidade do povo, conforme explica Hall,

> As identidades parecem evocar uma origem que residiria no passado histórico com o qual elas continuariam a manter uma certa correspondência. Elas têm a ver, entretanto, com a ques-

---

[353] LUCA, T. História dos, nos e por meio dos periódicos. *In:* PINSKY, Carla Bassanezi (org.). **Fontes históricas.** São Paulo: Contexto, 2008. p. 111.

[354] *Ibid.*, p. 111.

tão da utilização dos recursos da história, da linguagem e da cultura para a produção, não daquilo que somos, mas daquilo no qual nós nos tornamos; tem a ver tanto com as questões "quem nós somos" ou; "de onde nós viemos", mas muito mais com as questões "quem nós podemos nos tornar"; "como nós temos sido representados"; e como essas representações afetam a forma como nós podemos representar a nós próprios[355].

Nesse sentido, a preservação de suas notícias é de extrema relevância, pois acaba por refletir a sociedade local para gerações futuras por meio de seus arquivos. Atualmente, não apenas historiadores, mas pesquisadores de diversas áreas das ciências humanas e sociais dedicam-se a investigar com mais intensidade as inúmeras fontes primárias de registros disponíveis, entre elas, os jornais impressos. De tão importante, a memória passa a ser considerada um objeto de poder e essencial para gerações futuras, e os meios de comunicação são os responsáveis pela transmissão de valores culturais. Por ser rica em dados, e uma importante fonte primária, a informação registrada pelos impressos, como os jornais, também merece ser reconhecida, já que, de forma democrática, ela "[...] salva o passado para servir ao presente e ao futuro"[356].

A vanguarda da comunicação aquidauanense

Na área da Comunicação, foi a partir da década de 1910 que se iniciou a circulação dos primeiros jornais na cidade de Aquidauana[357], em formato de tabloide. Os novos noticiários locais surgiram com foco na modernização da industrialização brasileira e com o envolvimento do Brasil na Segunda Guerra Mundial (1939-1945), trazendo aos leitores um resumo das principais notícias do país. Paulo Joia afirma que, nessa época, a população da cidade era de 2.000 habitantes, enquanto no município o total atingia cerca de 6.000 habitantes[358].

Assim como em demais regiões do país, o jornal, a revista e o cartaz — veículos da palavra impressa — aliavam-se às melhorias dos transportes, ampliando os meios de comunicação e potencializando o consumo de toda

---

[355] HALL, Stuart. Identidade e diferença: uma introdução teórica e conceitual. *In:* SILVA, Tomaz Tadeu da (org.). **Identidade e diferença:** a perspectiva dos estudos culturais. Petrópolis: Vozes, 2012. p. 108-109.
[356] LE GOFF, Jacques. **História e Memória**. Tradução de Bernardo Leitão. 5. ed. Campinas: Editora da Unicamp, 2008.
[357] ROBBA, Cláudio. **Aquidauana**: ontem e hoje. Campo Grande: Tribunal de Justiça de Mato Grosso do Sul, 1992.
[358] JÓIA, Paulo Roberto. Origem e evolução da cidade de Aquidauana. **Revista Pantaneira**, Aquidauana, n. 7, p. 34-49, 2005.

ordem[359]. Mesmo com a implantação da estrada de ferro, as dificuldades ainda eram muitas para a chegada dos jornais impressos que vinham pela Noroeste do Brasil (NOB), o que obrigava os comunicadores a ouvirem diariamente o programa "A Voz do Brasil", e demais emissoras de São Paulo e do Rio de Janeiro, para transformarem as notícias captadas em notas para conhecimento de sua população[360].

Cláudio Robba, no livro *Aquidauana Ontem e Hoje*, faz um inventário dos jornais de Aquidauana:

> Diversos periódicos funcionaram em Aquidauana: 1916 – "A Razão", de Jorge Bodstein Filho; 1919 – "O Correio do sul", de Arthur Pires Mascarenhas (um número desse jornal foi colocado no interior da pedra fundamental da ponte); 1920 – "O Município" de José Alves Ribeiro (redator – Emídio Martins de Sá); 1922 – "A Gazeta do Sul", de Jorge Bodstein Filho; 1932 – "A Lanterna", de Walmor Cáffaro e Osvaldo Cáffaro; 1935 – "O Jornal do Povo" de Cláudio Reis Clete e Carlos Arruda Leite; 1940 a 1954 – "Jornal do Sul", de Manuel B. Nunes da Cunha; diretores: Aloísio Carvalhal, Carlos F. Viana Bandeira e Severino Carvalho de Toledo; 1958 – "Correio do sudoeste", de Sebastião Nunes da Cunha (redatores: Vicente Medeiros, Álvaro Pontes e João Nunes da Cunha); 1965 – "O Pantaneiro" (redator-chefe: José Lima Neto)[361].

De acordo com o autor, o jornal *A Razão* foi então o primeiro jornal aquidauanense, lançado em 1916, apenas 24 anos após a fundação do município, dirigido por Jorge Bodstein Filho. O principal foco do periódico seriam as notícias relacionadas à Primeira Guerra Mundial (1914-1918)[362]. Posteriormente, o diretor envolveu-se com mais intensidade na política local, atuando como secretário municipal, responsável por lavrar importantes documentos, como a posse do primeiro vigário da cidade, ocorrida em 1.º de janeiro de 1920.

Anos depois, "[...] sob a direção do mesmo jornalista e professor, abrindo outro capítulo da história da imprensa no Sul de Mato Grosso, associada ao longo movimento de constituição do atual Mato Grosso do Sul [...]"[363], foi

---

[359] LUCA, T. R. *op. cit.*, 2008, p. 84.
[360] O Pantaneiro. **Revista Aquidauana**, Cidade Centenária, 1992.
[361] ROBBA, C. *Op. cit.*, 1992, p. 80.
[362] GAUTO, Gustavo. **História e Memória**: instituições em Aquidauana. Aquidauana: RGA Gráfica, 2006.
[363] PAIS, Luis Carlos. Aquidauana na história da imprensa. **Correio do Estado,** Campo Grande, 19 out. 2016. Disponível em: https://correiodoestado.com.br/artigos-e-opiniao/luiz-carlos-pais-aquidauana-na-historia-da-imprensa/289278. Acesso em: 10 jan. 2023.

lançado *A Gazeta do Sul*. Além de atuar como docente e redator, atuava na área da política e, nos anos de 1927 e 1944, foi eleito prefeito municipal de Aquidauana[364]. No período desses dois impressos de Jorge Bodstein Filho, porém, outros periódicos circularam na cidade: "[...] em 1919 foi lançado no município de Aquidauana o periódico impresso em tipografia local, *O Jornal*, e posteriormente publicam-se outros periódicos: *O Município*, em 1920; *A Gazeta do Sul*, em 1922; *A Lanterna*; e o *O Canivete*, em 1932"[365].

Já Robba afirma que em 1919 foi lançado em Aquidauana *O Correio do Sul*, de Arthur Pires Mascarenhas, e que um número desse periódico teria sido colocado no interior da pedra fundamental da ponte. Em 1920, foi a vez de *O Município*, de José Alves Ribeiro, que teve como redator Emídio Martins de Sá[366].

Em 1935, os irmãos Walmor e Osvaldo Cáffaro fundaram *A Lanterna*. No mesmo ano, foi lançado *O Jornal do Povo*, de Carlos Arruda Leite e Cláudio Reis Clete, considerado um jornal crítico e popular[367]. Carlos Arruda Leite atuou também como redator do *Jornal Batista Sul-Mato-Grossense*, em 1951. De 1940 a 1954 circulou na cidade o *Jornal do Sul*.

Pereira afirma que o *Jornal do Sul* foi dirigido, inicialmente, por Carlos Ferreira Viana Bandeira e adotou em sua trajetória uma linha editorial que servia ao interesse de grupos políticos locais, já que "[...] o jornal tinha clara orientação udenista, chegando a funcionar, durante o ano de 1950, como 'Órgão da União Democrática Nacional', sob a direção de Elídio Teles de Oliveira"[368]. Rubens Nunes da Cunha complementa que o jornalista Carlos Ferreira Viana Bandeira militou na imprensa soteropolitana e, formado em Direito, veio da Bahia para Aquidauana. Foi fundador e editor-chefe do *Jornal do Sul*, e atuou como promotor público. Ao se mudar para a cidade de Campo Grande, vendeu o periódico a Manoel Bonifácio, que também era jornalista e advogado[369].

Sobre a comunicação falada, a imprensa aquidauanense surgiu posteriormente no serviço de alto-falantes, instalado no início da década de 1950, na Praça localizada no centro da cidade, mais especificamente no Passeio

---

[364] ROBBA, C. *Op. cit.*,1992, p. 89.
[365] GAUTO, G. *Op. cit.*, 2006, p. 83.
[366] ROBBA, C. *Op. cit.*,1992, p. 80.
[367] GAUTO, G. *Op. cit.*, 2006, p. 83.
[368] PEREIRA, Francisco Fausto Matogrosso. **Coronelismo, poder e desenvolvimento em Aquidauana (1945-1965)**. 2013. Dissertação (Mestrado em Desenvolvimento Local) – Universidade Católica Dom Bosco, Campo Grande, 2013. p. 93.
[369] CUNHA, Rubens Nunes da. **Rebuscando a memória:** frases e fatos. Campo Grande: Gráfica Pantanal, 2008.

Público, na esquina das ruas Estevão Alves Corrêa e Manoel Antonio Paes de Barros.

Figura 1 – Antiga praça de Aquidauana localizada na esquina das ruas Estevão Alves Corrêa e Manoel A. P. de Barros

Fonte: Arquivo *O Pantaneiro* (2022)

Joia explica que, na época, Aquidauana registrava o maior crescimento de sua população urbana e o Passeio Público caracterizava-se como o principal ponto de encontro da sociedade durante todo o dia[370]. Era por lá que muitas notícias circulavam por meio dos megafones:

> Numa das esquinas, situava-se o alto falante da "RÁDIO LUZ", de propriedade de Elídio Teles de Oliveira, que se transformaria, posteriormente, na RÁDIO DIFUSORA DE AQUIDAUANA. O alto falante era responsável pelas músicas românticas, que perfumavam o ar e mexiam com o coração dos namorados... Aos domingos e feriados alí exibiam a Banda do Cameshi ou a Banda dos Mongeli[371].

Após a venda do jornal, Elídio deu continuidade aos serviços de alto-falantes, com a expectativa de conseguir montar o seu próprio rádio. "Isso mais tarde se concretizou quando recebeu apoio financeiro do amigo

---
[370] JÓIA, 2005, p. 47.
[371] O Pantaneiro. **Revista Aquidauana**, Cidade Centenária, 1992.

Fernando Mármora, conseguindo no ano de 1951, a concessão da Rádio Difusora de Aquidauana Ltda"[372].

Grande marco para a comunicação aquidauanense, a inauguração da Rádio Difusora de Aquidauana trouxe o pioneirismo na radiodifusão, sendo inaugurada em 16 março de 1952, sob a direção de Elídio Teles de Oliveira em uma sociedade "[...] composta por Elídio, sua esposa Gilda (Juinha), Manoel Sobreira e sua esposa Balbina, tendo sido autorizada pela portaria Ministerial nº 168 de 27/02/1951"[373]. Elídio divulgou, por muitos anos, o dia a dia da Princesa do Sul, fazendo um jornalismo crítico e informativo, com uma equipe que se profissionalizou praticando em sua rádio.

> A transformação de um simples serviço de alto-falantes para o complexo empreendimento de comunicação de rádio ocorreu na década de 1950, com a inauguração de uma moderna instalação da emissora, localizada em um prédio na rua Estevão Alves Corrêa. A primeira transmissão oficial da Rádio Difusora ocorreu no dia da inauguração, em 16 de março de 1952: Está no ar a sua Rádio Difusora de Aquidauana, ZYX-20, que opera na frequência de 1.330 quilocícios, falando para Aquidauana, Mato Grosso e Brasil em sua primeira transmissão. Na locução: Sinai Trindade; na sonotécnica: Osmar Ravaglia; no transmissor: Francisco Romero. Secretarias de Miguel Demétrio Diacópulos e Hélio de Souza e Silva, no controle de transmissor: Xibiu e Direção Geral de Elídio Teles de Oliveira[374].

Outra grande contribuição para a comunicação aquidauanense foi a Rádio Independente, montada artesanalmente pelo jornalista Antonio Rodrigues Garcia, um radiotécnico brilhante[375].

> Embora o trabalho efetivo numa estação de rádio tenha se concretizado em Aquidauana, Antônio Garcia conta que foi aluno do Instituto Técnico Monitor LDTA de São Paulo na década de 1950 quando ainda residia em Ponta Porã. O curso profissionalizante para conserto de rádio era oferecido na modalidade à distância por meio de correspondência. Inicialmente o intuito do curso era adquirir conhecimento

---

[372] VARGAS, Eliane de Oliveira. **História oral de vida:** Elídio Teles de Oliveira. 2002. Monografia (Graduação em História) – Universidade Federal de Mato Grosso do Sul, Aquidauana, 2002. p. 15-16.
[373] *Ibid.*, p. 15-16.
[374] O Pantaneiro. **Revista Aquidauana**, Cidade Centenária, 1992.
[375] ROBBA, C. *op. cit.*, 1992, p. 81.

técnico necessário para construir uma estação de rádio em Pedro Juan Caballero no Paraguai[376].

Já em terras aquidauanenses, Antônio Garcia atuou como técnico em eletrônica da Rádio Difusora de Aquidauana por quase 10 anos, como locutor e como responsável pelo transmissor. O conhecimento adquirido do curso técnico e a experiência na Rádio Difusora incentivaram o jovem a construir a sua própria empresa de radiodifusão.

> A primeira vez que foi ao ar em 1961, em caráter experimental, a emissora estava situada na Rua Assis Ribeiro junto ao prédio da Casa Tamashiro, local onde Antônio Garcia residia com a família [...] A rádio funcionou inicialmente com equipamentos manuais desde o microfone até a torre de transmissão que possuía 42 metros de altura. Os primeiros equipamentos da estação foram compostos por um microfone feito com um pedaço de lata, um alto-falante, um transformador e 10 metros de fio[377].

Com a concessão autorizada e com as novas instalações concluídas, a Rádio Independente de Aquidauana foi inaugurada oficialmente com transmissão regular em 1.º de maio de 1962[378]. Também era conhecida como "Rádio Martelinho", pois no discurso de inauguração "[...] o jornalista Álvaro Pontes [...] comentou que ela havia sido construída 'a martelo'"[379]. A Rádio Independente de Aquidauana foi vendida para o grupo Anache de Comunicação, em 1986.

---

[376] LIMA, Hélder Samuel dos Santos; OTA, Daniela Cristiane. Rádio Independente de Aquidauana: da fundação à transição para FM. **Fronteiras**: Revista de História, Dourados, v. 21, n. 37, 2019. Disponível em: https://www.redalyc.org/articulo.oa?id=588261536010. Acesso em: 25 out. 2022.

[377] *Ibid.*, p. 158-159.

[378] *Ibid.*, p. 159.

[379] ROBBA, C. *op. cit.*, 1992, p. 81.

Figura 2 – Sede da Rádio Independente no Edifício Garcia[380]

Fonte: Arquivo O Pantaneiro (2022)

O Pantaneiro: sujeitos e memória

Fundado no dia 5 de maio de 1965, o jornal O Pantaneiro iniciou as suas atividades na tipografia Efigênia, de propriedade de Aldo Royg, com a colaboração de outros dois amigos, Augusto Alves Corrêa Filho e Oscar de Barros Filho, que se tornaram diretor-redator e diretor-gerente, respectivamente. Após quatro meses do lançamento, os diretores Augusto e Oscar enviaram à redação de O Pantaneiro a correspondência com o registro formal de encerramento de suas atividades no periódico[381], ficando a cargo de Aldo Royg a administração individual.

---

[380] O piso térreo abriga o estúdio e as salas administrativas. Já o piso superior abriga a residência da família onde, até os dias atuais, reside Antonio Rodrigues Garcia.
[381] **O Pantaneiro**, Aquidauana, n. 19, 1. ed. 7 jul. 1965.

Figura 3 – Instalações do 1.º prédio de funcionamento do jornal *O Pantaneiro* – décadas de 1960/1970

Fonte: Arquivo *O Pantaneiro* (2022)

Nos anos iniciais, o jornal circulou no padrão semanário, e em algumas edições bissemanário, alternando suas publicações às quartas e às quintas-feiras. Impresso em uma máquina tipográfica tamanho ¼, ainda existente, e as chapas utilizadas na tipografia eram montadas letra a letra, em uma diversidade de aproximadamente 150 caixas de tipos (letras), separadas por fontes e tamanhos distintos.

Em homenagem ao sujeito do Pantanal, os três amigos buscaram trazer para a região um órgão de imprensa "livre" e uma renovação na mentalidade política. A ideia estava em contradição com a maioria dos órgãos de imprensa do então estado de Mato Grosso e demais regiões do país que, por vezes, eram favoráveis a determinados partidos políticos:

> A imprensa do então estado de Mato Grosso uno nasceu sob o domínio oficial e durante os vinte primeiros anos de atividade passou do poder público à atividade privada, sem deixar de perder vínculo com o governo, que a patrocinava. Ela surgiu em uma época na qual a maioria dos jornais brasileiros não escondia sua cor partidária, surgia em defesa de uma causa, ou bandeira. Esses órgãos de imprensa, inclusive,

ao circularem o primeiro número, faziam a sua apresentação estabelecendo um programa a seguir, identificando as ideias políticas que defendiam[382].

Em uma comparação com outros órgãos de imprensa lançados em Aquidauana, Francisco Fausto Matto-Grosso Pereira ressalta a ideologia do novo semanário lançado no ano de 1965:

> É importante chamar a atenção para o fato de que a maioria desses veículos era ligada a personalidades com claro envolvimento na política local, quer como formadores de opinião como Jorge Bodstein Filho, ou mesmo como atores políticos como José Alves Ribeiro ("Coronel Zélito"), Manuel Bonifácio Nunes da Cunha ("Dr. Bonifácio") e Sebastião Nunes da Cunha ("Cunha"). O Pantaneiro cumpriu, no seu período inicial, após 1965, o papel de desaguadouro de algumas ideias renovadoras dos jovens profissionais que voltavam à terra natal, criando uma nova mentalidade política[383].

Além da ausência de envolvimento político, os jovens fundadores de *O Pantaneiro* queriam não mais apenas reproduzir as notícias dos grandes centros para informar a população local, mas fazer notícia com o que acontecia no município e na região e retratar a realidade local. Assim, após as primeiras tratativas e os ajustes para as primeiras impressões, o lançamento do semanário *O Pantaneiro* ocorreu na cidade de Aquidauana na manhã do dia 5 de maio de 1965, uma quarta-feira. No editorial da primeira edição os diretores demonstram qual seria a missão e os valores do novo jornal, apresentados aos seus leitores de Aquidauana e região:

> Leitor Amigo:
>
> Estamos colocando em suas mãos o nosso primeiro número de 'O PANTANEIRO', jornal nascido em Aquidauana, para Aquidauana e sobre Aquidauana.
>
> Nascemos como todos: desacreditados, criticados e articularizados.
>
> Há algum tempo nossa cidade, ainda menina, esperava pelos que vimos de plagas distantes pudessem dar a ela o impulso que qualquer cidade tenra necessitava.

---

[382] ANDRADE, Danusa Santana. O surgimento da imprensa em Mato Grosso e em Mato Grosso do Sul. *In*: ENCONTRO CENTRO-OESTE DE HISTÓRIA DA MÍDIA, 3., 2016, Campo Grande. **Anais [...]** Campo Grande: UFMS, 2016. p. 2. Disponível em: https://www.alcarco.com/_files/ugd/625d41_71f5316207534b-9b8a490e64436829c6.pdf. Acesso em: 10 jan. 2023.

[383] PEREIRA, *op. cit.*, 2013, p. 93.

Receava-se entre nós o ditado: 'Santo de casa não faz milagres'.

Mas Aquidauana cresceu. Seus filhos voltaram e se dividiram nos diversos afazeres procurando cada qual dar a sua colaboração pelo progresso da cidade.

E assim, também, nós voltamos.

Não vimos fazer milagres, nem pretendemos.

Mas voltamos e queremos dar, também, o nosso quinhão naquilo planejado por nossos avós, edificado por nossos pais e entregue a nós e às gerações futuras.

Não nascemos prêsos a ninguém ou ligados a qualquer agremiação partidária.

Nascemos do esfôrço, do pensamento e, porque não dizer, do amor que nos prende a nossa cidade.

'O PANTANEIRO', já em seu nome, trás a nossa homenagem aos homens de quem depende a economia de nossa cidade: o pecuarista.

Mas não vimos defendê-lo e sim reconhecer o seu valor.

Vimos cantar, sem versos, a beleza e a grandiosidade de nossa cidade, sala de espera do fabuloso pantanal matogrossense.

Vimos prestar nosso tributo aos seus heróicos fundadores e aqueles que continuam suas obras.

Vimos levantar um monumento a você aquidauanense.

E é com esse fim que nasceu 'O PANTANEIRO': Livre como a andorinha, conscio de suas responsabilidades como qualquer um de vocês e, como todos, trabalhando para o engrandecimento de seu torrão natal.

Não nascemos do ódio, mas somos frutos do amor, o amor à nossa cidade e sua gente.

E com vocês estaremos para propagar as suas grandezas.

Bom dia, Aquidauana[384].

No final do ano de 1975 a administração de *O Pantaneiro* registrou a primeira alteração de seu quadro de sociedade. O professor José Lima Neto, natural da cidade de Araçatuba, noroeste do estado de São Paulo e recém-chegado às terras aquidauanenses, e o professor Orlando Pascotto passaram a ser os novos proprietários do semanário que completava 10 anos de circulação.

Após a efetivação do pagamento da dívida ao vendedor, os novos sócios alteraram a razão social da sede social da empresa, que passou a ser

---

[384] **O Pantaneiro**, Aquidauana, 5 maio 1965.

intitulada *Organização Pantaneira de Serviços Gráficos LTDA*. A sociedade perdurou até o ano de 1978, quando José Lima Neto assume a administração da empresa, estando à frente do semanário *O Pantaneiro* até os dias atuais. Além da versão impressa, o jornal conta, a partir de 2003, com a versão on-line.

Considerações finais

Assim como o jornal *O Pantaneiro*, os jornais impressos interioranos podem ser considerados alguns dos principais meios de expressão cultural de seu povo e avançam o campo da história, ao serem importantes instrumentos de preservação de acontecimentos e fonte documental para pesquisas. A partir desse estudo foi possível fazer análises que envolvem as áreas dos Estudos Culturais, da Comunicação e da História, e como os conceitos ligados a essas três áreas podem ser complementares a quem pretende investigar a importância da preservação da memória coletiva para uma certa sociedade.

Assim, esse artigo trouxe um breve histórico sobre a imprensa de Aquidauana e especialmente sobre a fundação do jornal *O Pantaneiro*, um semanário lançado em 1965, ainda no estado de Mato Grosso, e que possuiu sua circulação ininterrupta por quase seis décadas e que retratou, durante todos esses anos, a história da cultura local dessa região pantaneira.

Referências

ANDRADE, Danusa Santana. O surgimento da imprensa em Mato Grosso e em Mato Grosso do Sul. *In:* ENCONTRO CENTRO-OESTE DE HISTÓRIA DA MÍDIA, 3., 2016, Campo Grande. **Anais [...]** Campo Grande: UFMS, 2016. p. 1-15. Disponível em: https://www.alcarco.com/_files/ugd/625d41_71f5316207534b9b8a490e64436829c6.pdf. Acesso em: 10 jan. 2023.

CUNHA, Rubens Nunes da. **Rebuscando a memória:** frases e fatos. Campo Grande: Gráfica Pantanal, 2008.

ESCOSTEGUY, Ana Carolina. Estudos Culturais: uma introdução. *In:* JOHNSON, Richard; ESCOSTEGUY, Ana Carolina; SCHULMAN, Norma (org.). **O que é, afinal, Estudos Culturais?** 5. ed. Belo Horizonte: Autêntica, 2014. p. 87-106.

ESCOSTEGUY, Ana Carolina. Os estudos culturais. **Cartografias**, Porto Alegre, 2006. Disponível em: https://edisciplinas.usp.br/pluginfile.php/3363368/mod_resource/content/1/estudos_culturais_ ana.pdf. Acesso em: 10 jan. 2023.

GAUTO, Gustavo. **História e memória:** instituições em Aquidauana. Aquidauana: RGA Gráfica, 2006.

HALL, Stuart. Quem precisa de identidade?. *In:* SILVA, Tomaz Tadeu da (org.). **Identidade e diferença:** a perspectiva dos estudos culturais. Petrópolis: Vozes, 2012. p. 103-133.

JÓIA, Paulo Roberto. Origem e evolução da cidade de Aquidauana. **Revista Pantaneira,** Aquidauana, n. 7, p. 34-49, 2005.

LE GOFF, Jacques. **História e Memória.** Tradução Bernardo Leitão. 5. ed. Campinas: Editora da Unicamp, 2008.

LIMA, Hélder Samuel dos Santos; OTA, Daniela Cristiane. Rádio Independente de Aquidauana: da fundação à transição para FM. **Fronteiras:** Revista de História, Dourados, v. 21, n. 37, 2019. Disponível em: https://www.redalyc.org/articulo.oa?id=588261536010. Acesso em: 25 out. 2022.

LUCA, T. História dos, nos e por meio dos periódicos. *In:* PINSKY, Carla Bassanezi (org.). **Fontes históricas.** São Paulo: Contexto, 2008. p. 111-153.

MARTÍN-BARBERO, Jesus. **Dos meios às mediações:** comunicação, cultura e hegemonia. Rio de Janeiro: Ed. UFRJ, 1997.

PAIS, Luis Carlos. Aquidauana na história da imprensa. **Correio do Estado,** Campo Grande, 19 out. 2016. Disponível em: https://correiodoestado.com.br/artigos-e-opiniao/luiz-carlos-pais-aquidauana-na-historia-da-imprensa/289278. Acesso em: 10 jan. 2023.

PEREIRA, Francisco Fausto Matogrosso. **Coronelismo, poder e desenvolvimento em Aquidauana (1945-1965).** 2013. Dissertação (Mestrado em Desenvolvimento Local) – Universidade Católica Dom Bosco, Campo Grande, 2013.

ROBBA, Cláudio. **Aquidauana:** ontem e hoje. Campo Grande: Tribunal de Justiça de Mato Grosso do Sul, 1992.

VARGAS, Eliane de Oliveira. **História oral de vida:** Elídio Teles de Oliveira. 2002. Monografia (Graduação em História) – Universidade Federal de Mato Grosso do Sul, Aquidauana, 2002.

OS JORNAIS, O COTIDIANO E A MEMÓRIA NA/DA CIDADE – REFLEXÕES DE UM PERCURSO

Waldson Luciano Correa Diniz

Introdução

O presente artigo constitui-se em uma tentativa de sistematização de conceitos e análises desenvolvidos ao longo da trajetória acadêmica do autor que versaram sobre a cidade de Corumbá, Mato Grosso do Sul. Marcadas principalmente pelo estudo das representações e usos da cultura, as concepções foram buriladas com o objetivo de atingir o tempo presente não coberto pelas pesquisas de mestrado e doutorado devido ao recorte temporal e aos materiais utilizados, em especial as fontes impressas, os jornais.

Com o objetivo de compreender o imaginário regional utiliza-se da historiografia e da análise do cotidiano a partir da imprensa buscando evidenciar a luta de classes oculta também em textos memorialísticos que embasam as concepções midiáticas do tempo presente com seu perigoso consenso de designação da cidade como ordeira e pacata, típica do interior do país.

Na pesquisa de mestrado foi desenvolvida a temática da política cultural e dos usos da cultura em uma cidade surgida no século XVIII para a qual convergiram as expectativas identitárias do jovem estado de Mato Grosso do Sul, que passou a fundamentar em Corumbá parte de seus mitos de origem.

A dissertação demonstrou que a cultura ficou a reboque das intenções e projetos de grupos políticos fechados que conceberam mudanças e propostas que causaram grande dissabor entre atores sociais que militaram no campo das artes e aguardavam oportunidades de acesso aos centros decisórios. Posterior a esse trabalho foi se delineando a necessidade de compreender algumas categorias que permitiriam clareza na análise das contradições da cultura regional e consequentemente das peculiaridades da classe detentora do poder político.

Da tese de doutorado emergiu a pesquisa com jornais que, na perspectiva serial, destacou o preconceito contra o boliviano na cidade fronteiriça de

Corumbá em detrimento dos acordos realizados pelos governos Brasil-Bolívia que defendiam irmanamento em prol dos interesses comuns de desenvolvimento e integração econômica. Evidenciaram-se tensões e lutas ainda hoje não resolvidas, pois há disputas quanto aos usos do espaço fronteiriço constantemente e, não raro, violências de toda ordem.

O cidadão boliviano e sua descendência enfrentam oposições que duram quase um século e o poder político na região de Corumbá está nas mãos de um grupo reduzido que se reveza e que possui em comum o fato de pertencer à classe proprietária de terras, ligada, portanto, ao agronegócio. Nesse sentido, cabe perguntar a quem interessa manter a discriminação contra o povo vizinho ou questionar que políticas foram desenvolvidas para dar sinais de que não há interesse em perpetuar animosidades.

As questões apontadas no presente texto contribuem para uma crítica aos usos da cultura e do discurso político regional bem como para imaginar outros futuros, outros horizontes que não os do agronegócio, que tradicionalmente tem gerado a concentração de renda e exclusão social na região pesquisada.

Embora os estudos sobre cotidiano, cultura e cidade pareçam englobar uma enormidade de objetos e sujeitos de forma aleatória, essa tríade significa a possibilidade de refletir sobre o caráter arbitrário das representações, as violências simbólicas cometidas de forma a justificar a identidade local em detrimento de outra, ou outras.

Como potência e possibilidade esse trabalho se une a outras críticas produzidas na e a partir da história regional para uma análise sobre os rumos das lutas políticas nas cidades do Mato Grosso do Sul. Espera-se que suas considerações incitem um debate profícuo e sejam um contributo para a construção de uma consciência das desigualdades historicamente construídas.

Uma cidade a ser lida e escrita

A pesquisa em História nas e sobre as cidades convida a uma reflexão sobre as formas como tem sido pensada a ciência histórica, a memória e a cultura ao longo do tempo e suas relações com a sociedade capitalista. Como objeto multidisciplinar exige constantes olhares e novas miradas com lentes filosóficas para que os seus habitantes, sujeitos de pesquisa, não se percam no emaranhado teórico e os escritos sejam, de fato, um contributo para o pensar e o agir no cotidiano dos aglomerados urbanos.

Quando se utiliza o conceito de ciência evidencia-se o compromisso desse fazer científico com os processos descritos e estudados por Marx e Engels no século XIX. Como corolário, entende-se que o historiador possui compromissos com a emancipação da classe trabalhadora e propugna pela defesa de outras interpretações do passado com vistas a colaborar para o processo de politização dela como etapa inicial da luta. Ao trabalhar com questões de seu tempo os intelectuais se inserem no fluxo de proposição de políticas públicas, de movimentos sociais e partidários que historicamente pensaram a organização das vidas dos trabalhadores em moldes democráticos e em melhores condições socioeconômicas, de modo a ensejar a possibilidade de fruição da cidade como um bem cultural[385]. Nesse sentido, pensar a cidade, sua história e a História é também analisar o papel dos intelectuais ao longo do século XX produzindo interpretações, imagens e discursos sobre os problemas urbanos e suas eventuais soluções. Assim, a constituição da intelectualidade, sobretudo pela via do exercício do magistério e pelas profissões liberais[386], é depositária também de singularidades e contradições que convém estudar, considerando-se que a produção das subjetividades da população local, a cultura e consequentemente a memória foram amplamente influenciadas por eles por meio dos jornais impressos.

A história da imprensa no Brasil ao longo do século XX e as suas relações com o Estado e/ou as representações[387] que ela veiculou constituem-se em um objeto de pesquisa bastante explorado e que gerou alguns pontos de concordância em diversas partes do Brasil ao nível da pós-graduação. Sabe-se que a produção de campanhas de higienização e moralidade pública, por exemplo, foram similares e acometeram o país de forma sincrônica do litoral para o interior do território. Assim, também pode se dizer que a produção de uma memória social[388] está ligada aos discursos elaborados pelas empresas jornalísticas que disseminaram determinados consensos que são manejados ainda hoje pela classe proprietária.

---

[385] Remete-se sobretudo à obra de Mário de Andrade com a qual se iniciam reflexões sobre as relações entre cultura, cidade e democracia. Ver: DINIZ, W. L. C. **Patrimônio histórico de Corumbá:** imagem e poder (1937-2003). Dissertação. Dourados, UFMS, 2004.

[386] DINIZ, W. L. C. **Los hermanos bolivianos.** Representações nos jornais de Corumbá/MS (1938/1999). Tese. USP, São Paulo, 2015.

[387] CHARTIER, Roger. **À beira da falésia:** a história entre certezas e inquietude. Porto Alegre: Editora UFRGS, 2002.

[388] SANTOS, Otávio Augusto Alves dos. Reflexões sobre memória e espaço geográfico a partir de uma perspectiva histórico-materialista. **Boletim Goiano de Geografia,** v. 42, 2022. Disponível em: https://www.revistas.ufg.br/bgg/article/download/65778/37997. Acesso em: 20 jul. 2022.

A memória significa, nesse horizonte de pesquisa, um pilar na construção de uma interpretação do passado e consequentemente pode ser confrontada com os questionamentos do tempo presente. Muitas das concepções políticas que circulam entre a população e captadas pela mídia em momentos considerados especiais, como eleições nacionais, podem exprimir elementos presentes na memória local, com características geralmente conservadoras.

O estudo sobre a imprensa conduz a uma ampliação de seu foco com vistas a compreender não só o recorte temporal escolhido como também o espaço no qual se desenvolve a pesquisa. A cidade emerge como objeto dessa correlação e se avoluma à medida que as problematizações acadêmicas e do tempo presente se entrecruzam gerando novas demandas e apontando caminhos e possibilidades de análise.

A produção simbólica da cidade a partir da imprensa indica a necessidade de leituras interdisciplinares à luz do Materialismo Histórico Dialético com o intuito de compreender a cultura e seus mecanismos de criação de consenso/alienação a partir das formas como se organiza o espaço regional para produzir.

A cultura, dentro dessa perspectiva, é tomada como um constructo que guarda em si as marcas dos conflitos de classe que emergiram de forma sutil nos discursos da imprensa. Ao historiador interessa a busca das contradições e a visibilização da classe trabalhadora nos artigos cotidianos de jornal objetivando debater as consequências desse processo para o aperfeiçoamento da democracia brasileira.

Da dissertação de mestrado à tese de doutorado do autor do presente texto, observou-se o aclaramento das concepções sobre cultura e suas relações com os conflitos de classe, a luta pelo direito à subjetividade e pela produção cultural, a emergência de discursos específicos na/da fronteira no espaço urbano de Corumbá, entre outras questões. A cidade é, portanto, o espaço de reflexão, ponto de partida e de chegada em que se concentram inúmeras questões à espera do pesquisador que se proponha a problematizá-las e divulgá-las para a população com vistas à ação política.

O lócus da pesquisa se erige, aparentemente, como uma cidade sem problemas, na qual o ritmo lento das águas do Rio Paraguai, parece ditar alguma ordem peculiar, que passa ao largo dos conflitos das metrópoles, conforme noticia a grande imprensa. Imerso no Pantanal, com uma grande área rural, com baixa densidade demográfica e com uma aglomeração urbana pequena no extremo oeste do Brasil[389], o lugar parece dar razão ao poeta Manoel de Barros quando dizia que as coisas "desacontecem"[390]. Fica-se com a impressão de que o espaço, o bioma e a condição interiorana imprimem um sentido diferente ao viver, elaborando-se uma imagem ideal da cidade e de seus habitantes, conforme as falas dos que a disseram literal e poeticamente.

Essa interpretação poética da região foi elaborada também por uma historiografia, em especial, por alguns memorialistas que ao desconsiderar/ignorar categorias importantes de análise geraram simplificações interpretativas que foram amplamente divulgadas a partir de diversos meios, gerando um senso comum sobre o Pantanal, a vida urbana e suas questões[391].

Pecuaristas e demais personagens da narrativa urbana

A classe proprietária atravessou o século XX como a grande iminência parda do discurso local e estabeleceu por meio dos articulistas dos jornais um consenso que gradualmente convenceu a população urbana de "sua natural" inclinação ao mando e de sua competência no exercício do poder. Dessa maneira, no cotidiano, a pobreza, a falta de oportunidades de ascensão social, entre outros problemas, eram abordadas a partir do viés liberal e delegadas ao futuro, isentando os grandes produtores de responsabilidade diante da estagnação econômica.

Verificou-se a construção de uma ideologia[392] em torno do tema do não desenvolvimento, fenômeno duradouro e que sofreu algumas variações. Muitas vezes na informalidade cotidiana, na leitura de jornais ou no discurso de candidatos em período eleitoral desde a década de 80 do século passado veiculou-se a ideia de que "o desenvolvimento de Corumbá não ocorria por conta dos interesses da capital, Campo Grande!' Ou ainda: 'Corumbá é a cidade do já tinha, ou já teve!" Esses discursos fatalistas/saudosistas ou que operam reificações, atribuindo características humanas/sociais a espaços geográficos e objetos, colaboraram com o processo de obscurecimento da

---

[389] BRASIL. **IBGE** Corumbá. Disponível em: https://biblioteca.ibge.gov.br/biblioteca-catalogo.html?id=449631&-view=detalhes. Acesso em: 6 jun. 2022.

[390] BARROS, M. de. **Livro de pré-coisas**. Rio de Janeiro: Philobiblion, 1985. p. 33.

[391] DINIZ, W. L. C. **Patrimônio histórico de Corumbá:** imagem e poder (1937-2003). Dissertação (Mestrado em História) – Dourados, UFMS, 2004.

[392] SERBENA, Carlos Augusto. Imaginário, ideologia e representação social. **Cadernos de Pesquisa Interdisciplinar em Ciências Humanas**, n. 52, dez. 2003, p. 10. Disponível em: https://periodicos.ufsc.br/index.php/cadernosdepesquisa/article/view/1944. Acesso em: 12 ago. 2022.

incompetência da classe proprietária local para gerar desenvolvimento e/ou impedem a compreensão do projeto específico dela, que lucra com a manutenção das coisas como estão[393].

Os pecuaristas são o segmento da classe proprietária mais evidente no espaço regional e sobretudo os mais perenes na manutenção do poder político com influências arraigadas no cotidiano da cidade. A respeito deles, a bibliografia específica sobre o tema da estrutura fundiária no estado de Mato Grosso do Sul indica que há uma grande concentração de terras nas mãos de poucos[394] e que muitos destes se utilizaram/produziram uma narrativa mítica, biográfica, sobre a ocupação do Pantanal e assim ocultaram o problema do latifúndio e seu processo de formação[395].

Essa busca pelas contradições entre discurso e prática e pelos conflitos de classe na paisagem pantaneira direciona o olhar para as populações ribeirinhas, pequenos proprietários, posseiros[396] e uma quantidade de trabalhadores em geral nas bordas das grandes fazendas, nas margens dos rios, que requerem sua condição cidadã do Estado brasileiro.

Esses atores sociais possuem baixa visibilidade na memória regional da população por meio da imprensa, por exemplo, e são raramente mencionados pela historiografia oficial. Dessa maneira, seu desaparecimento físico coletivo parece factível, encoberto pelo discurso dos latifundiários tradicionais e pelas demandas do grande capital[397]. Esse processo de homogeneização das relações de trabalho, das formas de se relacionar com a natureza e de posse da terra é extremamente danoso ao imaginário[398] democrático nacional e

---

[393] FREITAS, Andre Alexandre Ricco de. **A Reforma Agrária em Mato Grosso do Sul:** Os dilemas e as possibilidades nos assentamentos rurais a partir da análise dos dados do INCRA. Dissertação (Mestrado em História) – UFGD, Dourados, 2020. p. 87. Disponível em: https://repositorio.ufgd.edu.br/jspui/bitstream/prefix/3853/1/AndreAlexandreRiccodeFreitas.pdf. Acesso em: 2 ago. 2022.

[394] SILVA, Mauro Henrique Soares da. O pantanal sul mato-grossense um meio ambiente territorializado. *In:* **Anais [...]** IX Fórum Ambiental da Alta Paulista, v. 9, n. 7, p. 149-166, 2013. Disponível em: https://www.academia.edu/83986382/O_Pantanal_Sul_Mato_Grossense_Um_Meio_Ambiente_Territorializado. Acesso em: 12 ago. 2022.

[395] DOMINGOS, G. L. **Pantanal da Nhecolândia:** história, memória e a construção da identidade. Dissertação (Mestrado em História) – UFMS. Dourados, 2005. p. 28-30. Disponível em: https://www.ppghufgd.com/wp-content/uploads/2017/06/Disserta%C3%A7%C3%A3o-Mestrado-Hist%C3%B3ria-2005-Gilson-Lima-Domingos.pdf. Acesso em: 6 abr. 2022.

[396] RODRIGUES, Matias Pereira; SANTOS, Dorival Canavarros dos. O reconhecimento dos pantaneiros na região do Bracinho/Castelo em Corumbá-MS. **Geofronter**, Campo Grande, v. 7, p. 6-07, 2021. Disponível em: https://periodicosonline.uems.br/index.php/GEOF. Acesso em: 18 maio 2022.

[397] BICALHO, Ana Maria de Souza Mello; HOEFLE, Scott William; ARAÚJO, Ana Paula Correia de. Ribeirinhos em Resistência à Gestão Biocêntrica de Unidades de Conservação Pública e Privada no Pantanal. **Espaço Aberto**, Rio de Janeiro, v. 10, n. 2, p. 205-235, 2020.

[398] MOTTA, Luiz Gonzaga O Imaginário: em busca de uma síntese entre o ideológico e o simbólico na análise da dinâmica sócio-cultural latino-americana. **Revista de Economía Política de las Tecnologías de la Información**

consolida práticas autoritárias, reforçando o clientelismo e o personalismo[399] que marcaram as concepções políticas do século XX.

A construção do poderio político e econômico dos pecuaristas do Pantanal é um processo longo que remonta ao século XIX e que não será esmiuçado no artigo. Convém destacar as formas materiais e simbólicas como essa grande propriedade se afirmou, sobretudo na segunda metade do século XX com o objetivo de confrontar sua influência na construção da memória local em contraposição a outros atores sociais presentes no território.

Um aspecto significativo a estudar é a relação de proximidade dos pecuaristas com o poder desde a criação do novo Estado[400]. A representatividade política desse setor e as demandas deles em torno de determinados interesses necessariamente os colocam em oposição às lutas dos trabalhadores do campo, o que indica a necessidade de acompanhar as trajetórias de ambos com o escopo de aclarar os processos delicados de aquisição de poder material e simbólico.

Ao tratar da terra como mercadoria e as relações de poder que ela engendra, busca-se compreender como ocorre o processo de manutenção da grande propriedade no tempo histórico e um elemento relevante é a política brasileira de impostos. A pesquisa bibliográfica demonstrou que o Imposto Territorial Rural/ITR possui valor reduzido em relação a outros tributos[401] e que há um movimento constante dos representantes do agronegócio[402], seja no município, seja no Congresso Nacional para propor isenção dessa cobrança[403], entre outros expedientes, para desonerar

---

y Comunicación, v. 4, n. 3, sep./dic. 2002, p. 104. Disponível em: www.eptic.com.br Acesso em: 8 abr. 2022.

[399] SILVA, Júlio Cezar Gaudencio da. **A democracia brasileira entre cultura e instituições**: teorias e argumentos em perspectiva comparada. Tese (Doutorado em História) – UFPE, Recife, 2012. p. 144.

[400] BARATELLI, Amanda Emiliana Santos; ALMEIDA, Rosemeire Aparecida de. Novo estado em uma velha estrutura fundiária: a terra como âmago no processo da divisão do estado de Mato Grosso. **Revista Eletrônica da AGB**, Seção Três Lagoas, v. 1, n. 35, p. 117-118, 2022. Disponível em: https://periodicos.ufms.br/index.php/RevAGB/article/view/15296/11075. Acesso em: 12 abr. 2022.

[401] APPY, Bernard. **O imposto territorial rural como forma de induzir boas práticas ambientais**. [S/l]: IPAM, 2015. p 19. Disponível em: https://www.terrabrasilis.org.br/ecotecadigital/images/abook/pdf/2016/julho/Jul.16.08%20pdf.pdf Acesso em: 22 maio 2022.

[402] FREITAS, Andre Alexandre Ricco de. **A Reforma Agrária em Mato Grosso do Sul**: Os dilemas e as possibilidades nos assentamentos rurais a partir da análise dos dados do INCRA. Dissertação (Mestrado em História) – UFGD, Dourados, 2020. p. 89 Disponível em: https://repositorio.ufgd.edu.br/jspui/bitstream/prefix/3853/1/AndreAlexandreRiccodeFreitas.pdf Acesso em: 2 ago. 2022.

[403] Proposta isenta de ITR as áreas afetadas por cheias do Pantanal. Reportagem – Ralph Machado. Portal da Câmara dos Deputados. Vereador diz que emergência no Pantanal reforça necessidade de isenção do ITR. 15/08/22. https://www.camaracorumba.ms.gov.br/noticia/vereador-diz-que-emergencia-no-pantanal-reforca-necessidade-de-isencao-do-itr. Acesso em: 1 jun. 2023.

os produtores do Estado de uma taxação reconhecidamente importante para a promoção de políticas públicas no país. Por outro lado, a população de pequenos produtores e assentados rurais encontra dificuldades financeiras e técnicas para produzir. Suas demandas são minimizadas e obtém como resposta medidas paliativas, pois questionam a própria estrutura produtiva do Estado que, em sua lógica, estrangula entidades e movimentos em prol de um projeto concentracionista de terras[404]. Um exemplo desse fenômeno em Corumbá é o processo de formação de latifúndios desde a década de 1970, tanto na distante região da Nhecolândia quanto em Jacadigo-Albuquerque[405]. Essa situação é preocupante e contribui para a migração de pequenos proprietários e trabalhadores rurais e a consequente diminuição da produção de alimentos[406].

Vale lembrar que o município em questão viveu durante grande parte do século XX sob a dependência de alimentos oriundos da cidade de Campo Grande via transporte ferroviário, ou das propriedades de produtores bolivianos que atravessavam a fronteira para negociar seus hortifrutigranjeiros nas feiras livres[407]. Na década de 1940 a imprensa destacava que havia sérios problemas de infraestrutura na região de Corumbá que atrapalhavam a oferta constante de alimentos da zona rural para a urbana[408]. No entanto, muito pouco foi escrito para desenvolver uma imagem positiva dos bolivianos e demais trabalhadores que cotidianamente se deslocavam para promover o abastecimento da cidade.

Quando se fala da respeitabilidade do grande produtor rural na região é interessante mencionar que a cadeia da carne não possui vinculação com um local específico e que ao sabor da flutuação da demanda internacional pode elevar a níveis insuportáveis o preço do produto para a população em questão[409]. Diferentemente do pequeno produtor, o pecuarista conta com

---

[404] FREITAS, Andre Alexandre Ricco de. *Op. cit.*, p. 112.

[405] GARCIA, Eduardo Alfonso Cadavid. **Estrutura fundiária no município de Corumbá**. Corumbá: EMBRAPA, 1981. p. 17-18. Disponível em: https://ainfo.cnptia.embrapa.br/digital/bitstream/item/40874/1/CT06.pdf. Acesso em: 30 maio 2022.

[406] FONSECA, Tayrine Pinho de Lima *et al*. Representações sociais sobre a organização espacial no Assentamento Mato Grande, Corumbá, Mato Grosso do Sul. Resumos do I Congresso Paranaense de Agroecologia – Pinhais, PR – 29 e 30/05/2014. **Cadernos de Agroecologia**, v. 9, n. 01, 2014. Disponível em: https://ainfo.cnptia.embrapa.br/digital/bitstream/item/105083/1/15631-64611-1-PB.pdf. Acesso em: 12 maio 2022.

[407] DINIZ, W. L. C. *Op. cit.*, 2015, p. 304-305.

[408] MACHADO, F. Miséria circundada de abastança. **O Momento**, 20 mar. 1947.

[409] SANTOS, Sandra Aparecida *et al*. **Cadeia Produtiva Bovina no Pantanal Sul-Mato-Grossense:** diagnóstico participativo. Corumbá, MS: Embrapa Pantanal, 2008. p. 15-17. Disponível em: https://ainfo.cnptia.embrapa.br/digital/bitstream/CPAP-2009-09/56841/1/Livro032.pdf. Acesso em: 21 jun. 2022.

uma rede de conexões que garantem menos riscos à reprodução de seus lucros com o apoio do grande capital e do Estado que constrói infraestrutura para a manutenção dessa atividade econômica.

A esse respeito, em que pese a reforma agrária e seus percalços, não houve o alçamento do assentado ao status de proprietário de terras ou empresário rural. Ele, quando observado pelas ruas e feiras livres da cidade, assemelha-se a um trabalhador assalariado do campo. Essa interpretação decorre da ausência de símbolos do poder do latifúndio na apresentação visual desses indivíduos. No imaginário local[410] os fazendeiros são ricos, brancos e locomovem-se com veículos sabidamente de valor elevado como as picapes, e, não raro, são chamados de *doutores* pelos populares[411]. Seu contemporâneo na narrativa da ocupação da região é o peão pantaneiro, conhecido pela indumentária típica, pela posse do cavalo e pela destreza no trabalho de campo[412]. Trata-se de um homem que constrói sua identidade dialeticamente em relação ao *fazendeiro doutor* em uma hierarquia delicada que aponta a situação de complementaridade e respeito entre ambos e oculta as diferenças sociais ao longo dos confrontos diversos em que se colocam os sujeitos no espaço em discussão. Dessa forma, o peão quando vai até a cidade continua sendo peão, mas adota as roupas urbanas que a mídia contemporânea veicula como adequadas[413] e circula por espaços que em seu imaginário cabem à sua condição de homem pobre. Assim, é comum encontrá-los em determinados bares do centro da cidade em período diurno e à noite em estabelecimentos com música ao vivo que se relacionam com a vivência no campo, em especial a música sertaneja.

O peão não contesta o prestígio do pecuarista ao não pretender a condição de proprietário de terras, nem o poder dela advindo. Esse arranjo simbólico é comum e reconhecido pela população local[414], e acredita-se que é justamente pelo caráter relativamente novo da figura do assentado que se erige uma representação marginal deles, presentes na localidade desde o final da década de 1980.

---

[410] Para tanto observar a letra da música "Prazer de fazendeiro", celebrizada pela dupla Délio e Delinha e ainda hoje bastante popular no MS. Disponível em: https://www.letras.mus.br/delio-delinha/905297/. Acesso em: 1 jun. 2023.

[411] BARROS, Abílio Leite de. Por que todo fazendeiro do Pantanal é doutor? **Revista da Academia Sul-Mato-Grossense de Letras**, Campo Grande, n. 7, p. 59, mar. 2005. Disponível em: https://acletrasms.org.br/wp-content/uploads/2019/05/Revista-7.pdf. Acesso em: 17 ago. 2022.

[412] BIGATÃO, Rosiney I. **A construção da imagem do peão pantaneiro**: a inscrição da tv e do rádio na cultura mestiça do Pantanal de MS. Dissertação (Mestrado em História) – PUC, São Paulo, 2010. p. 22. Disponível em: https://tede2.pucsp.br/bitstream/handle/5329/1/Rosiney%20Isabel%20Bigatao.pdf. Acesso em: 25 abr. 2022.

[413] *Ibid.*, p. 111.

[414] A realização da festa de peão na cidade celebra essa mítica convivência harmônica. Segunda Festa do Peão encerra com chave de ouro. **Diário da Manhã**, 20 set. 1988.

Essa imagem não épica leva a discutir as identidades ao longo da história do Mato Grosso Uno e evidencia a antiga divisão bastante repetida por diversos indivíduos de diferentes estratos sociais que opunha os nascidos no lugar (Cuiabá), chamados "cuiabanos de chapa e cruz" e os que vinham de fora por variados motivos, denominados de "paus rodados"[415]. Esse antagonismo serviu para produzir e lidar com identidades em momentos conflitantes e junta-se ao arsenal de subjetividades da região em discussão ao longo de seu processo de modernização no qual foram necessárias diversas mudanças nas formas de organização urbana para atender às demandas do capital que resultou também no afluxo de migrantes e de mudanças no perfil étnico e na cultura da população.

No caso de Corumbá, cidade fronteiriça, o assentado, ao lado do boliviano pobre, imigrante, vendedor ambulante, significa um obstáculo à perenidade da narrativa identitária idílica da ocupação do Pantanal que de certa forma abarcava também a área urbana com sua mística. Esse ator social emergente promove fissuras nesse discurso e é interpretado a partir de categorias negativas que o associam a um elemento perturbador da ordem. Isso se deve também ao fato de que o ideário de modernidade e civilização foi revigorado com a criação do estado de Mato Grosso do Sul que se autoidentificava como portador de valores como o trabalho e progresso, conceitos que, segundo os defensores da ordem, não estariam no horizonte dos trabalhadores acampados ao longo das rodovias[416].

A questão da propriedade privada da terra é vital para compreender os embates locais e a conformação de grande parte do imaginário dos cidadãos. Assim, optou-se por estudar a partir de bibliografia diversa os processos afetos à reforma agrária para compreendê-los e delinear um quadro sobre as lutas políticas materiais e simbólicas do século XX mesmo depois que os jornais pesquisados para a tese do autor foram extintos.

No estado, embora não haja dados específicos sobre a cidade de Corumbá, foi comum a representação na imprensa do assentado e da luta pela posse da terra a partir de entidades como o MST como algo negativo e ilegal. Essa forma de pensar divulgada pelos jornais de circulação

---

[415] MIRANDA, Luiz César de. Do "Chapa E Cruz" Ao "Pau Rodado": A hospitalidade cuiabana e a imigração em Mato Grosso. *In:* **Anais [...]** Intercom. 6 a 9 de setembro de 2006. UnB, Brasília. p. 2-09. Disponível em: http://www.portcom.intercom.org.br/pdfs/270534957426605688691412984268703749 27.pdf. Acesso em: 23 abr. 2022.

[416] DAL MORO, Nataniél. Representações da elite sobre o "povo comum" na cidade de campo grande (décadas de 1960-70). **Fronteiras**, Dourados, MS, v. 11, n. 20, p. 141, jul./dez. 2009. Disponível em: https://ojs.ufgd.edu.br/index.php/FRONTEIRAS/article/view/169/423. Acesso em: 15 jul. 2022.

estadual se contrapõe à sacralização do latifúndio na unidade da federação e na consequente defesa dos interesses dos grandes proprietários na imprensa escrita[417].

Sabe-se que desde o início do século XX, sobretudo a partir da década de 1930, houve uma sistemática elaboração de um discurso anticomunista e de nacionalismo extremado por meio do Estado Novo e amplificado pela imprensa situacionista. A partir desse período pode-se refletir sobre as consequências para a memória social para as concepções políticas presentes no seio das camadas populares desse tipo de argumentação que relacionou o estrangeiro ao perigo e as ideias de contestação à desigualdade social como igualmente temíveis. Na década de 1960, anunciando o golpe civil militar que instaurou a ditadura no Brasil, o referido discurso foi intensificado, capilarizou-se e atingiu o Mato Grosso às vésperas de sua divisão, mostrando-se hábil ferramenta nas mãos de determinados políticos[418], e persiste até o tempo presente com a disseminação de notícias falsas pela Internet, o que demonstra o vigor do pensamento antidemocrático no país e a profunda ignorância do cidadão de baixa formação escolar em torno da cultura política contemporânea[419].

Grande parte da mobilização política urbana para ser compreendida precisa ser analisada à luz dos fatos do cotidiano analisados pela imprensa local e por estudos acadêmicos contemporâneos. Para compreender, por exemplo, a reprodução do consenso político local é interessante remeter a análise às formas como foi pensada a política pública para combater a pobreza e seus problemas correlatos como a criminalidade infanto-juvenil. A bibliografia corrente expõe que o enfrentamento a esses problemas foi realizado em vagas, de forma personalista, durante a ditadura, muitas vezes, e contando sempre com a benemerência de cidadãos, entenda-se classe proprietária, que doaram seu tempo, produtos e valores para a construção e manutenção de obras dirigidas pela Igreja Católica ou por seus leigos/fiéis. Nesse sentido, cabe pensar que, ao longo de aproximadamente um século, há um cenário de perpetuação de sobrenomes na política pública local, desempenhando tarefas que deveriam ser executadas pelo Estado brasileiro, e isso colabora para a interpretação

---

[417] SCHWENGBER, Isabela de Fátima. **Representações do MST na imprensa de Mato Grosso do Sul (1995 a 2000)**. Dissertação (Mestrado em História) – Dourados, MS: UFMS, CPDO, 2005. p. 57-58.

[418] PINHEIRO, Luci Farira. A democratização no pensamento de Lukács e o trabalho do assistente social. In: **Anais** [...] 16º Encontro Nacional de Pesquisadores em Serviço Social. 2 a 7 de dezembro de 2018. UFES, Vitória, ES. Disponível em: https://periodicos.ufes.br/abepss/issue/view/938 Acesso em: 6 ago. 2022. p. 99-101.

[419] FANTINELLI, Letícia Dias. Algumas questões para se pensar cultura política no Brasil. **Rev. psicol. polít.**, São Paulo, v. 11, n. 21, p. 15-28, jun. 2011. Disponível em: http://pepsic.bvsalud.org/scielo.php?script=sci_arttext&pid=S1519-549X2011000100003&lng=pt&nrm=iso. Acesso em: 26 maio 2022.

da história de forma muito peculiar gerando saudosismo, meritocracia e a concepção de que uma educação militarizada e religiosa possui componentes superiores a qualquer projeto laico de escola democrática[420].

A associação do conservadorismo político dos latifundiários à ação social católica produziu diversas atividades e projetos importantes para a região em discussão como o Samc[421] e a Escola Alexandre de Castro[422] (mais tarde Escola Dom Bosco), que colaboraram para a diminuição das tensões sociais frente a um poder público inerte, e lançaram na memória local um forte componente de gratidão e de respeito frente a determinadas famílias ligadas à pecuária pantaneira.

Ao tratar do cuidado com a infância pobre é oportuno mencionar que a classe proprietária local contava com instituições privadas de ensino que atendiam sua descendência desde finais do século XIX e que a criação de instituições específicas para atender os filhos da classe trabalhadora significou mais uma etapa do processo de segregação espacial e cultural entre as crianças e adolescentes de diferentes classes sociais.

Aliás, sobre as mulheres, cabe mencionar que a educação da primeira metade do século XX consagrou as moças de boa condição financeira para o mando doméstico, para a administração do lar e seu complexo universo. A única escola confiável[423] para esse segmento também fazia obras de caridade educando meninas pobres para o trabalho que depois de certa idade eram destinadas a "boas famílias" para complementar seu processo educativo e para que fossem úteis à sociedade, de acordo com o imaginário corrente. De processos similares a esse surge a empregada doméstica típica da região, considerada "cria da família", "parente" ou "quase da família", moça de condição dúbia decorrente de confusões úteis que lhe concedem o direito de morar no emprego e desenvolver pesada rotina de trabalho[424].

---

[420] ROCHA, Gesiel. **Revista do Cinquentenário da Cidade Dom Bosco**, Corumbá, 26 abr. 2011. Disponível em: https://issuu.com/gesielrocha/docs/revista_cdb50anos Acesso em: 14 abr. 2022. p. 22-59.

[421] CASSANHA, Layze Aparecida Herrera. **História do atendimento à infância:** o SAMC em Corumbá-MS (1944- 1990). Dissertação (Mestrado em História) – UFMS. Corumbá, MS, 2015.

[422] ARRUDA, Odinea de Oliveira; BRITO, Silvia Helena Andrade de. A educação salesiana na escola Dom Bosco de Corumbá/MT (1956/1970). **Revista HISTEDBR**, Campinas, n. 22, p. 164-179, jun. 2006. Disponível em: https://www.fe.unicamp.br/pf-fe/publicacao/4903/art12_22.pdf. Acesso em: 7 jun. 2022.

[423] MORAES, Thais Palmeira; KASSAR, Mônica de Carvalho Magalhães; MAGALHÃES, Justino Pereira de. Acolhimento de crianças pobres no interior do Brasil: o caso de uma escola salesiana em Corumbá, Mato Grosso, 1904–1927. **Revista Brasileira de Educação**, v. 27, 2022. p. 13. Disponível em: https://www.scielo.br/j/rbedu/a/d6ffvDMHBmLp45qYyg5dcmb/?format=pdf&lang=pt. Acesso em: 30 jun. 2022.

[424] FURTADO, Odair; CARVALHO, Mônica Gurjão; SANTOS, Winnie Nascimento dos. Quase da família: Perspectivas intersecionais do emprego doméstico. **Psicologia Política**, v. 20, n. 48, p. 355-369, 2020. Disponível

Para os indivíduos do sexo masculino, de elevados rendimentos, havia o Colégio Santa Teresa (1899), especializado na educação de jovens com princípios salesianos que atendeu exclusivamente como escola particular até o ano de 1953[425]. Fato que expõe que a formação de uma classe dirigente esteve a cargo de duas entidades religiosas que colaboraram para o retardamento da democratização do acesso à escola, e assim permitia-se a percepção da atenção à educação dos pobres como dádiva, favor e merecimento.

Sobre a escolarização no Pantanal a bibliografia consultada explica que havia muitos trabalhadores adultos analfabetos e/ou com baixa escolarização. Foi comum a perda da infância diante do ingresso precoce no trabalho, seja doméstico ou no campo. Consequentemente muitas dessas famílias decidiram migrar em parte para a cidade ou entregar os filhos para alguém educá-los na cidade. Há relatos de que esse fenômeno envolvia parentes de condição econômica similar ou pessoas com situação econômica superior, como os patrões[426]. Caso a opção pela segunda alternativa seja considerada preponderante perpetua-se a figura do jovem agregado da família, espécie de serviços gerais das propriedades dos fazendeiros e da jovem empregada doméstica, ambos, muitas vezes, afilhados dos que os abrigam.

Diante desse quadro, mediados quase sempre pela ação de famílias católicas de pecuaristas, imagina-se que o desenvolvimento do dissenso, de uma outra leitura do poder político, só poderia advir do novo, ou seja, da política de reforma agrária que estabeleceu os assentamentos rurais, capaz de abalar os fundamentos dessa ação muito antiga e reconhecida a partir de cisões dentro de instituições como a Igreja Católica que a partir da Comissão Pastoral da Terra ensejou um debate profícuo para a formação de novas lideranças políticas no Mato Grosso do Sul[427].

---

em: http://pepsic.bvsalud.org/pdf/rpp/v20n48/v20n48a08.pdf. Acesso em: 20 maio 2022.

[425] SOUZA E SILVA, Celeida Maria Costa de; FERREIRA, Valdivina Alves. História da presença salesiana em Corumbá, MS: o colégio salesiano de Santa Teresa (1899-1987). In: **Anais Eletrônicos [...]** IX Congresso Brasileiro de História da Educação. 15 a 18 de agosto de 2017. UFPB, João Pessoa. Disponível em: https://sbhe.org.br/anais/ix-congresso-brasileiro-de-historia-da-educacao/historia-da-educacao-global-nacional-e-regional. Acesso em: 19 maio 2022. p. 589-607.

[426] ZANATA, Paulo Rodolfo Bork. Memórias de Trabalhadores em Fazendas de Gado no Pantanal. **Monções**, Dossiê História urbana, UFMS/CPCX, v. 3, n. 3, p. 159, abr./set. 2015.

[427] CONCEIÇÃO, Cristiano Almeida da. **A agroecologia como estratégia de desenvolvimento territorial em áreas de fronteira:** o caso dos assentamentos rurais de Corumbá e Ladário-MS. Dissertação (Mestrado em História) – UFFS. Laranjeiras do Sul, PR, 2016. p. 31. Disponível em: https://rd.uffs.edu.br/bitstream/prefix/596/1/CONCEI%C3%87%C3%83O.pdf. Acesso em: 30 jun. 2022.

Considerações finais

As leituras apontam para a indissociabilidade entre o cotidiano e a História como etapas e instâncias de luta política. O cotidiano possui componente revolucionário e é dele que emergem os debates, as ciências e a abstração do artista. Caso ele não seja percebido como um elemento de valia para a compreensão da totalidade corre-se o risco de empobrecimento das possibilidades de rompimento com a dominação burguesa.

Portanto, entende-se que a história do cotidiano, dos monumentos envilecidos pelo tempo, dos jornais velhos etc., é feita sobretudo no acúmulo de notícias, de notas de falecimento, de declarações à praça, de suicídios e pequenos crimes. Sem o exame quantitativo é impossível ascender a um grau de abstração tal que permita a inovação científica que consiste na percepção de sutilezas, detalhes, empregos inusitados de vocábulos, comparações, entre centenas de outras possibilidades.

Pensar as cidades, a identidade local e a qualidade de sua democracia pode ser uma atividade mediada pelo exame da imprensa ao longo do tempo. As formas como é pensada a participação popular no cotidiano dos jornais indicam o termômetro dos valores da localidade e destacam práticas e discursos como o racismo, o machismo, a xenofobia etc. Também a propagação do medo, a sugestão de comportamentos e condutas adequadas a determinadas classes e gêneros fazem parte do conjunto de memórias que foram disseminadas pela imprensa com o intuito de colocar cada um em seu devido lugar e fazer assim a sociedade funcionar como um mecanismo de relógio. Nesse sentido, a moralidade burguesa nutre as memórias ao disseminar códigos repetidos por gerações e que indicam a geografia do poder. Aos jornais coube dizer quem era o cidadão corumbaense, quem era o brasileiro, quase sempre utilizando-se das tintas do conservadorismo cristão que pregava a ordem, a defesa da família e da propriedade. Ser natural de Corumbá implicava, portanto, obedecer àquele conjunto de ideais opressores na fronteira para não ser considerado inimigo e, portanto, boliviano, comunista ou outro adjetivo de forte tradição negativa na região.

Nesse sentido, o cotidiano capturado pelos jornais adquire relevância para que seja pensado o tempo na História, buscando tecer narrativas contra-hegemônicas que se postem diante dos discursos da ordem. Os jornais são representações sobre o vivido, sobre o passado. São também discursos em disputa que se entrechocam com muitos outros para produzir uma *verdade* que se consolida. Cabe ao historiador defender essa multiplicidade para que outras interpretações do passado possam surgir e que não sejam marcadas exclusivamente pelos fetiches do Estado.

Conclui-se que é necessário desenvolver mais pesquisas com fontes impressas e em História oral para dar conta da complexidade do fenômeno dos assentamentos em Corumbá e seu processo de consolidação com idas e vindas. Os assentados emergiram nesse artigo com força a partir do tema das tensões no espaço urbano e de sua bibliografia específica, no entanto, não houve uma pesquisa sistemática sobre as representações deles na imprensa desde a década de 1980, fato que traria significativa contribuição para uma reflexão atualizada sobre esses sujeitos. Ao estudar a cidadania negada aos bolivianos e aos seus descendentes, os conflitos urbanos pelo uso do espaço público, entre outras questões, Diniz[428] enseja algumas analogias com a situação dos assentados, que, tal qual a população do país vizinho, promove fissuras no discurso da ordem ao pleitear direitos e exigir posicionamento do poder público.

Documentos

a) Jornais

MACHADO, F. Miséria circundada de abastança. **O Momento**. 20/03/47.

A CIDADE ESTÁ sem Água. **Tribuna**. 08/12/60.

SEGUNDA FESTA do Peão encerra com chave de ouro. **Diário da Manhã**. 20/09/88.

ANDRADE, S. Corumbá, o berço de uma cultura influenciada pelos rios do Prata. **Campo Grande News**. 23/07/2017. Disponível em: https://www.campograndenews.com.br/meio-ambiente/corumba-o-berco-de-uma-cultura-influenciada-pelos-rios-do-prata. Acesso em: 16 jun. 2022.

TORRES; RODRIGUES; TOLEDO *et al*. Incêndio de grandes proporções destrói o Museu Nacional, na Quinta da Boa Vista. **Globonews/Globo**, Rio de Janeiro. 02/09/18. Disponível em: https://g1.globo.com/rj/rio-de-janeiro/noticia/2018/09/02/incendio-atinge-a-quinta-da-boa-vista-rio.ghtml. Acesso em: 16 jun. 2022.

INCÊNDIO ATINGE um dos galpões da Cinemateca Brasileira, em São Paulo. **Jornal Nacional**. 29/07/2021. Disponível em: https://g1.globo.com/jornal-na-

---

[428] DINIZ, W. L. C. *Op. cit.*, 2015.

cional/noticia/2021/07/29/incendio-atinge-um-dos-galpoes-da-cinemateca-brasileira-em-sao-paulo.ghtml. Acesso em: 16 jun. 2022.

b) Fontes

MACHADO, Ralph. Proposta isenta de ITR as áreas afetadas por cheias do Pantanal. Agência Câmara de Notícias. 26/12/2018. Proposta isenta de ITR as áreas afetadas por cheias do Pantanal. Notícias – Portal da Câmara dos Deputados. Disponível em: camara.leg.br. Acesso em: 1 jun. 2023.

VEREADOR diz que emergência no Pantanal reforça necessidade de isenção do ITR. **Câmara Corumbá**. 15/08/22. Disponível em: https://www.camaracorumba.ms.gov.br/noticia/vereador-diz-que-emergencia-no-pantanal-reforca-necessidade-de-isencao-do-itr. Acesso em: 1 jun. 2023.

Referências

APPY, Bernard. **O imposto territorial rural como forma de induzir boas práticas ambientais.** [S/l]: IPAM, 2015. Disponível em: https://www.terrabrasilis.org.br/ecotecadigital/images/abook/pdf/2016/julho/Jul.16.08%20pdf.pdf. Acesso em: 22 maio 2022.

ARRUDA, Odinea de Oliveira; BRITO, Silvia Helena Andrade de. A educação salesiana na escola Dom Bosco de Corumbá/MT (1956/1970). **Revista HISTEDBR**, Campinas, n. 22, p. 164-179, jun. 2006. Disponível em: https://www.fe.unicamp.br/pf-fe/publicacao/4903/art12_22.pdf. Acesso em: 7 jun. 2022.

BARATELLI, Amanda Emiliana Santos; ALMEIDA, Rosemeire Aparecida de. Novo estado em uma velha estrutura fundiária: a terra como âmago no processo da divisão do estado de Mato Grosso. **Revista Eletrônica da AGB**, Seção Três Lagoas, v. 1, n. 35, p. 98-125, 2022. Disponível em: https://periodicos.ufms.br/index.php/RevAGB/article/view/15296/11075. Acesso em: 12 abr. 2022.

BARROS, Abílio Leite de. Por que todo fazendeiro do Pantanal é doutor? **Revista da Academia Sul-Mato-Grossense de Letras**, Campo Grande, n. 7, p. 58-60, mar. 2005. Disponível em: https://acletrasms.org.br/wp-content/uploads/2019/05/Revista-7.pdf. Acesso em: 17 ago. 2022.

BARROS, M. de. **Livro de pré-coisas**. Rio de Janeiro: Philobiblion, 1985.

BICALHO, Ana Maria de Souza Mello; HOEFLE, Scott William; ARAÚJO, Ana Paula Correia de. Ribeirinhos em Resistência à Gestão Biocêntrica de Unidades de Conservação Pública e Privada no Pantanal. **Espaço Aberto**, Rio de Janeiro, v. 10, n. 2, p. 205-235, 2020.

BIGATÃO, Rosiney I. **A construção da imagem do peão pantaneiro**: a inscrição da tv e do rádio na cultura mestiça do Pantanal de MS. Dissertação (Mestrado em História) – PUC, São Paulo, 2010. Disponível em: https://tede2.pucsp.br/bitstream/handle/ 5329/1/Rosiney%20Isabel%20Bigatao.pdf. Acesso em: 25 abr. 2022.

BRASIL. **IBGE**. Corumbá. Disponível em:https://biblioteca.ibge.gov.br/biblioteca-catalogo.html?id=449631&view=detalhes. Acesso em: 6 jun. 2022.

CASSANHA, Layze Aparecida Herrera. **História do atendimento à infância:** o SAMC em Corumbá-MS (1944- 1990). Dissertação (Mestrado em História) – UFMS. Corumbá, MS, 2015.

CHARTIER, Roger. **À beira da falésia:** a história entre certezas e inquietude. Porto Alegre: Editora UFRGS, 2002.

CONCEIÇÃO, Cristiano Almeida da. **A agroecologia como estratégia de desenvolvimento territorial em áreas de fronteira:** o caso dos assentamentos rurais de Corumbá e Ladário-MS. Dissertação (Mestrado em História) – UFFS. Laranjeiras do Sul, PR, 2016. Disponível em: https://rd.uffs.edu.br/bitstream/prefix/596/1/CONCEI %C3%87%C3%83O.pdf. Acesso em: 30 jun. 2022.

DAL MORO, Nataniél. Representações da elite sobre o "povo comum" na cidade de Campo Grande (décadas de 1960-70). **Fronteiras,** Dourados, MS, v. 11, n. 20, p. 123-149, jul./dez. 2009. Disponível em: https://ojs.ufgd.edu.br/index.php/FRONTEIRAS/article/view/169/423. Acesso em: 15 jul. 2022.

DINIZ, W. L. C. **Patrimônio histórico de Corumbá:** imagem e poder (1937-2003). Dissertação. Dourados: UFMS, 2004.

DINIZ, W. L. C. **Los hermanos bolivianos.** Representações nos jornais de Corumbá/MS (1938/1999). Tese (Doutorado em História) – USP, São Paulo, 2015.

DOMINGOS, G. L. **Pantanal da Nhecolândia:** história, memória e a construção da identidade. Dissertação (Mestrado em História) – UFMS. Dourados, 2005. Disponível em: https://www.ppghufgd.com/wp-content/uploads/2017/06/Disserta%C3%A7%C3%A3o-Mestrado-Hist%C3%B3ria-2005-Gilson-Lima-Domingos.pdf. Acesso em: 6 abr. 2022.

FANTINELLI, Letícia Dias. Algumas questões para se pensar cultura política no Brasil. **Rev. psicol. polít.**, São Paulo, v. 11, n. 21, p. 15-28, jun. 2011.

Disponível em: http://pepsic.bvsalud.org/scielo.php?script=sci_arttext&pid=S1519-549X2011000100003&lng=pt&nrm=iso. Acesso em: 26 maio 2022.

FONSECA, Tayrine Pinho de Lima *et al.* Representações sociais sobre a organização espacial no Assentamento Mato Grande, Corumbá, Mato Grosso do Sul. Resumos do I Congresso Paranaense de Agroecologia – Pinhais, PR – 29 e 30/05/2014. **Cadernos de Agroecologia**, v. 9, n. 1, 2014. Disponível em: https://ainfo.cnptia.embrapa.br/digital/ bitstream/item/105083/1/15631-64611-1-PB.pdf. Acesso em: 12 maio 2022.

FREITAS, Andre Alexandre Ricco de. **A Reforma Agrária em Mato Grosso do Sul:** Os dilemas e as possibilidades nos assentamentos rurais a partir da análise dos dados do INCRA. Dissertação (Mestrado em História) – UFGD, Dourados, 2020. Disponível em: https://repositorio.ufgd.edu.br/jspui/bitstream/prefix/3853/1/AndreAlexandreRiccodeFreitas.pdf. Acesso em: 2 ago. 2022.

FURTADO, Odair; CARVALHO, Mônica Gurjão; SANTOS, Winnie Nascimento dos. Quase da família: Perspectivas intersecionais do emprego doméstico. **Psicologia Política**, v. 20. n. 48, p. 355-369, 2020. Disponível em: http://pepsic.bvsalud.org/pdf/rpp/v20n48/v20n48a08.pdf. Acesso em: 20 maio 2022.

GARCIA, Eduardo Alfonso Cadavid. **Estrutura fundiária no município de Corumbá.** Corumbá, EMBRAPA, 1981. Disponível em: https://ainfo.cnptia.embrapa.br/digital/bitstream/item/40874/1/CT06.pdf. Acesso em: 30 maio 2022.

MIRANDA, Luiz César de. Do "Chapa E Cruz" Ao "Pau Rodado": A hospitalidade cuiabana e a imigração em Mato Grosso. *In:* **Anais [...]** Intercom. 6 a 9 de setembro de 2006. UnB, Brasília. p. 1-16. Disponível em: http://www.portcom.intercom.org.br/pdfs/27053495742660568869141298426870374927.pdf. Acesso em: 23 abr. 2022.

MORAES, Thais Palmeira; KASSAR, Mônica de Carvalho Magalhães; MAGALHÃES, Justino Pereira de. Acolhimento de crianças pobres no interior do Brasil: o caso de uma escola salesiana em Corumbá, Mato Grosso, 1904-1927. **Revista Brasileira de Educação**, v. 27, 2022. Disponível em:https://www.scielo.br/j/rbedu/a/d6ffvDMHBmLp45qYyg5dcmb/?format=pdf&lang=pt. Acesso em: 30 jun. 2022.

PINHEIRO, Luci Farira. A democratização no pensamento de Lukács e o trabalho do assistente social. *In:* **Anais [...]** 16º Encontro Nacional de Pesquisadores em Serviço Social. 02 a 07 de dezembro de 2018. UFES, Vitória, ES. p. 2-14. Disponível em: https://periodicos.ufes.br/abepss/issue/view/938. Acesso em: 6 ago. 2022.

MOTTA, Luiz Gonzaga. O Imaginário: em busca de uma síntese entre o ideológico e o simbólico na análise da dinâmica sócio-cultural latino-americana. **Revista de Economía Política de las Tecnologías de la Información y Comunicación**, v. 4, n. 3, sep./dic. 2002. Disponível em: www.eptic.com.br. Acesso em: 8 abr. 2022.

ROCHA, Gesiel. **Cinquentenário da Cidade Dom Bosco**. Prefeitura Municipal de Corumbá. Corumbá, MS 26/04/2011. Disponível em: https://issuu.com/gesielrocha/docs/revista_cdb50anos. Acesso em: 14 abr. 2022.

RODRIGUES, Matias Pereira; SANTOS, Dorival Canavarros dos. O reconhecimento dos pantaneiros na região do Bracinho/Castelo em Corumbá-MS. **Geofronter**, Campo Grande, v. 7, p. 1-13, 2021. Disponível em: https://periodicosonline.uems.br/ index.php/GEOF. Acesso em: 18 maio 2022.

SANTOS, Sandra Aparecida et al. **Cadeia Produtiva Bovina no Pantanal Sul-Mato-Grossense:** diagnóstico participativo. Corumbá, MS: Embrapa Pantanal, 2008. Disponível em: https://ainfo.cnptia.embrapa.br/digital/bitstream/CPAP-2009-09/56841/1/Livro032.pdf. Acesso em: 21 jun. 2022.

SANTOS, Otávio Augusto Alves dos. Reflexões sobre memória e espaço geográfico a partir de uma perspectiva histórico-materialista. **Boletim Goiano de Geografia**, 2022, v. 42. Disponível em: https://www.revistas.ufg.br/bgg/article/download/65778/37997. Acesso em: 20 jul. 2022.

SCHWENGBER, Isabela de Fátima. **Representações do MST na imprensa de Mato Grosso do Sul (1995 a 2000)**. Dissertação (Mestrado em História) – Dourados, MS: UFMS, CPDO, 2005.

SERBENA, Carlos Augusto. Imaginário, ideologia e representação social. **Cadernos de Pesquisa Interdisciplinar em Ciências Humanas**, n. 52, dez. 2003. Disponível em: https://periodicos.ufsc.br/index.php/cadernosdepesquisa/article/view/1944. Acesso em: 12 ago. 2022.

SILVA, M. H. S. da. O pantanal sul mato-grossense um meio ambiente territorializado. *In:* **Anais [...]** IX Fórum Ambiental da Alta Paulista, v. 9, n. 7, p. 149-166, 2013. Disponível em: https://www.academia.edu/83986382/O_ Pantanal_Sul_Mato _Grossense_Um_Meio_Ambiente_Territorializado. Acesso em: 12 ago. 2022.

SILVA, Júlio Cezar Gaudencio da. **A democracia brasileira entre cultura e instituições**: teorias e argumentos em perspectiva comparada. Tese (Doutorado em História) – UFPE, Recife, 2012.

SOUZA E SILVA, Celeida Maria Costa de; FERREIRA, Valdivina Alves. História da presença salesiana em Corumbá, MS: o colégio salesiano de Santa Teresa (1899-1987). *In:* **Anais Eletrônicos [...]** IX Congresso Brasileiro de História da Educação. 15 a 18 de agosto de 2017. UFPB, João Pessoa. p. 589-607. Disponível em: https://sbhe.org.br/anais/ix-congresso-brasileiro-de-historia-da-educacao/historia-da-educacao-global-nacional-e-regional. Acesso em: 19 maio 2022.

ZANATA, P. R. Bork. Memórias de Trabalhadores em Fazendas de Gado no Pantanal. **Monções**, Dossiê História urbana, UFMS/CPCX, v. 3, n. 3, abr./set. 2015, p. 152-174.

O DESENVOLVIMENTISMO CONSERVADOR E O COMBATE AO PENSAMENTO COMUNISTA NA REVISTA *BRASIL-OESTE*

Aguinaldo Rodrigues Gomes
Miguel Rodrigues de Sousa Neto

Introdução

O período da história brasileira que segue a partir da ascensão de Getúlio Vargas ao poder, por meio do golpe intraoligárquico que ficou conhecido, inclusive na historiografia, como "Revolução de 1930", até o Golpe de 1964, que deu início à ditadura militar que vigorou até 1985, foi marcado por um conjunto de ideias sobre o próprio país, das quais destaco duas: a) a necessidade premente do desenvolvimento pautado na modernização conservadora nacional, e b) o combate às ideologias revolucionárias, especialmente ao comunismo, considerando sua expansão a partir da vitória bolchevique em 1917, na Rússia.

Antonio Gramsci já apontava em seus escritos do cárcere para as ações burguesas que visavam a uma "revolução passiva", ou seja, um processo de transformação social capitaneado pelas elites nacionais, que prescindia da participação popular, uma mudança realizada "de cima para baixo", em detrimento de seu contrário de inspiração jacobina, uma revolução partilhada pelas massas. Desse modo, afastava-se a violência da transformação radical da sociedade, mantendo-se no poder aqueles que já se ocupavam dele. Esperava-se que "o povo" apenas recebesse, quieto, as mudanças trazidas pelo Estado e pelos abastados, sem que suas demandas fossem apresentadas, pautadas, aceitas[429].

> No Brasil, as transformações sempre resultaram do deslocamento da função hegemônica de uma para outra fração das classes dominantes, sendo que estas classes, em seu conjunto, nunca desempenharam uma função hegemônica diante das massas populares. Sempre delegaram ao Estado – aos militares ou aos burocratas –, ao qual coube a função de "controlar" e, de acordo com as necessidades, reprimir as massas subalternas[430].

---

[429] GRAMSCI, Antônio. **Cadernos do cárcere.** v. 5. Rio de Janeiro: José Olympio, 2017.
[430] SOUSA, Antonia de Abreu. O conceito gramsciano de "revolução passiva" e o Estado brasileiro. **Revista Labor**, n. 3, v. 1, 2010, p. 28-40. Disponível em: http://www.periodicos.ufc.br/labor/article/view/9287. Acesso em: 14 jun. 2022.

Uma das estratégias de controle das ditaduras brasileiras deu-se na política de segurança nacional por meio da ocupação de regiões de fronteira que ao mesmo tempo permitia a vigilância dos limites do país e atraía a modernização para essas áreas. É preciso ainda considerar uma ideia persistente: aquela do vazio demográfico do Centro-Oeste, que demandaria ações do Estado para seu efetivo povoamento, crescimento e modernização. Nessa região, o que observamos é uma lógica de ocupação controlada pelo Estado em aliança com as elites agrárias e empresas monopolistas multinacionais e nacionais na reprodução do grande capital na região, e no controle de qualquer reação social que manifestasse críticas ao sistema.

Nesse sentido, entendemos que, desde a Marcha para o Oeste, passando pela ditadura militar e chegando aos dias atuais, há uma continuidade do projeto desenvolvimentista conservador que, dentro da lógica de controle estatal, privilegiou as classes abastadas da sociedade com a concessão de terras, em detrimento da população mais pobre que foi atraída para a região para atuar como mão de obra no processo de modernização. Assim, entende-se as migrações internas, impulsionadas pela ideia de vazio demográfico, como uma estratégia de controle que interditava o acesso à terra para a população migrante pobre, do mesmo modo que para os empobrecidos locais.

O contorno dessas ações de ocupação e controle do Oeste brasileiro pode ser acompanhado tanto nos registros documentais e na historiografia quanto, principalmente, na imprensa, a exemplo da revista *Brasil-Oeste*. Assim, nessa reflexão, buscamos apresentar a implantação do desenvolvimento conservador e do anticomunismo na revista *Brasil-Oeste*, publicada nos anos 1956 até 1967 e difundida, principalmente, em Mato Grosso. A revista era produzida em São Paulo por um grupo de intelectuais paulistas com ligações políticas e econômicas com a elite de Mato Grosso, estado ainda uno[431]. Cumpre esclarecer que a fonte a que recorro para discutir os dois temas, a revista *Brasil-Oeste*, é rica em função do contexto em que foi produzida e de seu formato editorial e do grupo que a editou, mas não irei aprofundar aqui o debate teórico sobre a imprensa como fonte e/ou objeto de pesquisa[432].

---

[431] A coleção completa da revista é composta por 123 edições e se encontra disponível para consulta na Biblioteca do Campus de Aquidauana da Universidade Federal de Mato Grosso. A referida coleção encontra-se em bom estado de conservação e foi encadernada em capa dura, de acordo com o agrupamento das edições mensais organizadas por ano.
[432] Sobre esse assunto consultar: CORRÊA, Ana Maria Martinez. Prefácio. *In*: LUCA, Tânia Regina de. **A Revista do Brasil**: um diagnóstico para a (N)ação. São Paulo: Editora da Unesp, 1999; CRUZ, Heloísa F.; PEIXOTO, Maria do Rosário da Cunha. Na Oficina do Historiador: Conversas sobre História e Imprensa. **Projeto História**, São Paulo, n. 35, p. 235-270, dez. 2007; LUCA, Tânia Regina de. História Dos, Nos e Por Meio dos Periódicos. *In*: LUCA,

No presente recorte, discutimos reportagens publicadas nos anos de 1962 e 1964, nas quais é possível perceber a construção paulatina de um discurso desenvolvimentista aliado a outro, anticomunista, que privilegiou os interesses da elite rural do país, principalmente da região Centro-Oeste. Dessa feita, dividiremos essa reflexão em três momentos: primeiramente, apresentaremos a revista *Brasil-Oeste*, em seguida, a discussão sobre o desenvolvimentismo conservador e, finalmente, o anticomunismo presente nas páginas do periódico.

A revista *Brasil-Oeste*

A *Brasil-Oeste* consistiu-se num importante veículo de divulgação das propostas modernizadoras conservadoras no Brasil e como espaço de denúncia das elites mato-grossenses em relação ao descaso com que o poder central tratava os problemas da região. O caráter de propagadora dos interesses de Mato Grosso pode ser observado nos editoriais da revista, nos quais trazia a informação de que fora declarada órgão de utilidade pública pela câmara de Mato Grosso, por meio da lei número 1.713, de dezembro de 1961. A revista era editada em São Paulo pelo jornalista Fausto Vieira de Campos e pelo diretor proprietário Alberto Leme, como se visualiza em sua primeira edição:

Figura 1 – Detalhe de *Brasil-Oeste*

Fonte: *Brasil-Oeste*, ano I, n. 1, jan. 1956, p. 1

Tânia R.; PINSKY, Carla Bassanezi. **Fontes Históricas**. São Paulo: Contexto, 2005; SOTANA, Edvaldo Correa. **A paz fria**: suspeições da grande imprensa brasileira sobre a pacificação mundial (1945-1953). Curitiba: Appris, 2020.

Apesar de ser editada em São Paulo a revista contava com diversas sucursais nas cidades dos estados do Mato Grosso e Goiás. Os articulistas da *Brasil-Oeste* apresentavam, em suas páginas, um discurso de duplo caráter: por um lado, demonstravam as potencialidades econômicas do estado do Mato Grosso e da região Centro-Oeste e, por outro, cobravam do governo central mais investimentos no campo da infraestrutura regional.

Pelos debates que o corpo editorial da revista *Brasil-Oeste* realizava acerca da situação do Centro-Oeste sob o governo João Goulart, percebe-se que sua proposição inicial de neutralidade frente aos grupos políticos e econômicos estava comprometida, uma vez que o apoio aos ruralistas e o anticomunismo eram temas recorrentes nos editoriais e matérias do periódico.

Salgueiro, em análise detalhada da revista, indica a possibilidade de uma filiação partidária da *Brasil-Oeste* que, apesar de desmentida por seu editor, pode ser confirmada pelos indícios encontrados em diversas páginas, bem como pela ligação de vários de seus colunistas com a União Democrática Nacional, a UDN, partido de oposição a Getúlio Vargas e seus sucessores, assim como apoiador primeiro do Golpe Militar de 1964. De acordo com ele, vários colunistas da revista estavam ligados a Fernando Corrêa da Costa, dentre eles, Dolor de Andrade, Paulo Jorge Simões Corrêa, Wilson Barbosa Martins, Yttrio Corrêa da Costa, René Barbour, Lenine de Campos Povoas e Edson Brito Garcia. Por ocasião de uma homenagem recebida na Câmara de Campo Grande em 1960, Fausto Viera Campos é enfático em declarar o apartidarismo da revista:

> A revista BRASIL-OESTE tem um programa definido. Acontece, porém, que a UDN fora o primeiro agrupamento partidário que apoiou esse programa, prestigiando a revista sem fazer-lhe a menor solicitação de reciprocidade. Os demais partidos políticos retardaram êsse apôio. Disso resultou o falso conceito de que a BRASIL-OESTE é uma "revista udenista...". [Fausto] Esclareceu que todos os partidos foram convidados a manter na BRASIL-OESTE uma tribuna livre, apenas condicionados ao estrito respeito da Lei de Imprensa. A UDN e o PSD aceitaram o oferecimento e o PSP e o PTB estavam cientificados. Com essa decisão, a BRASIL-OESTE visa a forçar o intercâmbio das idéias, a congraçar eleitores, a romper as barreiras da intolerância política, a proporcionar ao povo o ensejo de cotejar as diretrizes dos partidos e dos seus candidatos aos postos eletivos, possibilitando-o, assim, de fazer melhores escolhas[433]

---

[433] **Revista Brasil-Oeste**, São Paulo, ano V, n. 49, jun. 1960, p. 65. Maiúsculas do original. *Apud*: SALGUEIRO, 2011, p. 160.

Em que pese a negativa do editor chefe da revista, em 1958 o vereador Paulo Simões, colunista da revista, apresentou um requerimento de auxílio à Revista *Brasil-Oeste*, que se daria na forma de pagamento de assinaturas para órgãos estatais e escolas rurais, visando maior circulação do periódico. O aporte financeiro seria autorizado somente em 1961, de acordo com o autor: *o valor destinado à revista Brasil-Oeste, que correspondia à soma de Cr$ 10.000,00 (dez mil cruzeiros)*[434]. Ao somarmos as ligações do periódico com as câmaras municipais, com o governo de Mato Grosso, com grupos das colonizadoras de terras e o conteúdo das matérias, podemos concordar com Alcir Lenharo que a revista possuiu fins extra jornalísticos. Lenharo também aponta para a questão da ligação da *Brasil-Oeste* com os negociadores de terra:

> O número 6 de Brasil-Oeste, de outubro de 1956, traz uma matéria assinada por A.M.T., intitulada: "Desestímulo à colonização no Estado de Mato Grosso". Seu texto critica a indecisão do então governador João Ponce de Arruda por não confirmar as concessões expedidas pelo governo anterior de Fernando Correia da Costa. Argumenta que o então governador não fizera nenhuma concessão de terras de mais de 10 mil hectares e sim "Firmou contratos com diversas companhias, visando à colonização de glebas de terras no norte do Estado, os quais acautelam os interesses de Mato Grosso, pois que as empresas atuariam como meros agentes do estado" (página 23) Daí concluir que, atentando dúvidas sobre os negócios de terras em Mato Grosso, governo estadual criara uma situação embaraçosa para as possibilidades de negociações[435].

O autor analisa a política de distribuição de terras no Centro-Oeste brasileiro, desde o Estado Novo até a década de 1950, e defende a tese de que critérios políticos favoreceram a atribuição de terras aos detentores do capital, em detrimento de trabalhadores pobres. Segundo ele, as décadas de 1930 a 1950 prepararam o cenário de conflitos que se acirrariam na década de 1960, apesar do livre exercício democrático e de atividades parlamentares, insuficientes para coibir os abusos e a especulação de terras na região Centro-Oeste. Lenharo afirma ainda que os trabalhos historiográficos costumam apreender as lutas pela terra a partir dos governos de

---

[434] SALGUEIRO, Eduardo de Melo. Disputas e debates sobre a colonização do estado de Mato Grosso nas páginas da Revista Brasil-Oeste. **Revista de História Regional**, v. 16, n. 2, 2011, p. 95.

[435] LENHARO, Alcir. A terra para quem nela não trabalha: a especulação com a terra no Oeste brasileiro nos anos. **Revista Brasileira de História**, v. 6, n. 12. 1986, p. 58.

pós-64, mas, para ele, tais conflitos datavam de momentos anteriores como desdobramento da política de colonização de terras, gestada nos anos 1930-1950 e incrementada pelos militares na década de 1960. A aproximação dos governos conservadores de Mato Grosso em relação à ditadura pode ser aclarada quando observamos a fala proferida em Cuiabá pelo então governador Fernando Corrêa da Costa, referindo-se à "revolução de 1964": "Estamos firmemente convencidos de que o movimento de 31 de março de 1964 encerrou, na Pátria, um ciclo histórico que se iniciou em 1922 e prosseguiu em 1924, 1932, 1936, 1937 e 1945"[436].

Em seu estudo clássico *História da imprensa no Brasil*[437], Sodré aponta para o papel importante da imprensa brasileira na difusão de elementos que organizaram a vida política brasileira e que culminaram posteriormente na legitimação das ações dos militares. O movimento golpista já se esboçava na abdicação de Jânio Quadros em 1961, sem êxito, e as forças conservadoras continuaram se articulando para o desfecho final de 1964. Esse argumento é importante para afastarmos de vez a ideia de que o Golpe foi um contragolpe face à possibilidade de uma tomada comunista do poder no Brasil. Não existiam condições favoráveis para isso, conforme já demonstrado pela própria historiografia que se dedicou ao tema. Rodrigo Patto de Sá Motta afirma que, "Enfim, o país não estava à beira do comunismo. O golpe não derrubou um governo que preparava transição para o comunismo, ou para qualquer forma de socialismo, e sim um governo moderadamente reformista"[438].

Carlos Fico, historiador, também afirma que os comunistas tinham pouca força política para a tomada do poder no contexto de 1964: "João Goulart não era comunista e as suas reformas de base eram bastante modestas"[439]. Olhar para o comportamento da imprensa em relação ao tratamento do golpe é primordial para entendermos a tentativa de construção de um suposto consenso em relação à tomada do poder pelos militares: medo, cooptação e alinhamento ideológico marcaram essa relação entre sociedade, militares e imprensa. Sodré afirma:

---

[436] Ibid., p. 62.

[437] SODRÉ, Nelson Werneck. **História da imprensa no Brasil**. Porto Alegre: EDIPUCRS, 2011

[438] DOMENICI, Thiago. 1964: "O Brasil não estava à beira do comunismo", diz historiador. **Pública**, 1 abr. 2019. Disponível em: https://apublica.org/2019/04/1964-o-brasil-nao-estava-a-beira-do-comunismo-diz-historiador/. Acesso em: 19 set. 2022.

[439] LEAL, Bruno. Historiador explica que não havia risco de "golpe comunista" em 1964. **Café História**, 2021. Disponível em: https://www.cafehistoria.com.br/historiador-explica-que-naohavia-risco-de-golpe-comunista-em-1964/. Acesso em: 14 jun. 2022.

> Em março de 1964, com tudo rigorosamente articulado, no exterior e no interior, deflagrou a preparação publicitária que anunciaria as ações militares: toda a grande imprensa, articulada em coro, participou dessa preparação psicológica, como o rádio e a televisão[440].

Na região Centro-Oeste a imprensa cumpriu esse papel, a exemplo da revista *Brasil-Oeste*, que ora apresento.

O desenvolvimentismo conservador

A modernização do campo na região se deu a partir das relações com empresas multinacionais de setores agrícolas que patrocinavam a ocupação das terras mato-grossenses. Esse processo se dava a partir da implantação de colônias agrícolas e da mecanização do trabalho nas fazendas dessa região. Oliveira[441], em seu estudo sobre a colonização na região de Tangará da Serra, observa esse processo e mostra como a revista *Brasil-Oeste* teve um papel preponderante na divulgação das potencialidades de Mato Grosso para migrantes e imigrantes, para além do capital internacional. O historiador indica que era comum encontrar revistas especializadas em agricultura associadas às empresas agrícolas e ao Estado que buscavam propagandear o desenvolvimentismo, principalmente rural, como solução para a economia do Brasil e da região. Oliveira cita os aspectos destacados pela *Brasil-Oeste* em seu volume 8, de 1956:

> [...] os territórios de Mato Grosso estão isentos de fenômenos meteorológicos nocivos; o teor da terra favorece promissoras safras cerealíferas; o Estado apresenta boas vias de comunicação, como estradas e transporte; posição geográfica de Mato Grosso com expansão comercial para grandes centros e para Bolívia, Paraguai e Argentina; em território mato-grossense, a cafeicultura encontra condições ecológicas favoráveis, o que explica o aumento considerável das lavouras de café[442].

Brasil-Oeste apresenta imobiliárias vendendo terras mato-grossenses em diversos escritórios espalhados por São Paulo, Paraná e Cuiabá, como Oliveira verificou no volume 29, de 1959, no anúncio que segue:

---

[440] SODRÉ, 2011. p. 599-600.
[441] OLIVEIRA, Carlos Edinei. **Família e Natureza**. As Relações entre famílias e ambiente na construção da colonização de Tangará da Serra-MT. Dissertação (Mestrado em História) – Universidade Federal de Mato Grosso, Cuiabá, 2002.
[442] *Ibid.*, p. 55.

IMOBILIÁRIA PRESIDENTE

- Registrada em CUIABÁ sob o n.º 3.403
- Escritório em São Paulo: Rua São Bento, 470 – 4º andar – Sala 412 – Telefone: 35-3640.

Escritório em CUIABÁ: Rua Comandante COSTA, 464 – ESTADO DE MATO GROSSO

TERRAS EM MATO GROSSO: as melhores do Brasil, nos melhores planos de vendas. Zona Central, completamente livre de geadas. MATO GROSSO, dentro de pouco tempo será o Estado mais rico do Brasil, em virtude da ótima qualidade de suas terras. (PADRÃO: preta -massapé, vermelha, escura e mista). Nas suas matas existem perobas, cedros, angelins, pau d'alho, figueiras e outras madeiras de lei. As terras em média possuem 70% de matas e 30% de campo nativo. O campo nativo de Mato Grosso é fértil tanto assim que na zona de Campo Grande foi plantado café no campo e o resultado foi surpreendente, dando em média 10 sacos em coco por mil pés. As terras de MATO GROSSO são próprias para café, cereais (arroz, feijão, milho, etc.), batata, hortelã, borracha, etc. A ponte sobre o Rio Paraná, com 20 metros de largura por 1.260 metros de comprimento, será uma obra espetacular, em futuro próximo, dando tráfego em três vias. Conforme publicação feito no "O Estado de São Paulo", edição de 20 de novembro de 1952, ela ficará pronta dentro de três anos, permitindo assim a extensão da Estrada de Ferro Araraquara, até Cuiabá. Adquira, enquanto é tempo, TERRAS EM MATO GROSSO, a preços irrisórios, no traçado da Estrada de Ferro Araraquara, garantindo o seu futuro e o de sua família. A IMOBILIÁRIA PRESIDENTE trabalha com terras situadas em BARRA DO BUGRES, BARRA DO GARÇAS, CUIABÁ, ROSÁRIO OESTE, CÁCERES, DIAMANTINO, Poxoréo, etc. Vendas em pequenos e grandes lotes, com todas as garantias: Encaminha também requerimentos de TERRAS DEVOLUTAS no Estado de Mato Grosso, ao preço oficial, acrescido de pequena comissão por esse serviço, a qual será paga mediante a entrega dos documentos do Estado. Esta é a sua grande oportunidade! Aproveite-a. TERRAS A PARTIR DE CR$ 120,00 O ALQUEIRE PAULISTA, com prazo para o pagamento de 3 a 4 anos, sem juros. Lembre-se do exemplo do Paraná, que já foi sertão, e faça o MELHOR NEGÓCIO DA ÉPOCA, comprando terras em MATO GROSSO, o futuro celeiro do Brasil. Faça uma visita sem compromissos ao nosso escritório ou procure nossos corretores autorizados. Atendemos também a pedidos de qualquer localidade, por meio de correspondência[443].

O apelo internacional da revista *Brasil-Oeste* também é destacado por Oliveira, uma vez que, segundo ele, havia páginas inteiras de propaganda de terras do Centro-Oeste em língua inglesa. Essas edições eram levadas para fins turísticos ao Escritório Comercial do Brasil nos Estados Unidos, com sede em Nova York, conforme destaca a revista[444].

Empresas estrangeiras, como a Caterpillar, auxiliaram nesse processo de modernização do campo que, ao mesmo tempo que facilitava a produção agrícola, substituía a mão de obra humana, aumentando o processo de pauperização dos migrantes atraídos para as terras do Centro-Oeste. Os tratores de esteira produzidos no exterior eram então fundamentais para retirar do caminho dos modernizadores as florestas e os indígenas que se apresentavam como um empecilho para o progresso.

Figura 2 – *Brasil-Oeste*, 1964

Fonte: *Brasil-Oeste*, 1964, p. 45

Do lado direito desse anúncio está manifesta a estreita relação entre o desenvolvimento e as ideias capitalistas e conservadoras, em uma nota publicada pela Ação Democrática Mato-grossense que visava defender as elites e combater o comunismo no estado. A Caterpillar, fundada em 1910

---
[443]. *Ibid.*, p. 55-56.
[444] *Ibid.*, p. 56.

nos Estados Unidos, possuía também fábricas no Brasil, como a de Santo Amaro, e foi importante na modernização do campo brasileiro. A história da empresa inicia-se em 1890, com os americanos Benjamin Holt e Daniel Best, que começaram a fazer experimentos com vários tratores a vapor utilizados em propriedades agrícolas. Posteriormente, Benjamin Holt teve a ideia de substituir as rodas por esteiras e mudar de alimentação a vapor para alimentação a petróleo. Em 1909 seus tratores de esteira ganham espaço no mercado nacional e internacional. Com o início da Primeira Guerra Mundial, os tratores de Holt tiveram grande procura por parte das Forças Aliadas. Essa empresa produziu o primeiro trator em solo brasileiro em 1969, e, ao lado da Walmet (empresa multifuncional de origem finlandesa), publicou propagandas pagas em revistas como a *Brasil-Oeste*. Nas palavras de Salgueiro:

> As representações que emanavam da revista se davam em duas frentes principais: A primeira se dedicava especialmente a anunciar novas tecnologias que pudessem servir às atividades agropastoris, tendo como público-alvo os fazendeiros. A segunda via era mais específica e consistia na tentativa por parte dos diretores do periódico e do grupo em torno deles, apresentar dados econômicos, políticos, geográficos, de infraestrutura, entre outras possibilidades, que demonstrassem aos investidores a viabilidade econômica que emergia no Estado de Mato Grosso, que seria um verdadeiro paraíso para investimentos[445].

O grupo que editava a revista buscava influenciar o processo de colonização/modernização e as políticas públicas no estado do Mato Grosso, aliado aos capitais nacional e internacional.

A crítica à política nacional e o anticomunismo nas páginas da Brasil Oeste

A Reforma Agrária, tida como uma proposta comunista e que seria o início da revolução, era uma preocupação contínua dos grandes latifundiários do Sul de Mato Grosso. A revista *Brasil-Oeste* tratou de maneira recorrente desse tema, como na matéria publicada em novembro de 1962, que apresentamos a seguir:

---
[445] SALGUEIRO, Eduardo. *Op. cit.*, p. 283.

Figura 3 – Reforma Agrária

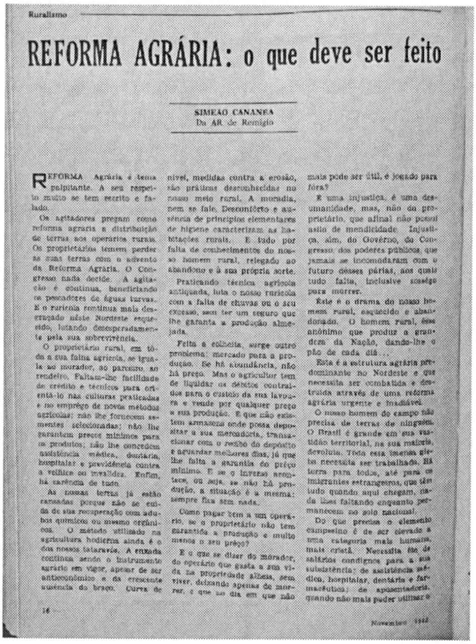

Ruralismo

REFORMA AGRÁRIA: o que deve ser feito

SIMEÃO CANANÉA
Da AR de Remígio

REFORMA Agrária é tema palpitante. A seu respeito muito se tem escrito e falado.

Os agitadores pregam como reforma agrária a distribuição de terras aos operários rurais. Os proprietários temem perder as suas terras com o advento da Reforma Agrária. O Congresso nada decide. A agitação é contínua, beneficiando os pescadores de águas turvas. E o rurícola continua mais desgraçado nêste Nordeste esquecido, lutando desesperadamente pela sua sobrevivência.

O proprietário rural, em tôda a sua faina agrícola, se iguala ao morador, ao parceiro, ao rendeiro. Faltam-lhe facilidade de crédito e técnicos para orientá-lo nas culturas praticadas e no emprêgo de novos métodos agrícolas; não lhe fornecem sementes selecionadas; não lhe garantem preços mínimos para os produtos; não lhe concedem assistência médica, dentária, hospitalar e previdência contra a velhice ou invalidez. Enfim, há carência de tudo.

As nossas terras já estão cansadas porque não se cuida de sua recuperação com adubos químicos ou mesmo orgânicos. O método utilizado na agricultura hodierna ainda é o dos nossos tataravós. A enxada continua sendo o instrumento agrário em vigor, apesar de ser antieconômico e da crescente ausência do braço. Curva de nível, medidas contra a erosão, são práticas desconhecidas no nosso meio rural. A moradia, nem se fale. Desconfôrto e ausência de princípios elementares de higiene caracterizam as habitações rurais. E tudo por falta de conhecimentos do nosso homem rural, relegado ao abandono e à sua própria sorte.

Praticando técnica agrícola antiquada, luta o nosso rurícola com a falta de chuvas ou o seu excesso, sem ter um seguro que lhe garanta a produção almejada.

Feita a colheita, surge outro problema: mercado para a produção. Se há abundância, não há preço. Mas o agricultor tem de liquidar os débitos contraídos para o custeio da sua lavoura e vende por qualquer preço a sua produção. É que não existem armazens onde possa depositar a sua mercadoria, transacionar com o recibo do depósito e aguardar melhores dias, já que lhe falta a garantia do preço mínimo. E se o inverso acontece, ou seja, se não há produção, a situação é a mesma: sempre fica sem nada.

Como pagar bem a um operário, se o proprietário não tem garantida a produção e muito menos o seu preço?

E o que se dizer do morador, do operário que gasta a sua vida na propriedade alheia, sem viver, deixando apenas de morrer, e que no dia em que não mais pode ser útil, é jogado para fora?

É uma injustiça, é uma desumanidade, mas, não do proprietário, que afinal não possui asilo de mendicidade. Injustiça, sim, do Govêrno, do Congresso, dos poderes públicos, que jamais se incomodaram com o futuro dêsses párias, aos quais tudo falta, inclusive sossêgo para morrer.

Êste é o drama do nosso homem rural, esquecido e abandonado. O homem rural, êsse anônimo que produz a grandeza da Nação, dando-lhe o pão de cada dia...

Esta é a estrutura agrária predominante no Nordeste e que necessita ser combatida e destruída através de uma reforma agrária urgente e inadiável.

O nosso homem do campo não precisa de terras de ninguém. O Brasil é grande em sua vastidão territorial, na sua maioria, devoluta. Toda essa imensa gleba necessita ser trabalhada. Há terra para todos, até para os imigrantes estrangeiros, que têm tudo quando aqui chegam, nada lhes faltando enquanto permanecem no solo nacional.

Do que precisa o elemento campesino é de ser elevado a uma categoria mais humana, mais cristã. Necessita êle de salários condignos para a sua subsistência; de assistência médica, hospitalar, dentária e farmacêutica; de aposentadoria, quando não mais puder utilizar o

16

Novembro 1962

Fonte: *Revista Brasil-Oeste*, nov. 1962

Na matéria destacada encontramos a visão do colunista Simeão Cananéa, magistrado paraibano: nomeia os defensores da reforma agrária como agitadores que buscam entregar as terras aos operários rurais e lamenta a condição do proprietário de terras no Nordeste, que perderia suas terras com a reforma, demonstrando claramente uma deturpação da proposta original. Condena a reforma pelo fato de ela igualar proprietários e trabalhadores rurais e indica problemas técnicos, falta de subsídios e mercado escasso que favoreçam o produtor rural, e, finalmente, conclui que é uma injustiça por parte do governo e do congresso que não zelam pelo futuro dos "párias" do campo. Desde 1962, portanto, é perceptível um discurso articulado no periódico que condena a distribuição de terras como condição para uma melhor equiparação de rendas no país.

Assim como no Nordeste, a reforma agrária também era um dos pontos de enfrentamento entre os ruralistas sul mato-grossenses e esse foi um tema recorrente no periódico *Brasil-Oeste,* que, por vezes, publicava notas da Ação Democrática Mato-grossense discutindo não só esse tema como também alertando sobre o perigo vermelho que rondava o Brasil.

Sobre a atuação da Ação Democrática Mato-grossense, que buscava combater o comunismo no estado, encontramos discursos parecidos com aqueles evocados no período recente de nossa história que ganharam maior intensidade com as eleições de 2018 e ainda são ouvidos no país: os lemas patrióticos, o anticomunismo e a defesa da família e, principalmente, da propriedade privada, são amplamente difundidos pelos membros da Ademat, como se observa na nota a seguir:

> AÇÃO DEMOCRÁTICA MATO-GROSSENSE
>
> A ADEMAT corporifica uma organização patriótica destinada a livrar o País de fôrças ocultas (comunistas ou de qualquer outra tendência) que visem à privação da liberdade do homem e da integridade nacional. Sua atuação intimorata durante a crise política que culminou com a vitória da Revolução Democrática, ficará gravada na história, como uma página de civismo e de bravura.
>
> São fundadores da Ação Democrática Mato-Grossense os Srs. Cláudio Fragelli; Agostinho Bacha; Rodolfo Andrade Pinho; Alcindo de Figueiredo; Vicente Oliva e Oswaldo Bucker. Entre os seus mais destacados participantes figuram os Srs. Italivio Coelho, Roberto Spengler, Cândido Rondon, Arlindo Sampaio Jorge, Anísio de Barros, Irmão Bello, Daniel Reis, Ladislau Marcondes, Cícero de Castro Faria, Munier Bacha, Antônio Lopes Lima, Armando Barbosa, Annes Salim Saad, José Ferreira, Geraldo Corrêa, Eduardo Metello, José Cândido de Paula, Cel. Câmara Sena[446].

A Ação Democrática Mato-Grossense foi criada a partir da estruturação de núcleos do Instituto Brasileiro de Ação Democrática (Ibad) que foram espalhados pelo país. O núcleo da Ademat criado em Campo Grande em 1963 é oriundo da Associação dos Criadores do Sul de Mato Grosso (ACSMT), composta por latifundiários, banqueiros, advogados e outros sujeitos ligados ao campo, e tinha como objetivo defender os interesses da elite agrária da região que era declaradamente conservadora e anticomunista. Aliada ao ideário do Ibad, a Ademat tinha como objetivo a defesa dos interesses dos homens do campo, defendendo ações de fortalecimento da democracia e ações anticomunistas, no entanto como destaca Olegário:

> Os homens "democratas" e cristãos da ADEMAT falavam em nome de uma classe, que não era substancialmente a do homem do campo enquanto trabalhador, mas a dos grandes

---
[446] **Revista Brasil-Oeste**, 1964, p. 45.

proprietários de terras. Assim é possível apontar que o desenvolvimento da ADEMAT enquanto grupo de ação política articulado deve-se em grande medida à mobilização de uma classe em prol da manutenção do direito e da intocabilidade da propriedade da terra. Esse movimento permitiu fortalecer e estreitar laços e vínculos entre aqueles cuja fonte de poder principal advinha da propriedade da terra[447].

A nota da Ademat publicada na *Brasil-Oeste* e citada anteriormente evidencia que um dos pontos principais de divergência entre seus membros e o governo de João Goulart a partir de 1964 foi a reforma agrária. Os membros da Ademat eram totalmente contrários à desapropriação de terras, mas publicamente utilizavam como cortina de fumaça o discurso de uma reforma agrária democrática e cristã que coadunava plenamente com a visão da Sociedade Rural Brasileira. Essa associação foi articulada desde o período da República Velha e era financiadora do Instituto de Pesquisa e Estudos Sociais (Ipes), apoiador de primeira hora do regime ditatorial e formulador de projetos ideológicos e propagandistas encampados pelos militares. A proposta de reforma agrária da SRB tinha os seguintes propósitos: "a) a intocabilidade da propriedade fundiária; b) fim de qualquer direito trabalhista para o homem do campo; c) ênfase à modernização da atividade, baseada no binômio abundância de subsídios públicos/aumento da produtividade"[448].

A aversão à reforma agrária proposta por Jango e aos comunistas se fez presente na mesma edição do ano de 1964. Na matéria intitulada: "Demagogia e irresponsabilidade" os ruralistas criticam Jango pela assinatura de um decreto que autorizava a desapropriação de terras às margens de rodovias, ferrovias e açudes. A indignação dos ruralistas com o governo fica evidente quando afirmam: "consuma, assim, a anunciada 'reforma agrária', concebida nos bastidores do Palácio do Planalto, com assessoria de agitadores comunistas ou comunizantes, que impunemente convulsionam a nação."[449] A matéria aludia ao Decreto n.º 53.700, de 13 de março de 1964, assinado por João Goulart, que instituía as bases para a reforma agrária no Brasil:

> O PRESIDENTE DA REPÚBLICA, usando das atribuições que lhe confere o artigo 87, item I, da Constituição Federal, e tendo em vista o disposto na Lei nº 4.132, de 10 de setembro

---
[447] OLEGÁRIO, Thaís Fleck. **A Ação Democrática Mato-Grossense (ADEMAT) no sul de Mato Grosso**: da ação política à articulação paramilitar (1963-1985). Dissertação (Mestrado em História) – Universidade Federal do Rio Grande do Sul, Porto Alegre, 2018, p. 135.
[448] *Ibid.*, p. 133.
[449] **Revista Brasil-Oeste**, 1964, p. 27.

de 1962 e no Decreto-lei nº 3.365, de 21 de junho de 1941, com as alterações incorporadas ao seu texto, DECRETA: Em seu Art. 1º. Ficam declaradas de interêsse social par efeito de desapropriação, nos têrmos e para os fins previstos no art. 147 da Constituição Federal e na Lei nº 4.132, de 10 de setembro de 1962, as áreas rurais compreendidas em um raio de 10 (dez) quilômetros dos eixos das rodovias e ferrovias federais, e as terras beneficiadas ou recuperadas por investimentos exclusivos da União em obras de irrigação, drenagem e açudagem[450].

Já em seu Artigo 3.º o decreto presidencial estabelecia as competências da Superintendência de Política Agrária (Supra):

> 3º A Superintendência de Política Agrária (SUPRA), fica autorizada a promover, gradativamente, para execução de seus planos e projetos, as desapropriações das áreas situadas nas faixas caracterizadas neste decreto, tendo por fim realizar a justa distribuição da propriedade, condicionando seu uso ao bem-estar social, e visando especialmente:
>
> a) O aproveitamento dos terrenos rurais improdutivos ou explorados antieconomicamente;
>
> b) A fixação de trabalhadores rurais nas áreas adequadas à exploração de atividades agropastoris;
>
> c) A instalação ou a intensificação das culturas nas áreas em cuja exploração não seja obedecido o plano de zoneamento agropecuário que vier a ser fixado pela SUPRA;
>
> d) O estabelecimento e a manutenção de colônias, núcleos ou cooperativas agropecuárias e de povoamento;
>
> e) A proteção do solo e a preservação de cursos e mananciais de água e de reservas florestais.

A matéria, que não é assinada por nenhum dos jornalistas responsáveis pela revista, chama atenção para o fato de que os governadores do Mato Grosso, Amazonas e Maranhão já haviam prometido doar terras para aqueles que quisessem trabalhar, mas que estes não teriam obtido resposta do governo central. A culpa, novamente, recai sobre "os comunistas":

> Êsse oferecimento não teve ressonância. E nem poderia ter, pois é sabido que SUPRA só cogita de propiciar as condições para um mais rápido processamento da "revolução" em marcha... Desta forma, essa nação não cumprirá os seus

---

[450] BRASIL. **Decreto nº 53.700**, de 13 de março de 1964. Diário Oficial da União – Seção 1 – 18/3/1964, p. 2604.

> anseios de paz e de progresso. Os homens do governo precisam compreender que a minoria que os cerca, disputando os restos do festim, não representa o povo no seu sentido amplo e universal[451].

O conteúdo da matéria expressa a insatisfação da classe burguesa rural com os rumos do governo de João Goulart, que os signatários implícitos do texto se colocam como paladinos do povo e prometem pôr fim aos desmandos comunistas, como se observa no trecho a seguir:

> No governo Goulart o povo vem sendo afrontado nas suas necessidades mais prementes, diante do aumento incontrolável do custo de vida; espoliado nos seus direitos; ameaçado na sua sobrevivência, porque se tornam mais sombrios os dias que despontam e se reproduzem com frequência alarmante os atentados à propriedade privada; atemorizado diante da conduta imponderada do Presidente e dos Ministros de Estado, que infringem leis e cometem desatinos e violências[452].

Ao longo da matéria, os ruralistas se intitulam como frente única democrática cristã que intentava, naquele momento, sustar os "desatinos" que se praticavam no país. Arrolavam também as mazelas enfrentadas pelos produtores, homens do campo, trabalhadores e advertiam para o perigo de uma revolta contra o governo e seus desmandos:

> As classes produtoras reclamam paz e estabilidade financeira, para poderem redobrar esforços e promover novos empreendimentos de progresso. Os homens do campo reclamam segurança, crédito e assistência técnica, para poderem aumentar a produção. Os trabalhadores ordeiros reclamam tranquilidade, estabilização de preços e assistência social, para poderem equilibrar seus orçamentos domésticos e proporcionar a seus filhos educação e saúde. Ordem e progresso são os imperativos do momento, que todos reclamamos, mas que o atual govêrno (sic) comprova estar incapacitado de promover. Ainda é tempo de prevenir a explosão de revolta daqueles que sentem na própria carne as consequências desastrosas da desordenada administração pública neste país. Para os que subestimam a capacidade de reação do povo, convém relembrar o exemplo das mineiras (que não temeram em apelar para o presidente Goulart, no sentido de prestar

---

[451] **Revista Brasil-Oeste**, 1964, p. 27.
[452] **Revista Brasil-Oeste**, 1964, p. 27.

valioso serviço à Nação, renunciando à chefia do Govêrno) e dos mineiros que repeliram corajosamente a interferência da SUPRA nos seus negócios internos...[453]

Na passagem, os autores da matéria fizeram referência ao manifesto de mulheres mineiras, ligadas ao clube militar de Belo Horizonte, que, em 7 de novembro de 1963, pediram a João Goulart que renunciasse à presidência da República. As críticas ao comunismo continuam a aparecer nas páginas da revista, como na nota a seguir:

> **HARMONIA SOCIAL**
>
> Libertados da tutela de organizações espúrias comandadas pelos comunistas (CGT, PUA etc.), poderão agora os trabalhadores alcançar a tão desejada harmonia nas suas relações com os empregadores.
>
> As afirmações do Ministro do Trabalho de que são irreversíveis as conquiestas trabalhistas refletem, justamente com o desaparecimento das organizações clandestinas que exploravam política e ideologicamente os interêsses da classe operária, uma realidade altamente animadora para os destinos do país.
>
> Temos a convicção de que oes trabalhadores brasileiros, agora libertos daquelas injunções, saberão compreender o papel que lhes é reservado na tarefa do reerguimento do país, e pautarão sua luta dentro de sadios princípios de patriotismo, principalmente no sentido de aumentar a produtividade. Mais do que nunca é preciso que os trabalhadores sejam convicados para o encaminhamento dos problemas nacionais, juntamente com as classes produtoras e, que o país se desenvolva e os benefícios dêsse esfôrço comum revertam em favor de todos os brasileiros[454].

A nota aparece em meio a outras notícias sobre congelamento de preços, seguro-desemprego para trabalhadores e nomeações de autoridades militares para a administração federal. Aparentemente despretensiosa, sua intenção era clara: desacreditar as ações da Associação dos Trabalhadores Marítimos, Ferroviários e Portuários congregado no Pacto de Unidade e Ação (PUA) e o Comando Geral do Trabalhadores, impingindo a essas entidades classistas a marca do comunismo desagregador da nação. A nota ainda enaltece as ações do ministério do trabalho e conclama os trabalhadores a

---

[453] **Revista Brasil-Oeste**, 1964, p. 27.
[454] **Revista Brasil-Oeste**, 1964, p. 38.

se associarem às classes produtoras para a reconstrução do país. Trata-se, obviamente, de uma propositura da sociologia positivista que clamava para a harmonia social, na perspectiva comteana de que uns nascem para servir e cooperar e outros para mandar, eliminando assim os conflitos de classe. A resistência e o protesto seriam coisas de comunistas.

Ansara e Dantas[455] destacam a manipulação ideológica para a produção de uma memória oficial que levaria ao esquecimento das agruras do regime. Ao lado do terror e da repressão, molas propulsoras do regime ditatorial, a propaganda militar teve um papel importante na criação de um falso clima de harmonia social. As campanhas mobilizavam sentimentos essenciais a partir de imagens e discursos difundidos no cotidiano que buscavam inculcar nos cidadãos o patriotismo e o nacionalismo como elementos de aceitação do regime. Essa propaganda foi essencial para construção de uma imagem positivada do regime ditatorial e que desemboca na atualidade em atitudes revisionistas e negacionistas que favorecem o que Pollak, citado por Ansara e Dantas, nomeia de:

> [...] **esquecimento-manipulação** que [...] é ativo, voluntário, assume uma forma institucionalizada e caracteriza-se pela utilização de instrumentos públicos para comandar o esquecimento. As autoridades públicas recorrem a procedimentos formais, legislativos e regulatórios, para garantir a elaboração e circulação de uma memória oficial e a negação de histórias vividas. Exige-se que o passado não seja recordado em nome da coesão nacional e da paz civil. Os atores sociais, responsáveis pela transmissão das versões institucionalizadas da memória, são despojados do poder de produzir narrativas de si próprios e obrigados a propagar interpretações hegemônicas que os aprisionam e oprimem. Essa forma de esquecimento, que mais serve aos abusos da memória, é impregnada das ideologias dominantes que manipulam o passado por meio da ocultação ou deturpação de fatos, experiências e acontecimentos vivenciados[456].

A revista *Brasil-Oeste* certamente mesmo antes da instalação do regime ditatorial cumpria essa estratégia do **esquecimento manipulação** em sua região de abrangência, buscando defender ações autoritárias e levar seus leitores à acomodação, sempre mobilizando o espectro do comunismo

---

[455] ANSARA, Soraia; DANTAS, Bruna Suruagy do Amaral. Aspectos ideológicos presentes na construção da memória coletiva. **Athenea digital:** revista de pensamiento e investigación social, v. 15, n. 1, p. 207-223, 2015.
[456] *Ibid.*, p. 219.

como um mal que a qualquer momento poderia tomar o país. Os militares figuram nas páginas do periódico como salvadores da pátria, da família e da propriedade. Esse tema é discutido na edição de número 89, em janeiro de 1964. No artigo assinado por Sinizio Leite da Rocha e intitulado "A democracia em Perigo", o autor assinalava: "O Brasil atravessa presentemente as maiores crises de sua história: Crise de democracia, crise de autoridade, crise de justiça, crise financeira..."[457]. Na sequência, Rocha chamava atenção para o caráter comodista do brasileiro que permitia os problemas no campo da política econômica, altos índices de inflação e ainda advertia que os responsáveis, os homens públicos, não se responsabilizavam pela questão. Nas entrelinhas, analisando a partir do contexto em que foi escrito, no pré-Golpe de 1964, percebe-se que o foco do autor é a crítica ao modo como o governo de João Goulart vinha lidando com a política econômica e a reforma agrária. Afirmava ainda Rocha:

> Não há inflação "incontrolável", desde que há homens capazes, com boa dose de espírito público. Não se acaba com a inflação usando de métodos que servem para aumentá-la, como as encampações, a criação de monopólios, as desapropriações por simples decretos, as emissões de papel moeda fora da lei[458].

O articulista também protesta contra o Congresso Nacional que, de acordo com ele, não estava cumprindo seu papel, já indicado na Constituição Federal. Para Rocha, o Congresso estava sendo omisso em relação aos desmandos do presidente: "O poder executivo está legislando tanto ou mais do que o Congresso. Ninguém protesta. Acredita-se, em vista desse desinteresse, desta falta de reação, em um consentimento tácito do poder legislativo"[459].

A intenção do articulista de atacar o governo Goulart e as organizações de esquerda fica mais evidente em outro trecho do artigo, no qual se mostra indignado com o fato de "liberdades políticas e públicas" estarem sendo atacadas. Afirmava ele: "São fechados o IBAD, o IPES, (e entidades congêneres), mas os agrupamentos da esquerda (Com o CGT, O PUA e a UNE) continuam atuando. Todos os brasileiros conhecem muito bem a atuação desses agrupamentos"[460].

---

[457] **Revista Brasil-Oeste**, n. 89, 1964, p. 42.
[458] **Revista Brasil-Oeste**, n. 89, 1964, p. 42.
[459] *Ibid.*
[460] **Revista Brasil-Oeste**, n. 89, 1964, p. 42.

Na edição número 91, de março de 1964, da revista *Brasil-Oeste*, a preocupação dos ruralistas com as agitações sociais, que, segundo eles, abririam as portas para o comunismo no Brasil, torna-se mais clara. Logo na capa, em que os articulistas falam em nome dos ruralistas de todo o Brasil e, principalmente, do Mato Grosso, observa-se a crítica ao governo de João Goulart:

Figura 4 – Frente Única

Fonte: Revista *Brasil-Oeste*, março de 1964

Não há apenas crítica dos ruralistas às proposições de João Goulart, mas a resistência ao seu governo e a associação da democracia ao capitalismo conservador, na medida em que se intitulam frente à defesa da democracia e condenam as agitações sociais e os "planos demagógicos" elaborados ou favorecidos por Jango. Em reportagem publicada com o título "A classe rural reafirma sua mensagem ao povo", na página 21 daquela mesma edição, os rurícolas reafirmam os pressupostos defendidos na VI Conferência Rural realizada no Rio de Janeiro no ano de 1961. Na mensagem assinada por 21 membros das federações rurais de todo o país, pela Sociedade Nacional de Agricultura e pela Confederação Rural Brasileira, os ruralistas afirmam o seguinte:

> A classe rural, embora das mais desamparadas pelos poderes (sic) públicos e das maiores dificuldades encontradas no cumprimento de sua nobre missão, leva, neste instante, quando termina a VI Conferência Rural, ao povo brasileiro uma palavra de fé e de confiança nos altos destinos da pátria. Conclama todos os brasileiros à ordem, à paz, ao respeito dos princípios democráticos e ao trabalho construtivo[461].

É interessante notar o momento em que essa mensagem é publicada para os leitores da revista, março de 1964, o mesmo mês que seria encerrado com o Golpe Militar, o que nos leva a pensar que os ruralistas "pressentiam", sabiam ou incentivavam algo por vir que transformaria o contexto político brasileiro. Esse comportamento dos ruralistas e de parte da sociedade civil reforça a tese defendida por diversos historiadores sobre o caráter civil-militar do golpe de 1964[462]. Segundo Marcos Napolitano:

> No dia 31 de março de 1964, um levante militar, amplamente apoiado por forças civis, pôs fim não apenas no governo reformista de João Goulart, mas também ao regime político conhecido como IV República ou República de 1946. O regime democrático e constitucional que, por sua vez, nascera de um golpe contra o Estado Novo de Getúlio Vargas, caia diante de outro golpe contra um dos herdeiros do getulismo em sua fase dita "populista-democrática" O esboço de uma política reformista, calcada em três estratégias –a nacionalização da economia, a ampliação do corpo político da nação e a reforma agrária- seria substituída por um regime militar anti-comunista e anti-reformista, pautado por uma política desenvolvimentista sem a contra partida distributiva[463].

---

[461] **Revista Brasil-Oeste**, 1964, p. 21.

[462] Sobre o período: REIS FILHO, Daniel Aarão. **Ditadura Militar, esquerdas e sociedade**. Rio de Janeiro: Zahar, 2000; REIS FILHO, Daniel Aarão; RIDENTI, Marcelo; SÁ MOTTA, Rodrigo P. (org.). **O golpe e a ditadura militar – 40 anos depois, 1964-2004**. Bauru: EDUSC, 2004; FICO, Carlos. **Além do golpe**: versões e controvérsias sobre 1964 e a ditadura militar. Rio de Janeiro: Record, 2004; FICO, Carlos. **O regime militar no Brasil (1964-1985)**. 3. ed. São Paulo: Saraiva, 2005; FICO, Carlos; ARAÚJO, Maria Paula (org.). **1968: 40 anos depois**. História e memória. Rio de Janeiro: 7 Letras, 2009; GOMES, Ângela de Castro. Política: História, Ciência, Cultura etc. **Revista Estudos Históricos**, v. 9, n. 17, p. 59-84, CPDOC/FGV, 1996. Sobre o Governo João Goulart e o Golpe de 1964, a bibliografia existente é bastante extensa. Destaco, pela riqueza factual, as obras: SILVA, Hélio. **1964: golpe ou contra-Golpe?** Rio de Janeiro: Civilização Brasileira, 1975; BANDEIRA, Luiz Alberto Moniz. **O governo João Goulart**: as lutas sociais no Brasil, 1961-1964. 6 ed. Rio de Janeiro: Civilização Brasileira, 1983. Depoimentos importantes sobre 1964 encontram-se em: MORAES, Denis de. **A esquerda e o golpe de 64**. Rio de Janeiro: Espaço e Tempo, 1989; D'ARAÚJO, Maria Celina, CASTRO, Celso; SOARES, Gláucio Ary Dillon. **1964**: visões do golpe. Rio de Janeiro: Relume-Dumará, 1994. Um estudo detalhado da participação do empresariado nacional na conspiração contra Goulart que se tornou referência é: DREYFUS, René A. **1964: a conquista do Estado**. São Paulo: Paz e Terra, 1981.

[463] NAPOLITANO, Marcos. O golpe de 1964 e o regime militar brasileiro. Apontamentos para uma revisão historiográfica. **Contemporânea** – Historia y problemas del siglo XX, v. 2, 2011, p. 209-2018, p. 210.

É importante destacar que Napolitano identifica a continuidade do projeto político-econômico de Getúlio e dos governos subsequentes, caracterizado como uma política reformista, típica do nacional-desenvolvimentismo, estendendo sua análise até o período de João Goulart, que, aos seus olhos, sucumbiu justamente por causa de sua tentativa de ampliar demais o espectro das reformas, apesar de, em princípio, ser herdeiro do getulismo. De nossa parte, concordamos com a análise de Napolitano e defendemos a ideia de que houve, sobretudo no plano econômico, uma continuidade da modernização conservadora desde Getúlio; no entanto, acredito que esse continua sendo o projeto adotado pelos militares após a chegada ao poder. Uma vez que, em um primeiro momento, não havia grandes divergências com os rumos econômicos do governo Goulart, as querelas eram sobretudo políticas, em função da aproximação, na visão dos militares, entre Jango e os líderes e propostas comunistas.

Scocuglia, apoiando-se nas ideias de René Dreifuss[464], demonstra que, em princípio, não havia uma grande coesão em relação ao golpe no interior das corporações militares e que a pressão veio também de interferências externas dos EUA e de instituições civis como o Ipes e Ibad:

> A respeito da conspiração, a jovem e média oficialidade de 64, não corrobora, por exemplo, da posição-chave do IPES-IBAD, defendida pelo trabalho de René Dreifuss, na organização-planejamento da conspiração e execução do golpe. No entanto, ficaria difícil contestar tal autor quanto às ocupações de postos chaves no processo (pós-golpe) de instalação e institucionalização do regime civil-militar autoritário, por parte de membros (intelectuais, empresários, tecnocratas e militares) do complexo IPES-IBAD. Os depoimentos orais identificam um grupo de conspiradores "intelectualizados" da "Sorbonne" – Escola Superior de Guerra, e outro mais ligado à tropa. Converge para a dificuldade da adesão do General Castelo Branco, conseguida pelos moderados (que devolveriam o poder aos civis com brevidade) – inclusive, com o propósito de "abrandamento preventivo", isto é, de controlar os mais "duros". A adesão de Castelo Branco foi conseguida: 1) pelo desenrolar das radicalizações das esquerdas e do presidente, acrescidas das quebras de disciplina e de hierarquia internas (já em março de 64); 2) pela aproximação com os serviços de

---

[464] Na obra 1964: a conquista do Estado, o historiador uruguaio René Armand Dreifuss, a partir da análise dos documentos do Ipes e do Ibad, estabelece uma conexão na articulação e financiamento do golpe entre militares e civis, e demonstra que o golpe, além de militar, também foi civil.

> inteligência norte-americanos e 3) para evitar a "linha dura" e voltar (em curto tempo) à legalidade (civis no poder, eleições etc.). A extrema necessidade de um líder "máximo" ajuda a mostrar que as forças golpistas estavam longe da coesão nas suas ações e idéias e sabiam contra quem (esquerdas pró-reformas) conflitavam e contra o quê (comunismo, desordem, indisciplina...) estavam impondo a pedagogia da força bruta. Segundo a maioria das declarações, não tinham planos de governo, depois elaborados e executados sob a batuta de ex-ipesianos-ibadianos como Bulhões, Reis Velloso, M. H. Simonsen, Delfim Neto, Roberto Campos – o que não bate com a pesquisa de Dreifuss[465].

A posição de Scocuglia parece-nos plausível, já que, a partir da revista *Brasil-Oeste*, observamos que havia uma preocupação de parte da sociedade civil, pelo menos no Centro-Oeste, com os destinos do governo Jango, principalmente com o escopo de suas reformas que poderiam prejudicar os interesses de acumulação de capital dos ruralistas dessa região. Nesse sentido, a tese propagada pelos militares de que o Brasil estava prestes a sofrer uma revolução comunista, da qual a recente historiografia sobre o tema discorda radicalmente[466], foi estrategicamente adotada pelos setores conservadores da sociedade, a exemplo dos ruralistas do Centro-Oeste.

Os ruralistas, em "A classe rural reafirma sua mensagem ao povo", publicada na revista *Brasil-Oeste* em março de 1964, retomam os princípios católicos da encíclica *Mater et Magistra,* cujas diretrizes indicavam um momento de abertura da igreja para os leigos, porém com o intuito de afastá-los de uma proposta de transformação social profunda, oferecida pelo comunismo/socialismo e levá-los a uma transformação dentro dos limites da ordem estabelecida pela tradição liberal. Dentre os pontos da referida encíclica, sobre a qual não nos deteremos agora, destacamos apenas dois, que certamente foram tomados pelos ruralistas para ludibriar seus interlocutores menos atentos, como se observa nas transcrições a seguir. A defesa da propriedade privada se faz presente em sua décima nona proposição:

> 19. A propriedade privada, mesmo dos bens produtivos, é um direito natural que o Estado não pode suprimir. Con-

---

[465] SCOCUGLIA, Afonso Celso. Goulart e o golpe de 1964: por uma nova historiografia. *In:* LOMBARDI, J. C. et al. **Navegando pela História da Educação Brasileira**. Campinas: Graf. FE/HISTEDBR, 2006. p. 6.

[466] O historiador Carlos Fico, na obra *O Grande Irmão*, contesta a tese de uma conspiração comunista no governo Jango, para ele: "Trata-se de especulação inconsistente não apenas porque é anacrônica. [...] não há nenhuma evidência empírica de que Goulart planejasse um golpe e todos sabemos que um golpe era planejado contra ele" (FICO, 2008, p. 73).

> sigo, intrinsecamente, comporta uma função social, mas é igualmente um direito, que se exerce em proveito próprio e para bem dos outros[467].

Já na trigésima quarta proposição, encontramos uma oposição muito evidente entre o cristianismo e o comunismo, o que certamente justifica o fato de os ruralistas endossarem a referida encíclica para justiçar suas propostas de reformas sociais:

> 34. Entre comunismo e cristianismo, o pontífice declara novamente que a oposição é radical, e acrescenta não se poder admitir de maneira alguma que os católicos adiram ao socialismo moderado: quer porque ele foi construído sobre uma concepção da vida fechada no temporal, com o bem-estar como objetivo supremo da sociedade; quer porque fomenta uma organização social da vida comum tendo a produção como fim único, não sem grave prejuízo da liberdade humana; quer ainda porque lhe falta todo o princípio de verdadeira autoridade social[468].

Após conclamarem os brasileiros, principalmente os do campo, a seguirem os ensinamentos da encíclica de João XVIII, os representantes da elite ruralista se mostram favoráveis, dentro dos limites da tradição cristã e liberal, às reformas de Base, como podemos vislumbrar na passagem a seguir:

> A classe rural é a favor das reformas de base, tão reclamadas, para atualizar as leis do país e possibilitar a melhor ação governamental, de forma que possam ser satisfeitas as legitimas reivindicações do povo e seus anseios de progresso e de mais justiça econômico-social. [...] É a favor da reforma agrária, democrática, cristã e técnica que atenda as peculiaridades das diversas regiões do país e vise dignificar o homem. Da reforma agrária que facilite o acesso à propriedade da terra; que ampare os ruralistas que vivem em terra alheia, regulamentando-se a locação e parceria agrícola; que institua uma justiça rural especializada, rápida e eficiente; que promova a sindicalização do homem do campo; que posso efetuar a desapropriação de terras no interesse social, dentro dos princípios constitucionais vigentes; que assegure os legítimos direitos dos proprietários, parceiros e arrendatários[469].

---

[467] JOÃO XXIII, 1961, p. 20.
[468] JOÃO XXIII, 1961, p. 1.
[469] **Revista Brasil-Oeste**, 1964, p. 21.

É oportuno retomar algumas das ideias que aparecem nas premissas ruralistas sobre a reforma agrária. O primeiro ponto a ser ressaltado, valendo-me da velha e boa ironia marxista, é que o discurso dessa classe mais parece uma oração proclamando um devir de base idealista, em que o mundo harmonioso se desenvolve por meio de um estado liberal onipotente aparado pelas bênçãos divinas. Um segundo ponto a ser aclarado é a ideia de que a reforma agrária deveria ocorrer por meio da compra de terras pelo Estado para, assim, amparar os ruralistas que são evidentemente contrários à desapropriação de seus latifúndios improdutivos. Tal ideia se coaduna com a terceira premissa defendida no discurso, a de que a reforma agrária deveria ser feita de acordo com os parâmetros constitucionais vigentes, de forma a assegurar os legítimos direitos dos proprietários, parceiros e arrendatários.

Apesar desse tom condescendente com as reformas de base, cujas contradições podem ser facilmente lidas pelos mais atentos, os ruralistas acabam retirando seu véu ideológico no decorrer do texto e revelando o verdadeiro objetivo de suas proposições, qual seja escamotear a luta de classes, a partir do viés reformista:

> A classe rural é contra a agitação, a irresponsabilidade e a demagogia; é contra remédios paliativos ministrados pelos poderes públicos para os males da vida rural; é contra a espoliação e a tentativa de desorganizar a produção através da intriga e da luta de classes[470].

Ao deixar nítida sua aversão à luta de classes na mensagem divulgada um mês antes do golpe de 1964, os ruralistas reforçam as teses do golpe civil-militar e o apoio pelas elites (cristãs, agrárias, industriais) brasileiras contra a possibilidade da instituição do comunismo em nosso país.

Conclusão

Buscamos apresentar a potencialidade da imprensa para compreendermos alguns aspectos da história do país, como o caso da revista *Brasil-Oeste*, que nos auxilia a compreender a implantação de uma modernização conservadora no Centro Oeste do país e a intensa atuação da burguesia rural regional na construção e manutenção de uma falaciosa ideia de iminente revolução comunista no país.

---

[470] **Revista Brasil-Oeste**, 1964, p. 21.

A linha editorial de *Brasil-Oeste* orientou-se na defesa de um desenvolvimento pautado na modernização conservadora, realizada pelo Estado e pela burguesia rurícola, cujos efeitos seriam suportados pelas classes trabalhadoras, e pelo combate às ideologias revolucionárias, especialmente ao comunismo. O conjunto de atores dessa cena é formado, em especial, pelo grupo editorial que dirigia a *Brasil-Oeste*, jornalistas e colunistas ligados a empresas colonizadoras de terras e/ou às elites agrárias do Centro Oeste.

As análises desenvolvidas permitem inferir que, nessa região, estabeleceu-se uma lógica de ocupação controlada pelo Estado em aliança com as elites agrárias e empresas monopolistas multinacionais e nacionais para impulsionar a reprodução do capital na região, assim como para reprimir qualquer ameaça ao regime ditatorial estabelecido a partir do Golpe de 1964.

Entidades ligadas aos latifundiários como a Ademat adquiriram poder de polícia na colaboração com o regime, espionando, denunciando e mesmo exercendo a violência por meio de prisões, exposição e extermínio dos opositores comunistas[471].

Assim, concluímos que a revista *Brasil-Oeste* serviu como veículo importante na difusão de ideias golpistas contrárias ao governo de João Goulart e, posteriormente, como propagadora dos ideais conservadores da ditadura militar por meio de propagandas patrióticas, defesa da harmonia entre as classes, e, sobretudo, anticomunistas.

Referências

ANSARA, Soraia; DANTAS, Bruna Suruagy do Amaral. Aspectos ideológicos presentes na construção da memória coletiva. **Athenea digital**: revista de pensamiento e investigación social, v. 15, n. 1, p. 207-223, 2015.

BANDEIRA, Luiz Alberto Moniz. **O governo João Goulart**: as lutas sociais no Brasil, 1961-1964. 6 ed. Rio de Janeiro: Civilização Brasileira, 1983.

D'ARAÚJO, Maria Celina; CASTRO, Celso; SOARES, Gláucio Ary Dillon. **1964**: visões do golpe. Rio de Janeiro: Relume-Dumará, 1994.

DOMENICI, Thiago. 1964: "O Brasil não estava à beira do comunismo", diz historiador. **Pública**. 1º de abril de 2019. Disponível em: https://apublica.org/2019/04/

---

[471] GOMES, Aguinaldo Rodrigues. **Educação, Utopia & Ditadura Militar**: um professor comunista no interior do Brasil (1964-1985). Curitiba: Appris, 2020.

1964-o-brasil-nao-estava-a-beira-do-comunismo-diz-historiador/. Acesso em: 19 set. 2022.

DREYFUS, René A. **1964**: a conquista do Estado. São Paulo: Paz e Terra, 1981.

FICO, Carlos. **Além do golpe**: versões e controvérsias sobre 1964 e a ditadura militar. Rio de Janeiro: Record, 2004.

FICO, Carlos **O regime militar no Brasil** (1964-1985). 3. ed. São Paulo: Saraiva, 2005.

FICO, Carlos. **O grande irmão**: da operação *Brother Sam* aos anos de chumbo. O governo dos Estados Unidos e a Ditadura Militar brasileira. Rio de Janeiro: Civilização Brasileira, 2008.

FICO, Carlos; ARAÚJO, Maria Paula (org.). **1968**: 40 anos depois. História e memória. Rio de Janeiro: 7 Letras, 2009.

GOMES, Aguinaldo Rodrigues. **Educação, Utopia & Ditadura Militar**: um professor comunista no interior do Brasil (1964-1985). Curitiba: Appris, 2020.

GOMES, Ângela de Castro. Política: História, Ciência, Cultura etc. **Revista Estudos Históricos**, CPDOC/FGV, v. 9, n. 17, p. 59-84, 1996.

GRAMSCI, Antônio. **Cadernos do cárcere.** v. 5. Rio de Janeiro: José Olympio, 2017.

LEAL, Bruno. Historiador explica que não havia risco de "golpe comunista" em 1964. **Café História**, 2021. Disponível em: https://www.cafehistoria.com.br/historiador-explica-que-naohavia-risco-de-golpe-comunista-em-1964/. Acesso em: 14 jun. 2022.

LENHARO, Alcir. A terra para quem nela não trabalha: a especulação com a terra no Oeste brasileiro nos anos. **Revista Brasileira de História**, v. 6, n. 12, 1986.

LENHARO, Alcir. **Colonização e trabalho no Brasil**: Amazônia, Nordeste e Centro-Oeste. Os Anos 30. Campinas: Unicamp, 1986.

MORAES, Denis de. **A esquerda e o golpe de 64**. Rio de Janeiro: Espaço e Tempo, 1989.

NAPOLITANO, Marcos. O golpe de 1964 e o regime militar brasileiro. Apontamentos para uma revisão historiográfica. **Contemporânea – Historia y problemas del siglo XX**, v. 2, 2011, p. 209, 2018.

OLEGÁRIO, Thaís Fleck. **A Ação Democrática Mato-Grossense (ADEMAT) no sul de Mato Grosso**: da ação política à articulação paramilitar (1963-1985).

Dissertação (Mestrado em História) – Universidade Federal do Rio Grande do Sul, Porto Alegre, 2018.

OLIVEIRA, Carlos Edinei. **Família e Natureza**. As Relações entre famílias e ambiente na construção da colonização de Tangará da Serra-MT. Dissertação (Mestrado em História) – Universidade Federal de Mato Grosso, Cuiabá, 2002.

OLIVEIRA, Carlos Edinei. Fronteiras diversas em regiões de colonização recente de Mato Grosso: Tangará da Serra, Campo novo dos Parecis e Sapezal. **História e Diversidade**, v. 9, n. 1, p. 74-95, 2017.

REIS FILHO, Daniel Aarão. **Ditadura Militar, esquerdas e sociedade**. Rio de Janeiro: Zahar, 2000.

REIS FILHO, Daniel Aarão; RIDENTI, Marcelo; SÁ MOTTA, Rodrigo P. (org.). **O golpe e a ditadura militar** – 40 anos depois, 1964-2004. Bauru: EDUSC, 2004.

SALGUEIRO, Eduardo de Melo. Revista Brasil-Oeste e o projeto de desenvolvimento para o estado de Mato Grosso. **Projeto História**, v. 41, p. 573-588, 2010.

SALGUEIRO, Eduardo de Melo. Disputas e debates sobre a colonização do estado de Mato Grosso nas páginas da Revista Brasil-Oeste. **Revista de História Regional**, v. 16, n. 2, 2011.

SCOCUGLIA, Afonso Celso. Goulart e o golpe de 1964: por uma nova historiografia. *In:* LOMBARDI, J. C. *et al.* **Navegando pela História da Educação Brasileira**. Campinas: Graf. FE/HISTEDBR, 2006, p. 1-33. Disponível em: https://www.histedbr.fe.unicamp.br/navegando/artigos/goulart-e-o-golpe-de-1964-por-uma-nova-historiografia. Acesso em: 30 jan. 2024.

SILVA, Hélio. **1964**: golpe ou contra-Golpe? Rio de Janeiro: Civilização Brasileira, 1975.

SODRÉ, Nelson Werneck. **História da imprensa no Brasil**. Porto Alegre: EDIPUCRS, 2011.

SOUSA, Antonia de Abreu. O conceito gramsciano de "revolução passiva" e o Estado brasileiro. **Revista Labor**, n. 3, v. 1, p. 28-40, 2010. Disponível em: http://www.periodicos.ufc.br/labor/article/view/9287. Acesso em: 14 jun. 2022.

POLÍTICA E IMPRENSA: A MANIPULAÇÃO DO "POPULAR" NA HISTÓRIA DA DIVISÃO TERRITORIAL DO ESTADO DE MATO GROSSO, EM 1977

Vera Lucia Furlanetto

Nos últimos tempos acompanhamos a força da comunicação midiática a depender do uso que é feito dela. Observamos também uma maior abrangência da imprensa quando grupos atuam, direta[472] e indiretamente[473], desde a sua estruturação até a produção final, para alcançar interesses pretensamente hegemônicos. Apesar de agregarem o entreter e trazerem aspectos da vida cotidiana às suas narrativas, as mídias, em muitas ocasiões, visam apenas a resultados políticos, comerciais e financeiros. Contudo, sob os princípios jornalísticos de informar e comunicar, esses veículos resguardam e disfarçam seus escopos.

As discursividades desses meios são carregadas de simbolismos textuais e imagéticos, e conduzem seus receptores, menos atentos, a encontrarem nesses signos moldes para algumas de suas práticas e laços sociais. Logo, em certa medida, os leitores são manipulados e conduzidos a normas, formas, sentidos, sentimentos e ações que os levam a viver, por vezes, no mais autêntico *habitus* bourdieusiano ao receberem sua dose diária dessa "voz autorizada"[474].

Nesses veículos, utilizam-se consideráveis recursos financeiros e tecnológicos para se realizar detalhados estudos sobre os perfis a serem atingidos. Há o tratamento de grande parte de seus receptores apenas como uma massa[475] servil, manipulável e consumidora. Todavia, essa é uma estratégia escamoteada e a evocação ao popular se faz presente, mesmo quando as temáticas tratadas ancoram-se na ótica das elites sociais, econômicas

---

[472] Proprietários, editores, redatores, diagramadores, fotógrafos etc...
[473] Financiadores, investidores, anunciantes e demais.
[474] BOURDIEU, Pierre. **Meditações pascalianas**. Tradução de Sergio Miceli. Rio de Janeiro: Bertrand Brasil, 2001.
[475] Nesse escrito os termos população, povo e massa, dos quais deriva o adjetivo popular, são entendidos como o conjunto dos sujeitos de uma sociedade dialeticamente relacionados às elites. Essas, por sua vez, ocupam posições sociais de destaque e detêm meios de controle (econômico, político e comunicacional) com os quais objetivam subordinar aqueles, objetificando-os e os destituindo de sua condição de sujeitos.

e políticas. Torna-se imprescindível, portanto, estar ciente dessa posição massificada e para isso é necessária uma análise profunda de nós mesmos, da nossa história e do mundo que nos cerca. Nesse sentido, destaca-se a escrita de Gaddis[476] ao afirmar que "o estudo do passado não é um guia para predizer o futuro", mas "ele nos prepara para o futuro, expandindo nossa experiência" e visa "aumentar nossa habilidade, nossa energia – e se tudo for bem, nossa sabedoria".

Na esteira epistemológica e paradigmática da história, um bom exemplo para estudos analíticos e críticos foi proposto por Michel de Certeau[477] ao orientar sobre a importante contribuição da teoria psicanalítica. Esse historiador foi um participante ativo e membro da Escola Freudiana de Paris, desde 1964, quando foi fundada por Jacques Lacan, na qual o pensamento freudiano foi revisitado, revisto e discutido intensamente. A partir disso, De Certeau fez proposições audaciosas dentre as quais estava uma escrita da história que considerasse as concepções preconizadas pela psicanálise (respeitando-se as particularidades de cada uma das disciplinas).

Lacan, psicanalista francês, desde 1932 retornou a Freud "não para repetir o seu ensino mas para o prolongar"[478]. Em seguida, logo no pós-guerra, em um diálogo com a linguística estrutural de Ferdinand de Saussure, apresentada a ele indiretamente por Claude Lévi-Strauss, inseriu a psique em sua discussão. Ao acentuar "o corte entre consciente e inconsciente"[479], inovou no plano teórico e na prática terapêutica pensando o inconsciente estruturado como a linguagem; subverteu os aspectos do significante e colocou-o como autônomo e supremo em relação ao significado[480], pautando-se pelo encaminhamento metafórico do pensamento.

Nesse bojo de debates lacanianos e certeaunianos, ponderando o lugar social do inconsciente em seus aspectos culturais, sociológicos, filosóficos, linguísticos e históricos, é possível refletir acerca da eficácia das narrativas midiáticas em âmbito local, nacional e internacional. Pois a linguagem nos compõe para além da ordem objetiva e subjetiva, atravessa nossas relações

---

[476] GADDIS, John Lewis. **Paisagens da história:** como os historiadores mapeiam o passado. Rio de Janeiro: Campus, 2003. p. 26.

[477] DE CERTEAU, Michel. **História e Psicanálise:** entre ciência e ficção. Tradução de Guilherme João de Freitas Teixeira. Belo Horizonte: Autêntica Editora, 2011.

[478] DOSSE, François. **História do Estruturalismo:** O campo do signo. Volume 1. Tradução de Álvaro Cabral. Bauru: Edusc, 2007. p. 118.

[479] *Ibidem*, p. 120.

[480] Sobre a estrutura do signo linguístico, SAUSSURE, Ferdinand de. **Curso de linguística geral**. São Paulo: Cultrix, 2006.

em sociedade e estrutura nosso inconsciente no processo particular de nossa constituição como sujeitos[481]. Ademais, cortes epistêmicos entre fenômenos psíquicos individuais e coletivos não se sustentam por estarem superados desde Freud[482]. Questão essa que pode ser verificada quando se pratica a interdisciplinaridade[483]. Percebem-se ecos da teoria psicanalítica nos saberes da história, da comunicação, da filosofia, dos estudos da linguagem, da antropologia, da sociologia e também da matemática, dentre tantos outros[484].

Portanto, em uma análise similar à terapêutica psicanalítica, é possível pensar nas possibilidades de os significantes para os quais as pessoas movem seus desejos, independentemente do estrato ou posição social que ocupam, serem muitas vezes mais comezinhos e umbilicais[485] do que supomos. Precipuamente, quando amparados em metáforas do capital econômico e do poder (acumulados, concentrados, não circulantes), tais significantes (então, objetos de desejo) acabam sendo impostos aos demais sujeitos como uma demanda a ser perseguida, enquanto poderiam ser subvertidos, compartilhados socialmente e ressignificados culturalmente.

Destarte, necessitamos entender que já nascemos lidos em um mundo de linguagem com suas normas sociais previamente determinadas. Após nossa

---

[481] Vale dizer, brevemente, que para Lacan a constituição do sujeito ocorre na "Resolução do Édipo". Após passar pelos "três tempos" do inconsciente: "Estádio do espelho"; "Metáfora do Nome-do-Pai" e "Castração simbólica"/"Recalque originário"; funda-se aí o "significante primeiro", que perdido gerará a angústia. Isso levará o sujeito a outros significantes, em um encadeamento possivelmente infinito, na tentativa de uma substituição para tal falta, ao ter acesso à ordem do símbolo, da cultura, do social, portanto, da linguagem. Ou seja, a criança ao nascer é discursivamente determinada em um mundo de linguagem, com normas e culturas que a precedem e só se torna sujeito após passar por todo o processo de constituição, em sua resolução psíquica singular. Logo, ao adentrar na ordem simbólica rompe com a relação dual primeira de continuidade e de identificação, pela força da alteridade e da heterogeneidade. Sobre tal ordem incidem o metafórico e o metonímico, dentro dos quais o sujeito se aliena; e assim, buscará inconscientemente, *ad infinitum*, em seus laços de sociabilização, aspectos daquela relação primordial rompida. Daí a importância da terapia psicanalítica, por possibilitar a ressignificação. Maior compreensão pode ser obtida com a leitura de LACAN, Jacques. **O seminário, livro 5**: as formações do inconsciente. Rio de Janeiro: Jorge Zahar, 1999; LEMAIRE, Anika. **Jacques Lacan**: uma introdução. Tradução de Durval Checchinato. 4. ed. Rio de Janeiro: Campus, 1989.

[482] O psicanalista entendia que assim como a criança passa por um processo de constituição para se tornar sujeito, a sociedade passou por um processo de tornar-se de algum modo organizada, normatizada, e entrar na ordem da cultura e da vida social. Associando o método analítico à psicologia dos povos, Freud voltou-se ao coletivo para entender a sociedade, recuando às origens da organização política, da moral, da religião, do remorso e da proibição do incesto, para então elaborar a sua teoria cultural. Tais considerações são encontradas em FREUD, Sigmund. **Totem e tabu**: algumas concordâncias entre a vida psíquica dos homens primitivos e a dos neuróticos. Tradução de Paulo César de Souza. São Paulo: Penguin Classics Companhia das Letras, 2013.

[483] DE CERTEAU, Michel, *op. cit.*

[484] Freud e Lacan imergiram em disciplinas como literatura, etnologia, história, linguística, antropologia, matemática e outras para aprofundarem seus estudos, por conseguinte, contribuíram para as discussões epistemológicas nessas áreas.

[485] Ou narcísicos, em termos psicanalíticos.

constituição como sujeitos precisaremos nos posicionar acerca das semânticas compositoras desse universo. Ao considerarmos as construções históricas e culturais, poderemos questionar e problematizar as discursividades produzidas por nós e às que somos submetidos, em uma atuação confluente com o ofício do(a/e) historiador(a/e). Nesse percurso, é fundamental discutir e desconfiar da simplificação de pensamentos, da organicidade nas relações e de qualquer harmonia institucional, a fim de desvelar as incoerências, os dissensos, os conflitos. E ainda, traçar uma cadeia de significantes e procurar os silêncios, os desvios, os deslocamentos, as deformações; bem como as permanências, as repetições e os retornos; investigar bastidores, redes de sociabilidade, com ênfase na historicidade e no contexto no qual tudo está inserido.

Além disso, é preciso aceitar os lapsos linguísticos, as manifestações da linguagem e entender que os textos do passado são uma narrativa parcial, resultante das metáforas e das metonímias possíveis sem, contudo, deixar de observá-los sob uma perspectiva filosófica, política, social, cultural e ética. Por essa razão, quando nos propomos a utilizar esse aparato em relação à imprensa, precisamos estar atentos à falsa ideia de pretensa neutralidade dos veículos de comunicação, compreendendo-os como difusores de ideologias a serviço da corporação a que pertencem[486]. A ligação existente entre os discursos manifestados e o poder, que tem como consequência a manipulação tanto das próprias informações quanto da opinião pública, deve estar inclusa nas análises[487].

Tais considerações, conjuntamente às perspectivas da Nova História Cultural[488] e da Nova História Política[489], nortearam esta pesquisa acerca das representações sobre a divisão do estado de Mato Grosso, em 1977, divulgadas nos jornais *O Progresso*[490] (de Dourados), o *Correio do Estado*[491] (de Campo Grande) e *O Estado de Mato Grosso*[492] (de Cuiabá). Esse arcabouço teórico metodológico permitiu compreender certas relações que os políticos estabeleceram com lugares privilegiados e o alinhamento da imprensa aos discursos daqueles agentes.

---

[486] DE LUCA, Tânia Regina. História dos, nos e por meio dos periódicos. *In*: PINSKY, Carla (org.). **Fontes Históricas.** São Paulo: Contexto, 2005. p. 111-153.
[487] CHARAUDEAU, Patrick. **Discurso das mídias.** São Paulo: Contexto, 2012.
[488] BURKE, Peter. **A escrita da história:** novas perspectivas. São Paulo: Unesp, 1992.
[489] CARDOSO, Ciro Flamarion, Uma nova história política? *In*: CARDOSO, Ciro Flamarion; VAINFAS, Ronaldo (org.). **Novos domínios da história.** Rio de Janeiro: Elsevier Campus, 2012.
[490] **JORNAL O PROGRESSO,** Dourados. Índice Acumulado: 11 jan. 1977 – 30 dez. 1977.
[491] **JORNAL CORREIO DO ESTADO,** Campo Grande. Índice Acumulado: 13 jan. 1977-30 dez. 1977.
[492] **JORNAL O ESTADO DE MATO GROSSO,** Cuiabá. Índice Acumulado: 11 jan. 1977-30 dez. 1977.

Para este escrito, em específico, foram selecionadas as publicações referentes aos episódios festivos, com foco no *Correio do Estado*. Foram incluídas também as fotografias, que retrataram as comemorações relacionadas ao desmembramento em 1977, veiculadas em tal jornal. Assim, foi possível entender como a dimensão do "popular" foi abordada naquele contexto.

O "popular" na semântica hegemônica

No *Correio do Estado*, desde o dia 21 de setembro, houve várias publicações relacionadas à concretização da divisão de Mato Grosso e à criação de Mato Grosso do Sul. A assinatura, pelo presidente Ernesto Geisel, da lei complementar n.º 35 (que autorizava o ato), ocorreria no dia 11 de outubro de 1977. Desse modo, em 28 de setembro, o jornal reportou a lei aprovada pelos vereadores que instituía o feriado em Campo Grande, devido à criação do novo Estado, com a notícia "11 de outubro: Câmara aprova feriado municipal". O redator atribuiu ao evento federal o *status* de "marco histórico" e destacou sua oficialidade.

Motivos esses que teriam levado o vereador Eduardo Contar Filho a propor tal lei municipal, "sendo subscrita por todos os vereadores presentes". Considerando a data "significativa para Campo Grande [...] futura Capital e para toda a Região Sul de Mato Grosso", já que iria "originar o Estado do Mato Grosso do Sul", pretendia angariar adesão popular ao fato. Contudo, a medida não tinha respaldo constitucional, uma vez que cabia à esfera federal a regulamentação sobre a instituição de feriados, mesmo que municipais. Ainda assim, os políticos campo-grandenses empregaram a estratégia de marcar a data simbolicamente ao vinculá-la a um feriado.

Os vereadores cientes da imprudência e aliados ao administrador municipal assumiram os riscos, em uma coalizão de interesses, visando à amplificação das comemorações. Todavia, naquela ocasião não estenderam a ação para além do ano vigente. Diziam desejar "que toda a população campo-grandense" pudesse "comemorar, em casa ou nas ruas, a sanção presidencial à Lei da Divisão".

Assim, os festejos cívicos e celebrativos tinham pretensões comemorativas e pedagógicas, ao instituir uma data a ser lembrada e rememorada. Expunha-se a estratégia jornalística de aproximação entre as ações políticas e os interesses do povo, embora esse nunca tivesse de fato sua fala[493] veiculada

---

[493] Enfatiza-se que os termos "fala" e "olhar" (dentre outros eventualmente constantes neste escrito) não são usados somente em seu sentido literal, e sim pensados também como funções lacanianas. Para aprofundamento

nas páginas. Porém, esses sujeitos eram utilizados simbolicamente em muitos sentidos (a exposição imagética de seus corpos como partícipes das propostas apresentadas pelos veículos de comunicação é um bom exemplo).

Ademais, observou-se que os jornais estudados eram produzidos pela elite, visando em primeiro plano a ela mesma. O elemento "popular" era abordado e manipulado com propósitos de formatação das condutas das pessoas em geral e legitimação de um grupo privilegiado. No *Correio do Estado* a seção destinada às manifestações dos leitores era composta por escritos de juízes, professores de ensino superior, advogados, médicos, e outros aos quais lhes era atribuída a "voz da população". Entretanto, os textos somente foram inseridos pelos editores por pertencerem a autores da alta escala social.

Em *O Estado de Mato Grosso* ficava explícito que somente a escrita dos redatores fixos, apresentando as falas das categorias sociais vistas como hegemônicas, era difundida[494]. No "Editorial", área destinada a críticas, solicitações e sugestões, figurava somente a opinião de cunho pessoal dos representantes oficiais do periódico. Já em *O Progresso,* o "Espaço para Leitor" não tinha página fixa e flutuava pelas estruturas do jornal. Ressalta-se que apesar de esse título remeter a uma possível manifestação do público receptor, que teria ali suas vozes impressas, essas não eram identificadas. Transparecia tratar-se de um artifício jornalístico, no qual constavam apenas as apreciações da equipe produtora do noticioso.

Em se tratando da recepção, várias edições daquele ano de *O Estado de Mato Grosso* publicaram trechos da palestra, de Emil Farhat, proferida no "Seminário de Reciclagem da Mídia"[495]. Com patrocínio da "Associação Brasileira de Anunciantes", destacava-se a credibilidade publicitária dos periódicos ao afirmar: "86% dos leitores de jornais pertencem às classes A e B, que tem capacidade de comprar tudo que qualquer anunciante tenha a oferecer, desde um palito até um avião". Com essas assertivas pretendia-se mostrar a potencialidade comercial dos jornais, sobretudo, incentivar aos mais variados polos a investirem em publicidade por meio de suas páginas. Usando de dados estatísticos induzia o anunciante a esperar retorno garantido de seu investimento, uma vez que poderia alcançar clientes efetivos.

---

indica-se: SOLE, Maria Cristina Petrucci. **O sujeito surdo e a psicanálise**: uma outra via de escuta. Porto Alegre: Editora da UFRGS, 2005; LACAN, Jacques. **Escritos**. Rio de Janeiro: Jorge Zahar, 1998.

[494] Quando eram reportadas as publicações de agências e jornais locais, nacionais e internacionais, as fontes sempre estavam devidamente citadas.

[495] COMPROVE porque é ótimo anunciar em jornal. **O Estado de Mato Grosso**, Cuiabá/MT, n. 7769, p. 3, 4 out. 1977.

Nesse tom seguiu a reportagem elencando como seus principais leitores diretos aqueles "com instrução superior" computando "noventa e nove por cento", ou seja, uma parcela seleta de pessoas entendidas como "lideranças brasileiras". Para essas, era sugerido que fossem enviadas "mensagens [...] seja de vendas de um produto, seja institucional ou política", e inferia-se pela necessidade e obrigatoriedade de se "recorrer aos jornais" para que fossem recebidas com eficácia.

Uma vez que o poder econômico dita a abrangência da comunicação midiática, verificou-se os vínculos estabelecidos entre a imprensa, o comércio e o poder político institucionalizado, este também fonte de recursos financeiros. A referida publicação ainda apresentava os variados nichos receptivos e potencialmente consumidores: as elites sociais e econômicas, os políticos, as "mulheres", a "juventude de classes A e B", residentes nas grandes "cidades brasileiras" e "certamente nas cidades do interior".

Se por um lado os jornais mostraram práticas excludentes, por outro se sabia que a sua narrativa chegava às mais variadas camadas da sociedade pela oralidade[496]. Assim, até mesmo pessoas sem acesso ao ensino formal tornavam-se seus "leitores" indiretos, impingidos a uma interpretação de terceira fala que poderia estar ainda mais carregada de aspectos normativos formatadores. A imprensa construía assim seu capital simbólico ao utilizar uma retórica que, implícita ou explicitamente, regia as diretrizes do que seria desejável/aceitável ou não em determinada sociedade. Com suas metáforas dicotômicas oferecia significantes simplificados e engessados, supostas respostas e soluções, frente à complexidade da vida e do humano.

Além disso, muito do que dizia respeito à vida social e íntima era comercializado, e não somente produtos propriamente ditos; cada espaço dentro do jornal tinha seu preço. As recorrentes orações publicadas no *Correio do Estado*, a "Coluna Espírita" em *O Progresso*, o horóscopo que passou a ser divulgado também no *O Estado de Mato Grosso*[497], ao lado das colunas sociais e dos obituários, foram algumas amostras de que a religiosidade, a espiritualidade, o misticismo, o esoterismo, e a exibição (do nascimento à morte) faziam parte do consumo diário.

Quanto ao uso da população como justificadora das ações propostas, no *Correio do Estado* se fez com frequência e de múltiplas maneiras em

---

[496] MEIRA, Leonice Maria. **Um estudo sobre os reflexos das ações da ditadura militar através do jornal O Estado de Mato Grosso** – (1964-1974). Dissertação (Mestrado em História) – UFMT, Cuiabá, 2011.

[497] Nas primeiras edições desse jornal em 1977 não constou o horóscopo, diferentemente dos outros dois.

1977. Para demonstrar a gratidão e apoio aos militares, por exemplo, foi sugerida uma estátua a ser erguida em homenagem a Geisel, financiada por meio de "contribuição popular". A preocupação era de que essa iniciativa não fosse considerada mera "subserviência ou gesto estrito de agrado" ao presidente, mas "uma mostra da satisfação do sulista pela divisão e pela criação do Estado do Mato Grosso do Sul". Contudo, ficou nítido que se tratava apenas de uma tentativa de alguns políticos em homenagear o chefe do executivo nacional[498].

A aprovação do feriado municipal pelo prefeito Marcelo Miranda, proposto pelo vereador Eduardo Contar Filho, também foi divulgada como uma medida resultante da "vontade popular"; sancionada para que os campo-grandenses pudessem "comemorar" sem contratempos a data "histórica". Ficou explícito o trabalho conjunto dos políticos com a imprensa para construir e forjar uma comemoração que refletisse o poder e a influência de ambos, em criar uma história que fosse "reveladora" de sua importância na divisão, sob um verniz popular. Além de contribuir para que os festejos tivessem tal conotação, intencionava-se criar uma memória positiva atraindo o máximo de pessoas para serem registradas, não só naquele momento, mas *a posteriori*, como partícipes da causa. A organização da festividade programada para 11 de outubro contaria com bandas e escolas de samba, foguetório e participação "geral" garantida, em virtude do feriado[499].

Em 6 de outubro, o *Correio* publicou duas chamadas, na capa e na página sete, associando a data da assinatura à festividade, sob os títulos, respectivamente: "No dia 11, Dia da Divisão, Campo Grande vai viver um dia inteiro de comemorações populares" e "Alvorada, desfile, carnaval de rua vão marcar a solenidade histórica". O conglomerado midiático sob a direção de José Barbosa Rodrigues (jornal *Correio do Estado* e a *Rádio Cultura*), em parceria com a Prefeitura Municipal, mobilizou recursos públicos e privados para promover o evento. Nas matérias figuraram o prefeito Marcelo Miranda e os vereadores campo-grandenses, de modo a deixar explícita a relação do jornal com esses políticos locais. A aliança existente entre tal grupo ficou bastante evidente no episódio da divisão do estado. Outras entidades também apoiaram e colaboraram com as festividades promovidas: Liga Sul Mato-grossense, Secretaria de Educação e Cultura, Diretórios Acadêmicos

---

[498] AS GRANDES homenagens programadas para o presidente divisionista. **Correio do Estado**, Campo Grande/MT, n. 7360, p. 5, 21 set. 1977.

[499] MARCELO aprova feriado dia 11 e hoje deve sancionar a Lei. **Correio do Estado**, Campo Grande/MT, n. 7367, p. 9, 29 set. 1977.

das Faculdades Unidas Católicas, Universidade Estadual de Mato Grosso e Centro de Ensino Superior. Essas convergências teriam por objetivo promover um "grande dia de festa, aproveitando o feriado municipal criado pela Câmara de Vereadores". Com isso, esperava-se mobilizar a população para que saísse às ruas, tornando os festejos uma "grandiosa manifestação pública" com "a finalidade de marcar com muita alegria, a criação oficial e de direito do Estado de Mato Grosso do Sul" que passaria "a existir de fato a 1º de janeiro de 1979".

As festividades previstas para iniciarem no dia 10 de outubro tiveram sua programação previamente divulgada. Foram informados vários acontecimentos em diferentes locais e horários. Entre eles destacava-se o "desfile monstro", para o qual "as empresas Andorinha e Mota colocaram à disposição 10 ônibus para servirem os moradores dos bairros"[500]. A fim de promover uma passeata que deveria ser ruidosa e animada, "os organizadores, *Correio do Estado* e *Rádio Cultura*", distribuiriam para os participantes do desfile "mais de 5.000 foguetes" que tornariam "a comemoração ainda mais marcante". A preocupação fundamental no periódico, naquela ocasião, foi a fixação da data comemorativa. Para tanto, enalteceram-se todos os atos relacionados à solenidade e a criação de Mato Grosso do Sul foi considerada um "sonho" realizado. O *Correio do Estado*, na capa, em 10 de outubro, enunciou: "Amanhã, em Campo Grande e Brasília, a grande festa da sonhada divisão", reforçando a reportagem anterior, relatava todos os preparativos organizados e programados pela imprensa em conjunto com setores públicos e privados. Assim, estabelecia o desmembramento, e a consequente criação de uma nova entidade federativa, como um "desejo coletivo" compartilhado por "todos os sulistas". No entanto, tais significantes não se sustentaram, uma vez que os desejos ali manifestados eram particulares, de apenas alguns sujeitos que não formavam um grupo amplo e coeso. Logo, tratavam-se somente de metonímias escamoteadoras de interesses direcionados à conservação de posições sociais e econômicas.

Aquela manchete explicitou a estratégia de colocar veículos à disposição da população para concentrá-la no centro e dessa maneira garantir o registro de uma massa considerável. Essa seria representada por meio de fotografias e, posteriormente, elencada divisionista, simpatizante de todo o processo e favorável aos atos políticos e midiáticos que nortearam a divisão

---

[500] Uma prática utilizada recorrentemente, que tinha por finalidade promover uma grande aglomeração de pessoas para dar teor popular aos eventos promovidos pelo governo. HIGA, Roberto: **depoimento** [14 mar. 2015]. Entrevistadora: Vera Lucia Furlanetto. Campo Grande, 2015.

do estado e criação de Mato Grosso do Sul. Tal publicação ressaltou ainda a participação do grupo de Barbosa Rodrigues, que além de organizar as comemorações também daria cobertura jornalística e registraria em imagens as festividades; nomeou a Praça da República de "Praça Presidente Geisel"; sugeriu como já criado um "Museu da Divisão" (que não se efetivou) e prometeu até um jogo de futebol no estádio Morenão para garantir a participação popular.

No dia seguinte ao ato, nas páginas jornalísticas fez-se questão de enaltecer o "sucesso" do esquema comemorativo e ressaltar os pormenores da festividade promovida em 11 de outubro. No texto, o dia foi qualificado como "essencialmente carnavalesco" com a festa iniciada às 7 horas da manhã. Informou-se que às 16 horas os primeiros blocos e cordões, com a "Escola de Samba 'Acadêmicos do Samba' precedida pelas demais (quatro) existentes em Campo Grande", teriam ocupado as principais ruas da cidade, prosseguindo o carnaval "até cerca de 22 horas, com muita animação" em "um clima bastante alegre"[501]. Os sentimentos anunciados de alegria e as posturas emotivas da população teriam por objetivo amparar as ações festivas dos organizadores, apoiadores e políticos, em seus agradecimentos destinados ao presidente Geisel. No entanto, essa narrativa sobre um contentamento do povo não correspondia aos registros fotográficos, como será verificado adiante.

Outra aproximação promovida pela letra jornalística foi do local com o nacional, ao enunciar os discursos realizados pela alta cúpula do governo federal em Brasília, na edição especial, do dia 12 de outubro. As palavras do presidente Ernesto Geisel foram enaltecedoras de Mato Grosso do Sul, quando da assinatura da lei. A criação do Estado foi justificada pelo desenvolvimento geoestratégico do Brasil e uma necessidade de ordem política.

A capa estampava a afirmação de Geisel: "foi preocupação do meu governo abrir o caminho no sentido de uma melhor divisão territorial do País". Eram enumerados os porquês, evidenciando duas necessidades principais. A primeira, "de uma disposição geográfica decorrente também do desenvolvimento do País e, sobretudo, da ocupação". A segunda, "de ordem política, tendo em vista um melhor equilíbrio da Federação nos dias de amanhã". O presidente apontou ainda as dificuldades encontradas e julgou a divisão como um "problema complexo" em consequência dos "sentimentos locais, dos sentimentos de regionalismo e também da tradição

---

[501] CARNAVAL encerra Festa da Divisão. **Correio do Estado**, Campo Grande/MT, n. 7377, p. 2, 12 out. 1977.

histórica". Contudo, considerou a celeuma solucionada e as "aspirações da população" atendidas. Em decorrência de seus atos, seria necessário viabilizar uma estrutura para a nova unidade federativa, desse modo declarou: "[...] a partir de hoje teremos que iniciar uma longa tarefa, para, com base nesse dispositivo legal, dar efetiva existência ao novo Estado". Segundo Geisel, a missão seria desenvolver tanto Mato Grosso do Sul quanto Mato Grosso.

Para tal, seria necessário associar suas riquezas e potencial econômico com o trabalho e habilidades das pessoas em geral. Assim, o povo e os governos, federal e estaduais, deveriam estar unidos para a região atingir pleno desenvolvimento. Referiu-se Geisel: "Vamos construir praticamente dois Estados [...], nessa luta estaremos todos juntos [...], usando as potencialidades do território e a capacidade da população". Apesar de evocar a incumbência conjunta, e incluir a massa e sua competência de transformação para a construção do novo Estado, o ato interessava a políticos e empresários e foi por eles apoiado. Nesse caso, a população serviria apenas para os trabalhos subalternos dentro do ousado projeto[502]; fundamental, portanto, sua participação. Razão essa que levava políticos e imprensa, em uníssono, a apelarem por uma aproximação perpassada por elementos de identificação com aquela parcela da sociedade.

Maurício Rangel Reis, por sua vez, ao discursar assegurou que a criação do Estado propiciava um futuro glorioso à nova unidade federativa: "Surge nesse dia o Estado do Mato Grosso do Sul, forte e pujante ao lado do seu irmão mais velho do Norte, o Estado de Mato Grosso, com seu imenso potencial, elo natural com a Amazônia, no processo efetivo da integração nacional". Para o ministro, o presidente objetivava "proporcionar ao país uma nova divisão territorial, entendida como mais compatível com o estágio de desenvolvimento econômico e social do Brasil"[503].

Os discursos de Ernesto Geisel e Rangel Reis escamotearam o autoritarismo de suas ações. Pois a democracia parecia existir em virtude de o Brasil ter uma constituição, partidos políticos e um regime representativo; sugeria-se que os anseios populares eram acatados pelo governo. Assim, a criação de Mato Grosso do Sul estaria no bojo do atendimento às reivin-

---

[502] Durante a ditadura militar as relações estabelecidas entre planejamento econômico, modernização e desenvolvimento capitalista tinham na "teoria do capital humano" o seu elemento vital, a seiva ideológica que alimentava o projeto societário materializado no slogan Brasil Grande Potência. BITTAR, Marisa. FERREIRA JR., Amarilio. **Educação e tecnologia tecnocrática na ditadura militar**, p. 333.
[503] SILVA, Ricardo Souza da. **Mato Grosso do Sul:** Labirintos da memória. Dissertação (Mestrado em História) – UFGD, Dourados, 2006, p. 45.

dicações e às vontades do povo. Entretanto, além de não fazer parte dos interesses cotidianos da maioria das pessoas, "não consistia apenas numa redivisão territorial, mas também, e talvez principalmente, na reformulação da estrutura de poder regionalizado de parte do Estado brasileiro"[504].

A gramática do *Correio do Estado* mostrou-se alinhada aos interesses dos militares e de alguns políticos locais. O grupo que geria o periódico comprometeu-se com a campanha divisionista, em 1977, e organizou os festejos para comemorar a criação de Mato Grosso do Sul, pretendendo transformar a data em registro histórico. Em nota de agradecimento, publicada na capa, do dia 13 de outubro, foram agradecidas as parcerias das entidades públicas, privadas e do povo. Segundo a matéria, as colaborações "permitiram abrilhantar e valorizar a festa da divisão", porque "ajudaram o *Correio do Estado* e a *Rádio Cultura* na promoção da maior festa popular já registrada em toda a história mato-grossense". Os redatores atribuíram ao jornal a responsabilidade pelas comemorações e supervalorizaram as expectativas alcançadas. Preocupados em envolver a sociedade de uma maneira geral com os interesses por eles desejados, aqueles sujeitos incluíam e manipulavam "a população" em suas pautas.

Oferecer significantes desejantes e espetacularizar corpos

Para corroborar a potencialidade retórica utilizada no jornal, os editores do *Correio do Estado* elencaram e publicaram fotografias de autoria de Roberto Higa. O fotógrafo era contratado pelo governo do estado de Mato Grosso, em 1977, para registrar as ações governamentais e atuava principalmente em Campo Grande, onde residia. Higa já havia fotografado para vários jornais locais, atividade que ainda executava com frequência. Todavia, seu maior trabalho foi na esfera pública (na qual permaneceu até 2017, exercendo sua profissão a serviço da Assembleia Legislativa do Mato Grosso do Sul) e sua atuação era credibilizada e requisitada pela imprensa regularmente.

Nas fotografias publicadas pelo jornal, na ocasião das comemorações pela divisão do estado, foram registradas pessoas em marcha na Avenida 14 de Julho, em Campo Grande, na passeata de 11 de outubro de 1977 (Fotos I, II, III e IV). Aquelas imagens deram evidências do olhar do fotógrafo empenhado em enfatizar a aglomeração de pessoas. Em um primeiro momento, o enquadramento proposto por Higa trouxe o aspecto de uma unidade

---

[504] ARAKAKI, Suzana. **Dourados:** memórias e representações de 1964. Dourados: UEMS, 2008, p. 102.

social, de uma perspectiva que revelava por meio de imagens os signos de uma comemoração coletiva, consensual e homogênea, construindo a percepção de que o desmembramento fora um anseio massivo. Todavia, um exame mais atento, juntamente ao acesso a informações sobre os bastidores preparativos daquele evento, leva a outras interpretações. Ao se apreciar o conteúdo dessas imagens e observar as pessoas e os objetos retratados, bem como as posturas, as paisagens, as expressões e a estruturação final, foi possível chegar a outro entendimento e, assim, tecer as críticas necessárias. Na primeira foto analisada já foi possível observar questões interessantes.

Foto I – Passeata na rua 14 de Julho

Autor: Roberto Higa (*CORREIO DO ESTADO*, 12 out. 1977, p. 1)

Em primeiro plano havia crianças paradas de costas para as lentes do fotógrafo, de frente para a passeata em posição de espera das pessoas que se aproximavam. Alguns carros estavam estacionados próximos às guias da calçada e outros no meio da rua, junto à aglomeração. Isso sugeriu que aquele local era um ponto final, uma chegada dos sujeitos que estavam em movimento e que nem toda a população participou, houve apenas quem assistiu.

As pessoas andavam pelo declive e posterior aclive da avenida 14 de Julho, ocupando duas quadras entre as ruas Marechal Cândido Mariano Rondon e Antônio Maria Coelho, cruzando a rua Maracaju no centro da cidade, em direção ao fotógrafo. Ao transitarem pelo meio da rua e nas calçadas favoreceram a visão para que fosse enquadrada nas lentes da câmera a maior quantidade de pessoas. Não traziam cartazes ou faixas consigo, a maioria visível andava com as mãos abaixadas, à lateral do corpo, no máximo com braços dobrados e as mãos juntas ao peito. A seriedade estava estampada nas poucas faces distinguíveis, não havia sinais de vibração, festa ou alegria. O sujeito adulto e uma criança que caminhavam próximos, em direção às outras, lançavam seus olhares à esquerda (do observador) em busca de algo não retratado na imagem.

Outra foto (II) captada por Higa no mesmo dia, sob outro ângulo, não foi veiculada pelo jornal naquela data. A fotografia faz parte do acervo particular do fotógrafo (já exposta por ele em várias outras oportunidades e disponível na rede de internet[505]). Foi retratado o mesmo evento, entretanto elencou-se a foto que mostrou o maior número de pessoas para ser publicada no jornal.

Foto II – Veículos parados na rua 14 de Julho

Autor: Roberto Higa, 12 out. 1977 (arquivo pessoal do fotógrafo)

Ao que se pode observar a Foto II foi um teste. Poucas pessoas na rua, algumas em cima de bicicletas, outras nas calçadas aparentemente só observando, os veículos (que eram maioria) parados. Havia sujeitos em cima dos automóveis, como pôde ser verificado no primeiro carro (na primeira

---

[505] **MEMÓRIA fotográfica de Campo Grande por Roberto Higa**. Disponível em: https://www.resumofotografico.com/2011/08/campo-grande-por-roberto-higa.html. Acesso em: 7 jun. 2022.

faixa do lado esquerdo), na Kombi (a primeira da faixa do lado direito) e atrás dela. Alguém logo atrás do primeiro carro levantou a mão em sinal de cumprimento, sendo o mais próximo que se tem de um ato efusivo. Esse retrato não foi publicado pelo jornal; não foi escolhido entre os que figuraram nas edições da comemoração, porque não dava a ideia de movimento, nem de multidão. Outras ruas também não foram fotografadas, nem pessoas comemorando individualmente ou em algum ambiente específico. Nenhum dos sujeitos foi entrevistado pelo jornal, também não se soube da presença de outros fotógrafos no local. Essas questões evidenciaram uma montagem de cena para a comemoração e para o registro dela, um delineamento na tentativa de forjar uma festa amplamente popular por toda Campo Grande.

A terceira foto (III), bastante emblemática, retratou uma aglomeração no centro da cidade de Campo Grande em frente à sede do jornal *Correio do Estado*. As pessoas estavam voltadas para a direção do trânsito, a maioria delas bem juntas umas das outras, sendo esse o local onde possivelmente tenha se iniciado a passeata. O foco principal da imagem foi a fachada do estabelecimento com o letreiro em evidência, simbolizando a relação entre a população reunida pronta para festejar e a imprensa que promovia aquela experiência. Situação que seria gravada em suas páginas para a posteridade quando o evento poderia ser rememorado, lembrado e novamente comemorado.

Foto III – Aglomeração em frente à sede do jornal *Correio do Estado*

Autor: Roberto Higa (*CORREIO DO ESTADO*, 12 out. 1977, p. 3)

Havia a presença de adultos e crianças em pé, parados, apresentavam atitude de espera; braços cruzados ou levados à cintura deram essa percepção; a maioria estava de costas para o fotógrafo, havia poucos carros e quase nenhuma bicicleta. Conversavam entre si, e os últimos olhavam para trás e não para o fotógrafo, o que dava o aspecto de distração.

Outra fotografia registrou a atuação do *Correio do Estado* no planejamento da comemoração, exibindo uma faixa, evidenciando o trabalho do jornal na construção do evento[506].

Foto IV – Passeata na rua 14 de Julho

Autor: Roberto Higa (*CORREIO DO ESTADO*, 12 out. 1977, p. 3)

Nessa última foto, as pessoas estavam em movimento, todas de costas para as lentes, algumas de mão dadas com crianças, descendo a rua 14 de Julho, algumas de bicicleta, os veículos estacionados nas laterais. O foco maior se deu à faixa presa acima dos transeuntes, de um lado ao outro da rua, com os dizeres: "Correio do Estado no dia do nascimento do novo Estado abraça todos seus amigos e leitores". Para auxiliar na análise dessas imagens que foram relacionadas com a festa de criação de Mato Grosso do Sul, acrescentou-se como fonte a entrevista com o profissional Roberto Higa. Em suas palavras, com as quais não

---

[506] Marisa Bittar relatou sobre a participação direta do *Correio do Estado* na promoção das festividades em virtude da divisão do Estado de MT e criação do Estado de Mato Grosso do Sul, tendo Campo Grande como capital. BITTAR, Marisa. **Mato Grosso do Sul, a construção de um Estado.** Vol. 1 e Vol. 2: regionalismo e divisionismo no sul de Mato Grosso.

se pode deixar de concordar, é fundamental "saber a história dos bastidores"[507], porque tão importante quanto o escrito nos jornais é o omitido por eles.

Em relação aos indivíduos em cima do veículo, Higa disse tratar-se de um caminhãozinho, contratado para o evento, que deveria conduzir o maior número de pessoas naquela ocasião. Aquela era uma prática comum utilizada pelo governo na época, quando se pretendia realizar uma manifestação na qual se precisasse de muitas pessoas, dando assim um tom popular à ação. Quando perguntado sobre a organização dos festejos, do dia 11 de outubro de 1977, acerca da assinatura da lei que dividiu Mato Grosso e criou Mato Grosso do Sul, o fotógrafo informou: "então, você pegava os caminhões, as kombis, tudo quanto era meio de locomoção, distribuía nos bairros e trazia as pessoas com a promessa de um suco de laranja, um guaraná, uma cachaça, um sanduíche depois".

Disse ainda que o método era comum e recorrente, e que as pessoas eram levadas "para a Praça Ari Coelho, toda concentração era ali", e concluiu: "o povo é massa de manobra [...], nem sabiam o que estavam fazendo ali". Esse alheamento das pessoas quanto a uma comemoração pode ser verificado nas fotografias, as expressões nelas registradas foram de sujeitos interessados em algo que as imagens não captaram. Dentre as estratégias estava então a contratação de organizadores, geralmente pelo poder público, que utilizavam automóveis maiores com vários lugares, iam até os bairros da periferia e chamavam as pessoas que ali estavam convidando-as para um passeio no centro da cidade, com promessa de lanches e brindes. Cantores locais eram pagos para realizarem *shows*. Assim, promovia-se a aglomeração das pessoas de uma maneira que correspondesse ao que fora previamente e posteriormente anunciado.

Oferecia-se um leque de significantes relacionados às metonímias mais habituais, como a alimentação e o lazer, na expectativa de assim cooptar os desejos de cada sujeito a ser envolvido e despertar-lhe o interesse de ser conduzido. Era lhes dado um tom de importância e reconhecimento, dos quais poderiam demandar, contudo, esperava-se apenas que compusessem uma massa volumosa e servil, que de algum modo seria identificada (e se identificaria) depois como "a população" pelas páginas impressas.

Com a encomenda e o uso das fotografias, os editores do periódico pretendiam dar provas de veracidade à escrita jornalística. Como foi feito na edição de 12 de outubro, na página três, sob o título: "Passeata da Divi-

---

[507] HIGA, Roberto: **depoimento** [14 mar. 2015]. Entrevistadora: Vera Lucia Furlanetto. Campo Grande, 2015.

são leva 50 mil campo-grandenses às ruas". Não sendo possível precisar o número exato (apesar de nitidamente tal estimativa não corresponder, quando se analisa criticamente as imagens), não restam dúvidas que o imagético deu força simbólica à narrativa, e esta induziu a não se questionar aquelas afirmativas. Na mesma reportagem, foi mencionado o uso dos veículos que locomoveram as pessoas dos bairros ao centro da cidade com ênfase ao *Correio do Estado* como a entidade organizadora: "dez ônibus colocados à disposição dos moradores dos bairros mais distantes levaram, para o local da concentração, cerca de duas mil pessoas, que se juntaram às milhares que haviam chegado e aquelas que aguardavam, nas proximidades".

No entanto, postula-se a verdade como relativa, externa, oportunista, em constante embate e contínua disputa; por ser dinâmica é muito provisória, pois ela é a aceitação por um grupo de pessoas de modo que não é única[508]. Similarmente, as representações imagéticas das fotografias elencadas não apresentam uma verdade absoluta, nem mesmo uma realidade total, podendo ser consideradas apenas como uma ilusão. As legendas ou os textos que a comentam têm o poder de alterar sua significação, por anteciparem a oportunidade de interpretação, dando versões prontas para a imagem[509].

Nesse sentido, infere-se que aquelas imagens, ao retratarem a aglomeração de pessoas no centro da cidade, foram utilizadas segundo um discurso de verdade para validar uma manifestação teatralizada. Usou-se, sobretudo, da espetacularização dos corpos, com interesses políticos definidos e específicos muito mais a cargo de quem estava no poder e manejando o "bico da pena", do que por quaisquer daqueles populares ali envolvidos e exibidos. As fotos produzidas por Roberto Higa, utilizadas para compor o discurso imagético do *Correio do Estado*, "foram selecionadas conforme o interesse do periódico em demonstrar uma multidão em festa", segundo a fala do próprio fotógrafo. E somente foram usadas aquelas que registraram um aspecto "grandioso" da comemoração de criação de Mato Grosso do Sul e atribuíram-lhe valor.

Em aspecto mais amplo, deu-se preferência às fotos que ratificaram o ato unilateral do governo federal, como validado e desejado por toda uma sociedade, e não apenas por parte dela. Ou seja, era necessário desviar o olhar dos interesses próprios das elites em manter ou ampliar seu poder social, político e econômico, com força manipuladora. Porque ao institu-

---

[508] FOUCAULT, Michel. **A Hermenêutica do sujeito**. São Paulo: Martins Fontes, 2006. p. 12.
[509] FREUND, Gisèle. **Fotografia e Sociedade**. Lisboa: Veja, 1989. p. 154.

cionalizá-las (Liga Sul Mato-grossense, Secretaria de Educação e Cultura, Diretórios Acadêmicos, Prefeitura Municipal de Campo Grande, 2.º Batalhão de Polícia Militar, Correio do Estado, Rádio Cultura), descaracterizou os sujeitos que as compuseram e os destituiu de desejos. Aquelas, porém, que organizaram o teatro festivo tinham por escopo também auxiliar na construção da memória coletiva regional, incidindo historicamente sobre o povo e sua sensibilização social em relação às instituições e aos governos.

Assim, no periódico ao se utilizar tais fotografias tentou-se a emolduração, a monumentalização, o "registro para a memória" e a colaboração com a "história" do que seria o estado de Mato Grosso do Sul. O dia da divisão tornou-se uma data a ser rememorada para não ser esquecida. A intencionalidade apresentada era de expor uma "população geral" que teria ovacionado o processo e a concretização do projeto de desmembramento territorial.

À guisa de considerações...

Para entender essa versão, foi indispensável considerar na análise dos periódicos, o ocultado, o avesso ao destacado, o oposto do proeminente, os silêncios intencionais e também a maneira como a linguagem e seus simbolismos foram exercidos e onde incidiram. Desse modo, pôde-se inferir que as representações retratadas e escolhidas para figurarem nas publicações foram condizentes com os interesses dos grupos envolvidos, direta e indiretamente, com o *Correio do Estado*. Esses buscaram construir uma memória e uma história de engrandecimento ao novo Estado, usando e abusando do elemento "popular".

As fotografias, acompanhadas das legendas, ambicionaram transmitir uma ideia de que houve desejos e aspirações coletivas sobre os atos individualizados tratados como institucionais. No entanto, sabe-se não ser possível alcançar os motivos particulares que levaram cada um daqueles sujeitos, entendidos por quem os conduziu como massa, a estarem presentes naquela cena. Contudo, ficou nítido que tanto a divisão quanto a comemoração sobre ela não eram, por si só, condições desejantes para eles.

Aquelas imagens foram elaboradas para uma situação de consumo, portanto, impregnadas de tensões sociais por meio das quais se aprofundou a compreensão sobre a relação entre políticos e imprensa. Isso possibilitou esmiuçar as estratégias de produção de capital simbólico e das representações que pretenderam construir um imaginário político-social positivo sobre a criação do novo Estado, sob um verniz popular.

Observou-se que os jornais privilegiaram os aspectos políticos locais, quando trataram do assunto do divisionismo por meio do espaço disponibilizado nas suas páginas, bem como ao reproduzirem as falas e ações de alguns agentes públicos específicos forjando uma aproximação tanto com o governo federal quanto com o povo. A discursividade tendenciosa desses veículos de comunicação demonstrou que existiu interesse, por vezes explícito, na exposição das estratégias políticas, com fins de formar uma opinião pública que considerasse válido o direcionamento e a maneira de se ver e entender a divisão do estado de Mato Grosso.

Privilegiou-se neste estudo a análise das comemorações, uma vez que esses eventos durante o processo de secção realçaram as temporalidades, demarcaram períodos históricos e provocaram a reconstituição de lembranças e, consequentemente, atribuições de sentido ao desmembramento, por meio de manipulações que ultrapassaram o âmbito da escrita. E constatou-se que os políticos, juntamente à mídia, encamparam uma luta discursiva que designavam ser em nome da população, mas que na realidade implicava muito mais em serem vistos socialmente e persuadir a opinião pública. Ou seja, determinaram de acordo com seus interesses aquilo que seria entendido como a somatória das opiniões individuais das pessoas em geral, oferecendo-lhes objetos passíveis de desejo e, assim, legitimaram suas disputas pelos espaços de poder.

A estratégia principal utilizada no *Correio do Estado* foi a representação das comemorações por meio de fotografias, para "comprovar" que a população foi simpatizante de todo o processo e favorável aos atos políticos e midiáticos que nortearam a divisão de Mato Grosso e criação de Mato Grosso do Sul. E a tônica jornalística foi alinhada aos discursos políticos para defender seus interesses e moldar o imaginário político-social de seus leitores, ao selecionar, organizar, redigir, editar e dispor de uma gramática própria, ao veicular tais narrativas.

Sobretudo, houve ancoragem empírica e, em tratativas com agentes públicos, foram oferecidos significantes desejantes, simbolizados em atos metafóricos e metonímicos, que permitiram conduzir para aquele evento uma massa de pessoas, fazendo-se uso da categoria "popular" como melhor se aprouvesse.

Fontes

HIGA, Roberto: **depoimento** [14 mar. 2015]. Entrevistadora: Vera Lucia Furlanetto. Campo Grande, 2015.

JORNAL O PROGRESSO, Dourados. Índice Acumulado: 11 jan. 1977 - 30 dez. 1977.

JORNAL CORREIO DO ESTADO, Campo Grande. Índice Acumulado: 13 jan. 1977 - 30 dez. 1977.

JORNAL O ESTADO DE MATO GROSSO, Cuiabá. Índice Acumulado: 11 jan. 1977 - 30 dez. 1977.

Referências

ARAKAKI, Suzana. **Dourados:** memórias e representações de 1964. Dourados: UEMS, 2008.

BITTAR, Marisa. **Mato Grosso do Sul, a construção de um estado:** poder político e elites dirigentes sul-mato-grossenses. v. 2. Campo Grande: Editora UFMS, 2009.

BITTAR, Marisa. **Mato Grosso do Sul, a construção de um estado:** regionalismo e divisionismo no sul de Mato Grosso. v. 1. Campo Grande: Editora UFMS, 2009.

BITTAR, Marisa; FERREIRA JR., Amarilio. Educação e tecnologia tecnocrática na ditadura militar. **Cad. CEDES**, Campinas, v. 28, n. 76, p. 333-355, set./dez. 2008. Disponível em: www.scielo.br/pdf/ccedes/v28n76/a04v2876. Acesso em: 7 jun. 2022.

BOURDIEU, Pierre. **Meditações pascalianas**. Tradução de Sergio Miceli. Rio de Janeiro: Bertrand Brasil, 2001.

BURKE, Peter. **A escrita da história:** novas perspectivas. São Paulo: Unesp, 1992.

CARDOSO, Ciro Flamarion. História e poder: uma nova história política? *In:* CARDOSO, Ciro Flamarion; VAINFAS, Ronaldo (org.). **Novos domínios da história**. Rio de Janeiro: Elsevier Campus, 2012. p. 37-54.

CHARAUDEAU, Patrick. **Discurso das mídias**. São Paulo: Contexto, 2012.

DE CERTEAU, Michel. **História e Psicanálise**: entre ciência e ficção. Tradução de Guilherme João de Freitas Teixeira. Belo Horizonte: Autêntica Editora, 2011.

DE LUCA, Tânia Regina. História dos, nos e por meio dos periódicos. *In*: PINSKY, Carla (org.). **Fontes Históricas**. São Paulo: Contexto, 2005. p. 111-153.

DOSSE, François. **História do Estruturalismo**: O campo do signo. Volume 1. Tradução de Álvaro Cabral. Bauru: Edusc, 2007.

FOUCAULT, Michel. **A Hermenêutica do sujeito.** São Paulo: Martins Fontes, 2006.

FREUD, Sigmund. **Totem e tabu:** algumas concordâncias entre a vida psíquica dos homens primitivos e a dos neuróticos. Tradução de Paulo César de Souza. São Paulo: Penguin Classics Companhia das Letras, 2013.

FREUND, Gisèle. **Fotografia e Sociedade.** Lisboa: Veja, 1989.

GADDIS, John Lewis. **Paisagens da história**: como os historiadores mapeiam o passado. Rio de Janeiro: Campus, 2003.

LACAN, Jacques. **Escritos.** Rio de Janeiro: Jorge Zahar, 1998.

LACAN, Jacques. **O seminário, livro 5**: as formações do inconsciente. Rio de Janeiro: Jorge Zahar, 1999.

LEMAIRE, Anika. **Jacques Lacan:** uma introdução. Tradução de Durval Checchinato. 4 ed. Rio de Janeiro: Campus, 1989.

MEIRA, Leonice Maria. **Um estudo sobre os reflexos das ações da ditadura militar através do jornal O Estado de Mato Grosso – (1964-1974).** Dissertação (Mestrado em História) – UFMT, Cuiabá, 2011.

MEMÓRIA fotográfica de Campo Grande por Roberto Higa. Disponível em: <https://www.resumofotografico.com/2011/08/campo-grande-por-roberto-higa.html>. Acesso em: 7 jun. 2022.

SAUSSURE, Ferdinand de. **Curso de linguística geral.** São Paulo: Cultrix, 2006.

SILVA, Ricardo Souza da. **Mato Grosso do Sul:** Labirintos da memória. Dissertação (Mestrado em História) – UFGD, Dourados, 2006.

SOLE, Maria Cristina Petrucci. **O sujeito surdo e a psicanálise:** uma outra via de escuta. Porto Alegre: Editora da UFRGS, 2005.

A ATUAÇÃO DE DIFERENTES MEIOS DE COMUNICAÇÃO NA CONSTRUÇÃO DA DESINTRUSÃO DOS NÃO INDÍGENAS DA TERRA INDÍGENA MARÃIWATSÉDÉ COMO "ACONTECIMENTO MONSTRO"

Juliana Cristina da Rosa Delgado
Paulo Sergio Delgado

Introdução

Numa obra em que revisitava suas pesquisas e escritos anteriores intitulada *A História continua*, Georges Duby[510] afirmou que existem "fatos" passíveis de serem descritos pelo historiador de forma assertiva, tal qual o fez ao abordar o Domingo de Bouvines[511]. Nesse sentido, é possível afirmar, por meio do cruzamento de documentos oficiais e outros registros, que nos dias finais de ano de 2012 ocorreu uma "força tarefa" com a atuação de integrantes da Polícia Federal (PF), Polícia Rodoviária Federal (PRF) e Exército, e que envolvia ainda a Fundação Nacional do Índio (Funai), o Instituto Nacional de Colonização e Reforma Agrária (Incra) e o Instituto Brasileiro do Meio Ambiente e dos Recursos Naturais Renováveis (Ibama), culminando na desintrusão de não índios dos limites da Terra Indígena (TI) Marãiwatsédé localizada no nordeste do estado de Mato Grosso.

Seguindo os conselhos de Duby[512], é fundamental não se limitar aos "fatos", mas compreender outras dinâmicas que o atravessam para além mesmo das narrativas construídas por seus testemunhos, uma vez que aqueles que participam de uma batalha "só veem uma multidão confusa; ninguém nunca percebeu, nem perceberá em sua verdade total, esse turbilhão de mil atos emaranhados"[513], ainda que se tratem de agentes históricos "da

---

[510] DUBY, Georges. **A História Continua**. Tradução de Clóvis Marques. Rio de Janeiro: Jorge Zahar Ed., 1993b.

[511] Duby (1993b, p. 59) afirmou que: "Posso com efeito asseverador, com provas na mão, que no dia 27 de julho de 1214, e não 26 ou 28, dois exércitos se defrontaram na planície de Bouvines, e inclusive que fazia calor nesse dia, que as colheitas não haviam sido concluídas e que Renaud de Dammartin foi levado prisioneiro numa carroça. Tudo isso é verdadeiro, incontestavelmente."

[512] DUBY, 1993b, p. 59.

[513] DUBY, Georges. **O Domingo de Bouvines**: 27 de julho de 1214. Tradução de Maria Cristina Frias. Rio de Janeiro: Paz e Terra, 1993a. p. 19.

mais alta eminência". Séculos depois, e longe das planícies de Bouvines, é possível perceber essa dinâmica envolvendo a desintrusão de não índios da TI Marãiwatsédé, pois havia agentes históricos que teriam se apropriado de áreas dentro daquele território de distintas formas, de modo que alguns permaneceram no Posto da Mata enfrentando a "força tarefa", enquanto tantos outros acompanhavam e articulavam ações a nível regional e nacional.

Tal como ocorreu a batalha do "domingo em Bouvines", diferentes narrativas foram criadas antes e após esse "fato", consolidado como um acontecimento divulgado por diversos meios de comunicação antes mesmo de ocorrer. A divulgação ocorreu após a sua construção por meio de narrativas diversas numa dinâmica que Dosse[514] categorizou como uma "construção social do acontecimento", uma vez que existem disputam relacionadas à possibilidade ou não de elevar um fato para o *status* de um acontecimento "histórico" mediante sua notoriedade a partir de sua narrativa, para além de sua factualidade[515].

A importância dos meios de comunicação na construção social e ressonância de um acontecimento

Dosse[516] afirma que "[...] a fabricação de sua grandeza social, logo histórica, passa pela tentativa de redução da indeterminação do que ocorreu e ao qual tenta-se conferir uma determinada importância em função de um sistema de valores." Esse apontamento desse historiador tem relação com o que categorizou como sendo um "renascimento do acontecimento", sobretudo na segunda metade do século XX, dentro das Ciências Sociais e História. Esse fenômeno teria resultado na sua consolidação como elemento fundamental relacionado ao processo histórico e mesmo aquilo que Sahlins[517] categorizou como "contexto cultural" e sua "significação histórica".

Nesse sentido, é possível afirmar que a categorização de Dosse[518] de "construção social do acontecimento" é próxima à reflexão de Duby[519] de

---

[514] DOSSE, François. **Renascimento do acontecimento. Um desafio para o historiador:** entre Esfinge e Fênix. São Paulo: Editora Unesp, 2013. p. 338.
[515] DOSSE, 2013, p. 336.
[516] DOSSE, 2013, p. 338.
[517] SAHLINS, Marshall. O Retorno do Evento, outra vez: com reflexões sobre os primórdios da Grande Guerra fijiana de 1843-1855 entre os reinos de Bau e Rewa. In: SAHLINS, Marshall. **Cultura na Prática**. Tradução de Vera Ribeiro. 2. ed. Rio de Janeiro: Editora UFRJ, 2007. p. 316-376. (Coleção Etnologia).
[518] DOSSE, 2013.
[519] DUBY, 1993a, p. 11.

que um acontecimento "[...] só existe pelo que dele se diz, pois é fabricado por aqueles que difundem sua notoriedade". Assim sendo, um acontecimento possui uma relevância mais abrangente e, segundo Duby[520], "assume um inestimável valor" pelo que "esclarece" por meio de seus "efeitos de ressonância" e "[...] por tudo aquilo cuja explosão provoca a ascensão desde as profundezas do não-dito, pelo que ele revela ao historiador das latências." Ademais, o mesmo historiador afirma que, por ser excepcional, "[...] o acontecimento faz emergir, no afluxo de palavras que ele libera, vestígios que, se não nos detivéssemos nele, permaneceriam nas trevas, despercebidos..."[521]

E são justamente o vestígio e a ressonância dos acontecimentos os dois fenômenos ligados à sua própria construção social, conforme Dosse[522]. Seriam seus vestígios aquilo que faz com que um acontecimento se torne "[...] de maneira não linear no interior dos múltiplos ecos de seu só-depois [après-coup]"[523]. Para Dosse[524], o acontecimento seria como uma Fênix[525] que não desaparece, deixando "múltiplos vestígios" e uma "presença espectral" que "brinca" com outros acontecimentos posteriores, de tal modo que "[...] poucos são os acontecimentos sobre os quais podemos afirmar que terminaram porque estão ainda suscetíveis de novas atuações."[526]

O segundo fenômeno presente na construção social de um acontecimento está ligado às suas ressonâncias, pois mesmo "o mais espetacular acontecimento" necessita de "uma grande difusão que assegure e assuma sua repercussão", segundo Dosse[527], ocorrendo após "um choque, um trauma, um abalo que suscita primeiramente um estado de afasia", sobretudo na sociedade moderna midiatizada. De forma aproximada, Nora[528] ressalta que a significação de um acontecimento seria "absorvida na sua ressonância"

---

[520] DUBY, 1993a, p. 9.
[521] DUBY, 1993a, p. 11.
[522] DOSSE, 2013, p. 339.
[523] DOSSE, 2013, p. 339.
[524] DOSSE, 2013, p. 7.
[525] Dosse (2013, p. 13) afirma que o acontecimento também pode ser comparado a uma esfinge pelo mistério provocado pela impossibilidade real do historiador em compreender toda a sua dimensão, sendo que caberia "[...] ao nosso tempo afirmar a força intempestiva do acontecimento na qualidade de manifestação da novidade, apreendido como começo. Isso significa aceitar a incapacidade, a aposta impossível de se confiar através de qualquer investigação, por mais minuciosa que ela seja, o sentido do acontecimento que continua irredutível ao seu confinamento no sentido concluso e unilateral".
[526] DOSSE, 2013, p. 7.
[527] DOSSE, 2013, p. 339.
[528] NORA, Pierre. O retorno do fato. *In:* LE GOFF, Jacques (org.). **História:** novos problemas. 2. ed. Direção de Jacques Le Goff e Pierre Nora. Rio de Janeiro: F. Alves, 1979. p. 188.

uma vez que constituiria num "eco, um espelho da sociedade, uma abertura". Assim sendo, essa ressonância encontra esse "eco" em referências sociais e culturais formadas por crenças, valores e concepções particulares, gerando expectativas baseadas em singularidades e especificidades que resultam em enredamentos específicos da forma da narrativa utilizadas por aqueles que transmitem tais ressonâncias.

Nora[529] afirma que, tratando-se de sociedades contemporâneas, seria por intermédio dos meios de comunicação "[...] e somente por eles que o acontecimento marca a sua presença e não nos pode evitar". Dosse[530] ressalta que o "acontecimento moderno" "[...] não é nada sem seus suportes de comunicação, exemplificando a ideia segundo a qual ser, é ser percebido". Desse modo, "as *mass media* participam plenamente da própria natureza dos acontecimentos que elas transmitem", sendo "através delas que o acontecimento existe" e "precisa se conhecido" de tal modo que "as mídias são de maneira crescente os vetores dessa tomada de decisão"[531]. Assim sendo, Nora[532] é assertivo ao afirmar que: "Imprensa, rádio, imagens não agem apenas como meios dos quais os acontecimentos seriam relativamente independentes, mas como a própria condição de sua existência.". Seria a publicidade de que daria "forma à sua própria produção", pois o "[...] fato de terem acontecido não os torna históricos. Para que haja acontecimento é necessário que seja conhecido".

Portanto, a construção social do acontecimento depende de meios de comunicação "[...] e depende da hierarquização de importância que decidirá levá-lo ou não à praça pública"[533]. E essa construção depende de relações de poder ligadas a diferentes agentes históricos que buscam incessantemente impor a "definição do mundo social conforme seus interesses" e que, conforme indicado por Bourdieu[534], fazem com que as relações de comunicação sejam "[...] de modo inseparável, sempre, relações de poder que dependem, na forma e no conteúdo, do poder material e simbólico acumulados pelos agentes". Seria uma possibilidade de efetivação de poder simbólico capaz de construir "pela enunciação, de fazer ver e fazer crer" e que somente ocorre se for reconhecido[535].

---

[529] NORA, 1979, p. 181.
[530] DOSSE, 2013, p. 337.
[531] DOSSE, 2013, p. 260.
[532] NORA, 1979, p. 181.
[533] DOSSE, 2013, p. 338.
[534] BOURDIEU, Pierre. **O Poder simbólico**. 11. ed. Rio de Janeiro: Editora Bertrand Brasil, 2007. p. 11.
[535] BOURDIEU, 2007, p. 14.

Apesar disso, Nora[536] afirma que um acontecimento midiatizado não pode ser entendido como "garantia do real", pois seria justamente a midiatização que o construiu, de tal modo que, de acordo com Dosse[537], "[...] entra em um campo semântico aberto, incerto, e as mídias vão lhe atribuir um significado, ligando-o a uma categoria semântica particular que seja capaz de lhe dar um sentido."

O poder de construir um acontecimento por meio de narrativas e de sua divulgação é próprio dos meios de comunicação e por vezes impossibilita "[...] separar artificialmente o que é um acontecimento de seus suportes de produção e de difusão", segundo Dosse[538]. Além disso, é possível identificar a relevância de meios de comunicação para a construção do que o mesmo historiador categorizou como sendo um "acontecimento monstro" que "atinge o cerne da Comunidade"[539].

Outro poder na construção de acontecimentos específicos nos meios de comunicação diz respeito à sua capacidade de cobertura midiática de "acontecimentos monstros" como o caso dos atentados à bomba no dia 11 de setembro de 2011 nos Estados Unidos da América[540]. A transmissão ao vivo, bem como a cobertura anterior e posterior por meio da televisão, jornais, sites e redes sociais, permite que suas narrativas possuam uma ressonância maior em termos de abrangência do que em relação a outros meios como a oralidade.

A desintrusão de não indígenas da Terra Indígena Marãiwatsédé e outros acontecimentos que marcam o processo de esbulho renitente dos Xavante

Diante dessa problematização teórica sobre a importância dos meios de comunicação na construção social e ressonância de um acontecimento, é possível retomar a análise da desintrusão de não indígenas da TI Marãiwatsédé em 2012. O primeiro elemento que pode ser considerado é a seleção desse acontecimento ligado à expulsão de diferentes agentes históricos na condição de "não indígenas" de uma terra indígena em detrimento à pouca notoriedade de outro que ocorreu naquele mesmo lugar 50 anos antes e que envolveu os

---

[536] Numa aula inaugural do ano letivo 2006-2007, em 13 de outubro de 2006. In: DOSSE, 2013, p. 263.
[537] DOSSE, 2013, p. 268.
[538] DOSSE, 2013, p. 260.
[539] DOSSE, 2013, p. 7.
[540] Dosse (2013, p. 261) destacou que a televisão não é responsável pelo "resultado narrativo" dos ataques, mas que garantiu a transmissão ao vivo e da construção de uma narrativa heroica.

Xavante de Marãiwatsédé. Na década de 1960, esses indígenas foram retirados de Marãiwatsédé para que os negócios da Agropecuária Suiá Missú pudessem se consolidar após ter comprado parte das terras do governo de Mato Grosso e se apropriado de um montante de mais de 695 mil hectares situados na territorialidade daquele grupo do povo Xavante no final da década anterior.

Aquele esbulho territorial enfrentado pelos Xavante de Marãiwatsédé não foi consolidado como um acontecimento mediante divulgação em meios de comunicação num contexto político nacional marcado pelo autoritarismo e a ascensão da ditadura civil militar que contribuíram de forma decisiva para que conflitos fundiários, interétnicos e socioambientais como esse continuassem sendo pouco conhecidos. E é de extrema importância destacar a correlação existente entre a falta de ressonância por parte de meios de comunicação sobre esse acontecimento – esbulho territorial dos Xavante de Marãiwatsédé – em relação àquele que seria construído e divulgado como um "acontecimento mostro" por meios de comunicação locais antes, durante e depois da desintrusão dos não indígenas de Marãiwatsédé. Ressalta-se que a falta de notoriedade e divulgação da presença indígena e do esbulho territorial foi utilizada na argumentação daqueles contrários ao retorno dos Xavante, dentre os quais se destaca a afirmação de que não havia "índio" naquela "região" quando posseiros e grileiros se apropriação de áreas dentro de Marãiwatsédé na década de 1990, como indica Rosa[541].

A década de 1990 foi marcada por um contexto de redemocratização do país, no qual o deslocamento dos Xavante de Marãiwatsédé ganham maior notoriedade a partir da adoção de diferentes estratégias empreendidas por lideranças indígenas e aliados que pressionavam a empresa estatal italiana ENI Agip Petroli, proprietária da Agip do Brasil, a devolver aos Xavante a área remanescente da Suiá Missú de mais de 195 mil hectares. Dentre essas estratégias, Rosa[542] destaca o uso de meios de comunicação e o uso de narrativas do processo histórico que enfatizavam o direito ao território dos Xavante, como ocorreu com uma reportagem da *Revista La Nueva Ecologia*[543], publicada em dezembro de 1993, que apresentava uma

---

[541] ROSA, Juliana Cristina da. **A luta pela terra Marãiwatsédé**: Povo Xavante, Agropecuária Suiá Missú, Posseiros e Grileiros do Posto da Mata em disputa (1960-2012). Dissertação (Mestrado em História) – Universidade Federal de Mato Grosso (UFMT), Cuiabá, 2015.

[542] ROSA, 2015.

[543] MASTRANTONIO, Cecilia. [Reportagem]. Buene Notizie per gli índios. **Revista La Nueva Ecologia**, dez. 1993. Arquivo da Prelazia de São Félix do Araguaia.

narrativa indicando a devolução da área remanescente da Suiá Missú aos Xavante e o reconhecimento do Ministério da Justiça da TI Marãiwatsédé.

Todavia, no ano anterior àquela reportagem, outro acontecimento não ganhou notoriedade midiática, mas impacta significativamente o processo histórico da luta pelo retorno dos Xavante à Marãiwatsédé. Seria um esbulho renitente na medida em que diferentes agentes históricos, incentivados por lideranças políticas locais, invadiram a área remanescente da Suiá Missú cientes de que o Governo Federal havia realizado o reconhecimento da "área indígena Marãiwatsédé", alinhado à promessa de um dirigente da empresa estatal italiana de devolução das terras que sua empresa havia herdado como principal acionista.

Após essa invasão, ocorreu um significativo comércio de terras por grileiros e posseiros que se apropriaram de matrículas das terras que a Funai deixou em aberto ao solicitar outro número para registro daquelas terras da União reconhecidas e homologadas como TI Marãiwatsédé, conforme averiguado por Rosa[544]. A forma da distribuição da área[545] realizada por políticos locais numa reunião em 1992 bem como a significativa diferenciação social[546] existente entre os posseiros que se apropriavam de áreas dentro da TI Marãiwatsédé a partir daquele ano foram significativas. Na prática, dentro da área devolvida aos Xavante ocorreu um processo de concentração fundiária

Seriam esses posseiros os que lideraram a resistência à desintrusão dos não indígenas de Marãiwatsédé que se deu em diferentes campos, dentre os quais o uso de meios de comunicação variados se destacou justamente na construção e ressonância daquele fato como um "acontecimento monstro", ainda que, em termos analíticos, seja justamente o esbulho renitente enfrentado pelos Xavante o acontecimento que deve receber essa categorização por ser determinante no processo histórico e ter afetado significativamente aquele grupo do povo indígena, bem como os posseiros nas décadas seguintes.

O poder local e sua relação com a construção social de acontecimentos marcantes no processo de esbulho renitente enfrentado pelos Xavante

Antes de avançar sobre elementos da construção da desintrusão dos não indígenas de Marãiwatsédé como "acontecimento monstro", é preciso destacar

---

[544] ROSA, 2015, p. 199-204.
[545] ROSA, 2015, p. 163.
[546] ROSA, 2015, p. 168-197.

que a diferença entre a ressonância desses três acontecimentos – deslocamento dos Xavante na década de 1960, invasão da área por posseiros e grileiros em 1992 e desintrusão dos não indígenas em 2012 – pode ser compreendida a partir da atuação de meios de comunicação em contextos políticos diferentes, a nível nacional, bem como em relação às relações de poder locais.

A partir da década de 1960, após o esbulho territorial por meio do qual os Xavante foram deslocados de Marãiwatsédé sem que esse acontecimento tenha ressonância em meios de comunicação justamente pelo alinhamento dessa ação com projetos de Governo Federal de expansão da fronteira agrícola e também com interesses de grupos econômicos locais como o da família Ometto, que adquiriu a área de Ariosto da Riva e considerava a presença dos Xavante um empecilho para seus interesses, inclusive de ter acesso a financiamento da Superintendência de Desenvolvimento da Amazônia (Sudam), conforme Rosa[547].

Nos anos seguintes, é possível encontrar reportagens que destacam a importância da Suiá Missú, como o caso da reportagem publicada no Jornal *A Gazeta de Barra do Garça*[548], de 15 de setembro de 1974, cuja narrativa exalta as ações daquele empreendimento econômico que possuía ações de grupos, empresas e agentes históricos diversos, dentre os quais estrangeiros e até mesmo o Vaticano que estariam assim investindo no município de Barra do Garça dentro do qual estava a área da Suiá Missú. No final da reportagem é possível destacar o alinhamento daquele meio de comunicação com o grupo econômico que seria um "[...] projeto modelo e arrojado, razão pela qual Gazeta do Povo não poderia silenciar-se a respeito, nesta sua primeira edição histórica"[549].

Na década de 1990, quando ocorreu o esbulho renitente que impediu o imediato retorno dos Xavante a Marãiwatsédé, além da atuação significativa de diretores da Agip do Brasil, filial brasileira da empresa italiana ENI Agip Petroli, que eram contrários à devolução da área da Suiá Missú aos indígenas, outros agentes históricos com poder local se destacaram. Com a formação de novos municípios desmembrados de Barra do Garças como Alto do Boa Vista e Bom Jesus do Araguaia, lideranças políticas como prefeitos e vereadores atuaram decisivamente na organização da invasão e distribuição da área remanescente, sendo os responsáveis por discursos que foram transmitidos pela Rádio Mundial FM.

---

[547] ROSA, 2015, p. 99.
[548] **A GAZETA DO POVO DE BARRA DO GARÇAS.** [Reportagem]. Rodovia de 280 quilômetros vai ligar Suiá-Missú ao Pará. 15 de setembro de 1974. *In:* Arquivo Público do Estado de Mato Grosso.
[549] **A GAZETA DO POVO DE BARRA DO GARÇAS**, 15 de setembro de 1974.

Todavia, essa década foi marcada pela atuação da Prelazia de São Félix do Araguaia no Araguaia mato-grossense, bem como de entidades aliadas dos Xavante[550] além de agentes históricos como a antropóloga Iara Ferraz e o engenheiro agrônomo Mariano Mampieri, que, além de escreverem artigos em tom de denúncia[551], gravaram os discursos de lideranças políticas locais na reunião de distribuição de terras dentro da área remanescente da Suiá Missú que havia sido devolvida aos Xavante em 1992. Com esse material gravado e outras informações e narrativas, os aliados buscam o apoio de meios de comunicação nacionais para denunciar a invasão da área devolvida ao Xavante, como ocorreu numa reportagem, datada de 25 de junho de 1992, do *Jornal do Brasil*[552], cujo título "Invasores ocupam terra doada aos Xavante" destacou o renitente esbulho territorial.

De acordo com Rosa[553], iniciava-se uma batalha midiática entre Xavante e posseiros – e seus respectivos aliados – que se intensificou com a proximidade espacial, temporal e social em relação à desintrusão de não indígenas de Marãiwatsédé. Apesar de esse acontecimento ter ocorrido em dezembro de 2012, sua ressonância permanece, não apenas em conflitos pontuais e latentes, mas em narrativas jornalísticas posteriores. Contudo, é fundamental compreender que essa batalha midiática ocorreu, em diferentes meios de comunicação, em decorrência da sua relação com um conflito fundiário, interétnico e socioambiental, de tal modo que sua dinâmica é atravessada por relações de poder.

O conflito fundiário, interétnico e socioambiental em relação às terras de Marãiwatsédé fomenta uma batalha midiática

O conflito fundiário, interétnico e socioambiental em relação às terras de Marãiwatsédé fomentava uma batalha midiática, paralelamente à batalha jurídica que se estendeu por décadas até que a desintrusão dos não

---

[550] Podem ser citados o Centro de Trabalhos Indigenistas (CTI) e a Companhia Norte Sul (CNS), que atuaram pressionando a empresa estatal italiana para a devolução da área. Também podem indicadas a Comissão Pastoral de Terra (CPT), a Comissão Indigenista Missionária (CIMI), a Operação Amazônia Nativa (Opan) e a atuação do Instituto Socioambiental (ISA).

[551] . FERRAZ, Iara. Viagem à Suiá Missú, 1991.
Disponível em: http://www.noticiasagricolas.com.br/dbarquivos/iara-ferraz-laudo-funai.pdf%CB%83. Acesso em: 6 abr. 2014; FERRAZ; MAMPIERI. Suiá Missú: um mito refeito. *In:* ISA Instituto Socioambiental. **Povo Indígenas no Brasil 1991/95**. 1994. Disponível em: http://www.maraiwatsede.org.br/tags/documentos. Acesso em: 20 maio 2014.

[552] BRASILIENSE, Ronaldo [Reportagem]. Invasores ocupam terra doada aos Xavante. **Jornal do Brasil**, 25 jun. 1992. Arquivo da Prelazia de São Félix do Araguaia.

[553] ROSA, 2015, p. 245-263.

indígenas se consolidou como uma decisão final em 2012. Essa batalha foi travada por meio de diferentes estratégias e táticas utilizadas por Xavante e Posseiros e seus respectivos aliados, dentre as quais o uso de diferentes meios de comunicação foi significativo.

Xavante e aliados

Além do fortalecimento do Movimento Indígena após a Constituição da República Federativa do Brasil de 1988 (CF/88) destacado por Bicalho[554], o protagonismo dos Xavante nas batalhas jurídicas e midiáticas foi fomentado pelo desejo de retorno a Marãiwatsédé. Desde o primeiro esbulho territorial, na década de 1960, esses indígenas buscaram formas de voltar para Marãiwatsédé que iam desde viagens de grupos que faziam pedidos ao Grupo Ometto para retornar ao seu território, a formação de alianças, a participação de laudos antropológicos, a ida à Itália para buscar o cumprimento da promessa de devolução da área remanescente e a participação de eventos como as Conferências das Nações Unidas sobre o Meio Ambiente e Desenvolvimento conhecidas como Eco-92 e Rio+20.

Tais ações de Xavante e aliados tinha como objetivo chamar a atenção para um processo histórico de renitente esbulho por meio de diferentes mídias, dentre as quais é possível destacar vídeos compartilhados pelo *YouTube* e reproduzidos e hospedados em meios de comunicação regionais como um produzido pelos indígenas intitulado "Versão dos índios de Marãiwatsédé sobre o conflito entre Xavante e produtores"[555]. Além desse, é possível citar vídeos como *"Homem branco em Marãiwatsédé"*[556] e *"Gado em Terra Xavante"*[557] produzidos por aliados. Além disso, foi criado um *blog* na *internet* chamado *"Marãiwatsédé. Terra dos Xavante"*[558] que apresentava imagens e narrativas que buscavam enfatizar o esbulho territorial enfrentado pelos Xavante de Marãiwatsédé. Esse processo também era destacado em narrativas de *sites*

---

[554] BICALHO, Poliene Soares dos Santos. Protagonismo indígena no Brasil: movimento, cidadania e direitos (1970-2009). 2010. Tese (Doutorado em História) – Universidade de Brasília (UnB), Brasília, 2010, p. 259.

[555] ÁGUA BOA NEWS. [Vídeo]. **Versão dos índios de Marãiwatsédé sobre o conflito entre Xavante e produtores.** YouTube. Disponível em: http://www.youtube.com/watch?v=aH-UZhynKHg. Acesso em: 24 dez. 2013.

[556] ZUM. [Vídeo]. **Homem Branco em Marãiwatsédé.** 1 ago. 2011. YouTube. Disponível em: https://www.youtube.com/watch?v=PmcYfd82bbw. Acesso em: 26 jan. 2013.

[557] GREENPEACE BRASIL [Vídeo]. **Gado em terra Xavante.** 31 out. 2011. YouTube. Disponível em: https://www.youtube.com/watch?v=U_boPeK7S4g. Acesso em: 26 jan. 2013.

[558] MARÃIWATSÉDÉ [Blog]. **Marãiwatsédé. Terra dos Xavante.** Disponível em http://www.maraiwatsede.org.br/. Acesso em: 16 fev. 2013.

de aliados como o do Instituto Socioambiental (ISA)[559] e Nação Indígena[560], dentre outros que publicavam reportagens como a intitulada *"Uma Nova promessa na Rio+20"* publicada no *site da* Operação Amazônia Nativa (Opan)[561] ou *"Após Rio+20, fazendeiros ameaçam Xavante"*[562] divulgada pelo Greenpeace.

Xavante e aliados buscavam formas de conseguir maior ressonância acerca da luta pelo retorno a Marãiwatsédé e procuravam meios de comunicação nacionais para que fossem realizadas reportagens que denunciassem a invasão e seus desdobramentos, mas que não eram divulgadas nos meios de comunicação locais. No *site* de notícias *Brasil de Fato* foi publicada a reportagem *"Soja pirata na TI Marãiwatsédé"*[563] na qual foi narrado o cultivo de soja dentro dos limites de Marãiwatsédé e como a produção dessa *commodity* interferia na resolução do impasse provocado pela invasão daquele território indígena por posseiros.

Todavia, esses *sites* e meios de comunicação tinham menor notoriedade em relação a canais de televisão, jornal e *sites* do Grupo Globo, da Fundação Roberto Marinho, que passou a realizar uma cobertura sobre aquele conflito diante da ameaça real de desintrusão de não indígenas de dentro dos limites de Marãiwatsédé em 2012. Como exemplo, é possível selecionar a reportagem *"Índios Xavante cobram devolução de terra que foi prometida na Rio 92"*[564] publicada pelo *site* de notícias G1 e que incorporou um trecho de uma entrevista com o cacique Damião Paridzané[565].

Rosa[566] identificou que nos meios de comunicação nacionais e mesmo regionais, como aqueles da capital de Mato Grosso, as narrativas jornalísti-

---

[559] ISA [Site]. Instituto Socioambiental. Disponível em: http://www.socioambiental.org/pt-br. Acesso em: 26 jan. 2013.
[560] NAÇÃO INDÍGENA [Site]. **Nação Indígena**. Povos Originários do Brasil. Disponível em: http://nacaoindigena.com/category/povos-indigenas/maraiwatsede/. Acesso em: 26 jan. 2013.
[561] OPAN [Reportagem]. **Uma Nova promessa na Rio+20.** 21 jun. 2012. Disponível em: http://amazonianativa.org.br/Noticias/Uma-nova-promessa-na-Rio-20,2,125.html. Acesso em: 1 fev. 2015.
[562] GREENPEACE BRASIL. [Reportagem]. **Após Rio+20, fazendeiros ameaçam Xavante.** 27 jun. 2012. Disponível em: http://www.greenpeace.org/brasil/pt/Blog/rio-20-termina-e-fazendeiros-ameaam-xavante/blog/41163/. Acesso em: 1 fev. 2013.
[563] BRASIL DE FATO [Reportagem]. **Soja pirata na TI Marãiwatsédé.** 2 mar. 2011. Disponível em: https://www.brasildefato.com.br/node/5836. Acesso em: 2 mar. 2013.
[564] G1 [Reportagem]. **Índios Xavante cobram devolução de terra que foi prometida na Rio 92.** 16 jun. 2012. Disponível em: http://g1.globo.com/natureza/rio20/noticia/2012/06/indios-xavantes-cobram-devolucao-de-terra-que-foi-prometida-na-rio-92/. Acesso em: 16 fev. 2013.
[565] Destaca-se o trecho: "'Tiraram a gente da nossa terra. Depois prometeram durante a Rio 92 que iriam devolver, mas não fizeram isso. Não quero mais esperar outros 20 anos. Não vou desistir... já me ameaçaram de morte, nos deram comida e água envenenada, mas nós estamos aqui e queremos um novo compromisso, dessa vez de verdade', disse o cacique". Damião Paridzané. **G1**, 16 jun. 2012.
[566] ROSA, 2015.

cas sobre o conflito envolvendo Xavante e posseiros eram atravessadas por trechos de entrevistas de agentes históricos mais diversos que em relação às narrativas da mídia local, ainda que, por vezes, fossem marcadas por um ou poucos informantes que representavam apenas um lado do conflito. Essa situação é possível de ser compreendida justamente pela tentativa de Xavante e aliados buscarem esses meios como estratégia para colocar suas próprias narrativas sobre a desintrusão dos não indígenas de Marãiwatsédé.

Posseiros e aliados

Além do poder econômico e político local de posseiros, é possível indicar a participação efetiva de importantes aliados nas batalhas midiáticas como foi o caso da senadora da República Kátia Abreu, que afirmou, no Congresso Nacional e em outros locais e ocasiões, que o processo de reconhecimento, demarcação, homologação e regularização da TI Marãiwatsédé seria uma fraude[567]. Seu irmão Luiz Alfredo Abreu acabou assumindo parte do processo jurídico como representante do contraditório, ou seja, dos posseiros, e ainda concedendo entrevistas nas quais reforçava que aquele conflito fundiário, interétnico e socioambiental era resultado da ação da *"quadrilha da FUNAI"*, mencionando um suposto crime de *"estelionato promovido pela FUNAI"* como ocorreu em entrevista datada de 27 de junho de 2012 ao Canal Record TV Confresa[568].

O tom de acusações contra a Funai e outros envolvidos, sobretudo as antropólogas que produziram laudos antropológicos, esteve presente em outros materiais produzidos por posseiros, como foi o caso de Paulo Gonçalves, identificado como "produtor rural" e que apresentou suas argumentações e acusações em vídeos intitulados *"Entenda a Fraude da FUNAI"* parte 1 e 2, que estão hospedados no canal do *YouTube* da TV Araguaia.

Além desses materiais, narrativas com acusações contra a Funai foram produzidas por meios de comunicação locais como a reportagem intitulada

---

[567] A Senadora da República Kátia Abreu afirmou em 11 de abril de 2014 que: "E nós sabemos da fraude que aconteceu em Mato Grosso na Fazenda Suiá Missú, aonde a antropóloga declara que a área verdadeira dos índios era um assentamento da Reforma Agrária e que não poderia contrariar o bispo da região [Pedro Casaldáliga] e que aceitassem por enquanto essa área da Suiá Missú até que o bispo um dia morresse e que ai nós iríamos – a antropóloga dizendo aos índios – ai nós iríamos atrás da área verdadeira. Esse é um exemplo das aberrações dos laudos antropológicos feitos pela FUNAI que estão expropriando terras dos produtores rurais. Grandes, pequenos, médios, principalmente pequenos." Discurso disponível em: https://www.youtube.com/watch?v=UtRn4T7VxHs. Acesso em: 2 jun. 2014.
[568] LUIZ ALFREDO FERESIN DE ABREU [Entrevista em reportagem]. **Advogado da Suiá Missú dispara: "A FUNAI é uma Quadrilha".** 27 de junho de 2012. *In:* Record TV Confresa. Disponível em: https://www.youtube.com/watch?v=jpKNVTxxuRA. Acesso em: 15 ago. 2013.

"*Marãiwatsédé: a fraude da FUNAI, a omissão do Governo Dilma e a iminência de um derramamento de sangue*" publicada em 2012 pelo jornal *O Repórter do Araguaia*. Nessa narrativa jornalística é possível identificar elementos da argumentação dos posseiros como o de que a área demarcada como TI Marãiwatsédé seria diferente daquela de ocupação dos Xavante, com a exposição de um mapa, e a afirmação de que aquela foi "[...] comprada por escritura pública ou recebida por doação pelos atuais proprietários que estão prestes a serem expropriados pelo Governo Federal – eis a segunda FRAUDE". Segundo esse documento, aquele suposto fato era resultante da ação do Governo Federal que "[...] JÁ HAVIA DESAPROPRIADO A ÁREA XAVANTE constante do Mapa I, e realizado nelas Assentamentos da Reforma Agrária pelo INCRA: PAs Mãe Maria, Dom Pedro, Bandeirante, dentre outros, conforme destaca o mapa II."[569]

Por meio da leitura desse e de outros trechos, é possível perceber a parcialidade da narrativa, bem como o tom acusatório reproduzido com o uso de letras em caixa alta para destacar o que seriam elementos da suposta fraude da Funai. Noutro trecho, a mesma narrativa atacou o Bispo Casaldáliga, que seria "[...] um dos incentivadores do 'deslocamento da Reserva' sendo ele, então, juntamente com a FUNAI e o Governo Federal, responsável pela FRAUDE deflagrada: o deslocamento da área"[570]. A narrativa jornalística tentava deslegitimar ainda a reivindicação dos Xavante de Marãiwatsédé[571], indicando como havia se posicionado de forma contundente em relação ao conflito envolvendo aquela terra indígena.

Não seria apenas essa narrativa jornalística a enfatizar supostas irregularidades cometidas pelo Governo Federal, por intermédio da Funai, em relação à demarcação da TI Marãiwatsédé, e auxiliaram na construção e ressonância de um "acontecimento monstro" que atingiria "o cerne" do Posto da Mata – como era conhecido o distrito Estrela do Araguaia do município de Alto do Boa Vista – e arredores onde os posseiros resistiram à desintrusão.

---

[569] O REPÓRTER DO ARAGUAIA [Reportagem]. **Marãiwatsédé**: a fraude da FUNAI, a omissão do Governo Dilma e a iminência de um derramamento de sangue. 7 nov. 2012. Disponível em: http://www.jreporterdoaraguaia.com/products/a07-11-2013-mar%C3%A3iwatsede-%E2%80%93-a-fraude-da-funai,-a-omiss%C3%A3o-do-governo-dilma-e-a-imin%C3%AAncia-de-um-derramamento-de-sangue-/. Acesso em: 15 ago. 2013. Grifos no original.

[570] O REPÓRTER DO ARAGUAIA [Reportagem]. 7 nov. 2012. Grifos no original.

[571] Em outro trecho é possível ler: "Pelo que se vê no processo judicial, apenas um pequeno grupo de Xavantes, 'liderados pelo Xavante Damião' (sendo este funcionário da FUNAI) defendem esta reserva. Os demais (inclusive a família de Damião – 03 irmãos e 48 sobrinhos), NÃO RECONHECE O TERRITÓRIO E PREFERE A PERMUTA PROPOSTA PELO GOVERNO DO ESTADO DE MATO GROSSO. Demais disso, OS XAVANTES INGRESSARAM NOS AUTOS DO PROCESSO E REVELARAM A FARSA ARQUITETADA PELA FUNAI." *In*: O REPÓRTER DO ARAGUAIA [Reportagem]. 7 nov. 2012. Grifos no original.

O clima de tensão foi intensificado a partir de meados de novembro de 2012 quando chegaram tropas da Força Nacional, Exército, PRF e PF que montam base no Posto da Mata para realizarem a desintrusão. Assim sendo, a cobertura jornalística realizada por meios de comunicação locais contribuiu para situações conflituosos e marcadas pelo desespero de diversos posseiros, sobretudo os mais vulneráveis que foram identificados como "clientela de Reforma Agrária" pelo Incra, responsável por seu deslocamento e assentamento.

A ênfase da cobertura jornalística continuou sendo marcada por narrativas, depoimentos e imagens que indicavam a injustiça social que permeava aquela desintrusão de não indígenas e que teria como resultado a expulsão de agentes históricos vulneráveis socialmente, bem como de outros que eram apontados como responsáveis pela prosperidade econômica local.

É possível indicar possibilidades de esse tipo de narrativa estar alinhada às demandas dos posseiros por relações de poder locais como influências econômicas e políticas que atingem proprietários, diretores, repórteres e demais funcionários de meios de comunicação locais. Na reportagem "Suiá Missú: O Vale dos Esquecidos está de volta"[572] do dia 6 de dezembro de 2012, é perceptível um esforço da equipe da *TV Araguaia* em fazer uma ampla cobertura anterior à desintrusão iminente. Segundo a narrativa, a equipe teria percorrido mais de 100 quilômetros, situação que permitiu ao cinegrafista "[...] colher algumas imagens da área produtiva, e o que vimos foram centenas de cabeças de gado nos piquetes, separados para serem colocados nas estradas e levados para algum lugar sem destino certo", indicando terem o conhecimento da existência de um rebanho de "quase 300 mil cabeças de gado que estão na área", além de "[...] uma grande área praticamente pronta pra ser transformada em terra de agricultura, além dos 15 mil hectares de terra já plantados com a soja"[573].

Numa reportagem do dia 10 de dezembro de 2012 intitulada "Medo e agonia: Moradores se preparam para o combate com os policiais na Suiá Missú"[574], a *TV Araguaia* inseriu uma narrativa marcada pelo comoção, destacando que, num encontro dos posseiros em que "o produtor Sebastião Prado não se conteve e desaba em lágrimas", destacando a situação de

---

[572] TV ARAGUAIA [Reportagem] **Suiá Missú:** O Vale dos Esquecidos está de volta. 6 de dezembro de 2012. Disponível em: https://www.youtube.com/watch?v=FMGPnZOGduY. Acesso em: 4 jan. 2015.

[573] TV ARAGUAIA [Reportagem]. 6 de dezembro de 2012.

[574] TV ARAGUAIA [Reportagem] **Medo e agonia:** Moradores se preparam para o combate com os policiais na Suiá Missú. 10 de dezembro de 2012. Disponível em: https://www.youtube.com/watch?v=5y_d9r2rOMU. Acesso em: 20 nov. 2013.

desconsolo mesmo daqueles que lideraram o movimento de resistência à desintrusão, como era o caso do presidente da Associação dos Produtores Rurais da Área da Suiá Missú (Aprossum).

O apelo emocional foi a tônica dessa narrativa que indica a vigília de posseiros enquanto aguardavam a chegada de militares como forma de chamar a atenção "[...] das autoridades para a desocupação tão temida pelos moradores. Enquanto alguns conversam, estes outros pedem auxílio aos céus em forma de oração", destacando ainda que "Famílias inteiras estão no local, uma criança de um ano dorme com o pai e com a mãe. Sem gravar entrevista, eles disseram à nossa reportagem que é um momento difícil"[575].

A desintrusão de não indígenas de Marãiwatsédé se tornou um acontecimento noticiado por diferentes meios de comunicação, inclusive regionais, como o canal *TV Centro América*, filial da Globo do Mato Grosso, que transmita constantemente a situação do Posto da Mata. Contudo, essa cobertura era realizada de forma mais objetiva, com a inclusão de trechos de entrevistas e imagens de desespero de posseiros, mas que não eram necessariamente incorporadas na narrativa jornalística. Numa dessas coberturas, no dia 13 de dezembro de 2012, a apresentadora do jornal da emissora afirmou que havia uma equipe daquele meio de comunicação no local acompanhando a desintrusão e a resistência de moradores do Posto da Mata, indicando da decisão judicial em meio à tensão[576].

Paralelamente, os meio de comunicação locais utilizavam apelos a valores como família e religiosidade incorporados a diferentes narrativas da cobertura jornalística da desintrusão, como a da *TV Araguaia* do dia 28 de dezembro de 2012, intitulada "Suiá Missú: Moradores se desesperam e começam a deixar Posto da Mata"[577], e que indicava a situação do cemitério local que seria "abandonado com dezenas de corpos ali enterrados", destacando que "[...] a partir do dia 4 de janeiro este cemitério estará dentro da reserva indígena Marãiwatsédé e nenhum branco terá autorização para fazer visitas aos entes querido." Esses e outros elementos presentes em narrativas de meios de comunicação locais reforçavam o apelo à opinião pública e às autoridades para que aquela desintrusão deixasse de ocorrer ou ainda fosse revertida depois de acontecer.

---

[575] TV ARAGUAIA [Reportagem]. 10 de dezembro de 2012.

[576] TVCA [Reportagem]. **Cobertura da desintrusão dos não indígenas.** 13 de dezembro de 2012. Disponível em: https://www.youtube.com/watch?v=M7vYRmDWWL4. Acesso em: 20 nov. 2013.

[577] TV ARAGUAIA [Reportagem]. **Suiá Missú:** Moradores se desesperam e começam a deixar Posto da Mata. 28 de dezembro de 2012. Disponível em: https://www.youtube.com/watch?v=NR9E1TwDKL8. Acesso em: 4 jan. 2015.

Numa reportagem da *TV Araguaia*[578], a repórter lamenta que a desintrusão era uma realidade triste e afirmou que: "Nós fizemos tudo que a gente pode fazer através dos veículos de comunicação" citando "[...] abaixo assinado, falando do caso, tentando mexer com o emocional das nossas autoridades, porque nós não queríamos que chegasse nesse dia". Em seguida, a repórter afirma que: "Eu não tenho dúvida de que esse será o final de ano mais triste destas famílias" e que aquela desintrusão "[...] uma derrota física, uma derrota psicológica, uma derrota de cidadania, é uma derrota de você não ter direito sobre aquilo que você acreditou que sempre foi seu. É perder a dignidade."

O apelo emocional também ocorre com a inserção de melodias tristes e imagem de homens, mulheres e crianças chorando, como ocorre na reportagem da *Record TV Confresa*, publicada em 8 de janeiro de 2013, após a desintrusão, cujo título "População abandona 'Posto da Mata' e termina resistência na Suiá Missú"[579] indicava o tom de derrota e tristeza que marcou essa outra narrativa jornalística.

A cobertura jornalística se estendeu para além de 2012, com outras reportagens produzidas por meios de comunicação que enfatizavam a destruição do Posto da Mata e o fim de pastos e lavouras dentre de Marãiwatsédé, além da injustiça relacionada à desintrusão. Paralelamente, Xavante e aliados continuavam a reforçar seu enfrentamento àquela batalha midiática que antecedeu e atravessou aquele acontecimento que auxiliou a concretizar como "monstro" em detrimento de outros ligados ao renitente esbulho territorial dos indígenas que não foi construído e divulgado como tal, ainda que permeado de sofrimentos e injustiça que poderiam ser utilizados em apelos emocionais semelhantes aos promovidos pelos meio de comunicação locais ao tratar da desintrusão dos não indígenas.

Considerações Finais

Após essa breve apresentação da batalha midiática que envolveu os Xavante e os posseiros – e seus respectivos aliados – é possível reforçar que aqueles elementos teóricos trazidos por Duby[580],

---

[578] TV ARAGUAIA. [Reportagem]. 28 de dezembro de 2012.
[579] RECORD TV CONFRESA. [Reportagem]. **População abandona "Posto da Mata" e termina resistência na Suiá Missú**. 8 de janeiro de 2013. Disponível em: https://www.youtube.com/watch?v=hHxvgkozKr4. Acesso em: 20 nov. 2013.
[580] DUBY, 1993a; 1993b.

Dosse[581] e Nora[582] contribuem para compreender elementos ligados à construção e à ressonância de acontecimentos e sua relação com meios de comunicação.

Vale destacar que os meios de comunicação estão imersos em relações de poder, mas que também são utilizados como forma de dar notoriedade a acontecimentos que atravessam processos históricos como o renitente esbulho territorial enfrentado pelos Xavante de Marãiwatsédé, mas que não ganharam ressonância em determinados contextos políticos nacionais e regionais. Paralelamente, meios de comunicação também podem construir um "acontecimento mostro" alicerçado no presente e nas relações locais, desconsiderando assim o processo histórico mais amplo no qual está inserido.

Tratando-se de narrativas produzidas por meio de comunicação nacional e regional a partir de demandas e inserção de trechos de entrevistas com Xavante e seus aliados, é possível destacar que elas podem ser situadas como mais distantes espacialmente e socialmente – em termos de relações de poder locais –, fato que resulta em diversos casos numa maior ênfase ao processo histórico de esbulho renitente enfrentado pelos Xavante e não somente no acontecimento pontual da desintrusão dos não indígenas de Marãiwatsédé. Em outros termos, o distanciamento espacial e social de meios de comunicação regionais e nacionais possibilitou um maior distanciamento temporal do acontecimento coevo e a incorporação de outros que atravessavam o processo histórico do que em comparação aos meios de comunicação locais que estavam imersos na desintrusão dos não indígenas de Marãiwatsédé e somente o enfatizavam.

Assim sendo, as narrativas jornalísticas de meios de comunicação locais, próximos espacialmente ao conflito envolvendo a TI Marãiwatsédé, apresentam uma tendência de tomar posições favoráveis aos posseiros em detrimento ao direito dos Xavante de retorno ao seu território. Ademais, a proximidade temporal com o acontecimento – a desintrusão dos não indígenas – repercutiu em apelos emocionais diversos por parte dessas narrativas jornalísticas e a um movimento de afastamento em relação a outros acontecimentos e mesmo à narrativa de um contexto mais amplo que poderia ser narrado por meio de elementos do processo histórico no qual a desintrusão dos não indígenas se insere.

---

[581] DOSSE, 2013.
[582] NORA, 1979.

Por fim, é importante destacar que a proximidade social desses meios de comunicação com os agentes históricos envolvidos resultou na incorporação de argumentos dos posseiros nas narrativas jornalísticas e a quase inexistente tentativa de ouvir o outro lado, ou seja, Xavante e aliados. Essa incorporação pode ser resultado de relações de poder locais que atingem meios de comunicação e seus funcionários, bem como de afetividades deles em relação a possíveis familiares, amigos ou conhecidos que se encontravam na situação de posseiros categorizados como intrusos da TI Marãiwatsédé. De todo o modo, é possível afirmar que a proximidade espacial, temporal e social de agentes históricos envolvidos com meios de comunicação locais influencia significativamente as narrativas jornalísticas sobre acontecimentos que se tornam "monstros" com seus vestígios e reverberações justamente pela atuação desses mesmos agentes históricos. Nesse sentido, é possível indicar que meios de comunicação auxiliam na construção e ressonância de acontecimentos, mas que também podem ser por eles afetados, durante e após a sua materialização, como ocorreu com a desintrusão dos não indígenas da TI Marãiwatsédé.

Fontes

A GAZETA DO POVO DE BARRA DO GARÇAS [Reportagem]. **Rodovia de 280 quilômetros vai ligar Suiá-Missú ao Pará.** 15 de setembro de 1974. Arquivo Público do Estado de Mato Grosso.

ÁGUA BOA NEWS. [Vídeo]. **Versão dos índios de Marãiwatsédé sobre o conflito entre Xavante e produtores.** YouTube. Disponível em: http://www.youtube.com/watch?v=aH-UZhynKHg. Acesso em: 24 dez. 2013.

BRASIL DE FATO [Reportagem]. **Soja pirata na TI Marãiwatsédé.** 2 de março de 2011. Disponível em: https://www.brasildefato.com.br/node/5836. Acesso em: 2 mar. 2013.

BRASILIENSE, Ronaldo [Reportagem]. Invasores ocupam terra doada aos Xavante. **Jornal do Brasil,** 25 de junho de 1992. Arquivo da Prelazia de São Félix do Araguaia.

FERRAZ, Iara. **Viagem à Suiá Missú,** 1991. Disponível em: http://www.noticiasagricolas.com.br/dbarquivos/iara-ferraz-laudo-funai.pdf%CB%83. Acesso em: 6 abr. 2014.

FERRAZ; MAMPIERI. Suiá Missú: um mito refeito. *In:* ISA Instituto Socioambiental. **Povo Indígenas no Brasil 1991/95**. 1994. p. 675-678. Disponível em: http://www.maraiwatsede.org.br/tags/documentos. Acesso em: 20 maio 2014.

GREENPEACE BRASIL [Vídeo]. **Gado em terra Xavante**. 31 de outubro de 2011. YouTube. Disponível em: https://www.youtube.com/watch?v=U_boPeK7S4g. Acesso em: 26 jan. 2013.

GREENPEACE BRASIL. [Reportagem]. **Após Rio+20, fazendeiros ameaçam Xavante**. 27 de junho de 2012. Disponível em: http://www.greenpeace.org/brasil/pt/Blog/rio-20-termina-e-fazendeiros-ameaam-xavante/blog/41163/. Acesso em: 1 fev. 2013.

G1 [Reportagem]. **Índios Xavante cobram devolução de terra que foi prometida na Rio 92**. 16 de junho de 2012. Disponível em: http://g1.globo.com/natureza/rio20/noticia/2012/06/indios-xavantes-cobram-devolucao-de-terra-que-foi-prometida-na-rio-92/. Acesso em: 16 fev. 2013.

ISA [Site]. **Instituto Socioambiental**. Disponível em: http://www.socioambiental.org/pt-br. Acesso em: 26 jan. 2013.

LUIZ ALFREDO FERESIN DE ABREU [Entrevista em reportagem]. **Advogado da Suiá Missú dispara:** "A FUNAI é uma Quadrilha". 27 de junho de 2012. Record TV Confresa. Disponível em: https://www.youtube.com/watch?v=jpKNVTxxuRA. Acesso em: 15 ago. 2013.

MARÃIWATSÉDÉ. [Blog] Marãiwatsédé. **Terra dos Xavante**. Disponível em: http://www.maraiwatsede.org.br/. Acesso em: 16 fev. 2013.

MASTRANTONIO, Cecilia. [Reportagem]. Buene Notizie per gli índios. **Revista La Nueva Ecologia**, dezembro de 1993. Arquivo da Prelazia de São Félix do Araguaia.

NAÇÃO INDÍGENA [Site]. **Nação Indígena**. Povos Originários do Brasil. Disponível em: http://nacaoindigena.com/category/povos-indigenas/maraiwatsede/. Acesso em: 26 jan. 2013.

OPAN [Reportagem]. **Uma Nova promessa na Rio+20**. 21 de junho de 2012. Disponível em: http://amazonianativa.org.br/Noticias/Uma-nova-promessa-na-Rio-20,2,125.html. Acesso em: 1 fev. 2015.

O REPÓRTER DO ARAGUAIA [Reportagem]. **Marãiwatsédé:** a fraude da FUNAI, a omissão do Governo Dilma e a iminência de um derramamento de sangue. 07 de novembro de 2012. Disponível em: http://www.jreporterdoaraguaia.com/

products/a07-11-2013-mar%C3%A3iwatsede-%E2%80%93-a-fraude-da-funai,-a-omiss%C3%A3o-do-governo-dilma-e-a-imin%C3%AAncia-de-um-derramamento-de-sangue-/. Acesso em: 15 ago. 2013.

RECORD TV CONFRESA. [Reportagem]. **População abandona "Posto da Mata" e termina resistência na Suiá Missú.** 08 de janeiro de 2013. Disponível em: https://www.youtube.com/watch?v=hHxvgkozKr4. Acesso em: 20 nov. 2013.

TV ARAGUAIA [Reportagem]. **Suiá Missú**: O Vale dos Esquecidos está de volta. 06 de dezembro de 2012. Disponível em: https://www.youtube.com/watch?v=-FMGPnZOGduY&gt. Acesso em: 4 jan. 2015.

TV ARAGUAIA [Reportagem]. **Medo e agonia:** Moradores se preparam para o combate com os policiais na Suiá Missú. 10 de dezembro de 2012. Disponível em: https://www.youtube.com/watch?v=5y_d9r2rOMU. Acesso em: 20 nov. 2013.

TV ARAGUAIA [Reportagem]. **Suiá Missú**: Moradores se desesperam e começam a deixar Posto da Mata. 28 de dezembro de 2012. Disponível em: https://www.youtube.com/watch?v=NR9E1TwDKL8. Acesso em: 4 jan. 2015.

TVCA [Reportagem]. **Cobertura da desintrusão dos não indígenas**. 13 de dezembro de 2012. Disponível em: https://www.youtube.com/watch?v=M7vYRmDWWL4. Acesso em: 20 nov. 2013.

ZUM. [Vídeo]. **Homem Branco em Marãiwatsédé**. 1 de agosto de 2011. YouTube. Disponível em: https://www.youtube.com/watch?v=PmcYfd82bbw. Acesso em: 26 jan. 2013.

Referências

BICALHO, Poliene Soares dos Santos. **Protagonismo indígena no Brasil:** movimento, cidadania e direitos (1970-2009). Tese (Doutorado em História) – Universidade de Brasília (UnB), Brasília, 2010.

BOURDIEU, Pierre. **O Poder simbólico.** 11. ed. Rio de Janeiro: Bertrand Brasil, 2007.

DUBY, Georges. **O Domingo de Bouvines:** 27 de julho de 1214. Tradução de Maria Cristina Frias. Rio de Janeiro: Paz e Terra, 1993a.

DUBY, Georges. **A História Continua.** Tradução de Clóvis Marques. Rio de Janeiro: Jorge Zahar Ed., 1993b.

DOSSE, François. **Renascimento do acontecimento**. Um desafio para o historiador: entre Esfinge e Fênix. São Paulo: Editora Unesp, 2013.

ROSA, Juliana Cristina da. **A luta pela terra Marãiwatsédé**: Povo Xavante, Agropecuária Suiá Missú, Posseiros e Grileiros do Posto da Mata em disputa (1960-2012). Dissertação (Mestrado em História) – Universidade Federal de Mato Grosso (UFMT), Cuiabá, 2015.

SAHLINS, Marshall. O Retorno do Evento, outra vez: com reflexões sobre os primórdios da Grande Guerra fijiana de 1843-1855 entre os reinos de Bau e Rewa. *In:* SAHLINS, Marshall. **Cultura na Prática**. Tradução de Vera Ribeiro. 2. ed. Rio de Janeiro: Editora UFRJ, 2007. p. 316-376. (Coleção Etnologia).

NORA, Pierre. O retorno do fato. *In:* LE GOFF, Jacques (org.). **História**: novos problemas. 2. ed. Rio de Janeiro: F. Alves, 1979. p. 174-193.

INDÍGENAS MULHERES COMBATENDO A EXPANSÃO DO AGRONEGÓCIO NO SÉCULO XXI

Paula Faustino Sampaio

> *Depende muito da coragem pra enfrentar as coisas. O pensamento de vocês é só na ponta da caneta, e com medo de errar as letras não pensa outra coisa. Eu não tô vendo papel e caneta. Tô ajuntando dentro do meu miolo, escutando com meus ouvidos e olhando com meus olhos, e do jeito que tá indo não tá dando certo.*
> *(Gercília Khahô)*

Escrevo com o objetivo de ensaiar uma reflexão histórica sobre a defesa da continuidade da vida e das formas de viver dos povos indígenas realizada por indígenas mulheres[583] na conjuntura de expansão do projeto econômico e da maquinaria dos "reis [rainhas] do agronegócio", ao usar de empréstimo o título da canção do compositor e cantor Chico César, em direção aos territórios indígenas no século XXI[584].

Em outro momento[585], abordei sobre a invisibilização da atuação das indígenas como um processo colonialista, perante e nos entremeios dele, no qual as indígenas mulheres vêm construindo ações de resistências. Trata-se de uma história construída coletivamente por indígenas mulheres e homens nos territórios de ocupação tradicional indígenas. Não obstante, nos espaços negados aos povos indígenas pelos colonialismos desde a invasão colonial no século XV.

Retomando apenas alguns acontecimentos relativos à segunda metade do século XX e ao século XXI, como parte do processo histórico de ação das indígenas mulheres na defesa dos direitos indígenas, menciono o "Primeiro Encontro de Mulheres Indígenas", realizado em Dourados, estado do Mato

---

[583] Utilizo o termo "indígenas mulheres" para enfatizar a trajetória de lutas de resistências realizadas por sujeitos racial, étnico e de gênero diferenciados. A apresentação e discussão sobre a terminologia foi realizada em Sampaio (2021).

[584] Agradeço à Prof.ª Verônica Araújo Mendes, mestranda em História, a leitura e os comentários provocativos a primeira versão deste texto. Agradeço ao sociólogo Dr. José Pereira da Silva, meu amado tio-pai, as conversas sobre este escrito e a vida de pesquisadores(as) ouvindo vozes, percebendo os silenciamentos. Friso que é de minha inteira responsabilidade o conteúdo expresso neste escrito.

[585] SAMPAIO, Paula Faustino. **Indígenas mulheres entre colonialismos e resistência de longa duração – séculos XX e XXI**. Teresina, PI: Editora Cancioneiro, 2021.

Grosso do Sul, realizado entre os dias 22 e 23 de novembro de 1986, cujo relatório final apontou os danos causados pela miséria sofrida pelos povos Guarani e Kaiowá[586].

Além disso, na década de 1980, foi fundado o Grupo Mulher-Educação Indígena (Grumin). Liderado por Eliane Potiguara, que desde os anos 1970 atua nas lutas indígenas, sobretudo, a partir do processo de migração de sua família entre Baia da Traição-PB e o Rio de Janeiro. O Grumin publicou em 1989 o *Jornal do Grumin*, primeiro periódico construído por indígenas mulheres e sobre os seus próprios protagonismos, cujo último número que tenho conhecimento foi veiculado em 1995[587].

Conforme Sachhi[588], aconteceu em Manaus-AM o "1.º Encontro de Mulheres Índias do Amazonas e Roraima", o encontro foi realizado no decorrer dos dias 17 e 19 de novembro de 1989, sendo que no ano de 1984 foi fundada a Associação de Mulheres do Alto Rio Negro (AMARN). A década de 1980 seguiu-se ainda como tempo da fundação da Associação das Mulheres Taracuá, Rio Uaupés e Tiqué (Amitruit).

O processo associativo das indígenas mulheres se intensificou durante as décadas seguintes. Tal-qualmente intensa tem sido a atuação de indígenas mulheres em conferências, seminários, audiências, debates e outras formas de discussões e construções políticas, que remontam à atuação das indígenas nas assembleias dos povos indígenas no contexto da Ditadura Militar e da tutela dos povos indígenas pelo Estado brasileiro[589]. Transcrevo aqui um trecho das palavras de Xod Fei, resgatado por mim e publicado no jornal *Luta Indígena*:

> [...] Eu tinha meu nenê na cadeia, junto comigo; ele tem um ano e seis meses. E foram lá e tiraram ele à força pela ordem do Chefe de Posto. Ninguém veio me acudir. O Cacique da Aldeia, O Batista é mandado do Chefe. O meu nenê foi chorando. Na cadeia nós tava meio das merdas, do sangue e das bicheiras. [...][590]

O discurso proferido por Xod Fei, povo Kaingang, no ano de 1977 e durante a VIII Assembleia de Chefe e de Representantes Indígenas, é um

---

[586] Ibid.
[587] Ibid.
[588] SACCHI, Ângela. **União, luta, liberdade e resistência**: as organizações de mulheres indígenas da Amazônia Brasileira. 2006. 245 f. Tese (Doutorado em Antropologia) – Programa de Pós-Graduação da UFPE. Recife, PE, 2006.
[589] SAMPAIO, P. *Op. cit.*, 2021.
[590] **Luta Indígena**, n. 3, jun. 1977, VIII – Assembleia Chefes e Representantes Indígenas, p. 7-8, grifos meus. Nesta e nas próximas citações mantive a grafia e gramática original.

testemunho emblemático da violência sofrida, bem como método categórico de denúncia da violência perpetrada por agentes não indígenas, pelo Estado e indígenas contra as indígenas mulheres e crianças. Portanto, contra os povos indígenas e seus territórios de ocupações tradicionais.

Na década supramencionada, o povo Kaingang lutava contra as invasões de seus territórios por empresas colonizadoras, estas sendo uma das frentes de expansão dos monocultivos na região Sul do Brasil. Segundo o Brighenti[591], no Toldo Chimbangue, a liderança Fen'Nó ofereceu forte resistência a sair de sua terra. A recusa dessa liderança foi de encontro aos interesses da colonizadora Luce e Rosa e Cia, que vendeu os últimos 100 hectares do Toldo Chimbangue. Esses acontecimentos guardam ligação com a realidade atual de expansão do agronegócio, à qual indígenas mulheres fazem enfrentamentos.

Enquanto anoto alguns resultados da pesquisa de doutoramento e elaboro uma reflexão sobre a agência de indígenas mulheres, frente à expansão do agronegócio, escuto o presidente eleito no pleito de 2022 Lula Inácio Lula da Silva, partido PT, apresentar Sônia Guajajara como ministra do Ministério dos Povos Indígenas. A data de 29 de dezembro de 2022 é singular, pois necessita ser registada no plural já que é a primeira vez, em 522 anos do Brasil, que se cria uma pasta governamental voltada aos povos indígenas; bem como é singular a nomeação de uma indígena mulher liderança para essa atuação ministerial. Reflito diante desse cenário: "seria este o começo de um tempo menos hostil para os povos indígenas?".

Sônia Guajajara é coordenadora geral da Articulação dos Povos Indígenas do Brasil (Apib); foi eleita deputada federal pelo partido Psol correspondente ao estado de São Paulo. Ela é uma liderança indígena com ampla trajetória de luta, que em versos publicados em abril de 2001, em Imperatriz, no estado do Maranhão e por meio da *Revista Mensageiro*, poetizou a trajetória dos povos indígenas nos meandros colonialistas:

> Memória dos Outros 500
> É tudo muito estranho
> Não entendo quase nada...
> Quem são esses civilizados? Mudaram o conceito?
> Antes eu achava que na civilização tudo era bom!
> Agora vejo que tudo é o contrário.
> Um ano após os 500 anos, 501 anos...

---

[591] BRIGHENTI, 2014.

Como chorei!
Já chega de tanta humilhação!
Já chega de tanto extermínio!
Já chega de...
O livro? Quanto mais lia,
Mais lágrimas descia, que pancadaria!
É isso que é a tal democracia?
Sinto na pele, a mesma dor que meus antepassados sentiam.
Posso escutar seus gritos surdos
Clamando socorro.
Tudo um caos. Ninguém podia lhes salvar,
Pois queriam mesmo era contigo acabar!
Nós índios não precisamos ser poetas para
Escrever
Não precisamos ser engenheiros para calcular
E nem tampouco, professor para ensinar...
Basta reviver! Basta sentir! Basta falar...!
O Monte Pascal foi reconquistado,
Um grande monumento lá levantado,
E o que isso representa? Para os brancos "civilizados"
Apenas uma moldura fria.
Para nós, símbolo de uma eterna união,
resistência,
Reconquista... resgate de uma cultura
E um animado toré dançado no coração
Dos índios desta nação.
Lá sim vai ser celebração!
Bomba! Ah, isso não!
Polícia? Deus permita que não!
FHC!? Só se for para aprender. Ou prender...?[592]

    Sônia Guajajara, atualmente ministra do Ministério dos Povos Indígenas, órgão que reconhece os direitos dos povos indígenas de participação na esfera Executiva do Brasil, foi entrevistada pelo Projeto Tembetá, onde respondeu sobre vários aspectos da sua trajetória de atuação nas lutas indígenas. Dentre elas destaco uma de suas respostas:

---

[592] GUAJAJARA, Sônia. Memória dos outros 500. **Mensageiro**. Belém, n. 128, maio/jun. 2001, p. 10.

Não, e não tinha nenhuma informação. De nada. Acho que nem da existência que nem da existência dos outros povos indígenas. Porque eu vivia na minha terra, sabia de outros indígenas que moravam ali, mas eu não tinha muita essa preocupação, ou essa clareza na minha cabeça de que eram muitos povos e de qual situação viviam. Eu até considero muito recente isso. Porque foi em 2001, quando eu participei pela primeira vez de um encontro indígena nacional, em Brasília. Foi a conferência pós-Marcha, que aconteceu depois da Marcha dos 500 anos, em 2000, na Bahia. Eu acompanhei o povo passando, o povo indo, aquela movimentação toda, mas de longe. Então, em 2001, eu fui participar de reuniões no estado, junto com o CIMI (Conselho Indigenista Missionário) e as lideranças locais. E aí me despertou a vontade de participar de um movimento maior. Daí, fui para Brasília. E lá foi um impacto para mim, quando eu vi a luta, quanto eu vi principalmente os povos do Nordeste fazendo toda aquela briga pela garantia dos territórios. Eles falavam de retomadas das terras. Eu não sabia direito o que era essa briga. Então aquilo para mim foi um despertar total. Para a minha vida, enquanto pessoa, e também enquanto liderança. Apesar de que eu sempre participei muito, fui ativa no movimento, mas restrito ao meu povo. Via as dificuldades, toda a luta das pessoas por melhoria de qualidade de vida, de política pública. A partir desse encontro foi que eu pude perceber a magnitude da luta e a importância de se juntar, se mobilizar.

Eu saí de Brasília e fui direto para um evento em Porto Seguro, a convite do CIMI e do movimento negro. Eu fui para a Bahia, para o Porto Seguro, o Monte Pascal, e conversei com as lideranças de lá, que estavam construindo um monumento chamado Monumento de Resistência. E as lideranças choravam muito contando das histórias dos antepassados, da colonização. Aquele momento foi decisivo para eu não voltar a mesma pessoa para a casa. Eu voltei para o Maranhão de ônibus, passando novamente por Brasília. Eu trabalhava como professora concursada do município. Eu pedi licença para ficar três dias em Brasília e acabei ficando quinze dias fora. Eu cheguei na escola e a diretora falou que eu tinha levado 15 faltas, e que seria descontado no meu contracheque. Daí eu disse que ela podia descontar o mês todo, se quisesse, porque o aprendizado que eu adquiri nesses 15 dias valia muito mais que qualquer contracheque integral, qualquer presença em sala de aula. Porque para mim foi o meu despertar para esse mundo do movimento indígena. Eu comecei a pensar na estrada, voltando para casa, que eu não podia mais chegar lá e não fazer nada. Eu tinha que organizar meu povo, eu tinha que organizar meu estado, ver de que forma a gente podia fortalecer a luta. E foi isso que eu fiz. Eu comecei a ler muito o mensageiro do CIMI, o jornal Porantim, e isso abriu muito minha visão sobre a luta e dos diversos povos[593].

O Projeto Tembetá publicado entre os anos de 2017 e 2019 apresenta biografias de lideranças indígenas atuantes no movimento indígena a partir dos anos 1970. Entre elas estão as lideranças: Ailton Krenak, Eliane Potiguara, Kaká Verá, Daniel Munduruku, Jaider Esdell, Biraci Yawanawá, Álvaro Tukano e Sônia Guajajara. Ao contar sobre as atividades no movimento indígena, para além do território Guajajara, a liderança remete ao começo do século XXI, especialmente naquilo que tange à atuação do movimento indígena e dos apoiadores indigenistas à crítica e à ideia de descobrimento do Brasil pelos portugueses.

No relato autobiográfico de Sônia Guajajara, acompanhamos parte da gestação de uma das lideranças indígenas da atualidade e lutadora contra a expansão do agronegócio. A construção política de Sônia Guajajara se dá nos diálogos do movimento indígena e indigenista do Conselho Indigenista Missionário e com apoiadores da luta indígena. Nas palavras de Paulo Freire[594]: "assumir-se como ser social e histórico, como ser pensante, comunicante, transformador, criador, realizador de sonhos, capaz de ter raiva porque capaz de amar." Trata-se da assunção do sujeito político. Vinte e um anos depois, na plenária das indígenas mulheres durante o Acampamento Terra Livre em abril de 2022, Sônia Guajajara discursou: "Queremos participar das decisões deste país. Nunca mais vamos aceitar um Brasil sem nós"[595].

Poesia e prosa das indígenas mulheres conotam a atuação dos povos indígenas ante à violência que estrutura a relação do Estado com os grupos raciais, étnicos e de gêneros diferenciados. Violência colonialista, que seja sempre enfatizada, porque apagar, silenciar e esquecer são ações de dominação e de exploração largamente utilizadas nos colonialismos. Outrossim, o agronegócio central no modelo econômico neoliberal no século XXI no

---

[593] GUAJAJARA, Sônia. **Coleção Tembetá**: Sônia Guajajara. Rio de Janeiro: Azougue, 2018. p. 13-14.

[594] FREIRE, Paulo. **Pedagogia da autonomia**: saberes necessários à prática educativa. São Paulo: Paz e Terra, 1996. p. 41.

[595] ASSESSORIA DE COMUNICAÇÃO DO ATL 2022. CIMI. **Emoção e força**: mulheres indígenas compartilham suas vivências e projetam aldear a política. Brasília, DF. 09 abr. 2022. Disponível em: https://cimi.org.br/2022/04/emocao-e-forca-mulheres-indigenas-compartilham-suas-vivencias-e-projetam-aldear-a-politica/. Acesso em: 4 jan. 2023.

qual, na poética de Chico César, foi representado como atividades econômicas: "que podam e que fodem e que ferram quem represente pela frente uma barreira."[596]

Para Casanova, vivemos a combinação dos colonialismos internacionais, intranacionais e transnacionais. Esse conglomerado maximiza os domínios e as práticas relativas à produção e à distribuição. Considerando esse acontecimento, é imprescindível pensar o mundo articulando as categoriais sociais e de análises propositoras de resistência à situação de violência[597].

Na acepção de Mohanty[598], as ações das mulheres e das meninas, sobretudo, do terceiro mundo, favorecem descortinar o capitalismo quanto às dimensões raciais e sexuais. São ações que oferecem rotas para pensar e resistir de modo anticapitalista ao feminismo neoliberal, também chamado de hegemônico, que embora defenda a visibilidade das mulheres negras e indígenas não necessariamente atua nesse sentido.

Na crítica construída por Paredes é fundamental realizar a crítica ao feminismo neoliberal, uma vez que este promove a invisibilização das trajetórias de lutas das indígenas contra os sistemas de opressão[599].

A violência contra a atuação das indígenas mulheres nos contextos colonialistas, deflagrados pelas invasões coloniais e com prosseguimento hodiernos, permanece danosa. O Dossiê Internacional de Denúncia dos Povos Indígenas do Brasil, publicado em agosto de 2021, denuncia que:

> No estado do Pará, em que foram registrados 41 casos de invasões no período, a Terra Indígena Munduruku, que aguarda a publicação da sua Portaria Declaratória, sofre com um ostensivo aumento de violações por garimpeiros, palmiteiros e madeireiros, estimulados pelo presidente Jair Bolsonaro. No dia 25 de março de 2021, a Associação de Mulheres Munduruku Wakoborun, no município de Jacareacanga, no Pará, foi alvo de ataque perpetrado por garimpeiros e seus aliados, tendo sua sede depredada e incendiada. A invasão massiva de garimpeiros ilegais na terra indígena Yanomami

---

[596] CHICO CÉSAR/CARLOS RENNÓ. **Reis do agronegócio**. MPB, 2015, gravação de Chico César, Chita Disco, CD, "Estado de Poesia". Gravadora: Urban Jungle/Natura.

[597] GONZÁLEZ CASANOVA, Pablo. Colonialismo interno. *In:* GONZÁLEZ; CASANOVA, Pablo. **A teoria marxista hoje**. Problemas e perspectivas. Buenos Aires: CLACSO, Consejo Latinoamericano de Ciências Sociais, 2007. Disponível em: http://bibliotecavirtual.clacso.org.ar/clacso/formacion-virtual/20100715084802/cap19.pdf. Acesso em: 1 jul. 2020.

[598] MOHANTY, Chandra. De vuelta a Bajo los ojos de Occidente: La solidaridade feminista a través de las luchas anticapitalistas. *In:* NAVAZ, Liliana Suárez; HERNÁNDEZ CASTILLO, Rosalva Aída (org.). **Descolonizando el feminismo**: teorías y prácticas desde los márgens. Madrid: Catédra, 2008b, p. 404-468.

[599] PAREDES, Julieta. **Hilando Fino**... Desde el feminismo comunitário. La Paz: CEDEC, 2008.

alcança as assustadoras cifras de mais de 20 mil garimpeiros, com devastação de uma área equivalente ao tamanho de 500 campos de futebol[600].

O título da matéria publicada pelo CIMI é importante para compreendermos a profundidade da violência: "Garimpeiros atacam sede de associação de mulheres indígenas contrárias à mineração ilegal no Pará."[601] A notícia oferece ao público o texto da representação de indígenas junto ao Ministério Público Federal no qual associações denunciam e documentam, em texto e fotografias, a violência sofrida. Leiamos a Representação junto ao MPF:

> Jacareacanga, 25 de março de 2021.
>
> Nós da Associação das Mulheres Munduruku Wakoborũn, Associação Da'uk, Associação Arikico, Movimento Munduruku Ipereg Ayu e CIMAT nos organizamos desde a nossa assembleia de resistência em dezembro de 2020 e alugamos um escritório coletivo para atender os caciques, cacicas, lideranças, guerreiras e guerreiros do nosso povo. Hoje, em manifestação do pequeno grupo de Munduruku favorável ao garimpo, junto com os demais bandidos pariwat invasores da nossa terra, queimaram nosso escritório – depredaram todos nosso documentos e equipamentos coletivos. Eles já vinham anunciando que iam fazer isso e o poder público local e os demais órgãos competentes nada fizeram para manter a nossa segurança. Estamos gritando tem dia, pedindo para que as forças policiais ajam sobre esse grupo de criminosos que querem devastar nosso território e que ameaçam a nossa própria vida e integridade. Exigimos que com urgência algo possa ser feito. Todos sabem quem são os envolvidos, denunciamos a todos os orgãos que deveriam estar colaborando com os povos indígenas[602].

A campanha de apoio à Associação das Mulheres Munduruku, promovida pelo Ministério Público Federal, definiu a violência contra a associação de mulheres indígenas como: "a violência foi uma tentativa de silenciar as mulheres Munduruku, contrárias à mineração ilegal em terras indígenas." (MPF, 2021, on-line).

Para Alessandra Munduruku, ouvida pelo *Jornal Brasil de Fato*, por ocasião do Dia Nacional de Lutas dos Povos Indígenas, na data de 7 de

---

[600] DOSSIÊ INTERNACIONAL DE DENÚNCIA DOS POVOS INDÍGENAS DO BRASIL, 2021, p. 28.
[601] CIMI. **Garimpeiros atacam sede de associação de mulheres indígenas contrárias à mineração ilegal no Pará**. 26 mar. 2021. Disponível em: https://cimi.org.br/2021/03/garimpeiros-atacam-sede-associacao-mulheres-indigenas-contrarias-mineracao-ilegal-para/. Acesso em: 4 jan. 2023.
[602] REPRESENTAÇÃO DE INDÍGENAS MUNDURUKU AO MPF, 2021, p. 1.

fevereiro de 2021: "o que incomoda o governo e as nossos inimigos é a nossa persistência e a resistência". Ameaçada de morte, ela narra a forma como enfrenta as ameaças de morte e como permanece lutando pelos direitos indígenas. Ela diz:

> Eu chorei muito pensando no que eu ia fazer, porque antes da luta, antes de eu falar, antes de 2014, eu tinha uma vida totalmente diferente de hoje. Antes, eu ia pescar, antes eu conseguia andar e falar com todo mundo na estrada. Eu não consigo mais fazer isso, ter uma confraternização com amigos, eu não consigo mais fazer isso, porque essa parte tirou a minha liberdade.
>
> Mas eu fiquei analisando com as mulheres e de repente ouvi a fala: 'Precisamos de você. Precisamos que você fale. A gente precisa ter voz'.
>
> Foi quando me dei conta de que eu prefiro sacrificar a minha liberdade do que sacrificar o meu povo. Eu prefiro o meu povo. A minha liberdade eu conquisto depois. Nós temos que ter resistência, nós temos que ter resistência ainda. O que incomoda o governo e os nossos inimigos é a nossa persistência e a resistência[603].

Nas palavras da liderança, percebemos elementos do processo de construção social e histórica sobre o entendimento das atividades extensivas de criação de gado, especialmente, da monocultura da soja, da extração de madeira e da mineração são danosas à vida na terra. A expansão da economia de mercado tem sido combativa, entre outros atores sociais, a exemplo do Movimento Sem Terra e da Marcha das Margaridas, pelos povos indígenas organizados dentro dos movimentos indígenas e indigenistas. Entretanto, não significa que todos os grupos e pessoas compreendam o modelo de produção econômica fundada no latifúndio da mesma forma; bem como dos danos à humanidade caudados pela exploração da mão de obra e da monocultura, visando à produção de matéria-prima e das demandas dos mercados dos países concentrados no capital financeiro.

Em 29 de março de 2021, Felisberto Cupudunepa, do povo Umutina; Edson de Oliveira Santos, do povo Bakairi; Paulo Pontes Lucio, do povo Fulni-ô, autoidentificados como lideranças de seus coletivos de pertença

---

[603] BARBOSA, Catarina. Prefiro a liberdade do meu povo, diz liderança Munduruku ameaçada de morte no Pará. Entrevistada: Alessandra Munduruku. 07 fev. 2021. **Brasil de Fato**. Disponível em: https://www.brasildefato.com.br/2021/02/07/prefiro-a-liberdade-do-meu-povo-lideranca-munduruku-ameacada-de-morte-no-para. Acesso em: 4 jan. 2023.

étnica e de "Porta-vozes do Grupo de Agricultores e Produtores Indígenas", publicaram uma carta voltada às organizações da Europa, na qual declararam o compromisso político à política do Governo Jair Bolsonaro e com o modo de produção do agronegócio. Não obstante, com a oposição e o desrespeito à liderança de Sônia Guajajara[604].

A nota técnica n.º 01/2022, de 11 de março de 2022, sobre o Projeto de Lei 191/2020, evidencia o descumprimento aos direitos dos povos indígenas reconhecidos pela Constituição de 1988:

> A mineração em terras indígenas é em si mesma uma prática violadora dos direitos humanos e direitos fundamentais dos povos indígenas. Os impactos negativos, ocasionados pela extração dos minérios, deixam uma onda de devastação nos territórios. A legislação brasileira reconhece os territórios tradicionais como "espaços necessários à reprodução cultural, social e econômica dos povos e comunidades tradicionais" (artigo 3º, II, Decreto 6.040/07 [Institui a Política Nacional de Desenvolvimento Sustentável dos Povos Indígenas e Comunidades Tradicionais]), diante o exposto torna-se fundamental garantir a total integridade desses territórios, [a]final eles precisam estar preservados para [que] os povos indígenas consigam exercer seu modo tradicional, sem interferência externa da sociedade não indígena, ainda mais[605].

O movimento indígena organizado na Articulação dos Povos Indígenas do Brasil (Apib) vem atuando para mostrar e para combater as investidas do agronegócio contra os direitos dos povos indígenas. No ano de 2020, a atuação indígena enfrentou a movimentação no Congresso Nacional com projetos de lei, entre eles, a proposta do Projeto de Lei 191/2020 com o objetivo de regulamentar a mineração em terras indígenas, de autoria do então presidente da República Jair Bolsonaro, com a assinatura do ministro de Estado de Minas e Energia, Bento Albuquerque, e do ex-ministro de Estado da Justiça e Segurança Pública, Sérgio Moro. Tal projeto de lei é um exemplar da atuação dos ruralistas contra os direitos territoriais indígenas.

Além de fazer enfrentamentos aos projetos de lei com objetivos explícitos de avanço sobre os territórios indígenas, o movimento indígena empreendeu

---

[604] FUNAI. **Em carta, Grupo de Agricultores Indígenas defende liberdade e autonomia de comunidades produtoras.** 29 mar. 2021, atualizado em 31 out. 2022. Disponível em: ttps://www.gov.br/funai/pt-br/assuntos/noticias/2021/em-carta-grupo-de-agricultores-indigenas-defende-liberdade-e-autonomia-de-comunidades-produtoras. Acesso em: 5 jan. 2023.

[605] AJUR/APIB. **Nota técnica nº 01/2022, de 11 de março de 2022**. p. 16. Disponível em: https://apiboficial.org/files/2022/03/NOTA-DA-APIB-PL-191.docx.pdf. Acesso em: 4 jan. 2023.

ações junto ao Supremo Tribunal Federal contra a "tese do marco temporal". Por meio deste, os povos indígenas, para ter direitos à demarcação do território que tradicionalmente lhes pertence, devem provar a posse das terras ou ação de resistência à expropriação na data de 5 de outubro de 1988, quando foi promulgada a Constituição do Brasil em vigência. A luta por justiça histórica, defendida pelos povos indígenas, argumenta em favor da "tese do indigenato", que compreende o reconhecimento dos direitos indígenas como direitos originários, portanto, que antecedem à formação do Estado.

Enquanto algumas lideranças indígenas se aliam ao projeto neoliberal e investem suas práticas em desfavor da coletividade indígena e em desrespeito à pessoalidade de pertença étnica de indígenas mulheres lideranças dentro do movimento indígena liderado pela Apib, e com apoio de várias organizações indigenista, fortalece-se a compreensão sobre os efeitos danosos do agronegócio aos direitos dos povos indígenas.

Nesse contexto de avanço das plantações de soja, bem como de milho, de algodão, e de criação bovina, assim como de toda infraestrutura para transporte da produção até os portos fluviais e marítimos, indígenas mulheres mantêm a atuação, desta forma expressa nas palavras de Ediene Munduruku, do povo Munduruku, Aldeia Teles Pires, durante o Acampamento Terra Livre em 2022:

> Repudiamos o governo Bolsonaro genocida. O povo Munduruku diz 'não' ao PL 191 e 'não ao marco temporal. Resistimos com toda força de poder de nossas ancestralidades. Estamos aqui para defender os nossos costumes e direitos. Queremos os nossos territórios, vidas e futuros livres. Não aceitamos devastação, destruição e não aceitamos mais ameaças contra as mulheres indígenas. Não irão matar as nossas vozes, porque somos a resistência de nossos territórios[606].

Na audiência pública na Comissão de Direitos Humanos e Legislação Participativa (CDH), realizada em 8 de novembro de 2016, Gercília Krahô denunciou que os povos indígenas, em especial o povo Krahô, não foi ouvido quanto ao projeto chamado Matopiba, à frente explicitado, e relatou a referida comissão a situação no território Krahô: "Se matar nossa terra, como vamos viver? Sem terra ninguém vive e sem o rio ninguém vive. Somos semente da terra, broto da terra. Quando os brancos chegaram, já encontraram os indígenas. E por que não respeitam o povo indígena?"[607]

---

[606] ASSESSORIA DE COMUNICAÇÃO DO ATL 2022, *op. cit.*, 2022, *online*.
[607] ALTAFIN, Iara Guimarães. Em debate na CDH, indígenas e pequenos agricultores protestam contra Projeto Matopiba. **Senado Notícias**. Brasília, DF, 8 nov. 2016. Disponível em: https://www12.senado.leg.br/noticias/

Liderança com larga experiência nas tratativas com agentes e agências não indígenas, Gercília Krahô analisa o Projeto Matopiba em entrevista ao jornal *Porantim*:

> Porantim – O que você pensa sobre o novo projeto do agronegócio, o Matopiba?
>
> Gercília Krahô – Acredito que o Matopiba vai acabar com a água. Ele tá no Piauí, na Bahia, no Maranhão e no Tocantins. O nível do rio em Juazeiro desceu muito o nível. Eu vi com meus olhos, e foram projetos assim que fizeram o rio baixar, e agora tá seco. Nunca que acreditavam que ele ia secar. Só na contagem para nós, este Matopiba já tem impacto. A gente fica preocupado não é só com nós, mas com todos que precisam da água. O cupê destrói a natureza não é porque quer ver as coisas de outro jeito. Destrói porque quer ver o dinheiro. A vida do cupê é o dinheiro. Fora do dinheiro, ele não é observado, não é escutado. Agora, o dinheiro, sim. No meu pensamento de mehim (que na língua Jê pronuncia-se "merrim" e significa índio), eu quero ver este pé de pequi vivo. E quero que meus netos, meus bisnetos, vejam também como é o jeito do pé de pequi, que experimentem o sabor dele, o sabor dos frutos desta terra, como eu conheci. Então, eu fico pensando que a terra é onde a gente planta, e se não tiver a terra, não tem nada. Cada semente para mim é como um parente, a gente tem amor. Perder uma qualidade de semente de um milho é como perder um filho ou um irmão. Porque não acha mais, depois[608].

A análise de Gercília Krahô é contundente sobre as consequências dos projetos desenvolvimentistas associados à economia de mercado neoliberal e à vida dos povos indígenas. Na continuidade da entrevista, à Patrícia Bonilha do jornal *Porantim*, ao ser perguntada sobre seus discursos durante a III Assembleia dos Povos Indígenas de Goiás e Tocantins, Gercília discorreu:

> Tô com medo do Rio Vermelho secar. Ele não tava daquele jeito. Agora ele tá ficando meio que uma lama. Não tá normal. O Rio Vermelho está morrendo. Na beira dele toda, de Goiatins até Kraholândia, já tá tudo derrubado e não tem mais quase árvores. Assim, mata a veia do rio... porque onde tem as águas é onde ficam as raízes das árvores. E tá feio. Sem água, a

---

materias/2016/11/08/em-debate-na-cdh-indigenas-e-pequenos-agricultores-protestam-contra-projeto-matopiba. Acesso em: 4 jan. 2023.

[608] BONILHA, Patrícia. "O Matopiba não vai vingar". Entrevistada: Gercília Krahô. **Porantim**, Brasília, ano 38, n. 386, p. 6-7, nov. 2016a, p. 7.

> gente não faz nada. A chuva, primeiro, tava chovendo na data dela certa. Quando não tinha este desmatamento. Mas, hoje, até os cupê [não indígena, na língua Jê], estão doidos. Porque não sabe como vai ficar. Eles pensam que vão plantar roça na data de antes, mas tá tudo lascado. Muita gente perdeu neste ano. Plantou arroz, o arroz nasceu, ele pariu, mas não encheu, secou. Tô percebendo que no ano retrasado não foi como no ano passado, que tá diferente deste ano. Dá pra perceber nos rios, nas árvores, no modo do capim. Agora tá demorando pra sair o capim novo, lá na minha terra[609].

A liderança, mãe de dez filhos e avó de 25 netos, quando da entrevista, relatou sua preocupação com a destruição que avançava sobre o seu território. Ela é testemunha que resiste aos prejuízos causados à sua comunidade pela diminuição do volume de água no Rio Vermelho. Para a liderança, o projeto Matopiba tem relação direta com a situação do rio e atribui ao sistema capitalista os danos causados a vida indígena.

A reportagem de Patrícia Bonilha, enviada especial do jornal Porantim, para reportar a III Assembleia dos Povos Indígenas de Goiás e Tocantins, ocorrida em Palmas-TO, entre os dias 20 e 23 de julho de 2016, destacou a presença dos povos: Apinajé, Krahô, Xerente, Karajá de Xambioá, Krahô-Kanela, Kanela do Tocantins, Avá-Canoeiro e Javaé, cujos territórios localizam-se em Tocantins; o povo Tapuia, localizado em Goiás, e povos Kayapó, Pataxó Hã-Hã-Hãe, Guarani e Kaiowá, além de comunidades tradicionais. No centro da análise conjuntural, estava a vida nos territórios localizados no cerrado, alvo do Matopiba[610].

O Decreto n.º 8.447, de 6 de maio de 2015, da Presidência da República, conjuntamente assinada pela então presidenta Dilma Rousseff, bem como pela ministra da Agricultura, Pecuária e Abastecimento do Brasil, a senadora Kátia Abreu, do Partido Progressista, definia o Plano de Desenvolvimento Agropecuário do Matopiba, uma política pública abrangente dos estados do Maranhão, Tocantins, Piauí e Bahia, formando o acrônimo Matopiba, e que abrangem os biomas do Cerrado, da Caatinga e da Amazônia. Os projetos agrícolas do governo federal de Dilma Rousseff, em 2015, tinham na ação política da Senadora Kátia Abreu (2015-2023)[611], ministra do Ministério da

---

[609] Ibid., p. 6.

[610] BONILHA, Patrícia. E o Cerrado, vai virar o quê? Reportagem. Porantim, Brasília, ano 38, n. 386, p. 8-9, nov. 2016b.

[611] A figura da senadora Kátia Abreu é controversa. Até 2015, quando assumiu o Ministério da Agricultura, a senadora do PP-TO era a porta-voz no Senado do agronegócio e a sua nomeação foi um aceno do governo Dilma

Agricultura, o nome a ser combatido pelos povos indígenas, pelas comunidades tradicionais e pelos demais grupos sociais ligados à proteção do meio ambiente e da biodiversidade – dado ao PDA Matopiba. Para a então ministra, o Matopiba era prioridade.

O *caput* do artigo 1.º do referido decreto define a agricultura e a pecuária como atividades centrais do Plano de Desenvolvimento Agropecuário (PDA) Matopiba, ambas voltadas para o desenvolvimento econômico sustentável e qualidade de vida da população. Entre as diretrizes do PDA, estavam:

> I – desenvolvimento e aumento da eficiência da infraestrutura logística relativa às atividades agrícolas e pecuárias;
>
> II – apoio à inovação e ao desenvolvimento tecnológico voltados às atividades agrícolas e pecuárias; e
>
> III – ampliação e fortalecimento da classe média no setor rural, por meio da implementação de instrumentos de mobilidade social que promovam a melhoria da renda, do emprego e da qualificação profissional de produtores rurais[612].

Embora revogado em 24 de agosto de 2020, durante o governo do ex-presidente Jair Bolsonaro, apoiado pelo agronegócio e, diametralmente, oponente à política de proteção ao meio ambiente e aos direitos territoriais dos povos indígenas, a expansão das atividades agrícolas e pecuárias, por exemplo, da área chamada Matopiba, é tomada pelo setor econômico neoliberal como estruturante da produção econômica do Brasil, cujo teor, na linguagem corrente da imprensa, lemos: "Brasil, grande produtor de *commodities*", base da economia global. Assim, a monocultura da soja e a criação de gado, produtos primários da expansão da fronteira agrícola no cerrado, e na Amazônia Legal, entre outros biomas e regiões do Brasil, formam a base da produção de *commodities*.

Ao analisar os investimentos públicos e a institucionalização da fronteira agrícola no cerrado antes e além do Decreto n.º 8.447, de 6 de maio de 2015, considerando o desmatamento e o largo processo de grilagem de

---

ao setor em nome da governança. Durante o processo de *impeachment* da presidenta Dilma Rousseff em 2016, a legisladora marcou posição ao lado da presidenta, o que desagradou profundamente o setor do agronegócio, uma das bases políticas contrárias e articuladora do que nomeamos como golpe misógino contra Dilma Rousseff. Atualmente, a senadora eleita Tereza Cristina (PP-MS), ex-ministra da agricultura do governo de Jair Bolsonaro, para mandato a ser iniciado em 2023, parece assumir liderança do discurso da bancada ruralista no Senado.

[612] BRASIL. **Decreto nº 8.447, de 06 de maio de 2015, da Presidência da República, Dilma Rousseff.** Dispõe sobre o Plano de Desenvolvimento Agropecuário do Matopiba e a criação do seu Comitê Gestor. Disponível em: https://www.planalto.gov.br/ccivil_03 /_ato2015-2018/2015/decreto/d8447.htm. Acesso em: 4 jan. 2023.

terras indígenas e quilombolas, do Matopiba, essencialmente, da expansão da fronteira agrícola, Diana Aguiar, Maurício Correia Silva, Joice Bonfim e Eduardo Barcelos explicitam:

> Do ponto de vista da logística de escoamento de commodities agrícolas a partir do Matopiba, uma série de projetos de ferrovia (como a Ferrovia de Integração Oeste-Leste – FIOL na Bahia), de ampliação e pavimentação de rodovia (como a BR-135 no Maranhão e a Transcerrados no Piauí), de implantação de hidrovia (Hidrovia Tocantins) e portos (como o Porto São Luís, no Maranhão, e o Porto Sul, na Bahia) estão em processo de estudo, construção e/ou concessão[7], provocando intensos conflitos territoriais. Do ponto de vista da tecnologia produtiva, a Embrapa tem realizado pesquisas e lançado variedades adaptadas ao solo e clima da região[8], promovendo a expansão dos monocultivos[613].

Beltrão analisa e historiciza os efeitos sociais – categoria que utiliza, ao invés de impactos, para indicar a situação de conflito instaurada pela presença de organizações que cometem ilícitos – a exemplo de garimpagem ilegal e da plantação de maconha – em territórios indígenas, os danos causados a esses coletivos na região sul do Pará e as lutas pelo bem viver feitas pelos povos indígenas[614].

Considerando a análise pericial da situação conflituosa na Área Indígena Sororó, dada a pavimentação da BR-153 que impõe prejuízos à comunidade Suruí/Aikiwera, que enfrenta as autoridades cobrando o cumprimento dos direitos constitucionais dos povos indígenas, Beltrão diz sobre as alterações do ponto de vista da cultura tradicional, da incidência de prostituição de mulheres indígenas, da fome e da dizimação do grupo, cuja trajetória histórica é marcada pela luta contra a depopulação. Imersa na historicidade do povo Suruí/Aikewera, e convencida da impossibilidade de avaliar todas as perdas, Beltrão faz perguntas fundamentais:

> Quanto se deixou de comer? Quantas mulheres gestantes deixaram de consumir alimentos em quantidade satisfatória? Quantas crianças deixaram de se alimentar e viram prejudi-

---

[613] AGUIAR, Diana; SILVA, Maurício Correia; BONFIM, Joice; BARCELOS, Eduardo. **Na fronteira do (i)legalidade**: desmatamento e grilagem no Matopiba. Dossiê. Salvador: AATR, 2021. p. 7-09. Disponível em: htps://www.matopibagrilagem.org. Acesso em: 5 jan. 2023.

[614] BELTRÃO, Jane Felipe. **A Antropologia e o exercício da justiça**. Perícias em torno de direitos indígenas. Rio de Janeiro, RJ: Autografia, 2021. 214p.

car seu crescimento? Quantas pessoas ficaram doentes por alimentar-se insatisfatoriamente? São perguntas para as quais não se tem resposta. São danos morais inegociáveis[615].

A agência de Gercília denota a longa história de resistência dos povos indígenas, na qual, ao ser perguntada por Porantim, responde:

> Porantim – Ainda tem mata perto da sua terra?
>
> Gercília Krahô – Dentro da terra tem. Mas fora, estamos cercados por eucalipto e soja. Agora tô escutando, por alto, que querem levar o algodão, o pinheiro e plantação de cana. Eles botam veneno demais. Quando começou a fazer este trabalho de veneno lá pra cima da serra, lá na aldeia apresentou gente vomitando, com dor de cabeça, com febre, com pira feia. Eu peguei aqui na minha perna, tava só na carne pura. Quando o avião passa, uns dois dias depois, ainda a gente não sente bem, a gente sente um corpo ruim, é um negócio muito ruim, na respiração da gente, no vento. E, de avião, vai longe. Eu tô brigando, eu tô querendo que o governo pensa de barrar estas coisas, não é pra mim. Eu fico preocupada com meus filhos, com meus netos, que não sabem de nada. As mulheres trabalham mais e se preocupam mais, com os filhos, com a família. Se secar tudo, como vamos beber e comer? Onde nós vamos banhar? E os ribeirinhos, como vão viver? A última água que tá tendo é nos indígenas porque nós estamos reservando. Mas, se continuar assim, parece que vai ter uma guerra[616].

Gercília Krahô denuncia a falta de cumprimento dos direitos indígenas de serem amplamente ouvidos, quanto a todo e qualquer projeto no território indígena. Cobra o cumprimento dos preceitos constitucionais estabelecidos em 1988 e nos documentos internacionais nos quais o Brasil é signatário. Tal como assume a representação do povo Khahô nas tratativas com os não indígenas e na coletividade indígena, em que igualmente tecem políticas combativas ao agronegócio.

Nos territórios dos povos Guarani e Kaiowá a luta contra as investidas do modo de produção neoliberal é diária. Na Terra Indígena Yvy Katu, o enfrentamento pelas indígenas e pelos indígenas ao arrendamento de terras indígenas para o agronegócio se dá sobre o signo da violência. Leila Rocha, do território Yvy Katu, em entrevista à *Amazônia Real*, relatou os combates ao

---

[615] *Ibid.*, p. 186.
[616] BONILHA, *op. cit.*, 2016a, p. 7.

arrendamento ilegais de terras indígenas. Em 2013, a liderança atuou para a retomada de parentelas Guarani Ñandeva da Terra Indígena Yvy Katu. A comunidade sofre os efeitos da longa espera do processo de homologação presidencial e segue lutando pelo reconhecimento dos direitos aos territórios indígenas, apesar das constantes ameaças às lideranças e à comunidade em função da oposição ao arrendamento dessas terras para plantio de soja. Dado o conflito e as ameaças contra a liderança Guarani e Kaiowá Leila Rocha, em 2022, a Defensoria Pública da União (DPU) solicitou à Polícia Federal (PF) a sua proteção[617].

Ao Documentário "Tempo de Guavira" (2021), produzido pela Rede de Apoio e Incentivo Socioambiental (Rais), pela Aty Guasu e pelo Conselho Indigenista Missionário (Cimi/MS), que aborda a importância do território para os povos Guarani e Kaiowá, bem como apresenta as ameaças do avanço do agronegócio sofridas pelos povos indígenas em Mato Grosso do Sul, Leila Rocha falou sobre a política de não demarcação das terras indígenas durante o governo de Jair Bolsonaro, mandato transcorrido entre 1.º de janeiro de 2019 e 1.º de janeiro de 2023. De acordo com ela: "esta guerra nosso, só depois que a gente morrer tudo que agente vão parar. Que esse novo governo a gente não sabe o que vai acontecer com a gente", e ressaltou a resistência Guarani e Kaiowá.

De maneira semelhante se posicionou combativa a Nhandesy Estela Verá. No filme Yvy Pyte – Coração da Terra (2021), projeto apoiado pelo Rumos Itaú Cultural 2019-2020, gravado em Yvy Katu, a rezadora expressa a defesa dos modos de ser e de viver Guarani e Kaiowá e das retomadas dos territórios indígenas, nos tekoha dos povos Guarani e Kaiowá. Ao falar sobre a importância da casa de reza disse: "tem que ter uma casa de reza no tekoha. [...] que venham todos os rezadores de vários lugares para podermos trocar conhecimentos. Para falarmos sobre a terra. Para falarmos sobre como ela nos cuida."[618]

O portal G1, no dia 15 de dezembro de 2022, noticiou que a rezadora Estela Verá do povo Guarani foi assassinada a tiros por um grupo de pessoas encapuzadas. Estela Verá estava na Terra Indígena Porto Lindo, contígua à Terra Indígena Yvy Katu. Ela relatava as ameaças de morte recebidas em

---

[617] CAMILO, Marcio. Liderança Guarani Kaiowá é ameaçada de morte. **Amazônia Real.** 22 jul. 2022. Disponível em: https://amazoniareal.com.br/lideranca-guarani-kaiowa/. Acesso em: 4 jan. 2023.
[618] VERÁ *apud* YVY PYTE – CORAÇÃO DA TERRA. Tekoha Yvy Katu – Estela Verá. Canal YouTube **Jenipapo Audiovisual.** APIB. 11 dez. 2022. Duração: 8min. 57seg. Disponível em: https://www.youtube.com/watch?v=-JhY3mwwkXzU&t=11s&ab_channel=JenipapoAudiovisual. Acesso em: 3 jan. 2023.

razão de denunciar os arrendamentos. A nota da Assembleia Geral do povo Kaiowá e Guarani escreveu: "A liderança espiritual Estela foi alvo principal dos assassinos, e vários tiros acertaram a cabeça da rezadora, que morreu no pátio da casa dela no meio das crianças."[619]

A rezadora Estela Verá deixou legado de força, sabedoria e resistência Guarani:

> Tem que ter uma casa de reza aqui pra rezarmos juntos lá. Ele e seu irmão mais novo nos ouvem. Temos que falar com propósito, não podemos falar à toa porque nos ajudará. Só assim seremos fortes novamente. Assim vamos poder nos levantar na terra junto com as crianças. Fazer guaxire, fazer kotyhu. Nós temos que fazer tudo de novo isso, por que as coisas estão ficando feias. Os brancos não respeitam nem os mais novos, porque os rezadores estão acabando. Eu penso da mesma forma que você. Assim termino as minhas palavras[620].

Segundo o Relatório da Violência contra os Povos Indígenas, dados 2021, produzido pelo Conselho Indigenista Missionário: "Os conflitos relativos aos direitos territoriais, neste relatório, apresentam 118 ocorrências em pelo menos 20 estados, agravados por conflitos motivados pelos arrendamentos de terras indígenas"[621]. Os estados do Rio Grande do Sul e do Mato Grosso foram apontados pelo Relatório como as unidades da federação com maior número de conflitos territoriais envolvendo a produção agroexportadora.

Para o Relatório, a "prática ilegal de arrendamento terras indígenas" favorece "[...] os arrendatários e algumas famílias indígenas, as quais organizam o esquema e obtêm dividendos financeiros, mas excluem, por outro lado, a imensa maioria das comunidades que habitam a terra indígena."[622]. O Relatório frisa que são enormes as pressões do agronegócio sobre os indígenas, visando à exploração econômica de suas terras por terceiros e seus contratos de arrendamentos.

A Constituição de 1988 no artigo 231 estabelece que: "São reconhecidos aos índios sua organização social, costumes, línguas, crenças e tradições,

---

[619] BARROS, Renata. Se não tiver mais reza e rezador, o mundo vai acabar: indígena morta a tiros era importante liderança espiritual. **Portal G1**. 16 dez. 2022. Disponível em: https://g1.globo.com/ms/mato-grosso-do-sul/noticia/2022/12/16/se-nao-tiver-mais-reza-e-rezador-o-mundo-vai-acabar-indigena-morta-a-tiros-era-importante-lideranca-espiritual.ghtml. Acesso em: 5 jan. 2023.

[620] VERÁ *apud* YVY PYTE, 2022.

[621] CIMI, 2021, p. 19.

[622] *Ibid.*, p. 73.

e os direitos originários sobre as terras que tradicionalmente ocupam, competindo à União demarcá-las, proteger e fazer respeitar todos os seus bens.". O parágrafo 2.º do Art. 231 da CF/88 diz: "As terras tradicionalmente ocupadas pelos índios destinam-se a sua posse permanente, cabendo-lhes o usufruto exclusivo das riquezas do solo, dos rios e dos lagos nelas existentes.". E, conforme estabelece o parágrafo 4.º do artigo anteriormente citado: "As terras indígenas são inalienáveis e indisponíveis, e os direitos sobre elas, imprescritíveis."[623]

No entanto, ao longo dos últimos quatro anos, tramitam no Congresso Nacional Propostas de Emenda à Constituição (PEC), a exemplo da PEC 343/2017, apensada à PEC 187/2016, aquela arquivada, mas ambas associadas às propostas de legalização do arrendamento de terras indígenas a ruralistas, o que fere o usufruto exclusivo das comunidades indígenas, sendo assim, caracterizando-se em ilicitude.

A prática de invadir terras indígenas é constituinte do colonialismo dos países do norte global e do colonialismo dos Estados ao sul global, estes, enquanto colonizados, mantêm e reificam o modelo de dominação e exploração dos colonizadores.

Embora não seja possível, nos limites deste capítulo, oferecer ao(à) leitor(a/e) uma análise profunda sobre os efeitos sociais da prática do arrendamento de terras indígenas no século XXI e ainda esmiuçar as disposições jurídicas e administrativas nos âmbitos estaduais e federal, bem como conhecer a normatividade jurídica indígena, a exemplo do Direito Guarani, é necessário situar historicamente a política desenvolvimentista capaz de transformar terras de ocupação tradicional indígenas em propriedades privadas[624].

A expropriação das terras indígenas é uma das problemáticas fundamentais dos estudos de História Indígena e do Indigenismo, abordada, entre outros(as) pesquisadores(as), pela antropóloga Manuela Carneiro da Cunha. Para a autora, discorrido em um parágrafo primoroso:

> O processo de espoliação torna-se, quando visto na diacronia, transparente: começa-se por concentrar em aldeamentos as chamadas "hordas selvagens", liberando-se vastas áreas, sobre as quais seus títulos eram incontestes, e trocando-as

---

[623] BRASIL. [Constituição (1988)]. **Constituição da República Federativa do Brasil**. Brasília, DF: Disponível em: ttps://www.planalto.gov.br/ccivil_03/constituicao/ constituicao.htm. Acesso em: 5 jan. 2023.
[624] MACHADO, Almires Martins. **De Direito indigenista à Direitos indígenas**: desdobramento da arte do enfrentamento. Dissertação (Mestrado em Direito) – Universidade Federal do Pará. Belém, 2009.

> por limitadas terras de aldeias; ao mesmo tempo, encoraja-se o estabelecimento de estranhos em sua vizinhança; concedem-se terras inalienáveis às aldeias, mas aforam-se áreas dentro delas para o seu sustento; deportam-se aldeias e concentram-se grupos distintos; a seguir, extinguem-se aldeias a pretexto de que os índios se acham "confundidos com a massa da população"; ignora-se o dispositivo de lei que atribui aos índios a propriedade da terra das aldeias extintas e concedem-se-lhes apenas lotes dentro delas; revertem-se as áreas restantes ao Império e depois às províncias, que as repassam aos municípios para que as vendam aos foreiros ou as utilizem para a criação de novos centros de população. Cada passo é uma pequena burla, e o produto final, resultante desses passos mesquinhos, é uma expropriação total.[625]

No caso de Mato Grosso do Sul, a utilização de terras indígenas, reconhecidas ou em processo administrativo de reconhecimento, como base da produção de *commodities*, remete ao passado não muito distante.

Cavalcante conta que a partir de 1915, com a implantação pelo Estado brasileiro, por meio da política indigenista do Serviço de Proteção ao Índio (SPI), das oitos reservas indígenas na parte sul do hoje estado de Mato Grosso do Sul, a exemplo da Reserva Indígena de Dourados[626], houve o fracionamento das terras nas reservas indígenas em lotes individuais.

Segundo o historiador: "um dos objetivos do loteamento era inculcar nos indígenas o senso de cuidados com a propriedade privada."[627]. Acrescenta que transformar o indígena em "pequeno colono" diz do entendimento ocidental de produção agrícola voltada ao mercado.

Cavalcante menciona a que em 2012 foi ajuizada ação pelo Ministério Público Federal para denunciar alguns indígenas e fazendeiros quanto ao arrendamento de terras na Reserva Indígena de Dourados[628].

Recordando a mesma ação, referência processual na Justiça Federal em Dourados, n.º XXXXXXX-73.2011.403.6002, quanto à peça apelação criminal, conforme ementa, ela afirma: "não [haver] configuração delito

---

[625] CARNEIRO DA CUNHA, Manuela (org.). **História dos índios no Brasil**. São Paulo: Companhia das Letras/Secretaria Municipal de Cultura/FAPESP, 1992. p. 146.

[626] Sobre a Reserva de Dourados ver: MOTA, Juliana Grasiéli Bueno; CAVALCANTE, Thiago Leandro Vieira (org.). **Reserva Indígena de Dourados**: Histórias e Desafios Contemporâneos. São Leopoldo: Karywa, 2019. 285p.

[627] CAVALCANTE, Thiago Leandro Vieira. **Colonialismo, território e territorialidade**: a luta pela terra dos Guarani e Kaiowá em Mato Grosso do Sul. 2013. Tese (Doutorado em História) – Universidade Estadual Paulista, Assis, SP, Brasil. 2013, p. 119.

[628] Ibid.

de usurpação de patrimônio público da União", fundamentando a decisão no Art. 24 do Estatuto do Índio, e arremata: "todos os envolvidos eram membros da comunidade indígena":

> Some-se a tais aspectos, o fato de o pretenso "não indígena" participante dos supostos "arrendamentos" que não teve sua punibilidade ser, em verdade, membro da comunidade indígena, uma vez que era casado com mulher indígena e vivia dentro da Reserva Indígena de Dourados/MS, na aldeia Jaguapiru – Apelação ministerial não provida[629].

O loteamento interferiu na territorialidade Guarani e Kaiowá e guarda relação com a prática ilícita realizada por alguns de comercialização de lotes nas reservas e em terras indígenas demarcadas, atrelado às relações sociais nas quais a moeda é apenas um dos elementos[630]. Assertivo, o autor pondera que:

> [...] mesmo com a mecanização da agricultura nas aldeias, ainda hoje, embora mantenham diversas roças, geralmente com plantio consorciado de várias espécies, os indígenas são com muita frequência acusados de serem improdutivos. Isso se deve ao fato de a sociedade ocidental colonialista ter atribuído à terra uma única utilidade legítima: a produção agroexportadora, todas as outras formas de uso do espaço são consideradas desprezíveis e atrasadas, percebe-se que o ideal civilizador permanece vivo[631].

No caso da apelação criminal, citada anteriormente, sob o entendimento de que o arrendamento nas terras indígenas se trata de parceria entre pessoas da mesma comunidade indígena, a prática foi dada como atípica nos termos criminais. O que pode parecer apenas um detalhe, é, a meu ver, fundamental na evidenciação de que o casamento das indígenas é, ao mesmo tempo, alvo da expansão do agronegócio, e um meio do aumento do poder econômico, uma vez que o casamento entre mulher indígena e homem não indígena foi tomado como elemento desqualificador da tipicidade criminal do arrendamento de terras na reserva indígena. No passado ou no presente, o casamento entre mulher indígena e homem não indígena se mantém vinculado à invasão dos territórios de ocupação tradicional indígena à continuidade do capitalismo.

---

[629] TRF-4 n.º XXXXXXX-73.2011.403.6002.
[630] CAVALCANTE, Thiago Leandro Vieira. *Op. cit.*, 2013.
[631] *Ibid.*, p. 119.

Nesse sentido, a reflexão da filósofa e feminista Sílvia Federici indica que:

> Cada fase da globalização capitalista, incluindo a atual, vem acompanhada de um retorno aos aspectos mais violentos da acumulação primitiva, o que mostra que a contínua expulsão dos camponeses da terra, a guerra e o saque em escala global e a degradação das mulheres são condições necessárias para a existência do capitalismo em qualquer época[632].

Ao debater a finalidade do capital e do capitalismo, considerando os assassinados em Ciudad Juárez, na fronteira México com Estado Unidos da América, a antropóloga Rita Laura Segato amplia a discussão ao propor que a finalidade do capital é produção da diferença como meio para reprodução e aumento da hierarquia entre as classes. Para Segato: "la capacidad de supresión del otro, que el capital se consagra."[633]

Os corpos marcados como "outros" seriam corpos e territórios e corpos como território a serem controlados totalmente. Assim, conclui Segato: "Nos encontramos, así, frente al sin-límite de ambas economías, simbólica y material. La depredación y la rapiña del ambiente y de la mano de obra se dan las manos con la violación sistemática y corporativa."[634]

Silvia Beatriz Adoue e Felipe Mattos Johnson[635], refletindo sobre as causas do assassinato da rezadora Estela Verá, evidenciam o alinhamento entre o "arrendamento em terras indígenas, ferrovias e agropatriarcado no Mato Grosso do Sul". No entendimento da autora, o arrendamento causa danos, em especial, às mulheres, uma vez que as lideranças mulheres combatem o tripé "capitania, fazendeiros e Estado" identificado como "pacto patriarcal". Um exemplo desse pacto, no qual a figura do Capitão de Reserva[636] é destacado, na concepção dos(as) estudiosos(as), ocorreu quando

---

[632] FEDERICI, Silvia. **Calibã e a bruxa.** Mulheres, corpo e acumulação primitiva. Tradução de de Coletivo Sycorax. São Paulo: Elefante, 2017. p. 16.

[633] SEGATO, Rita Laura. La Escritura en el cuerpo de las mujeres asesinadas en Ciudad Juárez. Buenos Aires: Tinta Limón, 2013. p. 43.

[634] *Ibid.*, p. 44.

[635] ADOUE, Silvia Beatriz; JOHNSON, Felipe Matos. Quem mandou matar a rezadora Estela Vera Guarani? **Contrapoder.** 4 jan. 2023. Disponível em: https://contrapoder.net/colunas/quem-mandou-matar-a-rezadora-estela-vera-guarani/#easy-footnote-bottom-8-5915. Acesso em: 4 jan. 2023.

[636] Para conhecer mais sobre a "capitania" e ações dos capitães das reservas indígenas, bem como a historicidade do poder do capitão, ver: ALMEIDA, Marco Antonio Delfino; CAVALCANTE, Thiago Leandro Vieira. Capitão: a aplicação da Indirect Rule nos Povos Kaiowá e Guarani. **Tellus**, Campo Grande, ano 19, n. 39, p. 39-60, maio/ago. 2019. Disponível em: https://doi.org/10.20435/tellus.v19i39.572. Acesso em: 4 maio 2020.

> Em 1º de agosto deste ano, a Secretaria de Justiça do estado de Mato Grosso do Sul, por meio da Resolução nº 938, instituiu um Conselho Comunitário de Segurança da Aldeia Indígena Porto Lindo do Município de Japorã-MS, com a participação da Polícia Civil, da Polícia Militar e do Corpo de Bombeiros, presidida pelo capitão Roberto Carlos Martins e com irrisória representação feminina[637].

Para a antropóloga Kaiowá Lúcia Pereira[638], figuras como a do capitão, instituídas nas reservas indígenas durante a vigência do SPI, mas que permanecem até hoje, da polícia, da Justiça, dos conselhos tutelares, entre outros agentes do Estado, passaram a gerir a vida nas terras indígenas, ao que as organizações de indígenas mulheres, como a Kunangue Aty Guasu, organização das indígenas Guarani e Kaiowá de Mato Grosso do Sul, fazem críticas.

Na situação das reservas, em especial na Reserva de Amambaí, abordada na etnografia de Lúcia Pereira, a autora percebe que "os vínculos das pessoas com os coletivos parentais se enfraqueceram e, nos casos de violência doméstica, as mulheres passam a nem sempre poder contar com a proteção de sua parentela."[639]

Embora seja relevante a realização do enfrentamento da violência contra mulheres nas terras indígenas, por meio do ordenamento jurídico disponível pelos não indígenas, a antropóloga assevera que a presença do Estado na gestão da vida em terras indígenas não necessariamente é benéfica às Guaranis e Kaiowás, assim descreve:

> Na cidade de Amambai, por estar próxima à Reserva, os órgãos públicos e policiais podem ser acionados quando é preciso, mas normalmente não atendem de forma apropriada, principalmente quando é atendimento às mulheres que sofrem violência doméstica. Se o crime acontece à noite, eles deixam para fazer o atendimento no outro dia, pois à noite os encarregados da segurança pública não entram, deixando para que o Capitão resolva. Os próprios policiais falam que não há viaturas e que precisa de autorização para entrar na reserva indígena. Em alguns casos que acompanhei na delegacia, eles pediam para que a mulher voltasse no outro

---

[637] Ibid.

[638] PEREIRA, Lúcia. **As políticas públicas para a saúde indígena e a política de saúde das mulheres Kaiowá da Reserva de Amambai, MS**: Aproximações e impasses. Dissertação (Mestrado em Antropologia) – Universidade Federal da Grande Dourados, 2020. Disponível em: https://portal.ufgd.edu.br/setor/biblioteca/repositorio. Acesso em: 4 jan. 2023.

[639] Ibid., p. 29.

> dia. Por isso muitas mulheres deixavam de voltar para dar queixa. Quando é caso de intimação, eles a entregam na mão da mulher para que ela mesma faça a entrega para o agressor. E assim, a briga aparece mais uma vez. Os próprios órgãos expõem as mulheres indígenas, pois, ao dar-lhes a intimação para fazer a entrega, violam totalmente o direito delas, e elas correm o risco de serem violentadas novamente pelo agressor. Isso tem acontecido em Amambai, ficando as mulheres reféns desse sistema opressor que assusta[640].

A antropóloga Kaiowá explicita os meandros da violência que as indígenas enfrentam dentro e fora dos territórios, tendo a figura do Estado como catalisadora dos descumprimentos aos direitos indígenas.

Em depoimento à antropóloga Lauriene Seraguza e à professora e tradutora Ava Guarani Jacy Caris Duarte Vera, em fevereiro de 2016, Estela Vera disse: "Se não tiver mais reza e rezador, o mundo vai acabar. Tudo vai acabar, os sinais de que o mundo está acabando já estão aparecendo."[641] À época, a rezadora Estela Verá tinha aproximadamente 70 anos e vivia no tekoha Potrero Guasu, em Paranhos-MS, conforme Seraguza[642].

Os sinais de que falou a rezadora Estela Verá remetem à violência estruturante do colonialismo, que causa danos aos povos Guaranis e Kaiowás, ao povo Suruí/Aikewera, ao povo Guajajara, ao povo Potiguara, ao povo Munduruku, ao povo Kaingang, ao povo Krahô, para mencionar os povos referidos neste texto, e, de modo geral, os povos indígenas.

A similaridade na forma, no objetivo e na prática do modelo econômico agroexportador no Brasil, em relação aos povos indígenas, é extensiva do corolário de negação da cidadania aos coletivos e às pessoas que se colocam na contramão do "colonialismo macho", expressão da escritora Paulina Chiziane[643]. Aqui, termo entendido como um sistema de poder que congrega várias formas de violências para aumentar o poder de dominação e de exploração dos corpos e dos territórios, estes assumem a resistência ao agronegócio imposto, violentamente, como único modelo de produção.

---

[640] Ibid., p. 35.

[641] VERA, Estala. Se não tiver mais reza e rezador, o mundo vai acabar. **Povos Indígenas no Brasil.** Instituto Socioambiental, 10 jul. 2018. Disponível em: https://pib.socioambiental.org/pt/%22Se_n%C3%A3o_tiver_mais_reza,_o_mundo_vai_acabar%22. Acesso em: 27 mar. 2024.

[642] SERAGUZA, Lauriene. Uma mulher contra o fim do mundo. In: VERA, Estala. Se não tiver mais reza e rezador, o mundo vai acabar. **Povos Indígenas no Brasil. Instituto Socioambiental,** 10 jul. 2018. Disponível em: https://pib.socioambiental.org/pt/%22Se_n%C3%A3o_tiver_mais_reza,_o_mundo_vai_acabar%22. Acesso em: 27 mar. 2024.

[643] CHIZIANE, Paulina. **O alegre canto da perdiz.** Porto Alegre: Dublinense, 2018. p. 130.

A dominação e a exploração colonialista dizem dos modos de maximização do lucro e da concentração de poder por alguns poucos em detrimento a muitas mulheres, homens e pessoas de gênero não binário racial e etnicamente diferenciadas e em situação de desigualdade de gênero, que conjuntamente conformam as relações assimétricas de poder.

Nesse contexto, a vida das indígenas mulheres permanece negligenciada pelo Estado e, sobremaneira, direcionada pelo modelo econômico e pelas relações de poder assimétricas, que incluem as formas de gerir a vida em sociedade, a ser uma fronteira da expansão do capitalismo no século XXI sob o signo da violência.

Nessa situação histórica, os povos indígenas, representados e liderados por indígenas mulheres, lutam pela vida, que é intrínseca ao território. Em 1.º de janeiro de 2023 Sônia Guajajara foi nomeada ministra do Ministérios dos Povos Indígenas; Joênia Wapichana, que em 2018 foi eleita a primeira indígena Deputada Federal, cumprindo mandado de quatro anos, foi empossada na Fundação Nacional dos Povos Indígenas, nomenclatura para a Fundação Nacional do Índio, criada em 1967, que marca a politicidade dos povos indígenas na ocupação da esfera administrativa; e Weibe Tabeba foi nomeado secretário de Saúde Indígena junto ao Ministério da Saúde. Também, Célia Xacriabá foi eleita deputada federal, visando dar continuidade à atuação indígena combativa às políticas de negação de direitos dos povos indígenas no Congresso Nacional; indígenas mulheres foram nomeadas para superintendências e secretarias estaduais voltados aos povos indígenas, como Superintendência dos Povos Indígenas, na Secretaria da Promoção de Igualdade Racial do Estado da Bahia, para a qual foi nomeada Patrícia Pataxó, e no Ceará, a Cacika Irê foi nomeada para a recém-criada Secretaria dos Povos Indígenas.

Junto aos coletivos indígenas, essas e as demais lideranças se propõem a seguir enfrentando as consequências da omissão e da negligência do Estado no cumprimento dos direitos indígenas ao território. Portanto, constroem lutas de resistência na situação de violência fundada no racismo, no poder patriarcal e elitista, cujas ações são nutridoras dos corpos e dos territórios, atacados pelos monocultivos de ontem e de hoje.

Finalizo este texto com Gercília Krahô: "Nós planta arroz, batata (vários tipos, figueiro, cará do ar), amendoim, inhame, banana, cana, feijão, abóbora, fava, cabaça, melancia e milho (de várias qualidades também). Planta tudo só com a água da chuva mesmo"[644]; com Alessandra Munduruku: "A

---

[644] BONILHA, 2016a, p. 7.

gente precisa da floresta, a gente precisa preservar o território para os nossos filhos, para nossos netos ou tataranetos, porque um dia vamos morrer, mas para que o nosso futuro seja garantido precisamos lutar por ele agora, hoje e esse *cauxi* (espírito ruim) não vai nos derrubar. A gente vai resistir para continuar vivo"[645]; com Sônia Guajajara e as lideranças indígenas: "Nunca mais vamos aceitar um Brasil sem nós"[646]; com a palavra de Estela Vera Guarani: "Tem que ter uma casa de reza aqui pra rezarmos juntos lá"[647].

Referências

ADOUE, Silvia Beatriz; JOHNSON, Felipe Matos. Quem mandou matar a rezadora Estela Vera Guarani? **Contrapoder.** 4 jan. 2023. Disponível em: https://contrapoder.net/colunas/quem-mandou-matar-a-rezadora-estela-vera-guarani/#easyfootnote-bottom-8-5915. Acesso em: 4 jan. 2023.

AGUIAR, Diana; SILVA, Maurício Correia; BONFIM, Joice; BARCELOS, Eduardo. **Na fronteira do (i)legalidade**: desmatamento e grilagem no Matopiba. Dossiê. Salvador: AATR, 2021. Disponível em: htpps://www.matopibagrilagem.org. Acesso em: 5 jan. 2023.

AJUR/APIB. **Nota técnica nº 01/2022, de 11 de março de 2022.** Disponível em: https://apiboficial.org/files/2022/03/NOTA-DA-APIB-PL-191.docx.pdf. Acesso em: 4 jan. 2023.

ALMEIDA, Marco Antonio Delfino; CAVALCANTE, Thiago Leandro Vieira. Capitão: a aplicação da Indirect Rule nos Povos Kaiowá e Guarani. **Tellus,** Campo Grande, ano 19, n. 39, p. 39-60, maio/ago. 2019. Disponível em: https://doi.org/10.20435/tellus.v19i39.572. Acesso em: 4 maio 2020.

ALTAFIN, Iara Guimarães. Em debate na CDH, indígenas e pequenos agricultores protestam contra Projeto Matopiba. **Senado Notícias.** Brasília, DF, 08 nov. 2016. Disponível em: https://www12.senado.leg.br/noticias/materias/2016/11/08/em-debate-na-cdh-indigenas-e-pequenos-agricultores-protestam-contra-projeto-matopiba. Acesso em: 4 jan. 2023.

ASSESSORIA DE COMUNICAÇÃO DO ATL 2022. CIMI. **Emoção e força**: mulheres indígenas compartilham suas vivências e projetam aldear a política. Brasília, DF. 9 abr. 2022. Disponível em: https://cimi.org.br/2022/04/emocao-e-forca-mulhe-

---

[645] BARBOSA, 2021, *online*.
[646] ASSESSORIA DE COMUNICAÇÃO DO ATL 2022. CIMI.
[647] VERÁ apud YVY PYTE, 2022.

res-indigenas-compartilham-suas-vivencias-e-projetam-aldear-a-politica/. Acesso em: 4 jan. 2023.

BARBOSA, Catarina. Prefiro a liberdade do meu povo, diz liderança Munduruku ameaçada de morte no Pará. Entrevistada: Alessandra Munduruku. 07 fev. 2021. **Brasil de Fato**. Disponível em: https://www.brasildefato.com.br/2021/02/07/prefiro-a-liberdade-do-meu-povo-lideranca-munduruku-ameacada-de-morte-no-para. Acesso em: 04 jan. 2023.

BARROS, Renata. Se não tiver mais reza e rezador, o mundo vai acabar: indígena morta a tiros era importante liderança espiritual. **Portal G1**. 16 dez. 2022. Disponível em: https://g1.globo.com/ms/mato-grosso-do-sul/noticia/2022/12/16/se-nao-tiver-mais-reza-e-rezador-o-mundo-vai-acabar-indigena-morta-a-tiros-era-importante-lideranca-espiritual.ghtml. Acesso em: 5 jan. 2023.

BELTRÃO, Jane Felipe. **A Antropologia e o exercício da justiça**. Perícias em torno de direitos indígenas. Rio de Janeiro, RJ: Autografia, 2021. 214p.

BONILHA, Patrícia. O Matopiba não vai vingar. Entrevistada: Gercília Krahô. **Porantim**, Brasília, ano 38, n. 386, p. 6-7, nov. 2016a.

BONILHA, Patrícia. E o Cerrado, vai virar o quê?. Reportagem. **Porantim**, Brasília, ano 38, n. 386, p. 8-9, nov. 2016b.

BRASIL. [Constituição (1988)]. **Constituição da República Federativa do Brasil**. Brasília, DF. Disponível em: ttps://www.planalto.gov.br/ccivil_03/constituicao/constituicao.htm. Acesso em: 5 jan. 2023.

BRASIL. **Decreto nº 8.447, de 06 de maio de 2015, da Presidência da República, Dilma Rousseff**. Dispõe sobre o Plano de Desenvolvimento Agropecuário do Matopiba e a criação do seu Comitê Gestor. Disponível em: https://www.planalto.gov.br/ccivil_03 /_ato2015-2018/2015/decreto/d8447.htm. Acesso em: 4 jan. 2023.

BRASIL. Câmara dos Deputados. **Projeto de Lei 191/2020**. Regulamenta o § 1º do art. 176 e o § 3º do art. 231 da Constituição para estabelecer as condições específicas para a realização da pesquisa e da lavra de recursos minerais e hidrocarbonetos e para o aproveitamento de recursos hídricos para geração de energia elétrica em terras indígenas e institui a indenização pela restrição do usufruto de terras indígenas. Altera as Leis nº 6.001, de 1973 e 11.460, de 2007. Brasília, DF: Senado Federal, 2020. Disponível em: https://www.camara.leg.br/proposicoesWeb/fichadetramitacao?idProposicao=2236765. Acesso em: 5 jan. 2023.

BRASIL. Câmara dos Deputados. **Proposta de Emenda à Constituição PEC 343/2017.** Autor Nelson Padovani – PSDB/PR. Dá nova redação ao artigo 231 da Constituição Federal para tratar da implantação de parceria agrícola e pecuária entre a Funai – Fundação Nacional do Índio, e terceiros. Brasília, DF: Senado Federal, 2017. Disponível em: https://www.camara.leg.br/proposicoesWeb/fichadetramitacao?idProposicao= 2143792. Acesso em: 5 jan. 2023.

BRASIL. Câmara dos Deputados. **Proposta de Emenda à Constituição PEC 187/2016.** Autor Vicentinho Júnior – PSB-TO. Acrescenta o §8º ao art. 231 da Constituição Federal de 1988, a fim de permitir às comunidades indígenas praticar atividades agropecuárias e florestais em suas terras, bem como, comercializar aquilo que foi produzido e gerenciar sua renda. Brasília, DF: Senado Federal, 2017. Disponível em: ttps://www.camara.leg.br/proposicoesWeb/fichadetramitacao?idProposicao=2077621. Acesso em: 5 jan. 2023.

HENTI, Clovis Antonio. FEN'NO, uma guerreira. **Porantim**, Brasília, ano 26, n. 363, jan./fev. 2014, p. 15.

CAMILO, Marcio. Liderança Guarani Kaiowá é ameaçada de morte. 22 jul. 2022. **Amazônia Real.** Disponível em: https://amazoniareal.com.br/lideranca-guarani-kaiowa/ Acesso em: 4 jan. 2023.

CARNEIRO DA CUNHA, Manuela (org.). **História dos índios no Brasil.** São Paulo: Companhia das Letras/Secretaria Municipal de Cultura/FAPESP, 1992.

CAVALCANTE, Thiago Leandro Vieira. **Colonialismo, território e territorialidade:** a luta pela terra dos Guarani e Kaiowá em Mato Grosso do Sul. 2013. Tese (Doutorado em História) – Universidade Estadual Paulista, Assis, SP, Brasil. 2013.

CHICO CÉSAR/CARLOS RENNÓ. **Reis do agronegócio.** MPB, 2015, gravação de Chico César, Chita Disco, CD, "Estado de Poesia". Gravadora: Urban Jungle/Natura.

CHIZIANE, Paulina. **O alegre canto da perdiz.** Porto Alegre: Dublinense, 2018. 336p.

CIMI. **Garimpeiros atacam sede de associação de mulheres indígenas contrárias à mineração ilegal no Pará.** 26 mar. 2021. Disponível em: https://cimi.org.br/2021/03/garimpeiros-atacam-sede-associacao-mulheres-indigenas-contrarias-mineracao-ilegal-para/. Acesso em: 4 jan. 2023.

CONSELHO INDIGENISTA MISSIONÁRIO. **Relatório Violência contra os Povos Indígenas no Brasil** – dados de 2021. Disponível em: https://cimi.org.br/

wp-content/uploads/2022/08/relatorio-violencia-povos-indigenas-2021-cimi.pdf. Acesso em: 4 jan. 2023.

DOSSIÊ Internacional de Denúncia dos Povos Indígenas do Brasil. Ago. 2021. Articulação dos Povos Indígenas do Brasil Brasília, DF, BR. Disponível em: ttps://apiboficial.org/files/2021/08/DOSSIE_pt_v3web.pdf. Acesso em: 29 dez. 2022.

FEDERICI, Silvia. **Calibã e a bruxa. Mulheres, corpo e acumulação primitiva.** Tradução de Coletivo Sycorax. São Paulo: Elefante, 2017.

FREIRE, Paulo. **Pedagogia da autonomia:** saberes necessários à prática educativa. São Paulo: Paz e Terra, 1996.

FUNAI. **Em carta, Grupo de Agricultores Indígenas defende liberdade e autonomia de comunidades produtoras**. 29 mar. 2021. Disponível em: ttps://www.gov.br/funai/pt-br/assuntos/noticias/2021/em-carta-grupo-de-agricultores-indigenas-defende-liberdade-e-autonomia-de-comunidades-produtoras. Acesso em: 5 jan. 2023.

GONZÁLEZ CASANOVA, Pablo. Colonialismo interno. *In:* GONZÁLEZ CASANOVA, Pablo. **A teoria marxista hoje. Problemas e perspectivas**. Buenos Aires: CLACSO, Consejo Latinoamaricano de Ciências Sociais, 2007. p. 431-458. Disponível em: http://bibliotecavirtual.clacso.org.ar/clacso/formacion-virtual/20100715084802/cap19.pdf. Acesso em: 1 jul. 2020.

GUAJAJARA, Sônia. **Coleção Tembetá:** Sônia Guajajara. Rio de Janeiro: Azougue, 2018. 117 p.

GUAJAJARA, Sônia. Memória dos outros 500. **Mensageiro**, Belém, n. 128, maio/jun. 2001, p. 10.

LIDERANÇA GUARANIA DE YVY KATU relataram ameaças de fazendeiros que pressionam por arrendamento, em Japorã (MS). **CIMI**. 22 maio 2022. Disponível: https://cimi.org.br/2022/05/guarani-yvy-katu-ameacas-arrendamento/. Acesso em: 4 jan. 2023.

LUTA INDÍGENA. **Informativo dos índios e dos missionários do sul do Brasil**. Chefes e representantes indígenas. n. 3, jun. 1977.

MACHADO, Almires Martins. **De Direito indigenista à Direitos indígenas:** desdobramento da arte do enfrentamento. Dissertação (Mestrado em Direito) – Universidade Federal do Pará. Belém, 2009.

MOHANTY, Chandra. De vuelta a Bajo los ojos de Occidente: La solidaridad feminista a través de las luchas anticapitalistas. *In:* NAVAZ, Liliana Suárez; HERNÁNDEZ CASTILLO, Rosalva Aída (org.). **Descolonizando el feminismo:** teorías y prácticas desde los márgens. Madrid: Catédra, 2008b. p. 404-468.

MOTA, Juliana Grasiéli Bueno; CAVALCANTE, Thiago Leandro Vieira (org.). **Reserva Indígena de Dourados:** Histórias e Desafios Contemporâneos. São Leopoldo: Karywa, 2019. 285p.

MPF. **MPF e mulheres Munduruku lançam campanha após garimpeiros ilegais atacarem sede de associação no Pará**. 23 mar. 2021. Disponível em: tps://www.mpf.mp.br/pa/sala-de-imprensa/noticias-pa/mpf-e-mulheres-munduruku-lancam-campanha-apos-garimpeiros-ilegais-atacarem-sede-de-associacao-no-para. Acesso em: 4 jan. 2023.

MPF. **Representação de indígenas Munduruku ao MPF**. 25 mar. 2021. Disponível em: ttps://www.mpf.mp.br/pa/sala-de-imprensa/documentos/2021/representacao_de_indigenas_munduruku_ao_mpf_ataque_sede_associacao_jacareacanga-pa-25-03-2021.pdf. Acesso em: 4 jan. 2023.

PAREDES, Julieta. **Hilando Fino...** Desde el feminismo comunitário. La Paz: CEDEC, 2008.

PEREIRA, Lúcia. **As políticas públicas para a saúde indígena e a política de saúde das mulheres Kaiowá da Reserva de Amambai, MS:** Aproximações e impasses. Dissertação (Mestrado em Antropologia) – Universidade Federal da Grande Dourados, 2020. Disponível em: https://portal.ufgd.edu.br/setor/biblioteca/repositorio. Acesso em: 4 jan. 2023.

SACCHI, Ângela. **União, luta, liberdade e resistência:** as organizações de mulheres indígenas da Amazônia Brasileira. 2006. 245 f. Tese (Doutorado em Antropologia) – Programa de Pós-Graduação da UFPE. Recife, PE, 2006.

SAMPAIO, Paula Faustino. **Indígenas mulheres entre colonialismos e resistência de longa duração** – séculos XX e XXI. Teresina, PI: Editora Cancioneiro, 2021.

SEGATO, Rita Laura. **La Escritura en el cuerpo de las mujeres asesinadas en Ciudad Juárez**. Buenos Aires: Tinta Limón, 2013. 88p.

SERAGUZA, Lauriene. Uma mulher contra o fim do mundo. In: VERA, Estala. Se não tiver mais reza e rezador, o mundo vai acabar. **Povos Indígenas no Brasil. Instituto Socioambiental**, 10 jul. 2018. Disponível em: https://pib.socioambiental.

org/pt/%22Se_n%C3%A3o_tiver_mais_reza,_o_mundo_vai_acabar%22. Acesso em: 27 mar. 2024..

SPOSATI, Ruy. Yvy Katu: famílias Guarani retomam área declarada em 2005. **CIMI**. 14 out. 2013. Disponível em: https://cimi.org.br/2013/10/35384/. Acesso em: 4 jan. 2023.

TEMPO DE GUAVIRA. **Rede de Apoio e Incentivo Socioambiental**. YouTube. Direção, roteiro e montagem: Pedro Biava. Rede de Apoio e Incentivo Socioambiental (RAIS), Aty Guasu, Conselho Indigenista Missionário (CIMI/MS). 27 out. 2022. Duração: 43min. 38seg. Disponível em: https://www.youtube.com/watch?v=vkBH6XHjHZU&t=2356s&ab_channel=RededeApoioeIncentivoSocioambiental. Acesso em: 3 jan. 2023.

TRF-3. **Apelação Criminal**. Processo 0004983-73.2011.403.6002.

VERA, Estala. Se não tiver mais reza e rezador, o mundo vai acabar. **Povos Indígenas no Brasil. Instituto Socioambiental**, 10 jul. 2018. Disponível em: https://pib.socioambiental.org/pt/%22Se_n%C3%A3o_tiver_mais_reza,_o_mundo_vai_acabar%22. Acesso em: 27 mar. 2024.

YVY PYTE – CORAÇÃO DA TERRA. Tekoha Yvy Katu – Estela Verá. YouTube **Jenipapo Audiovisual**. APIB. 11 dez. 2022. Duração: 8min. 57seg. Disponível em: https://www.youtube.com/watch?v=JhY3mwwkXzU&t=11s&ab_channel=JenipapoAudiovisual. Acesso em: 3 jan. 2023.

COMUNICAÇÃO SOCIAL COMO FERRAMENTA POLÍTICA DO AGRONEGÓCIO

Luana Souza Santos
Armando Wilson Tafner Junior

Este trabalho tem o objetivo de refletir, numa perspectiva crítica, sobre a relação entre Comunicação e Agronegócio na construção de uma narrativa que legitime os interesses do Agronegócio junto à população, orientando o pensamento social e, num contexto mais específico, políticas nacionais relacionadas à terra. Para isso, analisamos propagandas reais utilizadas pelo setor em diversos meios. Percebemos, ainda, o estreitamento, um pouco mais recente, com o Jornalismo, campo da Comunicação que, embora já encontre objeções, ainda reivindica neutralidade e isenção na produção da informação. Como resultado, verificamos que o Jornalismo acaba sendo utilizado como ferramenta publicitária do discurso político definido pelo setor.

A atividade jornalística figura num ambiente histórico de disputa pelo poder, e é compreendida como potencial ferramenta para consolidação da hegemonia retórica, auxiliando no estabelecimento de ideias que interessam a grupos econômicos, principalmente a partir de argumentos aparentes de neutralidade, imparcialidade ou de compromisso com a verdade.

Durante todo o processo de consolidação do Jornalismo no Brasil, a relação de interesses na atividade, do ponto de vista político, fez-se presente, visando, inclusive, estabelecer até que ponto o profissional da Imprensa tem autonomia sobre seu trabalho, se deve se formar em curso específico e a maneira como o processo de formação deve se dar, além de uma série de questões que subordinam os profissionais aos interesses patronais e de Mercado – como todos os demais trabalhadores. Tudo isso, obviamente, traz implicações à produção jornalística.

As discussões e os estudos sobre a Comunicação importam para as Ciências Sociais, na medida em que as relações de poder que estruturam a sociedade perpassam também, para além das relações trabalhistas e educacionais, pela maneira como essa sociedade pratica a comunicação, tanto na sua produção como no acesso à informação, elemento considerado importante ao exercício democrático.

Não à toa, autores marxistas como Althusser[648] se debruçam fortemente sobre os estudos acerca dos aparelhos ideológicos do Estado, destacando o papel da Informação e da Escola como importantes ferramentas, junto a outros aparelhos ideológicos representados pelos aspectos culturais, religiosos, familiares e sindicais. Assim, Estado e Mercado disputam – ou desfrutam – os resultados políticos da formação de um profissional que, mais tarde, será o expositor das ideias que dominaram seu percurso até a efetiva atuação profissional.

A qualificação profissional e a elaboração de propagandas para promoção de marcas e empresas são qualidades bastante valorizadas nas sociedades capitalistas. Nesse sentido, em 2014, o Consenso do Agronegócio estabeleceu oficialmente a Comunicação como fator importante para o desenvolvimento do setor, destacando que as equipes deveriam atuar "aproveitando os pontos de perspectiva positiva da população", "superando visões críticas" e "reconhecendo o sucesso econômico e as transformações sociais que o setor propicia"[649].

Por isso, neste artigo, tratar-se-á como a Publicidade e o Jornalismo, em especial, despertam objetivamente o interesse do Mercado. Como essas ferramentas podem contribuir para a inserção, no imaginário popular, de uma série de ideias que beneficiam o Agronegócio, isto é, como refletem na sociedade em geral.

Publicidade e Propaganda: Instrumentos da busca pelo lucro

A comunicação pode ser entendida e estudada de várias formas, sob diversos aspectos. A partir dela, podemos abordar desde a necessidade intrínseca à vida social de se comunicar até a apropriação e manipulação de técnicas para atender determinadas demandas. A comunicação tem uma variedade de práticas e formas organizativas que vão desde a troca de palavras até o uso da tecnologia para emitir sinais e mensagens[650].

De modo geral, há três fases especiais da nossa experiência comunicacional: em princípio, uma experiência antropológica fundamental, destacando que não há vida social sem comunicação; uma segunda fase marcada por "um saber sobre essa experiência", relacionada à produção de

---

[648] ALTHUSSER, Louis. **A Ideologia e Aparelhos Ideológicos do Estado**. São Paulo: Martins Fontes, 1970.
[649] CHÃ, 2018, p. 68.
[650] SODRÉ, Muniz. **A ciência do comum**: notas para o método comunicacional. Petrópolis: Vozes, 2014.

saber sobre o tema, e, por fim, "uma realidade industrial já concretizada por um formidável aparato tecnológico sustentado pelo mercado"[651].

É importante destacar que o Mercado está inserido na história da Comunicação numa dimensão bastante relevante. Destaca-se, nos Estados Unidos, logo após a Segunda Guerra Mundial, as observações relacionadas à chamada "comunicação de massa" – provavelmente provocadas pelas disputas entre as propagandas nazista e estadunidense durante o conflito –, que criaram a ideia de que a opinião pública (massa) seria conduzida pela "retórica competente" dos emissores.

Os estudos sobre a comunicação de massa tinham e ainda têm objetivos bastante claros, pelo menos para a iniciativa privada:

> O que no fundo se deseja mesmo conhecer é a extensão do poder discursivo da mídia sobre as populações. Na verdade, isso preexistia à Segunda Guerra, embora em escala reduzida: desde a primeira década do século XX, as questões a que buscava responder o estudioso dos fenômenos comunicacionais, originavam-se primordialmente em empresas de mídia – organizações privadas, portanto –, tais como jornais, agências de publicidade, estrategistas de necessidades e institutos de pesquisa em consumo [...] enquanto as demandas de conhecimento sociológico, antropológico e psicológico provinham originariamente de organismos ligados direta ou indiretamente ao Estado (órgãos de planejamento, de administração de territórios, de controle de comportamentos e atitudes etc.), ou então do próprio campo acadêmico, o saber comunicacional sempre foi priorizado pelo mercado. Registram-se exceções, naturalmente, a exemplo dos estudos e avaliações da propaganda estrangeira no território norte-americano durante a Segunda Grande Guerra, porém, de um modo geral, é o mercado que preside às demandas de conhecimento prático[652].

Cabe ressaltar – até pela construção teórica de Sodré[653], que utiliza tanto o termo publicidade quanto propaganda para se referir a atividades da área da Comunicação – que há diferenças na concepção acerca dos papéis da publicidade e da propaganda. O desenvolvimento das relações comerciais e a diversificação da produção resultantes da Revolução Industrial

---

[651] Ibid., p. 58.
[652] Ibid., p. 58.
[653] Ibid.

confundiram esses conceitos. No entanto, são atividades distintas e têm características de linguagem diferentes[654].

A orientação se deve à preocupação evidentemente comercial de "evitar dissonância comunicacional provocada pelo desperdício de mensagens mal direcionadas"[655]. Aprofundar esse debate poderá fornecer elementos para compreender, ao final, como as duas atividades são associadas – por vezes indiscrimináveis entre si[656] – a partir do objetivo de persuadir, disseminando ideias que, mais tarde, moldam comportamentos. É justamente por esse motivo que esses instrumentos interessam tanto ao Mercado e ao Agronegócio.

Considerando a perspectiva marxista, na qual ao agregar valor à mercadoria produz-se valor de uso a outrem – isto é, valor de troca –, a publicidade assume o papel de produzir, socialmente, a necessidade de consumo, aprofundando, inclusive, a relação fetichizada descrita por Marx[657]. Assim, a força de trabalho se distancia da sua produção e não se reconhece no resultado final do seu próprio trabalho.

A diferenciação mais básica entre publicidade e propaganda alia a publicidade ao instinto de conservação, aos sentimentos de conforto, prazer, enquanto a propaganda apela ao sentido moral e social dos homens, aos sentimentos nobres e às suas virtudes[658].

Em sua origem no latim, *publicus*, a palavra publicidade está relacionada ao ato de divulgar, tornar público. A propaganda, no entanto, tem sua origem em práticas utilizadas pela Igreja Católica do século XVII, quando o papa Gregório XV estabeleceu uma Comissão Cardinalícia para a Propagação da Fé (Cardinalítia Commissio de Propaganda Fide), com o objetivo de fundar seminários para formação de missionários, difundindo a religião. A difusão

---

[654] MUNIZ, Eloá. Publicidade e propaganda: origens históricas. **Cadernos Universitários**: Introdução à Publicidade e Propaganda, Ulbra, Canoas, v. 1, n. 148, p. 51-63, 2004. Disponível em: https://www.eloamuniz.com.br/arquivos/1188171156.pdf. Acesso em: 13 jun. 2020.

[655] *Ibid.*

[656] Não é objetivo deste trabalho problematizar conceitos utilizados na comunicação, mas sim as causas e efeitos dessas atividades em determinadas relações políticas, sociais e econômicas. No entanto, destacamos que há divergências com relação à diferenciação utilizada pela maioria dos autores entre publicidade e propaganda, como nos mostram Gomes, Corradi e Cury, apontando temas contextuais sobre a discussão em "A Dialética Conceitual da Publicidade e Propaganda", publicado na Coleção Gt's **ALAIC**, n. 01 PUBLICIDADE – Análise da produção publicitária e da formação profissional. Org. Paulo Rogério Tarsitano. São Paulo, 1998. Disponível em: http://www.eca.usp.br/associa/alaic/Livro%20GTP/dialetica.htm. Acesso em: 9 jun. 2019.

[657] MARX, Karl. **O Capital**. Centelha – Promoção do Livro. SARL, Coimbra, 1974. Tradução de J. Teixeira Martins e Vital Moreira. Transcrição de Alexandre Linares, 2005. Disponível em: https://www.marxists.org/portugues/marx/1867/ocapital-v1/index.htm. Acesso em: 7 jul. 2019.

[658] MUNIZ, Eloá. *Op. cit.*, 2004.

de ideias, princípios e doutrinas é praticada "desde que o mundo é mundo", ou "desde que o homem, artesanalmente, produziu algum bem de consumo e tentou persuadir outro homem a adquiri-lo"[659], mas a partir da Reforma Protestante, no século XVI, do advento da Imprensa e do surgimento das classes mercantis e comerciais durante a Revolução Industrial, a propaganda passou a ocupar novos espaços, com outras roupagens.

A Publicidade, tal qual a Comunicação, de forma mais ampla, também enfrentou estágios. O primeiro limitava-se a informar o público sobre os produtos existentes, registrando suas marcas. No segundo estágio são utilizadas técnicas de sondagem, fazendo a publicidade ganhar tons sugestivos. Um terceiro e último estágio teve como base estudos de mercado, com auxílio de áreas especializadas, como a sociologia, a psicologia social e a psicanálise, que possibilitaram à publicidade atuar sobre as motivações inconscientes do público, incitando certas atitudes e ações. "A publicidade contemporânea mitifica e converte em ídolo o objeto de consumo, revestindo-o de atributos que frequentemente ultrapassam as suas próprias qualidades e a sua própria realidade"[660].

> Ao longo do tempo a publicidade teve diversas conceituações. A clássica história do cego pedinte na ponte do Brooklin é contada por Leduc para justificar a definição de publicidade como a verdade bem dita (é, na realidade, o slogan da agência americana McCann Erikson): em uma manhã de primavera, um pedestre, ao atravessar aquela ponte, pára diante de um mendigo que em vão estendia seu chapéu à indiferença geral. Num cartaz, esta inscrição: sou cego de nascença. Emocionado por este espetáculo, dá sua esmola e, sem nada dizer, vira o cartaz e nele rabisca algumas palavras. Depois se afasta. Voltando no dia seguinte, encontra o mendigo transformado e encantado, que lhe pergunta por que, de repente, seu chapéu se enchera daquela maneira. É simples, responde o homem, eu apenas virei o seu cartaz e nele escrevi: É primavera e eu não a vejo[661].

Eugênio Malanga define a publicidade como um "conjunto de técnicas de ação coletiva no sentido de promover o lucro de uma atividade

---

[659] GOMES, Neusa Demartini; CORRADI, Analaura; CURY, Luiz Fernando. A Dialética Conceitual da Publicidade e Propaganda. **Gt's ALAIC,** n 01, PUBLICIDADE – Análise da produção publicitária e da formação profissional. Org. Paulo Rogério Tarsitano, São Paulo, 1998. Disponível em: http://www.eca.usp.br/associa/alaic/Livro%20GTP/dialetica.htm. Acesso em: 6 jun. 2019.

[660] MUNIZ, Eloá. *Op. cit.,* 2004.

[661] Id.

comercial conquistando, aumentando e mantendo clientes"[662]. Severino *et al.* também registram as alterações provocadas pela Revolução Industrial, momento em que a concentração econômica e a produção em massa trouxeram como "consequência a necessidade de aumentar o consumo dos bens produzidos. Para atender a esta necessidade, as técnicas publicitárias foram se aperfeiçoando. A publicidade tornou-se mais persuasiva, perdendo o sentido inicial [...]"[663]. Tem-se, portanto, um acordo entre os pensadores da área, convergindo no sentido de que a Comunicação esteve sempre ligada às demandas sociais de seu tempo e isso se aplica, por óbvio, com a emergência do sistema capitalista. Assim, a Comunicação também é trabalhada de modo a incorporar as demandas da sociedade burguesa.

Podemos analisar, por exemplo, como as concepções de publicidade e propaganda podem ser encontradas em uma das "peças publicitárias" de maior repercussão atualmente dentro do setor voltado para o Agronegócio: "Agro: A Indústria-riqueza do Brasil", lançada em 2017, representada a seguir pela Figura 1.

Figura 1 – Agro: A Indústria-riqueza do Brasil

Fonte: *Portal De Olho nos Ruralistas* (07/01/19)

---

[662] MALANGA, 1979.

[663] SEVERINO, Emilly Furtado; GOMES, Natália Moura; VICENTINI, Samila; CINTI, Paulo Anderson. A História da Publicidade Brasileira. **REC 09**, v. 6, n. 1, 2011. Disponível em: http://periodicos.unifacef.com.br/index.php/rec/issue/view/73. Acesso em: 4 maio 2019.

Utilizando a linguagem técnica, a campanha supra é considerada um "*storytelling*", isto é, um tipo de propaganda roteirizada, que tem o objetivo de contar histórias em série. Trata-se de mais um produto desenvolvido dentro de um conjunto de ferramentas conhecidas no Mercado como "marketing". Utilizando as técnicas da publicidade para informar ao expectador sobre a contribuição econômica (participação no Produto Interno Bruto – PIB) que, teoricamente, sustenta a afirmação "Agro Indústria-riqueza do Brasil", além de recursos visuais de altíssima qualidade e linguagem objetiva e direta, os autores da promoção tentam convencer a população de que o Agronegócio é a expressão do que há de mais moderno, avançado e dinâmico, um motivo incontestável de orgulho para os brasileiros, além de uma necessidade diária (o slogan utilizado é: Agro é Tech, Agro é Pop, Agro é Tudo). Da soja à água, da comida a roupas, calçados e móveis, os criadores da campanha apelam profundamente ao sentido moral, insistindo na ideia de que toda a sociedade depende do Agronegócio para existir, de que é o Agronegócio que move a sociedade.

Quem assina a campanha é o Grupo Globo, maior detentor de recursos comunicacionais do país. Entre os bens, emissoras de TVs abertas e rádios (ambas concessões públicas), jornais, revistas, editoras, sites e canais na TV fechada. Fora isso, o grupo atua também em outras áreas, com diversos projetos voltados para a Educação, formação profissional e também negócios na área rural (as fazendas Bananal Agropecuária, Guara Agropecuária e Mangaba Cultivo de Coco pertencem à família Marinho). Além disso, a Globo Comunicações e Participações S/A está entre parceiros, sócios ou filiados de grandes organizações pró-agro do país, entre elas a Associação Brasileira de Marketing Rural e Agronegócio[664] (ABMR&A) e Associação Brasileira do Agronegócio (Abag).

Ratificando a afirmação de que a Comunicação acompanha a demanda social de seu tempo, observamos que o contexto da fundação da ABMR&A está diretamente ligado ao processo de "modernização" do campo no Brasil durante a chamada "Revolução Verde", entre as décadas de 1960 e 1970. Da mesma maneira, a construção do discurso de modernização do campo vai esbarrar nas contradições apontadas por José de Souza Martins[665] quanto

---

[664] Fundada em 1979 "como resultado da união de profissionais engajados em trocar informações, fortalecer e valorizar o Marketing Rural Brasileiro" (informação retirada do site da instituição, disponível em: http://www.abmra.org.br. Acesso em: jun. 2019).

[665] MARTINS, José de Souza. Frente pioneira: contribuição para uma caracterização sociológica. **Capitalismo e tradicionalismo no Brasil:** estudos sobre as contradições da sociedade agrária no Brasil. São Paulo: Pioneira, 1975.

às concepções "tradicional" e "moderno". De forma crítica, o autor argumenta que, muito embora o conceito de tradicional seja relacionado a algo ultrapassado, arcaico, é justamente a agricultura moderna que ocasiona a exploração do meio ambiente da forma mais atrasada, causando muito mais prejuízos do que benefícios sociais.

O que vale destacar, até aqui, é justamente a utilização desses "instrumentos de comunicação persuasiva" em benefício do setor representado pelo Agronegócio. Outra campanha produzida na mesma linha, em 2011, foi a intitulada "Sou Agro", já naquela época patrocinada pela ABMR&A (Figura 2).

No estilo dessas imagens, as empresas venderam também os personagens "agroestudante", "agrotaxista", "agromãe", entre outros, sempre tentando aproximar as mais diversas realidades dos brasileiros às fazendas e ao Agronegócio, tentando "reduzir o descompasso existente entre a realidade produtiva atual e as percepções equivocadas sobre o universo agrícola"[666].

Podemos citar, também, a propaganda da empresa química alemã Basf, veiculada em 2014, com o slogan "Agricultura, o maior trabalho da Terra" (Figura 3).

Figura 2 – campanha Sou Agro

Fonte: *Folha Vitória* (25/07/19)

---

[666] BRUNO, Regina. **Movimento Sou Agro:** marketing, habitus e estratégias de poder do agronegócio. Texto apresentado no 36º Encontro Anual da ANPOCS GT 16 – Grupos Dirigentes e Estrutura de Poder, Fortaleza, 2012. p. 2. Disponível em: http://observatory-elites.org/wp-content/uploads/2012/06/Regina-Bruno.pdf. Acesso em: jun. 2019.

Ou ainda a propaganda nacional da Chevrolet S10 2018, com o slogan "#FeitaPraQuemFaz", cujo texto reproduziremos na integra, a seguir. Destacamos, entretanto, que a Figura 4, na qual podemos ler o texto "agronegócio e desmatamento", dialoga com a narração: "algumas pessoas vão sempre apontar o dedo pra gente, que vive do campo".

> Algumas pessoas vão sempre apontar o dedo pra gente, que vive do campo. Mas nós vamos nos levantar ainda mais cedo para cuidar do rebanho, do futuro da fazenda e até do futuro de quem aponta o dedo, porque sabemos que, se pararmos, esse país também para. É hora de valorizar quem carrega o país nas costas! Nova Chevrolet S10 2018. Chevrolet Find New Roads![667]

Além disso, há inúmeras campanhas regionais parabenizando produtores rurais agricultores pelas datas em que se convencionou homenageá-los (25 e 28/08), sem discriminar o trabalhador do campo do proprietário; agricultor familiar e ruralista.

Esse sem-número de campanhas de diversas empresas também revela a explosão de agências especializadas na Comunicação voltada ao Agronegócio. Além das propagandas veiculadas em todos os tipos de mídias, essas agências participam da promoção de inúmeros concursos, prêmios, congressos, cursos e seminários voltados para o tema "Comunicação e Agronegócio", principalmente a partir dos anos 2000.

Figura 3 – Agricultura, o maior trabalho da Terra

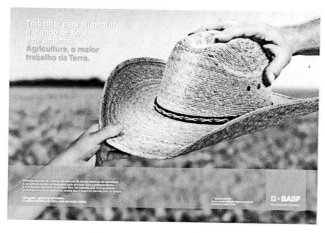

Fonte: *Portal E21* (01/08/14)

---
[667] CHEVROLET, #FeitaPraQuemFaz, 2018.

Figura 4 – Campanha #FeitaPraQuemFaz

Fonte: Vídeo institucional Nova Chevrolet (2018)

Figura 5 – Porque o Agro vai além do campo

Fonte: Página oficial do Banco do Brasil no Facebook (11/03/19)

As técnicas do marketing, que incluem publicidade e propaganda, desenvolveram-se como uma demanda do Capital, e continuam se transformando para atendê-lo. "Quando se produz em massa, é necessário que se venda em massa", alegam Gomes, Corradi e Cury[668] ao comentar as transformações que incidem política e economicamente na vida social, justificando a atividade publicitária. Os autores admitem, em seguida, que a técnica de manipulação, "não necessariamente negativa", faz parte do "controle do fluxo de informação e direção da opinião pública de condutas e, sobretudo, de modelos de conduta"[669].

> Não é mais tão fácil perceber que se trata de propaganda e que há pessoas tentando convencer outras a se comportarem de determinada maneira. As idéias difundidas nem sempre deixam transparecer sua origem nem os objetivos a que se destina. Por trás delas, contudo, existem sempre certos grupos que precisam do apoio e participação de outros para a realização de seus intentos e, com esse objetivo, procuram persuadi-los agir numa certa direção. E eles conseguem, muitas vezes, controlar todos os meios e formas de comunicação, manipulando o conteúdo das mensagens, deixando passar algumas informações e censurando outras, de tal forma que só é possível ver e ouvir aquilo que lhes interessa[670].

A manipulação ideológica na produção de subjetividades aparece para os autores da área de forma inerente e incontestável, fazendo cair por terra toda e qualquer concepção de tratamento imparcial da informação. Fica evidente, dessa forma, que a reorganização do Capital ao longo dos anos, incluindo as motivadas pela chamada globalização, influenciou a Comunicação de tal modo que transformou a informação num tipo de moeda corrente, utilizada para o favorecimento daquele que detém os meios para formatá-la.

> A publicidade é uma espécie de photoshop do sistema, pois permite uma edição tridimensional do modo de vida capitalista, não apenas escondendo os efeitos violentos da mercantilização da vida social, mas milagrosamente transformando em fascínio algo que era para ser contestado[671].

Essa tentativa de manipular a informação é utilizada em todas as campanhas, tendo transparência significativa na propaganda da Chevrolet, na qual a equipe de marketing condena diretamente críticas que relacionam

---

[668] GOMES, Neusa Demartini; CORRADI, Analaura; CURY, Luiz Fernando. Op. cit., 1998.
[669] Ibid.
[670] . GARCIA, Nelson Jahr. **Propaganda, ideologia e manipulação**. 1999. Disponível em: http://www.ebooksbrasil.org/eLibris/manipulacao.html. Acesso em: nov. 2019.
[671] PALMIERI JÚNIOR, 2014.

o Agronegócio ao desmatamento e, consequentemente, aos possíveis efeitos da destruição do meio ambiente. A mensagem que a empresa pretende passar é de que o setor sofre injustiças, que "aqueles que apontam o dedo" o fazem de forma injusta, ignorando que o Agronegócio está "cuidando" do futuro de todos. Além disso, a propaganda sugere que o Agronegócio é tão essencial que, se quisesse, poderia parar o país.

Vale ressalvar que, embora o ambiente publicitário tenha por objetivo a criação de estratégias de manipulação da informação e da técnica, com o objetivo de vender, é preciso observar também certos limites. Como outras profissões, os trabalhadores do marketing estão sujeitos a normativas e questões éticas. Segundo o artigo 37 do Código de Defesa do Consumidor (Lei 8.078/90), a propaganda enganosa no Brasil é crime, passível de detenção de três a um ano – reversível em pena alternativa –, além de multa.

No entanto, vale destacar também que, não raro, muitas empresas burlam as determinações legais para obtenção de vantagens que visam ao lucro, além de a Justiça brasileira, em geral, ser bastante compreensiva com o setor produtivo em suas decisões. A campanha Imagine (2003), da Monsanto, por exemplo, foi objeto de ação judicial e condenada a uma multa milionária[672]. A multinacional estava introduzindo suas sementes transgênicas no Mercado, à época, e tentava relacioná-las à saúde dos consumidores e do meio ambiente. O mesmo ocorreu com a propaganda da Friboi encampada pelo ator Tony Ramos, em 2013. A empresa foi acusada, pelas concorrentes, de que ao atrelar confiança à marca estava dizendo, indiretamente, que os consumidores deveriam desconfiar das outras.

A manipulação da informação não é prerrogativa do campo publicitário. Tornar um discurso hegemônico exige outras ferramentas, para além daquelas que atendem interesses mercadológicos declaradamente. Quando se observa uma mensagem publicitária, entende-se imediatamente que ela está cumprindo uma função: vender alguma coisa. Por isso, para introduzir ideias no imaginário social, é preciso transcender os espaços oficiais e, assim, elevar a informação ao patamar de conhecimento.

> A cultura normalmente associada aos dispositivos de "comunicação social" corresponde ao que antes já designamos como "conhecimento", portanto, como o arquivo universal dos repertórios do saber e da informação apto à distribuição massiva, reputada como "democratização da cultura". A mídia

---
[672] CHÃ, 2012.

ocupa aqui um lugar central. O que se chamou de "indústria cultural" ou mesmo de "indústria da consciência" é de fato um dos aspectos mais conspícuos da codificação organizativa das relações sociais por meio de "instrumentos" que, ao longo do século passado, tornaram-se conhecidos como cinema, mídia (imprensa, rádio, televisão, internet) e publicidade[673].

A citação supra contraria o argumento de que há isenção ou imparcialidade em qualquer tipo de elaboração midiática, seja paga ou teoricamente espontânea.

A Retórica Jornalística como Estratégia de Firmação Hegemônica do Agronegócio

Na concepção de hegemonia cultural desenvolvida por Antônio Gramsci, a Imprensa funciona como uma espécie de partido, uma das expressões dialéticas entre política, economia e cultura, produzidas na superestrutura do Capital, como estratégia de dominação para consolidação e perpetuação do *status quo*.

A ideia de que o Jornalismo tem de ser imparcial pode ser destruída de muitas formas. É impossível alegar neutralidade em qualquer uma das partes do processo de construção de uma notícia. Primeiro, porque as empresas jornalísticas têm as chamadas linhas editoriais, o que, por si só, existe para podar o material que será produzido pelos jornalistas, privilegiando alguns aspectos elencados pelos patrões, em detrimento do que poderia ser trazido de novidade pelos trabalhadores.

É a linha editorial que definirá, por exemplo, num rol gigantesco de acontecimentos diários, quais assuntos merecem atenção ou não do público – um segundo aspecto questionável sobre o discurso de imparcialidade. Por que um evento de promoção comercial de maquinários para o Agronegócio, por exemplo, seria mais interessante para milhares de brasileiros do que um evento para discutir profundamente, com pesquisadores críticos, os efeitos da devastação ambiental? O correto seria utilizar agrotóxico ou defensivo agrícola? As redações têm de tomar decisões como essas todos os dias.

Um terceiro ponto que pode quebrar qualquer pretensão de isenção jornalística é a escolha dos entrevistados para falar sobre os temas; em seguida, a edição das falas, as imagens, o título. Enfim, há uma série de

---

[673] SODRÉ, *op. cit.*, 2014, p. 282.

evidências que demonstram: as escolhas necessárias para a produção de um texto jornalístico não o farão isento, neutro. A informação pode ser manipulada do início ao fim.

> Os noticiários de jornais, rádio e televisão e os documentários cinematográficos transmitem as informações como se fossem neutras, mera e simples descrição dos fatos ocorridos. Mas, em verdade, essa neutralidade é apenas aparente, pois as notícias são previamente selecionadas e interpretadas de molde a favorecer determinados pontos de vista. Os filmes de ficção, romances, poesias, as letras de músicas e expressões artísticas de maneira geral parecem resultar da livre imaginação dos mais variados artistas. Todavia, a distribuição e a promoção das obras são controladas de modo a só tornar conhecidas aquelas cujo conteúdo não contrarie as idéias dominantes. As denominações de ruas e praças, as placas comemorativas e de sinalização, as estátuas e efígies de pessoas, colocadas nos mais diversos logradouros, aparentemente se destinam apenas a servir de orientação ou a decorar os ambientes. Porém, na maioria dos casos, cuja vida deva servir de exemplo, com o objetivo de que sejam imitadas em benefício da realização dos interesses promovidos pela propaganda. Professores extravasam sua função de transmitir conhecimentos científicos para divulgar concepções comprometidas com certas posições. Líderes religiosos, que se propõe a orientar seus adeptos pelos caminhos da paz espiritual e da salvação eterna, acabam empurrando-os para ações que favorecem lucros materiais e ambições terrenas[674].

Outro elemento fundamental nesse processo seletivo é a formação dos profissionais. A informação é atividade que interessa profundamente ao Capital, mas só cumprirá o papel desejado se os profissionais trabalharem numa perspectiva que atenda à demanda do Mercado. Assim, além das limitações impostas pelas empresas, é interessante ao setor produtivo que os estudantes sejam atraídos por essa realidade o quanto antes. Por isso, iniciar o processo de formatação dos futuros profissionais já na faculdade parece ser um bom investimento. Tanto que as empresas do Agronegócio têm empenhado muitos esforços para atrair comunicadores das mais variadas áreas.

Por mais que o crescente assédio seja real e pareça novidade, a relação Imprensa e Agronegócio no Brasil remete ao período colonial. Desde a chegada dos europeus até 2011, o jornalista João Castanho registrou a

---

[674] GARCIA, Nelson Jahr. **Propaganda, ideologia e manipulação**. 1999. p. 11. Disponível em: http://www.ebooksbrasil.org/eLibris/manipulacao.html. Acesso em: nov. 2019.

produção de 40 programas de rádio, 35 de televisão e 300 publicações de revistas e jornais voltados ao Agronegócio[675]. Os eventos mais conhecidos até hoje são o programa Globo Rural, que surgiu na década de 1980, seguido do Canal Rural criado pela RBS, filiada da Globo no Rio Grande do Sul, em 1996, que já exibia desde 1975 o programa Campo e Lavoura. De acordo com Chã, o Canal Rural pertence, hoje, à JBS (produção de gado de corte).

Há também outros registros:

> A Folha de S.Paulo, por exemplo, jornal impresso de maior tiragem do país, teve origem na Folha da Manhã S.A., empresa constituída em 1931 tendo em seu quadro de diretores e acionistas nomes como Otaviano Alves de Lima, que reforçou a adoção de uma linha editorial voltada para os "lavradores de São Paulo", como o jornal designava os proprietários de terras, principalmente os cafeicultores[676].

Em outubro de 2000, momento em que visualizamos uma guinada na política de Comunicação voltada ao Agronegócio, o Globo Rural, até então exibido aos domingos, torna-se um programa diário, situação que duraria 14 anos[677].

Também nesse período começam a surgir os cursos de especialização na área do Agronegócio oferecidos por empresas que, assim como na área da publicidade, justificam sua existência pela posição de destaque do Brasil no cenário mundial do agronegócio. Também é notável o número de eventos e prêmios realizados para chamar a atenção dos profissionais que escrevem sobre o tema.

Não há dados oficiais ou números sistematizados, mas numa pesquisa rápida pela Rede Mundial de Computadores pode-se encontrar inúmeros concursos que oferecem, anualmente, prêmios a jornalistas empenhados na cobertura do Agronegócio.

Sem necessidade de aprofundar esse debate, lista-se aqui dez concursos nacionais: o Prêmio Massey Ferguson, da empresa de mesmo nome, que figura no Mercado brasileiro de máquinas agrícolas há 57 anos e pertencente à multinacional AGCO; o Prêmio ABAG RP José Amilton Ribeiro, criado pela

---

[675] CHÃ, A. M. J. **Agronegócio e indústria cultural:** estratégias das empresas para a construção da hegemonia. São Paulo: Expressão popular, 2018. p. 71.

[676] NÓBREGA, Camila; BANDEIRA, Olívia. Agronegócio e mídia brasileira: onde duas monoculturas se conectam. **Le Monde Diplomatique Brasil**, 21 jan. 19. Disponível em: https://diplomatique.org.br/agronegocio-e-midia-brasileira-onde-duas-monoculturas-se-conectam/?fbclid=IwAR0IcmFkktCpVDA_3d-eLDku7I_MOK-7-MD3sMtasl3sneGjlIg7thGOCZQ8. Acesso em: dez. 2019.

[677] **Portal Memória Globo**. Disponível em: http://memoriaglobo.globo.com. Acesso em: jun. 2019.

Associação Brasileira do Agronegócio para "oferecer aos jornalistas e estudantes a oportunidade de conhecer melhor as cadeias produtivas do Agro" (nas palavras dos organizadores do evento) – a Abag realiza uma série de cursos e palestras sobre o Agronegócio nos dias na semana da premiação –; o Prêmio de Jornalismo da Alltech, empresa de biotecnologia "voltada à saúde e nutrição animal e vegetal" (definição da própria empresa); o Prêmio Café Brasil de Jornalismo, organizado pelo Conselho Nacional do Café (CNC), Organização das Cooperativas Brasileiras (OCB) e Cooperativa dos Cafeicultores da Zona de Varginha (Minasul), que em 2019 contou com o apoio da Associação Brasileira de Emissoras de Rádio e Televisão (Abert) e distribuiu cerca de R$ 90 mil em prêmios; o Prêmio Top Etanol, parte de um projeto nomeado "AGORA" – não encontramos mais informações sobre o projeto, apenas que se trata de "uma das maiores iniciativas de comunicação institucional do agronegócio brasileiro com o objetivo de integrar a cadeia produtiva da cana-de-açúcar em torno da divulgação da importância da agroenergia renovável" –; e ainda a Mostra de Comunicação Agro da Associação Brasileira de Marketing Rural e Agronegócio (ABMR&A), que também distribui prêmios a jornalistas e estudantes. Podemos citar, ainda, o Prêmio da Associação Nacional de Defesa Vegetal, Prêmio New Holland de Fotojornalismo, Prêmio Pecuária Sustentável de Jornalismo, Prêmio Comigo de Jornalismo – voltado para tecnologia agropecuária –, e outras dezenas de premiações regionais para atrair os olhos dos profissionais de Imprensa para o Agronegócio.

Todos eles pretendem captar o interesse de profissionais e estudantes de Comunicação para o Agronegócio, seja na prática, seja na formação, sempre exaltando sua teórica imprescindibilidade e evitando o caráter crítico à atividade quanto aos males ambientais e à saúde devido ao uso de agrotóxicos, às condições de trabalho ou a desigualdades provocadas pela concentração de terras.

Do mesmo modo, encontrar cursos de especialização na área para jornalistas em diversas instituições particulares é bastante fácil. As especializações *latu senso* são sempre justificadas pelas oportunidades que um Mercado em franca expansão, representado por um Produto Interno Bruto (PIB) superior a 20%[678], com conteúdo voltado basicamente à linguagem e termos específicos a serem trabalhados com os profissionais que desejam se qualificar em busca dessa oportunidade.

---

[678] Os percentuais variam de acordo com o setor e o ano que os materiais de propaganda dos cursos foram elaborados. Por exemplo, o Instituto de Pós-graduação e Graduação (Ipog) utiliza a informação de que a Pecuária foi responsável por 26% do PIB em 2018; já a Confederação da Agricultura e Pecuária do Brasil (CNA) usa o índice do Agronegócio como um todo em 2017, cerca de 23,5%, segundo a instituição.

Mas a inserção do debate rural na formação de comunicadores também é antiga, como o professor José Marques de Melo escreveu no início da década de 1990.

> Desde que se implantaram no Brasil, em meados da década de 60, as Escolas de Comunicação Social, algumas tentativas têm sido feitas para incorporar o universo da comunicação rural às atividades didáticas e científicas daquelas instituições, todavia, é forçoso reconhecer que o espaço ocupado até agora pela Comunicação Rural é periférico e descontínuo[679].

As reivindicações estudantis para inserção de disciplinas voltadas ao Agribusiness nos cursos de graduação em Jornalismo, provavelmente resultantes das campanhas nacionais das empresas visando atrair esses profissionais (cursos, seminários e prêmios), embora estejam crescendo, também não configuram novidade. Vale destacar, entretanto, que a perspectiva dessas reclamações importa mais do que fazer a discussão em si. Nesse sentido, como é possível observar, a crítica ao modelo de produção adotada no Brasil, baseado no latifúndio, na monocultura, na degradação do meio e no uso indiscriminado de produtos químicos, não parece ser o interesse central daqueles que têm investido tempo e recursos nessa demanda.

O Mercado de Comunicação voltada para o Agro cresceu a tal ponto que, por volta de 2013, surgiu a Rede Brasil de Jornalistas Agro, inspirada na Federação Internacional de Jornalistas Agrícolas (IFAJ). Em março de 2019, o grupo realizou o primeiro encontro internacional no Brasil, conforme matéria divulgada pelo site *O Livre*, com título "Jornalistas do Agronegócio realizam encontro internacional"[680]. Na matéria, o redator apresenta como objetivo principal do evento "a troca de experiências através de relatos sobre os ajustes profissionais mais recentes adotados na atividade jornalística agroindustrial destes países [Canadá, Estados Unidos e Argentina]" e ressalta a importância de patrocinadores:

> Apesar do segmento do jornalismo agro ser formador de opinião e canal ativo no agronegócio (a maior atividade econômica do Brasil), até o momento apenas a Syngenta confirmou sua presença como patrocinadora oficial do Encontro. A organização ainda espera a confirmação de outros apoiadores. Mesmo com uma programação enxuta,

---

[679] MELO, 1993 *apud* CARVALHO, 2001, p. 2.
[680] MESQUITA, 2019, s/p.

o evento está sendo aguardado com expectativa, pois pode significar o embrião de uma organização institucionalizada deste segmento do jornalismo brasileiro[681].

Conhecer as investidas e a aproximação entre representantes do Agronegócio e profissionais da Comunicação, entre eles jornalistas, auxilia-nos a compreender as críticas de autores como Ariovaldo Umbelino Oliveira à Imprensa convencional acerca da manipulação da informação, tanto com relação a temas como Reforma Agrária[682] quanto na divulgação de dados que colocam o setor como atividade econômica fundamental[683].

Em *A mundialização da Agricultura Brasileira* o autor declara:

> [...] os ideólogos do agronegócio no Brasil tentam implantar na sociedade brasileira a ideia de que ele é importante para o país. Esta posição pode ser verificada na notícia publicada no jornal O Estado de São Paulo sobre a posição do Brasil no comércio mundial agrícola: "Brasil já é o terceiro maior exportador agrícola do mundo. Apenas os EUA e UE vendem mais alimentos no planeta que os agricultores e pecuaristas brasileiros." [...] Ou seja, mudaram a apresentação dos dados estatísticos, ao invés de apresentarem todos os dados por países, fizeram a agregação dos dados dos países da União Europeia, e assim, esconderam as exportações maiores da Holanda, Alemanha e França. Utilizando-se dessa "matemagia" o agronegócio do Brasil passou de 5º lugar para 3º. Portanto, todos esses dados revelam que não tem procedência o alarido ideológico que a mídia do agronegócio faz no Brasil. Aliás, observando-se os dados presentes no gráfico no 16, pode-se verificar que a participação percentual das exportações agrícolas em relação às exportações mundiais totais, desce ladeira abaixo, caindo dos 45% em 1950 para apenas 7% em 2011. Estes números mostram de forma inequívoca que fazer das exportações de alimentos o "carro chefe" da economia brasileira é hipotecar o futuro do país às heranças coloniais, teimosamente presentes no cenário político nacional[684].

---

[681] MESQUITA, 2019, s/p.

[682] OLIVEIRA, Ariovaldo Umbelino de. **Modo de Produção Capitalista, Agricultura e Reforma Agrária**. São Paulo: FFLCH, 2007.

[683] OLIVEIRA, Ariovaldo Umbelino de. **A Mundialização da Agricultura Brasileira**. São Paulo: Iandé Editorial, 2016. 545p.

[684] OLIVEIRA, 2016, p. 110.

Quase dez anos antes, quando escreveu a obra *Modo capitalista de produção, agricultura e reforma agrária*[685], o autor também criticou a atuação da Imprensa com relação à pauta da Reforma Agrária durante os governos de Fernando Henrique Cardoso.

> A ação na mídia mobilizou o governo, os movimentos e a opinião pública. Reportagens procurando impingir caráter satânico as lideranças do MST, contra-propaganda organizada a partir de grandes órgãos de imprensa, denúncias nunca provadas, formação de equipe de jornalistas, realização de pesquisas de opinião pública sobre o MST, produção de material virtual via Internet, etc. Estas ações geraram na mídia um conjunto significativo de notícias que visavam principalmente desmontar a imagem de apoio que a população tinha formado sobre o MST e a reforma agrária após a Marcha à Brasília. Certamente, deve-se a esta ação o fato de que a mídia nada noticiou sobre a queda expressiva desde 1998, no número de famílias assentadas. Embora a CNASI – Confederação Nacional das Associações dos Servidores do INCRA, tenha divulgado manifestação provando a redução[686].

Na série "Proprietários da Mídia no Brasil", há um capítulo intitulado "Agronegócio e Mídia brasileira: onde duas monoculturas se conectam", dedicado à relação desses dois grandes grupos político-econômicos. No trabalho, as pesquisadoras alertam: "Entender de que forma interesses empresariais podem influenciar a produção da notícia é fundamental para que a população possa consumir a informação produzida por esses veículos de forma crítica"[687].

Os dados do Monitoramento da Propriedade da Mídia (Media Ownership Monitor – MOM), produzido pelo Intervozes e pelo grupo Repórteres Sem Fronteiras (2017), como demonstram as autoras, apontam que a mídia brasileira tem alta concentração de audiência e geográfica, além de falta de transparência, interferências políticas, religiosas e econômicas, com destaque para o fato – já observado anteriormente – de os proprietários dos meios de comunicação de maior alcance no país possuírem negócios no setor agropecuário.

---

[685] OLIVEIRA, 2007

[686] OLIVEIRA, 2016, p. 145.

[687] NÓBREGA, Camila; BANDEIRA, Olívia. Agronegócio e mídia brasileira: onde duas monoculturas se conectam. **Le Monde Diplomatique Brasil**, 21 jan. 19. p. 1. Disponível em: https://diplomatique.org.br/agronegocio-e-midia-brasileira-onde-duas-monoculturas-se-conectam/?fbclid=IwAR0IcmFkktCpVDA_3d-eLDku7I_MOK7-MD3sMtasl3sneGjIIg7thGOCZQ8. Acesso em: dez. 2019.

> Essa monocultura de discursos tem algumas razões. Uma delas é a concentração da propriedade da mídia, definida por padrões internacionais como um dos principais indicadores de risco à pluralidade de ideais em circulação na sociedade. No Brasil, a situação é preocupante: apenas cinco grupos concentram mais da metade dos cinquenta veículos de comunicação de maior audiência[688].

As monoculturas, por fim, encontram-se, mas as empresas de Comunicação/Jornalismo, entretanto, continuam insistindo na tese da independência e da imparcialidade, para vender uma de suas mercadorias: a informação que lhe interessa.

Nóbrega e Bandeira evidenciam ainda, ratificando o que também afirmamos supra a respeito das etapas de produção da notícia – no caso, a escolha da pauta –, que o Agronegócio tem sido privilegiado, em detrimento da agricultura familiar[689], embora essa última represente o grupo que realmente alimenta a população.

> Cerca de 80% da produção do agronegócio corresponde a commodities agrícolas, enquanto quem responde por 70% da alimentação das brasileiras e dos brasileiros é a agricultura familiar, praticada em todo o país, inclusive em centros urbanos, mas que tem sido negligenciada na cobertura dos veículos de comunicação e nas políticas públicas[690].

A agroecologia[691], no entanto, que também ocupa posição de destaque no país, sustentando uma filosofia de produção que contemple a diversidade e a saúde do meio ambiente e da população, não obtém praticamente nenhum espaço, a não ser na imprensa alternativa.

Todos esses elementos demonstram que os grandes produtores rurais reconhecem a importância da comunicação para manutenção e

---

[688] *Ibid.*, p. 5-6.
[689] Para Nazareth Baudel Wanderley, o conceito de Agricultura Familiar é genérico e está em evolução, a partir de significativas raízes históricas. Incorpora múltiplas situações específicas, sendo o campesinato uma dessas formas particulares, mesmo adaptando-se às transformações das sociedades. O agricultor familiar brasileiro ainda enfrenta muitos problemas e continua dependendo de suas próprias forças para promover a subsistência e a reprodução da família (SANTOS; TONEZER; RAMBO, 2009, p. 11). Vale destacar que, justamente pela introdução da lógica industrial no campo, nem sempre a agricultura familiar utiliza práticas agroecológicas.
[690] *Ibid.*
[691] "[...] manejo ecológico dos recursos naturais através de formas de ação social coletiva, que representem alternativa ao atual modelo de manejo industrial dos recursos, mediante propostas sugeridas de seu potencial endógeno. Tais propostas pretendem um desenvolvimento participativo desde a produção até a circulação alternativa de seus produtos agrícolas, estabelecendo formas de produção e consumo que contribuam para encarar a atual crise ecológica e social" (SEVILLA-GUZMÁN *apud* SANTOS; TONEZER; RAMBO, 2009, p. 11).

ampliação do poder político-econômico que detêm. Inclusive, revelam essa percepção, priorizando o veículo mais amplo de comunicação de todos os tempos: a televisão.

> A pesquisa realizada pela Ipsos Marplan revelou que a televisão é o meio de comunicação mais valorizado pelos agropecuários brasileiros. Dos 2.450 produtores rurais de todos os portes entrevistados em 230 municípios de 15 estados brasileiros, 64% afirmaram ser a televisão a maior fonte de informações do setor. Entre as informações consideradas mais relevantes, os agropecuários brasileiros destacaram os preços e características de produtos, máquinas e implementos. Foi pensando nesse público que há 17 anos foi criado os quatro canais do Sistema Brasileiro de Agronegócios – SBA: Canal do Boi, Agro Canal, Novo Canal e Conexão BR[692].

A ideia de vender seus produtos em canais especializados fechados reflete também a ideia de vender a aparente importância do Agronegócio para a população brasileira nos canais abertos. Trabalhar a opinião pública em favor do setor, com o auxílio dos profissionais, das técnicas e dos meios, é a única garantia ao Agronegócio de que a sua histórica estabilidade política e econômica será preservada.

Isso posto, aponta-se aqui para a assertiva de que há uma tensão permanente entre aqueles que detêm a hegemonia do discurso e dos meios e aqueles que assumem uma postura contra-hegemônica. É preciso reconhecer que o que dinamiza essas relações é, sim, a disputa ideológica. Assim, identificamos a ideologia que consolida a relação Jornalismo/Comunicação e Agronegócio no Brasil, numa perspectiva hegemônica, evidenciando conflitos socioambientais que demonstram a existência de processos contra-hegemônicos.

> A ideologia é um sistema de idéias mais ou menos delineado que implica num compromisso do sujeito diante da totalidade do mundo histórico-social, e não apenas num compromisso epistemológico diante dos objetos reconhecidos em sua positividade. A ideologia implica numa postura ativa da consciência frente à realidade histórica do mundo, envolvendo negação ou afirmação desse mundo de parte do sujeito consciente. Negar a possibilidade da ideologia revolucionária é posicionar-se, ontologicamente, como objeto entre os objetos ou, na melhor das hipóteses, acreditar que a objetividade – por

---
[692] PORTAL DO AGRONEGÓCIO, 2012, s/p.

meio da teoria – pode desvelar sua "verdade" independente da postura efetivamente revolucionária do sujeito, a qual exige uma atividade prático-crítica[693].

Há efetivamente disputas sociais, políticas e econômicas que envolvem a Comunicação como um todo, suas técnicas e profissionais, considerando que o Agronegócio se estabeleceu no Brasil obtendo a mídia convencional como um de seus braços de sustentação ideológica.

Considerações Finais

Como se pode observar, a produção de conteúdo comunicacional se divide por áreas que demarcam finalidade, linguagem e técnicas utilizadas para transmitir determinadas mensagens aos espectadores. Assim que, enquanto a publicidade é tida como um setor abertamente voltado para a criação de necessidade de consumo, o Jornalismo aparece como um produto de caráter informativo e mais democrático, na medida em que aborda versões contraditórias de um mesmo fato. Para o senso comum, a produção publicitária é uma ferramenta de venda, e o Jornalismo um mecanismo que oferece ao cidadão o direito – constitucional, inclusive[694] – ao acesso à informação, a fim de balizar posições e decisões que deverão refletir nas ações individuais e coletivas.

Demonstramos, no entanto, que a credibilidade e imparcialidade atribuída ao conteúdo jornalístico é questionável desde o momento em que a escolha da pauta é realizada, devido às inúmeras influências políticas presentes nas escolhas feitas pela empresa e pela equipe que trabalha a notícia. A ideia de isenção e imparcialidade jornalística é criada, primeiramente, como forma de ampliar as vendas[695]. A partir disso, o Jornalismo passa a ser utilizado também como uma espécie de guardião de uma verdade, por vezes, inquestionável, desconsiderando todas as influências aqui anteriormente descritas.

O fenômeno recente das chamadas pós-verdades aparece, entretanto, invertendo um processo que aparentemente se encontrava estabelecido, no qual as maiores empresas de Comunicação detinham maior credibilidade popular. O que vemos hoje pode ser considerado um tipo de conscientização

---

[693] GENRO FILHO, 1986 apud PONTES, Felipe Simão. O conceito de ideologia na teoria do jornalismo de Adelmo Genro Filho. **Galaxia**, São Paulo, n. 32, p. 151-162, ago. 2016. Disponível em: https://www.scielo.br/pdf/gal/n32/1982-2553-galaxia-32-00151.pdf. Acesso em: dez. 2019.

[694] O direito ao acesso à informação com relação aos serviços públicos está previsto na Constituição Federal de 1988, mais precisamente no Art. 5.º, inciso XXXIII; Art. 37, inciso II do § 3; e Art. 216, § 2.

[695] SANTOS, 2010.

dos processos aos quais a construção da notícia está submetida, isto é, que a notícia ultrapassa a intenção de informar, desenvolvendo também funções de convencimento. Ao mesmo tempo, a rejeição às informações produzidas por grandes grupos – que detêm, sim, caráter ideológico definido, ou leituras acerca da realidade – dá lugar a conteúdos que não podem ser considerados versões de fatos, mas invenções totalmente desconectadas da realidade ou mesmo negacionismos históricos.

No Brasil, com a eleição de Bolsonaro, o negacionismo histórico está em ascendência a partir da negação de fatos cientificamente comprovados como as torturas e assassinatos da ditadura militar brasileira, a crescente agressão ao meio ambiente e as interferências climáticas do modo de produção capitalista no mundo, o período de escravidão e suas consequências sociais, o massacre à população indígena e a expropriação de suas terras, entre outros.

Nesse cenário, fica evidente a intenção dos detentores dos meios de produção do campo de utilizar o Jornalismo como publicidade, para solidificar, no imaginário popular, a versão do Agronegócio como setor de destaque na produção de riqueza do país. Assim, as políticas públicas implementadas com o objetivo de beneficiar o grande produtor rural não serão objeto de resistência social; ao contrário, encontrarão resistência às medidas que, eventualmente, possam sugerir alterações no modelo atual, como as ocupações e expropriações com vistas a realização da Reforma Agrária, a limitação das propriedades, o redirecionamento de recursos para a agricultura familiar etc.

Não é à toa que a rejeição aos grupos populares organizados, como o Movimento de Trabalhadores Rurais Sem Terra (MST), cresceu ao longo dos anos, enquanto o Agronegócio ganhou cada vez mais espaço político e econômico[696]. O investimento pesado no conteúdo publicitário, aberto ou em formato jornalístico, garantiu ao setor a ampliação do apoio social, a partir da sua versão dos fatos.

Num exercício de comparação, é possível identificar o caráter publicitário nos textos jornalísticos em todos os processos que se destacou anteriormente: escolha do tema, da abordagem, na maneira em que as informações estão dispostas, a escolha dos títulos, das fontes entrevistadas, além da ausência absoluta de qualquer versão contraditória no corpo do texto. Pode-se citar, apenas para ilustração, algumas matérias recentes. A primeira, publicada no Portal G1, do Grupo Globo de Comunicação, com o título "Jovens investem em carreiras ligadas ao agronegócio", seguido

---

[696] PASSOS, 2005.

da linha fina (recurso jornalístico utilizado para complementar o título) "Setor atrai mão de obra qualificada e disposta a encarar um campo cheio de oportunidades"[697]. A matéria destaca aspectos positivos do Agronegócio sem abordar, em momento algum, qualquer tipo de contradição do setor, seja na relação com o meio ambiente, seja nas relações de trabalho. Assim, seu caráter publicitário pode ser observado desde o título.

Um segundo exemplo é a matéria publicada na Folha de S. Paulo com o título "Produtores rurais são as principais vítimas das queimadas, diz entidade do agronegócio" também com importante linha fina: "Associações do setor pedem que haja discernimento entre desmatamento ilegal e autorizado"[698]. Baseada numa nota publicada pela Associação Brasileira de Produtores de Soja (Aprosoja), a matéria não só ignora qualquer versão contraditória à afirmação da entidade, como traz entrevistas de outras entidades do mesmo setor para destacar "boas práticas agrícolas", ressaltando que, segundo as normas, os "proprietários de terras são responsabilizados pela preservação de 20% a 80% da vegetação nativa", que não se pode criminalizar o "empreendedor rural que faz investimentos, gera emprego e desenvolvimento", além de rebater as críticas internacionais, declarando que os governos europeus usam o meio ambiente "para confrontar os princípios capitalistas"[699]. Desse modo, embora o título da matéria sugira que haverá, no conteúdo, alguma contradição na versão de fatos, na realidade o que se mostra é apenas uma versão, respaldada por diversas fontes de posição política idêntica.

Também não é à toa que as duas matérias escolhidas para ilustrar essa comparação entre conteúdos – que, em tese, desempenham papéis sociais diferentes – foram retiradas de dois dos maiores grupos de Comunicação do país. A concentração dos meios de produção midiáticos do país coloca os grupos Globo e Folha entre aqueles que mais repercutem o material veiculado diariamente, além de pautar outros veículos.

No Brasil, o levantamento foi feito pela ONG brasileira Intervozes – Coletivo Brasil de Comunicação Social – e o resultado indicou alerta vermelho. Dos 50 veículos de comunicação analisados (mídia impressa, rádio, televisão e internet), e de maior audiência, 26 deles são controlados por apenas cinco grupos. O maior é o Grupo Globo, da família Marinho, que detém nove desses veículos, seguido pelo Grupo Bandeirantes com 5, a

---

[697] G1, 2019.
[698] FOLHA DE S. PAULO, 2019.
[699] FOLHA DE S. PAULO, 2019.

família Macedo com o Grupo Record e os veículos da Igreja Universal Reino de Deus (Iurd) com 5, Grupo RBS com 4 e Grupo Folha com 3[700].

São as assessorias de imprensa de grupos e entidades políticas ligadas ao Agronegócio que distribuem o conteúdo publicitário com linguagem jornalística à imprensa convencional. Nesse sentido, os movimentos sociais que desenvolvem Comunicação contra-hegemônica encontram forte dificuldade para introduzir suas pautas, não só pela ausência de recursos financeiros, mas também pela formação dos profissionais. Se as informações disponíveis em maior quantidade são as que não apresentam qualquer crítica ao modelo estabelecido, pelo contrário, o exalta, a repercussão dessa perspectiva deverá ser maior, ainda mais se acompanhada das melhores técnicas e recursos.

Referências

ALTHUSSER, Louis. **A Ideologia e Aparelhos Ideológicos do Estado**. São Paulo: Martins Fontes, 1970.

BRUNO, Regina. **Movimento Sou Agro**: marketing, habitus e estratégias de poder do agronegócio. Texto apresentado no 36º Encontro Anual da ANPOCS GT 16 – Grupos Dirigentes e Estrutura de Poder, Fortaleza, 2012. Disponível em: http://observatory-elites.org/wp-content/uploads/2012/06/Regina-Bruno.pdf. Acesso em: 8 jun. 2019.

CHÃ, A. M. J. **Agronegócio e indústria cultural**: estratégias das empresas para a construção da hegemonia. São Paulo: Expressão Popular, 2018.

GARCIA, Nelson Jahr. **Propaganda, ideologia e manipulação**. RocketEdition, 1999. Disponível em: http://www.ebooksbrasil.org/eLibris/manipulacao.html. Acesso em: 11 nov. 2019.

GOMES, Neusa Demartini; CORRADI, Analaura; CURY, Luiz Fernando. A Dialética Conceitual da Publicidade e Propaganda. **Gt's ALAIC**, n. 01, PUBLICIDADE – Análise da produção publicitária e da formação profissional. Org. Paulo Rogério Tarsitano. São Paulo, 1998. Disponível em: http://www.eca.usp.br/associa/alaic/Livro%20GTP/dialetica.htm. Acesso em: 6 jun. 2019.

MARTINS, José de Souza. Frente pioneira: contribuição para uma caracterização sociológica. **Capitalismo e tradicionalismo no Brasil**: estudos sobre as contradições da sociedade agrária no Brasil. São Paulo: Pioneira, 1975.

---

[700] ANDES-SN, 2017, s/p.

MARX, Karl. **O Capital**. Tradução de J. Teixeira Martins e Vital Moreira. Coimbra: Centelha – Promoção do Livro, SARL, 1974. Disponível em: https://www.marxists.org/portugues/marx/1867/ocapital-v1/index.htm. Acesso em: 7 jul. 19.

MELO, José Marques de. Cásper Líbero, Pioneiro do Ensino de Jornalismo no Brasil. **Transformações do Jornalismo Brasileiro**. Ética e Técnica. São Paulo: Intercom, 1994. p. 13-24.

MUNIZ, Eloá. Publicidade e propaganda: origens históricas. **Cadernos Universitários**: Introdução à Publicidade e Propaganda, Ulbra, Canoas, v. 1, n. 148, p. 51-63, 2004. Disponível em: https://www.eloamuniz.com.br/arquivos/1188171156.pdf. Acesso em: 13 jun. 2020.

NÓBREGA, Camila; BANDEIRA, Olívia. Agronegócio e mídia brasileira: onde duas monoculturas se conectam. **Le Monde Diplomatique Brasil**, 21 jan. 19. Disponível em: https://diplomatique.org.br/agronegocio-e-midia-brasileira-onde-duas-monoculturas-se-conectam/?fbclid=IwAR0IcmFkktCpVDA_3d-eL-Dku7I_MOK7-MD3sMtasl3sneGjIIg7thGOCZQ8. Acesso em: 7 dez. 2019.

OLIVEIRA, Ariovaldo Umbelino de. **A Mundialização da Agricultura Brasileira**. São Paulo: Iandé Editorial, 2016. 545p.

OLIVEIRA, Ariovaldo Umbelino de. **Modo de Produção Capitalista, Agricultura e Reforma Agrária**. São Paulo: FFLCH, 2007.

PONTES, Felipe Simão. O conceito de ideologia na teoria do jornalismo de Adelmo Genro Filho. **Galaxia**, São Paulo, n. 32, p. 151-162, ago. 2016. Disponível em: https://www.scielo.br/pdf/gal/n32/1982-2553-galaxia-32-00151.pdf. Acesso em: 23 dez. 2019.

SEVERINO, Emilly Furtado; GOMES, Natália Moura; VICENTINI, Samila; CINTI, Paulo Anderson. A História da Publicidade Brasileira. **REC 09**, v. 6, n. 1, 2011. Disponível em: http://periodicos.unifacef.com.br/index.php/rec/issue/view/73. Acesso em: 4 maio 2019.

SODRÉ, Muniz. **A ciência do comum**: notas para o método comunicacional. Petrópolis: Vozes, 2014.

SOBRE OS(AS) AUTORES(AS)

Adriana Aparecida Pinto

Professora associada II, atua como docente no curso de Graduação em História e no Programa de Pós-Graduação em História da Universidade Federal da Grande Dourados (UFGD). Doutora em Educação Escolar/Unesp Araraquara. Estágio de Pós-Doutorado em História – Unesp/Assis. Líder do Grupo de Estudos e Pesquisas Ensino, História e Educação – Gepehed –, certificado pelo CNPq. Desenvolve pesquisas com temas relacionados ao ensino de história, história do ensino e das mulheres em impressos e imprensa periódica em circulação nos séculos XIX e XX, em Mato Grosso e Mato Grosso do Sul, e em outras localidades. Atua na formação de professores em cursos de licenciaturas e, atualmente, coordena o Subprojeto de História, do Programa Residência Pedagógica (2022-2024), na Universidade Federal da Grande Dourados.

Lattes: 8878108728944572

Orcid: 0000-0001-6496-3744

E-mail: adrianaaparecida@ufgd.edu.br

Aguinaldo Rodrigues Gomes

Doutor em Educação pela Universidade Estadual de Campinas (Unicamp); pós-doutor pela Universidade de São Paulo (USP); professor adjunto do Curso de História da Universidade Federal de Mato Grosso do Sul (UFMS), Aquidauana; coordenador do Laboratório de Estudos em Diferenças & Linguagens – LEDLin –; docente do Programa de Pós-Graduação em Estudos Culturais, Linha de Pesquisa: Diferenças & Alteridades; Programa de Pós-Graduação em Educação Rondonópolis (UFR), linha de pesquisa: Educação, cultura e diferenças.

Orcid: 0000-0002-2398-8088

E-mail: aguinaldorod@gmail.com

Antônio Firmino de Oliveira Neto

Possui doutorado em Geografia pela Universidade Estadual Paulista – Unesp – Presidente Prudente (2003), com estágio pós-doutoral em Antropologia na Universidade de Buenos Aires (UBA, 2014), mestrado em Geografia Humana pela Universidade de São Paulo – USP (1997) – e licenciatura plena em Geografia pelas Faculdades Unidas Católicas de Mato

Grosso – Fucmat (1985). É professor titular aposentado da Universidade Federal de Mato Grosso do Sul – UFMS – e credenciado como docente permanente do Programa de Pós-Graduação em Estudos Culturais do Campus de Aquidauana da UFMS.

Orcid: 0000-0002-7955-5417

E-mail: firmino.neto@ufms.br

Antonio Ricardo Calori de Lion

Doutor em História na Faculdade de Ciências e Letras de Assis, Universidade Estadual Paulista "Júlio de Mesquita Filho" (FCL/Unesp), mestre em História pela mesma instituição. Graduado em História pela Universidade Federal de Mato Grosso – Câmpus de Rondonópolis (UFMT/CUR). Professor da Secretaria da Educação do Estado de São Paulo (Seduc-SP).

Orcid: 0000-0001-6746-2240

E-mail: antonio.lion@unesp.br

Armando Wilson Tafner Junior

Docente do Departamento de Ciências Sociais da Universidade do Sul e Sudeste do Pará (Unifesspa) e do Programa de Pós-Graduação em Sociologia da Universidade Federal de Mato Grosso (PPGS/UFMT). Graduado em Economia pela Universidade Estadual de Maringá (UEM); mestre e doutor pelo Núcleo de Altos Estudos Amazônicos da Universidade Federal do Pará (Naea/UFPA).

Orcid: 0000-0001-8298-811X

E-mail: armandowilson@hotmail.com

Beatriz dos Santos de Oliveira Feitosa

Possui doutorado (2016), mestrado (2011) e graduação (2002) em História pela Universidade Federal de Mato Grosso. Atualmente é dedicação exclusiva da Universidade Federal de Rondonópolis, pesquisadora em: Interfaces: História, Museologia e Ciências Afins; Núcleo de Pesquisa em História; Núcleo de Estudos Rurais e Urbanos; e no Laboratório de Pesquisa e Ensino de História – Lephis.

Orcid: 0000-0001-6736-1554

E-mail: beatriz.oliveira@ufr.edu.br

Daniel Freitas de Oliveira

Mestre em História pela Universidade Federal da Grande Dourados (PPGH/UFGD) e licenciado em História pela Universidade Federal de Mato Grosso do Sul (UFMS). Atualmente é professor efetivo 40h da Rede Estadual de Ensino de Mato Grosso do Sul (SED/MS) lotado na E. E. Prof.ª Clarinda Mendes de Aquino (Escola da Autoria).

Orcid: 0000-0002-4688-1232.

E-mail: professordanoliveira@hotmail.com

Edvaldo Correa Sotana

Doutor em História pela Universidade Estadual Paulista (Unesp/Assis); professor associado do Departamento de História da Universidade Federal de Mato Grosso (UFMT); professor permanente do Mestrado Profissional em Ensino de História; professor permanente e coordenador do Programa de Pós-Graduação em História da UFMT; vice-líder do Grupo de Pesquisa "História e Mídias Eletrônicas" (Unesp/Assis) e do Grupo de Pesquisa História, Política e Contemporaneidade (UFMT).

Orcid: 0000-0001-7493-0997

E-mail: edsotana11@gmail.com

Juliana Cristina da Rosa Delgado

Licenciada (2020), mestre (2015) e doutora (2020) em História. Bacharel em Ciências Sociais (2011) e mestranda em Antropologia Social (2023) pela Universidade Federal de Mato Grosso (UFMT). Integrante do Núcleo de Pesquisas em História (NPH) e Núcleo de Estudos Rurais e Urbanos (Neru) da UFMT, onde participa de projetos de pesquisa sobre História de Mato Grosso e do Brasil, Etnologia Indígena, além de conflitos fundiários, interétnicos e socioambientais no estado de Mato Grosso.

Orcid: 0000-0003-1277-7063

E-mail: julianacristinarosa@gmail.com

Lise Rossi Jones Lima

Mestre em Estudos Culturais pela UFMS. Especialista em Recursos Humanos pela Uninter. Graduada em Administração pela UFMS. Graduada em Turismo pela UFMS. Administradora no Instituto Federal de Mato Grosso do Sul (IFMS) Campus Aquidauana. Sócio-proprietária do site *O Pantaneiro*, da cidade de Aquidauana (MS).

Orcid: 0009-0007-9712-1739

E-mail: lise.lima@ufms.br

Luana Souza Santos

Graduada em Ciências Sociais e Jornalismo pela Universidade Federal de Mato Grosso (UFMT). Mestre em Sociologia pela UFMT.

Orcid: 0009-0007-7053-1335

E-mail: luanaasoutos@gmail.com

Miguel Rodrigues de Sousa Neto

Doutor em História pela Universidade Federal de Uberlândia (UFU); professor do curso de História do Campus de Aquidauana da Universidade Federal de Mato Grosso do Sul (UFMS); docente do Programa de Pós-Graduação em Estudos Culturais do Campus de Aquidauana da UFMS.

Orcid: 0000-0001-9672-3315

E-mail: miguel.rs.neto@ufms.br

Paula Faustino Sampaio

Licenciada em História pela Universidade Federal de Campina Grande, mestra em História pela Universidade Federal de Pernambuco e doutora em História pela Universidade Federal da Grande Dourados. Prof.ª adjunta do Curso de História/Instituto de Ciências Humanas e Sociais – Universidade Federal de Rondonópolis. Participa do Grupo de Estudos e Pesquisas em História Indígena e do Indigenismo UFGD. Autora do livro *Indígenas Mulheres entre colonialismo e resistência de longa duração, século XX e XXI*, pela Ed. Cancioneiro.

Orcid: 0000-0002-3993-5060

E-mail: paula.sampaio@ufr.edu.br

Paulo Sergio Delgado

Antropólogo e professor da Universidade Federal de Mato Grosso (UFMT) lotado no Departamento de Antropologia (DAN). Docente permanente do Programa de Pós-Graduação em Antropologia Social (PPGAS/UFMT) e do Programa de Pós-Graduação em História (PPGHIS/UFMT). É pesquisador do Núcleo de Estudos Rurais e Urbanos (Neru/UFMT).

Orcid: 0000-0003-1016-7050

E-mail: delgadopaulo01@yahoo.com.br

Rafael Adão

Doutorando do Programa de Pós-Graduação em História da UFMT e licenciado em História, também pela UFMT. É servidor do Ministério Público do Estado de Mato Grosso (MP/MT), sendo integrante da Comissão Permanente de Avaliação de Documentos e do Conselho Curador do Memorial do MP/MT. Atua principalmente nos seguintes temas: Ensino de História, Integralismo, Fascismo, Anticomunismo, História Política, Cultura Política, Imaginário, Análise de Discurso, História da Imprensa, História de Mato Grosso e Gestão/Preservação Documental.

Orcid: 0009-0006-7509-3397
E-mail: fael.adao@hotmail.com

Sandra Miria Figueiredo Souza

Doutoranda em História pelo Programa de Pós-Graduação em História da Universidade Federal de Mato Grosso, professora da educação básica da Seduc/MT. Tem como área de interesse e investigação a imprensa cuiabana na Primeira República, em que desenvolve seu trabalho de doutorado. Compartilha ainda de interesses sobre história política, memória e patrimônio histórico. Desenvolve seus estudos e pesquisas em Cuiabá, onde reside na atualidade.

Orcid: 0000-0002-0769-4346
E-mail: miriasousa@gmail.com

Vera Lucia Furlanetto

Doutoranda no Programa de Pós-Graduação em História da Universidade Federal da Grande Dourados (UFGD); integrante dos Grupos de Pesquisa: "História & Imprensa: sociedade, cultura e circulação de ideias em páginas impressas", na linha: Imprensa, cultura e política, vinculado à Universidade Federal do Sul e Sudeste do Pará (Unifesspa), e "Identidades e suas representações no antigo Mato Grosso e em Mato Grosso do Sul", desenvolvido na Universidade Federal de Mato Grosso do Sul (UFMS).

Orcid: 0000-0002-2296-6039
E-mail: furlanettoveralucia@gmail.com

Waldson Luciano Correa Diniz

Doutor em História Econômica pela USP. Professor da UFMS no Campus do Pantanal na cidade de Corumbá, Mato Grosso do Sul.

Orcid: 0000-0002-4054-0445
E-mail: waldson.diniz@ufms.br